U0605201

上财文库

刘元春　主编

城市内外：地方政府、城市区划与区域协调发展

Toward an Urban China: Local Governments,
Urban Zoning, and Coordinated Regional Development

唐为　著

上海财经大学出版社
SHANGHAI UNIVERSITY OF FINANCE & ECONOMICS PRESS

上海学术·经济学出版中心

图书在版编目(CIP)数据

城市内外：地方政府、城市区划与区域协调发展/
唐为著. -- 上海：上海财经大学出版社, 2025.5.
(上财文库). -- ISBN 978-7-5642-4612-9

Ⅰ.F299.21

中国国家版本馆 CIP 数据核字第 2025FJ6115 号

上海财经大学中央高校双一流引导专项资金、中央高校基本科研
业务费资助

□ 责任编辑　徐贝贝
□ 封面设计　贺加贝

城市内外：地方政府、城市区划与区域协调发展

唐　为　著

上海财经大学出版社出版发行
(上海市中山北一路 369 号　邮编 200083)
网　　址：http://www.sufep.com
电子邮箱：webmaster@sufep.com
全国新华书店经销
上海华业装潢印刷厂有限公司印刷装订
2025 年 5 月第 1 版　2025 年 5 月第 1 次印刷

787mm×1092mm　1/16　21.75 印张(插页:2)　401 千字
定价:108.00 元

总　序

更加自觉推进原创性自主知识体系的建构

　　中国共产党二十届三中全会是新时代新征程上又一次具有划时代意义的大会。随着三中全会的大幕拉开，中国再次站在了新一轮改革与发展的起点上。大会强调要创新马克思主义理论研究和建设工程，实施哲学社会科学创新工程，构建中国哲学社会科学自主知识体系。深入学习贯彻二十届三中全会精神，就要以更加坚定的信念和更加担当的姿态，锐意进取、勇于创新，不断增强原创性哲学社会科学体系构建服务于中国式现代化建设宏伟目标的自觉性和主动性。

　　把握中国原创性自主知识体系的建构来源，应该努力处理好四个关系。习近平总书记指出："加快构建中国特色哲学社会科学，归根结底是建构中国自主的知识体系。要以中国为观照、以时代为观照，立足中国实际，解决中国问题，不断推动中华优秀传统文化创造性转化、创新性发展，不断推进知识创新、理论创新、方法创新，使中国特色哲学社会科学真正屹立于世界学术之林。"习近平总书记的重要论述，为建构中国自主知识体系指明了方向。当前，应当厘清四个关系：（1）世界哲学社会科学与中国原创性自主知识体系的关系。我们现有的学科体系就是借鉴西方文明成果而生成的。虽然成功借鉴他者经验也是形成中国特色的源泉，但更应该在主创意识和质疑精神的基础上产生原创性智慧，而质疑的对象就包括借鉴"他者"而形成的思维定式。只有打破定式，才能实现原创。（2）中国式现代化建设过程中遇到的问题与原创性自主知识体系的关系。建构中国原创性自主知识体系，其根本价值在于观察时代、解读时代、引领时代，在研究真正的时代问题中回答"时代之问",这也是推动建构自主知识体系最为重要的动因。只有准确把握中国特色社会主义的历史新方位、时代新变化、实践新要求,才能确保以中国之理指引中国之路、回答人民之问。(3)党的创新理论与自主知识体系的关系。马克思主义是建构中国自主知识体系的"魂脉",坚持以马克思主义为指导,是当代中国哲学社会科学区别于其他哲学社会科学的根本标志,必须旗帜鲜明加以坚持。党的创新理论是中国特色哲学社会科学的主体内容,也是中国特色哲学社会科学发展的最大增量。(4)中华传统文化与原创性自主知识体系的关系。中华优秀传统文化是原创性自主知识体系的"根脉",要加强对优秀传统文化的挖掘和阐发,更有效地推动优秀传统文化创造性转化、创新性发展,创造具有鲜明"自主性"的新的知识生命体。

探索中国原创性自主知识体系的建构路径,应该自觉遵循学术体系的一般发展规律。建构中国原创性自主知识体系,要将实践总结和应对式的策论上升到理论、理论上升到新的学术范式、新的学术范式上升到新的学科体系,必须遵循学术体系的一般发展规律,在新事实、新现象、新规律之中提炼出新概念、新理论和新范式,从而防止哲学社会科学在知识化创新中陷入分解谬误和碎片化困境。当前应当做好以下工作:(1)掌握本原。系统深入研究实践中的典型事实,真正掌握清楚中国模式、中国道路、中国制度和中国文化在实践中的本原。(2)总结规律。在典型事实的提炼基础上,进行特征事实、典型规律和超常规规律的总结。(3)凝练问题。将典型事实、典型规律、新规律与传统理论和传统模式进行对比,提出传统理论和思想难以解释的新现象、新规律,并凝练出新的理论问题。(4)合理解释。以问题为导向,进行相关问题和猜想的解答,从而从逻辑和学理角度对新问题、新现象和新规律给出合理性解释。(5)提炼范畴。在各种合理性解释中寻找到创新思想和创新理论,提炼出新的理论元素、理论概念和理论范畴。(6)形成范式。体系化和学理化各种理论概念、范畴和基本元素,以形成理论体系和新的范式。(7)创建体系。利用新的范式和理论体系在实践中进行检验,在解决新问题中进行丰富,最后形成有既定运用场景、既定分析框架、基本理论内核等要件的学科体系。

推进中国原创性自主知识体系的建构实践,应该务实抓好三个方面。首先,做好总体规划。自主知识体系的学理化和体系化建构是个系统工程,必须下定决心攻坚克难,在各个学科知识图谱编制指南中,推进框定自主知识体系的明确要求。

各类国家级教材建设和评定中,要有自主知识体系相应内容审核;推进设立中国式现代化发展实践典型案例库,作为建构自主知识体系的重要源泉。其次,推动评价引领。科学的评价是促进原创性自主知识体系走深走实的关键。学术评价应该更加强调学术研究的中国问题意识、原创价值贡献、多元成果并重,有力促进哲学社会科学学者用中国理论和学术做大学问、做真学问。高校应该坚决贯彻"破五唯"要求,以学术成果的原创影响力和贡献度作为认定依据,引导教师产出高水平学术成果。要构建分类评价标准,最大限度激发教师创新潜能和创新活力,鼓励教师在不同领域做出特色、追求卓越,推动哲学社会科学界真正产生出一批引领时代发展的社科大家。最后,抓好教研转化。自主知识体系应该转化为有效的教研体系,才能发挥好自主知识体系的育人功能,整体提升学校立德树人的能力和水平。

上海财经大学积极依托学校各类学科优势,以上财文库建设为抓手,以整体学术评价改革为动力,初步探索了一条富有经管学科特色的中国特色哲学社会科学建构道路。学校科研处联合校内有关部门,组织发起上财文库专项工程,该工程旨在遵循学术发展一般规律,更加自觉建构中国原创性自主知识体系,推动产生一批有品牌影响力的学术著作,服务中国式现代化宏伟实践。我相信自主知识体系"上财学派"未来可期。

刘元春

上海财经大学 校长

2024 年 12 月

目　录

下篇:城市间的竞争与合作

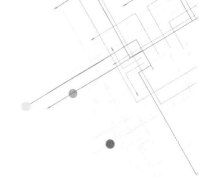

第 1 章

导　论

1.1　辖区与城市:行政区划调整与城市扩张

1.1.1　城市,让生活更美好

2010 年上海世博会是首次在发展中国家举办的综合性世界博览会,共有 190 个国家和 56 个国际组织参展,吸引了全球超过 7 000 万的游客前来参观。上海世博会的口号是"城市,让生活更美好"(Better City, Better Life),这一口号的提出与一个历史性时刻密切相关:2010 年,全球城市人口首次超过农村人口。

城市在人类经济和社会生活中扮演着至关重要的角色。城市是全球范围内工业生产、服务消费和科技创新等活动的主要舞台,为现代经济活动提供了关键的空间载体。城市中的密切人际交往成为知识传播和思想创新的重要平台。大量实证研究发现,城市人口规模或密度与劳动生产率之间有着密切的关系,这一现象在经济学中被称为"集聚经济"。

亚当·斯密(Adam Smith)在其经典著作《国富论》中提出了劳动分工理论,并通过"大头针的故事"生动地阐述了劳动分工如何提高生产效率:如果一个人没有经过任何制针培训,也不熟悉制针的工具,那么他一天恐怕连一枚针也做不出来。

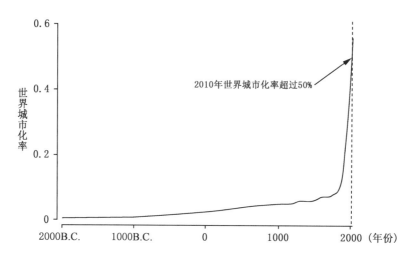

数据来源：世界银行。

图 1.1　世界城市化率变化趋势：公元前 2000 年至公元 2023 年

但如果分成抽铁线、拉直、切截、涂颜色、专职包装等 18 道工艺流程，假如一共有 10 个人制针，且其中有人从事两三种分工，那么这 10 个人每天可以制成 48 000 枚针，平均每人可以制作 4 800 枚针。

阿尔弗雷德·马歇尔（Alfrend Marshall）则在亚当·斯密内部经济理论的基础上，提出了集聚经济（外部经济）的概念，强调经济活动在空间上的集聚通过共享资源、市场匹配和知识扩散所产生的外部效应，使得整个区域的生产效率显著提升。马歇尔在其经典著作《经济学原理》中写道："行业中的奥秘不再是秘密，而是弥漫在空气中。"具体而言，集聚经济的优势可总结为三大要素：分享、匹配和学习。

（1）分享（Sharing）：集聚经济中的企业可以共享基础设施和中间投入品，这些共享带来了规模效益。例如，多家企业可以共用一条供应链或生产设备，从而降低生产成本，提高资源利用效率。

（2）匹配（Matching）：集聚在同一地区的企业和劳动力市场之间存在更高效的匹配。一个大的劳动力市场池意味着企业能够更容易找到符合其需求的员工，反过来，求职者也能更容易找到适合自己的工作。

（3）学习（Learning）：在集聚经济中，信息和技术的传播速度加快，企业之间的交流与合作更为频繁，知识和创新思想能够迅速扩散。这样的环境有助于企业通过彼此学习和技术模仿，迅速提升自身的技术水平和竞争力。

大城市在现代经济中的优势体现在其同时具备实现内部经济和外部经济的能

力,这使得它们在全球竞争中占据了重要地位。随着第四次工业革命的到来,技术的快速变革使得学习效应——信息交换和技术扩散——在现代经济中的重要性不断提升。大城市由于其强大的创新生态系统,知识和技术的传播速度更快,企业和人才之间的互动更加频繁,因此将在未来全球经济和科技竞争中发挥更大的作用。未来的世界竞争将越来越多地体现为全球重要大城市和城市群之间的竞争。

新一轮科技革命正在全球范围内如火如荼地展开,全球产业竞争格局也在发生重大调整,这与中国加快转变经济发展方式形成了历史性交汇。面对国际产业分工格局的重塑,中国必须紧紧抓住这一重大历史机遇。2015 年,我国提出了《中国制造 2025》的战略规划,旨在推动中国经济从制造大国向制造强国转变。在这一战略中,中国的大城市作为科技创新的前沿阵地,将发挥关键作用。

城市的重要性不仅体现在促进经济效率和科技创新上,与此同时,城市也是提升人们生活水平的重要载体,为不同偏好的消费者提供了丰富的娱乐和消费选择。不难发现,大城市里有着更加多样的餐饮选择,小众和独特的餐饮也能在大城市找到生存之道;大城市的体育文化活动丰富,可以同时拥有足球、篮球俱乐部,还可以欣赏到不同风格的音乐会、话剧等文艺演出;大城市也为人们的社会交往提供了无限的可能性,这对人类这样的社会性动物而言不可或缺。

随着信息技术的革新和交通成本的下降,许多人认为城市的重要性会不断减弱。但是,在过去几十年,全球范围内经历了人口向中心城市持续集聚的现象,在中国这样正在经历快速城市化的发展中国家是如此,在美国这样处于后工业化和城市化时代的发达国家也是如此。事实上,信息技术和人工智能时代的到来,可能会进一步强化城市作为人类生产和生活载体的重要性。现代科技的复杂性远超以往任何时代,一个芯片的制造涉及上千道工艺流程、上百个供应商。因此,现代科技的创新更需要人们的协作和交流,而城市在这一过程中将发挥关键作用。关于元宇宙的虚拟技术能否替代人们的面对面交往,导致城市作为社交空间的意义弱化,目前学术研究尚没有系统证据支持这一观点;相反,许多研究发现,线上和线下的交往是互补而非互斥的,因此,虚拟技术的出现可能会进一步提升城市作为人们社交活动中心的作用。

1.1.2 中国的城市化历程

2014 年,比尔·盖茨在其个人博客中引用了著名学者瓦科拉夫·斯米尔(Vaclav Smil)的数据,指出中国在 2011—2013 年使用了 66 亿吨水泥,而美国在整个 20 世纪才使用了 45 亿吨水泥。我国自改革开放以来,尤其是进入 21 世纪以来的城市化进程是人类历史上规模最大的人口大迁徙。随着经济的迅速发展和户籍约束的放开,大量劳动力从农村地区迁移到城市,为中国的快速工业化和现代化提供了重要的推动力。诺贝尔经济学奖得主约瑟夫·斯蒂格利茨(Joseph Stiglitz)曾指出,中国的城市化进程与美国主导的新技术革命将是 21 世纪深刻影响人类发展的两大事件。

新中国成立初期,在重工业优先发展和城乡二元户籍制度的大背景下,我国的城市化经历了近 30 年的停滞。1949 年,我国的城镇化率为 10.6％;到 1978 年,这一比例也仅提升至 17.9％。改革开放后,特别是进入 21 世纪以来,加入世界贸易组织(WTO)促进了劳动力密集型产业的快速发展,大量劳动力向东部沿海城市集聚,城乡迁移和城市人口数量快速上升。2023 年,我国的城镇化率已达到 66.2％,见图 1.2。

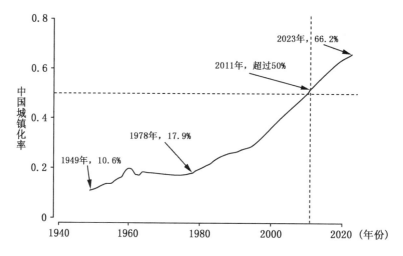

数据来源:国家统计局。

图 1.2   中国城镇化率趋势图:1949—2023 年

我国的城市化虽然起步较晚,但发展速度令人瞩目。在众多发达国家中,美国的城市化历程无论是在规模上还是在速度上都尤为突出。凭借 19 世纪和 20 世纪的快速工业革命,美国实现了城市化水平的持续提升。将中国自改革开放以来的城市化轨迹与美国对比,可以发现,从城市化率的绝对水平和增长速率两个维度来看,中国在 1978—2023 年这 45 年间的城市化进程,与美国在 1850—1950 年这 100

年间的城市化进程大体相当,见图 1.3。

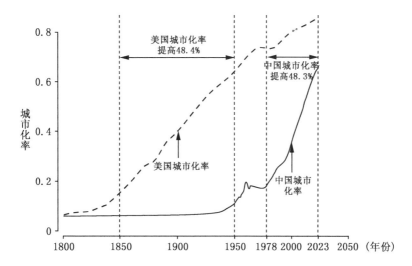

数据来源:世界银行、国家统计局。

图 1.3 中美城市化进程比较

回顾新中国成立以来的城市化历程,城市化率的提升与城市数量的增长密不可分。图 1.4 展示了我国城市化率和城市数量的变化情况。1949 年,我国的城市化率为 10.6%,城市数量共计 135 个;至 2014 年,城市化率达到 54.8%,城市总数提升至 649 个。改革开放后,伴随着撤县设市政策的广泛实施,我国城市数量迅速增加,基本塑造了我国现有的城市体系。

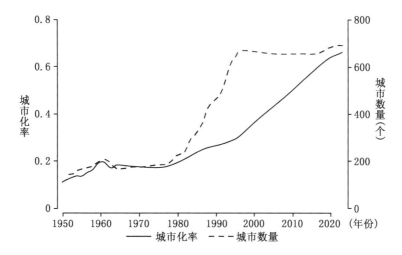

数据来源:国家统计局。

图 1.4 1949 年以来我国城市化率与城市数量的变化趋势

1.1.3 行政区划:体国经野之道

《周礼》中有一段论述:"惟王建国,辨方正位,体国经野,设官分职,以为民极。"这句话的意思是:周天子在封邦建国时,首先要确定地理位置,划定国与野的区域,然后进行分设官职的工作,以便有效管理百姓。在中国这样一个幅员辽阔、人口众多的国家,单一政府层级显然难以管理全国所有事务。因此,构建一个层级众多、分工明确的政府体系尤为关键。

以 2023 年为例,我国的地方行政区划包括 34 个省级行政单位(其中包括 4 个直辖市)、333 个地级区划(其中包括 293 个地级市、15 个副省级城市)、2 844 个县级区划(其中包括 977 个市辖区、397 个县级市、1 299 个县和 117 个自治县),以及数量庞大的乡级行政单位(包括 21 421 个镇、8 190 个乡和 9 045 个街道)。此外,我国还有数十万个行政村、居委会等基层自治组织。

中国的行政区划既有历史的延续,也有时代的变迁。以上海为例,1292 年,上海从镇升为县;1927 年,上海特别市成立;1949 年,上海被列为中央直辖市,辖 20 个市区和 10 个郊区;2016 年,崇明撤县设区,上海进入无县时代,共辖 16 个区;2022 年,上海市、江苏省、浙江省联合印发了《上海大都市圈空间协同规划》,明确上海大都市圈的范围包括上海、无锡、常州、苏州、南通、宁波、湖州、嘉兴和舟山"1+8"市域行政区域,标志着跨区域协调与合作的新时代。

行政区划不仅是地理和行政区域的划分,更是权力和资源分配的重要载体。在我国现有的体制下,地方政府在推动城市化与区域经济发展中扮演着主导作用,这也导致中国的城市化与西方长达数百年的自然演化过程存在本质不同。行政区划调整作为改变地方行政权力结构的重要改革,对我国城市化进程产生了深远的影响。

然而,行政与经济意义上的城市化之间往往存在一定的时差和张力。在经济学视角下,城市是人口密集的区域,而行政区划则是政府根据行政管理需要进行的地域划分。这种划分有时能够顺应人口和经济活动在空间上的集聚,从而有效推动城市化的进程;有时由于政策制定的滞后性或者过度前瞻性,行政区划可能偏离实际的人口流动和经济发展趋势,导致行政和经济意义上的城市不匹配。例如,一些城市在缺乏经济集聚能力的情况下过度扩张,最终形成"空城"或"鬼城"现象。

1.1.4　我国城市化发展战略的变迁

城市化可从两个维度来考量:速度与结构。大量的学术研究和公共讨论聚焦于城市化率的快速提升,而城市体系的结构变化受到的关注相对较少。当大量农村剩余劳动力迁移到城市,一个亟须回答的问题是,人们应该聚集在少数的大城市,还是分散在众多的小城市?

改革开放以来,我国的城市发展战略在"小城镇为主导"和"发挥大城市的中心作用"之间不断调整。回顾过去 40 年的发展历程,我国的城镇化战略大致经历了四个阶段:20 世纪 80 年代小城镇的迅速崛起、20 世纪 90 年代小城市的扩张、21 世纪头 10 年人口向大城市的不断聚集,以及 21 世纪 10 年代的城市群与都市圈发展。伴随着发展战略的变迁,各个时期的行政区划调整政策也各有侧重,经历了撤乡设镇、撤县设市与地改市、撤县设区,以及城市群与都市圈规划等不同阶段。

(1)20 世纪 80 年代的小城镇

20 世纪 80 年代,当我国开始推进城市化和工业化进程时,鉴于拉美国家普遍存在的城市贫民窟等问题,决策者对"大城市病"心存忧虑。同时,乡镇企业的迅速崛起为中国城市化提供了一种新的发展模式。以华西村、南街村为代表的乡镇企业发展模式,展现了农村地区强大的经济活力。这些企业不仅为农村人口提供了就业机会,也促进了农村周边小城镇的发展和人口聚集。

在此背景下,"Small is Beautiful"(小即是美)的理念开始盛行。政策制定者逐渐认识到,小城镇的发展不仅可以避免"大城市病",还能够促进区域经济的均衡发展。适度发展小城镇被视为一种理想的城市化路径,有助于在避免过度大城市化的同时,推动全国范围内的经济发展。

我国著名社会学家费孝通高度评价了小城镇在中国城市化与工业化过程中的重要作用。他认为,小城镇是中国城市化与工业化的最佳模式。费孝通在《小城镇大问题》等一系列文章中总结了苏南地区经济发展的经验,并提出了著名的"苏南模式"概念。他强调,乡镇企业和小城镇在推动农村工业化和城镇化过程中发挥了至关重要的作用。

(2)20 世纪 90 年代的小城市

小城镇的兴起有其独特的社会经济背景和历史条件,但由于集聚效应的不足,小城镇在吸引人才、资本和技术等方面的能力有限,难以支撑更广泛城市化的任

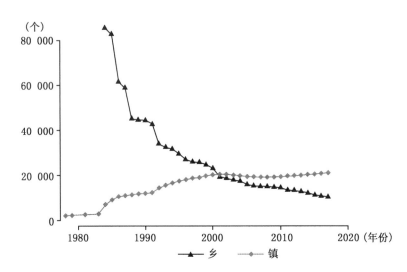

数据来源:中华人民共和国民政部。

图 1.5　改革开放以来我国乡和镇行政区划数量变化

务。此外,自 1992 年中国正式确立社会主义市场经济体制以来,乡镇企业由于竞争力不足和创新能力有限,逐渐退出历史舞台,这也导致小城镇的经济功能逐步弱化。

在这一背景下,我国开始将城市化的重心转向中小城市,广泛推行"撤县设市"和"地改市"政策。这些政策旨在推动县级行政区划向市级转变,以更好地促进城市化和经济发展。具体来说,"撤县设市"政策将一些经济发展较为成熟的县改设为县级市,使其能够享有更多自主权和资源调配能力,从而更有效地推动当地经济发展和城市化进程。"地改市"政策则是将地级行政区划改为地级市,进一步推动区域中心城市的建设和发展。

与此同时,20 世纪 90 年代中国的改革开放深入推进,为中小城市的发展带来了新的机遇。在这一时期,一些小城市凭借其独特的地理位置、政策优势以及灵活的发展策略,迅速崛起,成为区域经济的重要引擎。顺德和昆山便是其中的典型代表,它们利用改革开放带来的机遇,实现了快速的经济增长和城市化进程。

顺德利用制造业的迅猛发展,特别是家电产业的崛起,成功实现了从一个以农业为主的县到全国知名制造业基地的转变。1992 年,顺德获民政部批准撤县设县级市,这一变化赋予了顺德更多的行政自主权和资源配置的灵活性,进一步推动了其在经济领域,尤其是在制造业方面的显著发展。然而,到 2003 年,顺德被并入佛

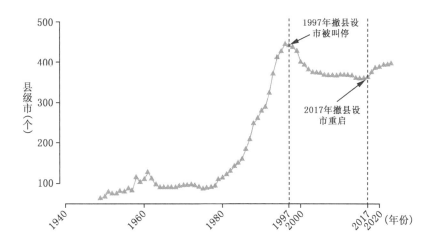

数据来源:国家统计局。

图 1.6　我国县级市数量变化

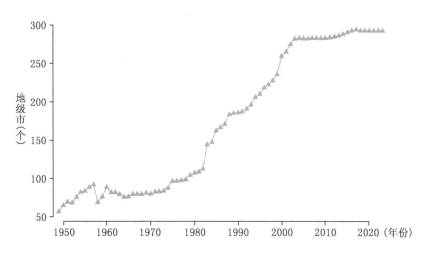

数据来源:国家统计局。

图 1.7　我国地级市数量变化

山市,撤销县级市设立佛山市顺德区。这一调整引发了广泛讨论,许多人认为这标志着顺德在行政地位上的"没落",并且其经济活力逐渐被昆山等后期崛起的城市超越。

　　昆山则紧随顺德的发展步伐,并最终实现了超越。1989 年,国务院批准昆山撤县建市。昆山充分利用自身的地理优势和政策机遇,积极引进外资,发展制造业,特别是在高新技术产业和出口加工业方面取得了显著成就。经过几十年的发展,昆山市已成为全国较强的县级市之一。到 2023 年,昆山市的 GDP 达到 5 140 亿元,超过了 8 个省会城市的经济规模。

(3)21 世纪头 10 年的大城市

"撤县设市"政策曾一度被视为促进城市化和区域经济发展的重要手段。然而,这一政策在实施过程中暴露出了一些问题,导致了"城不像城、乡不像乡"的局面。许多新设立的县级市在城市基础设施、公共服务和管理能力上并未达到真正的城市标准,而传统的乡村特色也在快速城市化中逐渐消失。这种"城乡皆不具"的状态使得许多县级市面临发展定位模糊、资源分配不均、管理效率低下等问题。鉴于以上问题,1997 年撤县设市政策被暂停。此后,国家开始重新审视和调整城市化发展战略,寻求更加科学合理的发展路径。

自 2000 年以来,撤县设区的政策广泛开展,标志着我国大城市发展战略的开启。撤县设区通过将周边的县划入地级市的管辖范围,推动了中心城市的规模扩张和资源整合。这一调整不仅有助于提升城市的整体管理效率和公共服务水平,也促进了区域经济的协调发展。通过撤县设区,大城市能够更好地满足人口增长和经济扩张的需求,成为区域发展的核心引擎。

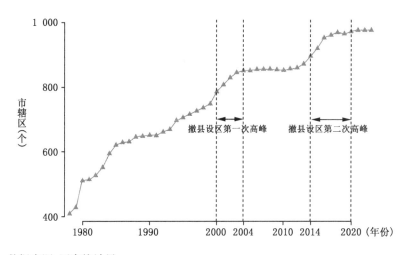

数据来源:国家统计局。

图 1.8　改革开放以来我国市辖区数量变化

"撤县设区"政策的广泛实施标志着我国城市化发展思路从注重城市数量的增长转向城市规模和质量的提升。在经历 20 世纪 80—90 年代城市数量的快速扩张之后,自 2000 年起,我国建制市的数量趋于稳定,城市化的重点开始转向内涵式发展。这一转变的核心在于通过优化城市空间布局、提升城市综合承载能力,实现城市规模的扩大和城市功能的完善。借助大城市的规模经济和集聚效应,实现资源的高效配置和产业结构的转型升级。

省会城市是撤县设区政策的重要受益者,在 2010 年前后,各省纷纷进入"强省会时代"。省会城市的撤县设区和大规模基础设施投资,迅速提升了省会在全省范围内的经济和行政资源集中度。自 2000 年以来,全国范围内实施的撤县设区改革中,有超过 1/5 集中在省会城市。通过将周边县域划入省会城市的城区范围,省会城市在人口、土地和财政资源上都获得了更大的优势,使其在全省经济格局中占据更加中心的位置。

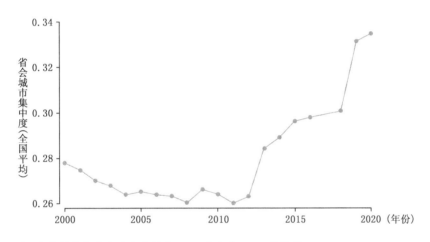

注:省会城市集中度为省会城市 GDP 占全省 GDP 的比重。

图 1.9　我国省会城市集中度的变化趋势

以山东省济南市为例,济南作为省会城市长期面临青岛市的强力竞争。青岛凭借其优越的沿海地理位置、开放的经济政策和强大的工业基础,在山东省内外拥有更高的知名度和经济地位。相比之下,济南的"存在感"相对较弱,被认为是全国"存在感"最弱的省会城市之一。为改变这一局面,济南在 2019 年通过行政区划调整,吞并了莱芜市。这一举措不仅扩大了济南的城市规模和人口基数,而且通过整合区域资源,济南在山东省的省会城市集中度不断提升。

浙江长期以来面临着"强县弱市"的现象。自 20 世纪 90 年代开始,浙江通过扩权强县改革,众多县市凭借发达的制造业和灵活的市场机制,推动了全省经济的快速增长。然而,随着时间的推移,这种强县模式开始暴露出一些深层次的问题,普遍面临集聚效应不足的问题。小城市在快速的科技变革时代,往往难以承担高昂

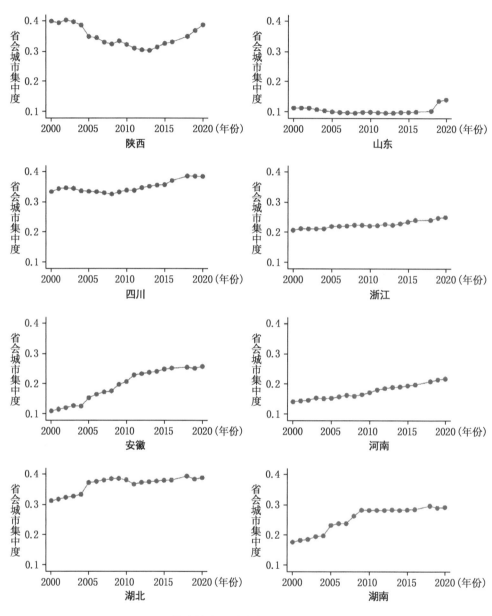

图 1.10　代表性省份的省会城市集中度变化趋势

的创新成本,导致产业结构固化、转型升级滞后。

　　为改变"强县弱市"的不利局面,浙江开始频频推行撤县设区的改革,试图增强区域经济的集聚效应,提升创新活力。撤县设区不仅扩大了城市的行政边界,也使得原本独立发展的县市融入更大的城市经济体中,享受城市经济的集聚效应和资源配置优势。

(4)21 世纪 10 年代的城市群与都市圈

未来的城市发展趋势正逐步突破传统行政边界的限制,转向以城市群为主体形态的城镇化模式。虽然大城市在科技创新和产业升级中发挥着关键作用,但仍面临着人口承载能力有限、生活成本高昂等问题。相对而言,以一个或几个核心大城市为中心,辅以众多中小城市构成的城市群或都市圈,正在全球经济中扮演越来越重要的角色。

城市群的发展模式强调城市之间的互联互通和协同合作,这有助于形成更加均衡和可持续的区域发展格局。通过城市群内部的资源共享、产业互补和市场整合,可有效提升区域经济的整体竞争力和抵御风险的能力。

早在 2006 年,国家在"十一五"规划中就首次提出将城市群作为推进城镇化的主体形态。2014 年中共中央、国务院公布的《国家新型城镇化规划(2014—2020年)》明确指出,城市群将作为未来城镇化的主体形态。发展城市群经济不仅有利于充分发挥大城市的集聚经济优势,而且可以利用中小城市的成本优势,通过产业协作和功能分工,实现大中小城市和小城镇的协调发展。自 2015 年以来,国务院相继批准了京津冀协同发展规划纲要(2015 年 4 月)以及长江中游(2015 年 4 月)、哈长(2016 年 3 月)、成渝(2016 年 4 月)、长江三角洲(2016 年 6 月)、中原(2016年 12 月)、北部湾(2017 年 2 月)等城市群发展规划。这些城市群覆盖了全国最具经济活力和发展潜力的地区,成为推动中国经济和社会发展的重要引擎。

基于"城市群"和"都市圈"两个关键词,我们从北大法宝网搜集到共计 429 部地方法规和中央法规文件。从图 1.11 中可以观察到,自 2006 年"十一五"规划正式提出城市群概念以来,相关的法规文件开始从理论层面转向实际应用,并逐年增多。2014 年中共中央、国务院发布了《国家新型城镇化规划(2014—2020 年)》,进一步明确了城市群在新型城镇化进程中的重要作用,并随着京津冀协同发展、长三角一体化等国家战略的提出,国务院陆续批准了一系列的城市群规划,涵盖了基础设施建设、产业布局、生态环境保护等多个方面。

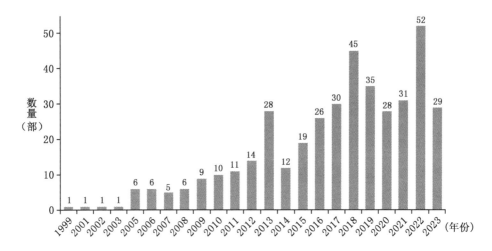

数据来源：北大法宝网。

图 1.11   有关"城市群"和"都市圈"内容的地方行政法规数量

1.1.5   以人为本的城市化

城市化的最终目的是实现人的全面发展和福利提升。在这一过程中，大城市发挥着关键作用，但这也依赖于城市治理水平的提升。在城市空间不断扩张的背景下，如何有效提升城市的人口承载能力、提高社会交往和生活便利性，成为城市管理者面临的重要问题。智慧城市的建设、摩天大楼的崛起以及地铁网络的迅速扩展等，都是提升城市功能和生活质量的关键要素。

智慧城市的建设是我国提升城市管理水平的重要举措之一。通过将大数据、物联网、人工智能等新兴技术应用于城市治理，智慧城市能够更有效地管理交通、能源、环境和公共服务，从而提高城市的运行效率和居民生活质量。

摩天大楼的兴建则体现了中国城市化过程中空间利用效率的提升。摩天大楼不仅是现代城市的象征，更是城市经济实力和技术水平的标志。世界最高的十座摩天大楼中，有五座来自中国大陆，分布在北京、上海、广州、深圳和天津几个大城市。

地铁建设是改善城市交通的重要手段。中国的地铁网络在长度和覆盖的城市数量上都位居全球前列，见图 1.12。地铁的快速扩展不仅缓解了大城市的交通压力，还促进了城市的进一步扩张和区域联动，为城市的可持续发展提供了重要支持。

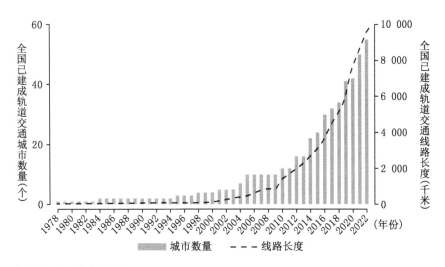

数据来源:国家统计局。

图 1. 12   全国历年城市轨道交通线路长度和开通城市数量

我国的城市发展具有典型的地方政府主导性,这与欧美发达国家通过市场力量的缓慢演化形成的城市体系存在较大不同。通过行政力量推动城市化和城市空间扩张,需要解决好政府与市场关系的问题,两者既可能相互补充,提高发展效率,也可能存在冲突,导致城市化偏离以人为本的发展目标。

市场的逻辑主要通过市场主体经济利益的驱动,自发形成了人口、产业和资本向大城市和城市群的集中。而政府的逻辑则是通过行政区划调整和基础设施投资等手段,积极推动经济活动的空间集聚,潜在缩短了在市场主导下可能需要上百年才能完成的城市化进程。

由地方政府驱动的快速城市化确实带来了一系列问题,其中最突出的就是人口城镇化与土地城镇化的背离问题。在许多地区,土地快速城市化,城市建设如火如荼,但人口的城市化相对滞后。大量农民虽然迁居城市,但由于户籍制度等因素,他们并未真正融入城市,形成了"半城市化"现象。这种背离不仅对社会管理带来了挑战,还在一定程度上影响了城市的可持续发展。

有两个例子可以突出体现政府在城市化进程中的不同作用。第一个例子是鄂尔多斯的康巴什新城。康巴什新城的建设始于 2005 年左右,受到当时煤炭经济繁荣的推动。地方政府投入巨资建设了大量的基础设施和公共建筑,规划了一个可以容纳百万人口的现代化新城。然而,尽管康巴什拥有先进的城市设施和美丽的城市景观,实际情况却是人口远远未能达到预期,康巴什因此被媒体冠以"鬼城"的称号。这一个例子凸显了政府驱动的城市化和市场需求之间的矛盾。地方政府在经济繁荣时期推动的大规模建设，在市场需求不足或人口流入不如预期时，就可能导致城市建设过剩，造成资源浪费和城市功能的闲置。政府的规划和投入虽然有助于城市的基础设施建设和长远发展，但如果市场需求未能及时匹配，这种冲突可能会使得城市化进程中的投资和建设失去效益，形成"鬼城"现象。

相比之下，郑东新区则是新城建设的成功案例。郑东新区位于河南省省会郑州市，最初也面临质疑和挑战。建设初期，由于大规模的房地产建设和较低的入住率，郑东新区曾被视为中国最大的"鬼城"。然而，随着时间的推移，郑东新区逐渐吸引了大量人口和企业的入驻，基础设施得以充分利用，城市功能不断完善。郑东新区如今已发展成为一个繁荣的现代化城市，集聚了众多高端服务业、金融机构和创新企业，成为中国新城建设的成功典范之一。

康巴什新城和郑东新区的不同命运反映了地方政府在城市化进程中面临的挑战和机遇。《国家新型城镇化规划（2014—2020）年》明确提出发展以人为本的城镇化之路，强调城市的发展要更加依赖于市场的力量，同时政府的行政区划调整也应"顺势而为"。许多城市在扩张过程中存在盲目"摊大饼"现象，导致城市无序扩展和资源低效利用。未来行政区划的调整应以市场需求为导向，结合本地经济基础和发展潜力，避免单纯追求城市规模的扩张。

1.2　超越行政区经济：城市间的竞争与合作

我们先看三个案例。

案例1：澎湃新闻网在2020年12月3日的一篇报道中写道："7米路宽，两条车道，下雨积水。如果说这是'魔都'的一条市政道路，你可能会惊掉下巴。但在一年前，这就是国权北路的现实。作为一条南北连接宝山区和杨浦区的市政道路，曾经狭窄破旧的国权北路对两区交界区域群众的生活带来诸多不便。"在2020年11月下旬，经过几年的修缮，原本只有7米宽的国权北路扩至32米，机动车道与非机动车道划分明显。国权北路是上海财经大学附近的一条主要道路，也是连接复旦大学邯郸校区和江湾校区的通道。如报道中所言，国权北路在基础设施非常完善的上海属于一条"非典型性"道路。出现这一问题的一个重要原因是国权北路位于上海杨浦区和宝山区的交界处。

案例 2:上海和湖北之间曾在 20 世纪末的汽车产业竞争中爆发了一场激烈的"汽车恩怨"。1999 年,上海出台了一项政策,旨在保护和促进本地汽车产业的发展。根据这项政策,上海生产的汽车在上牌时的费用为 2 万元,而所有在上海以外生产的汽车则需要支付 9.8 万元的上牌费。湖北是我国重要的汽车生产基地,这一政策引起了湖北省的不满,迅速做出反击,制定了对上海产的桑塔纳汽车征收额外费用的政策,每辆车需额外缴纳 7 万元的费用,作为"下岗职工解困基金"。

案例 3:2011 年 8 月 22 日,安徽省宣布了对地级巢湖市的撤销决定,引起社会的广泛关注。地级巢湖市位于安徽省中部,因紧邻中国第五大淡水湖——巢湖——而得名。巢湖市原下辖庐江、无为、和县、含山四县和居巢区。撤销巢湖市后,这一区域的行政管辖权分别划归到合肥、芜湖和马鞍山三市。这一调整背后的主要动机之一是加强巢湖流域的综合治理。随着城市化和工业化的快速推进,巢湖作为重要的淡水湖,面临着日益严重的环境污染和生态压力。通过将巢湖市的部分行政区域划分给合肥市管辖,使得巢湖成为合肥市的"内湖",可实施更为有效的环境治理措施。

1.2.1 "行政区经济"的典型问题

上述案例牵涉到同一个问题,即地方政府的发展重心主要放在了辖区内部,普遍缺乏对跨区域公共事务的关注,从而导致区域经济存在典型的"行政区经济"特征。这一现象与我国的经济分权模式密切相关。在分权体制下,地方政府之间的竞争一方面有效激发了地方经济的发展活力,另一方面也带来了一系列负面效应,如边界效应、市场分割和恶性竞争等,最终对区域经济的协调发展产生不利影响。

(1)边界效应

边界效应是指由于行政区划的存在,区域之间形成了人为的边界,这限制了商品、劳动力、资本等资源的自由流动。地方政府为了保护本地区的经济利益,往往通过税收和行政手段设置壁垒,从而使得跨区域合作和资源整合变得困难。

边界效应带来的一个典型现象是环境污染活动大量集中在行政边界上。Sigman(2002)的研究表明,当一条河流跨越国界时,位于国境线上游的污染水平比下游高出 40% 以上。类似的现象在国内的省际边界也存在。Duvivier 和 Xiong(2013)发现,河北省的污染性企业大量集中在靠近省界的区域。此外,Cai 等(2016)的研究也发现,位于一省河流下游县的污染性行业比其他县高出 20% 以上。

贫困问题是行政边界效应的另一典型现象。在 2012 年原国务院扶贫办发布的贫困县名单中，共有 592 个国家扶贫开发工作重点县，其中超过一半位于省份交界处，省界县的贫困发生率远高于非省界县。此外，在扶贫办发布的 11 个集中连片特殊困难地区中，有 10 个位于多省交界地区。

本书第 6 章的研究发现，由省政府主导的省道和高速公路在省界地区的密度显著更低，而由中央政府主导的国道和铁路建设则不存在省界效应。地方政府出于对地方利益的考虑，策略性地减少其在省界地区的公共投资。这不仅影响了跨区域的交通和经济联系，也导致了边界地区的发展滞后。

（2）市场分割

市场分割是地方政府为了保护本地企业和劳动力，限制外地产品、服务或劳动力进入本地市场所采取的措施。这种市场分割导致全国市场的破碎化，各地区之间形成了"经济小王国"，使得不同地区的市场无法有效联动。自 1992 年十四大确立社会主义市场经济体制以来，我国在商品和要素市场化改革上取得了显著进展，但在资本、劳动力、土地、能源和技术等要素市场的一体化方面仍存在进一步改革的空间。

资本市场方面，地方政府为保护本地企业和吸引外部投资，通常制定差异化的政策法规。对于优先发展的产业或企业，在税收、信贷、政府采购、环境规制等方面提供优惠待遇，这种做法造成了资本市场的分割。各地由于政策差异而形成了相对封闭的市场环境，金融资源和资本流动性受到限制。

劳动力市场方面，户籍制度限制了劳动者在全国范围内的自由流动，特别是农民工在城市定居和享受城市公共服务时面临障碍，导致劳动力市场的分割。这种分割限制了劳动力资源的优化配置，影响了劳动力市场的整体效率。近年来，户籍制度改革持续推进，但未来的改革仍需进一步的制度创新和政策调整，以实现劳动力市场的全国一体化。

土地市场方面，由于我国城市土地的配置主要由地方政府掌控，各地在土地供应、用途规划和价格制定上具有较大的自主权，这导致了土地市场的严重分割。不同地区的土地市场存在较大的差异，土地资源配置效率不高。建立一个全国性的土地市场，实现土地资源的跨区域优化配置，是未来土地市场化改革的重要方向。

能源市场方面，特别是电力市场，同样受到市场分割的影响。尽管电力市场化改革已经启动，但区域电网的垄断和地方保护主义导致了电力资源在不同地区之间流通不畅，电价差异显著，制约了全国能源市场的一体化发展。进一步推进电力市场化改革,打破地方垄断,实现电力资源的跨区域配置,是解决能源市场分割的关键突破口。

技术市场方面,分割问题主要涉及各地区的知识产权保护力度。由于各地知识产权保护水平存在差异,这导致了技术市场的分割,限制了创新要素的市场整合和配置效率。区域间不均衡的产权保护水平使得技术转移和技术合作面临障碍,阻碍了技术和创新资源的有效流动。加强全国范围内的知识产权保护和技术转移机制,推动技术市场的一体化发展,对于提升我国整体的创新能力至关重要。

(3)恶性竞争

在 2014 年《新华日报》一篇题为《"招商引资竞赛"折射 GDP 崇拜》的文章中写道:"苏北某地建立'岗位代理'和'末位淘汰'制度,对在招商引资工作中排名末位且 60 分以下的乡镇党委书记和区直单位主要负责人实施'原职代理',继而'降职代理'直至'末位淘汰'。某开发区新年伊始即开展'招商引资''项目推进'等竞赛,在全县挑选 8 名乡镇机关干部到开发区担任专业招商局局长,并'已引进落户亿元以上工业项目 16 个'……在不少地方,尤其是苏中、苏北等地,很多基层干部背负有招商引资硬任务,普遍感觉压力大。"

近年来,随着高铁网络在中国的迅速扩展,高铁站的建设成为各地区发展的重要机遇。高铁站不仅能极大提升地区的交通便利性,还能促进当地经济的发展和城市的对外形象。因此,许多地区为了争取高铁站落户,展开了激烈的竞争,这种竞争有时甚至带有一些戏剧性。

仙桃西站和天门南站的故事就是一个典型例子。从地理位置上看,仙桃西站实际上离天门市区更近,而天门南站则离仙桃城区较近。原本汉宜铁路在规划时,考虑到天门、仙桃、潜江三个县级市的地理位置,计划在三市的中心位置设立一个规模较大的江汉站,但由于各地都希望高铁站更靠近自己的城区,这一方案并未得到实施。

最终,为了平衡各方利益,湖北省决定在天门和仙桃的交界处建设站点,最初命名为仙桃站。然而,在建设过程中,天门市民对于在本地区建设的站点却要以仙桃命名表示不满。经过不断协调,2010 年 6 月 24 日,湖北省铁路办发文,将该站名称改为天门南站,并在仙桃境内增设了仙桃西站。

1.2.2 激励与协调的权衡

激励与协调是城市与区域经济发展过程中两个需要平衡的关键因素。分权体制下地方政府获得的自主权，激发了地方经济的发展活力，并因地制宜制定最优的经济政策。然而，分权也导致了地区之间的利益冲突和政策不协调问题。有两个案例可以生动地说明分权体制如何产生激励与协调的权衡问题。

案例1：弗兰克·佩莱格里诺（Frank Pellegrino）曾是美国联邦调查局（FBI）的一名特工，当他在电视上看到"9·11恐怖袭击事件"的画面时惊呼："天哪，这肯定是哈立德·谢赫·穆罕默德干的！"哈立德·谢赫·穆罕默德是"9·11恐怖袭击事件"的幕后主谋，佩莱格里诺的判断凸显了FBI特工的专业敏感性。

FBI采取了分权的治理体制，通过有效的激励机制，FBI对在独立调查和破案过程中表现良好的特工给予充分的奖励和认可。然而，当面对更大规模的安全问题，特别是涉及国家安全和恐怖主义的复杂威胁时，FBI的分权体制暴露出了严重的不足。成功应对恐怖袭击不仅需要特工的专业判断，更需要信息的充分共享和多部门的协调与合作。然而，在分权体制下，FBI特工往往缺乏合作的激励，信息流动不畅，导致机构内部的各个部门之间未能有效联动。

这种缺乏协调和合作的局面在"9·11恐怖袭击事件"前尤为明显，FBI未能及时整合各方信息，导致美国政府在恐怖袭击发生前没有采取必要的防范行动。"9·11恐怖袭击事件"之后，美国政府意识到分权体制在应对复杂安全威胁时的局限性，并采取了多项改革措施，例如，成立了国土安全部（DHS）和国家反恐中心（NCTC），试图加强信息共享和跨部门协调。

案例2：在一些跨越多个省市的大型基础设施项目中，也常常出现分权体制下激励与协调的冲突问题。上海虹桥机场和浦东机场的货运业务调整，以及江苏省对这一调整的反应，就是一个典型的例子。

上海市政府为了优化机场资源配置，决定将虹桥机场的货运业务全部转移到浦东机场，通过集中资源，使浦东机场成为更为强大的国际货运枢纽，从而提升上海作为全球航空物流中心的地位。然而，这一调整对邻近的江苏省，特别是以外贸为主的昆山市，带来负面影响。昆山市距离上海虹桥机场较近，货物运输便利性较强，但转移到浦东机场后，运输时间增加了约两个小时，这无疑增加了物流成本和时间成本。

作为回应,江苏省积极推动无锡硕放机场的建设,以增强自身的航空货运能力,并减少对上海机场的依赖。然而,由于无锡硕放机场的发展可能会削弱浦东机场的区域货运枢纽地位,引发了上海的担忧。最终,在各地政府的不断博弈之中,国家发改委批复同意了无锡硕放机场的发展计划,但作为全国经济实力最强的地级市苏州和最强的县级市昆山,至今仍没有民用机场。

1.2.3　在竞争中走向协调

随着技术变革的加速和全球价值链的重塑,地区间合作的必要性和重要性日益凸显。现代产业链通常跨越多个地区,涉及多种资源和技术的整合。为了提升整体经济效率和竞争力,区域之间必须加强合作,共同应对全球化带来的挑战。然而,地方政府在追求自身经济增长时,往往倾向于竞争而非合作,从而削弱整体的经济效益和国家的全球竞争力。

那么,将全国变成大一统的行政区是否可以解决分权体制下区域协调不足问题,从而促进资源整合和高效配置呢?尽管大一统的行政区虽然可有效消除地区间的利益冲突和协调问题,但也可能削弱地方发展的积极性,降低地方政府在应对本地经济社会问题时的灵活性。计划经济时代,我国曾实行"统收统支"的大一统体制,即中央政府对地方经济活动进行全面控制和调配,试图通过高度集中的行政体制来实现全国范围内的资源高效配置。

因此,如何在保持现有分权体制和地方发展激励的前提下,促进区域间的合作与协调发展,是未来政策设计需要解决的难题。通过"在竞争中走向协调",不仅可以保持地方经济的活力,还可以实现更高水平的区域协调发展。党的十九大提出的区域协调发展战略,标志着我国在区域经济治理上的一次重要转型,对于促进全国统一大市场建设和实现经济高质量发展将发挥关键作用。

1.3　本书的章节安排

本书的内容分为上、下两篇。上篇的主题是城市内的扩张与发展,主要讨论行政区划调整如何影响城市的空间扩张、经济增长和人口集聚。下篇的主题是城市间的竞争与合作,主要研究在中国式分权体制下,地方政府之间的竞争如何影响商品和要素在城市之间的空间流动和配置效率。

1.3.1　上篇：城市内的扩张与发展

第2章的题目是"城市体系的演化：从分散走向集中"。城市化进程涉及两个关键维度：城市化率和城市分布体系。在讨论我国的城市化时，人们往往侧重于城市化率这一指标，而较少关注城市人口在不同城市间的分布特征。本章基于2000年和2010年人口普查数据，利用空间基尼系数、齐普律和马尔科夫转移矩阵等方法，分析了我国所有建制市的人口规模分布体系及其演化情况，并在数据质量、时间范围和研究方法上改进和扩展了已有研究。研究发现，2000年我国的城市体系集中度低于世界平均水平，但高于以往基于户籍人口和非全部城市样本的估计结果；2010年的城市集中度有所提升，进一步接近世界平均水平。本章进一步分析了造成这一时期城市人口集中度上升的原因：一方面，2000年后撤县设区政策的广泛实施使得大城市发生外延式扩张；另一方面，集聚效应的增强使得大城市人口密度不断上升，使得内涵式扩张加速。

第3章的题目是"小即是美？撤县设市与小城市的发展战略"。我国城市体系集中度相对较低的现象与20世纪80年代和90年代中央决策者普遍推崇的"小即是美"的城市化发展理念密切相关。本章探讨一项旨在通过经济分权激励中小城市发展的关键政策——"撤县设市"——对地方经济和城市化进程的影响。基于1992—2012年的县级面板数据和双重差分方法，研究发现，1993—1997年发生的撤县设市政策对县市经济发展产生了积极的促进效应，这一效应在研究时期的后半阶段更为显著。东部和初始集聚水平更高的地区显示出更强的经济促进效应，而在中西部地区不显著。最后，本章分析了政策的作用机制，指出在地方发展禀赋存在差异性的背景下，经济分权可能产生异化的政策效果。我国近年来出台的城镇化规划方案和其他一系列政策规划都强调了市场在城镇化中的主导作用。因此，未来的设市政策需要注意地区发展的差异性以及市场的导向作用，以确保政策达到预期目标。

第4章的题目是"大国大城？撤县设区与区域经济增长"。在2000年前后，我国的城市化经历了重要的转折点，由以小城市发展为主导的模式，转变为以大城市为核心的发展战略。在这一转型过程中，撤县设市政策在1997年被暂停和撤县设区政策在2000年之后的兴起成为标志性事件。本章利用丰富的地级市、县区和企

业等层面的数据库,探讨了 2000—2004 年在全国范围内推行的"撤县设区"政策对
地方经济发展的影响。研究结果表明,该政策显著推动了地方经济的发展,效果的
显著性与城市初始的集聚能力和发展禀赋密切相关。撤县设区政策通过两个关键
机制促进地方经济发展:一是地方交通网络的改善;二是城市集聚经济的提升。整
体而言,本章的研究结果支持了大城市在推动地方经济增长和工业发展中所扮演
的重要作用。

　　第 5 章的题目是"人地之争:城市空间扩张能促进人口集聚吗?"与发达国家市
场主导下的自发城市化经验不同,中国的城市化普遍存在着人口城市化与土地城
市化速度不一致的现象。在地方政府主导的城市化发展模式中,土地资源成为地
方政府经营城市、推动经济增长的关键工具,这导致土地城市化的速度往往超过人
口城市化的速度。行政区划调整是中央政府推动城市化进程的重要手段,但政府
主导的城市空间扩张是否能有效促进人口集聚,仍需通过实证研究验证。本章基
于 2000 年和 2010 年人口普查和地级市统计数据,以 2000—2004 年实施的撤县设
区政策为研究对象,采用熵平衡法和倾向得分匹配法来解决样本选择偏差问题。
研究结果表明,撤县设区政策显著提高了实施撤并政策的城市市辖区城镇常住人
口的增长率。这种增长并非主要由于户籍人口的增加,而是由于本县(区)内外及
外省人口的迁入,特别是东部地区和市场潜力较大的城市,其人口集聚效应更为显
著。本章进一步探讨了撤县设区政策促进人口集聚的内在机制,指出撤并后区域
市场融合和城市集聚经济的发展有助于提升被撤并县市的企业生产率和就业
机会。

1.3.2　下篇:城市间的竞争与合作

　　第 6 章的题目是"城市间的竞争与协调:分权、外部性与边界效应"。中国的
"经济增长奇迹"离不开自改革开放以来实施的经济分权体制。然而,分权在创造
竞争激励的同时,也带来了协调不足的问题。当经济活动存在正外部性时,地方政
府会策略性地减少辖区边界上的公共投资,产生区域发展中的边界效应。本章构
建了存在外部性的政府投资模型来说明边界效应的产生机制,并从三个方面给出
经验证据:第一,利用县级经济统计和夜间灯光数据,在控制本地生产率水平后,发
现省份边界县的经济产出显著低于其他县,即存在区域经济发展的省界效应。第
二,由省政府主导投资的交通设施存在显著的省界效应,这种效应并不存在于由中

央政府主导投资的交通设施。第三，基于夜间灯光亮度的微观地理数据，利用撤县设区的政策实验和双重差分模型，发现地级市政府统筹权力的加强显著提高了原市辖区与被撤并县交界处的经济活动水平，即降低了区县边界效应。本章的结果表明，在保证地方政府竞争激励的前提下，建立政府间协调和利益共享机制，对于实现党的十九大提出的区域协调发展战略至关重要。

第 7 章的题目是"政府采购中的地方偏爱：微观证据与机制"。分权体制下地区间协调不足的一个显著表现是商品和要素市场的分割。本章以我国政府采购市场的地方偏爱为研究对象，深入探讨市场分割背后的制度性根源。具体地，利用 2014—2020 年全国政府采购微观数据库，通过对比采购合同中获胜和失败的竞标公司，考察我国政府采购中是否存在地方偏爱，并分析信息和激励因素在背后发挥的作用。研究结果显示，本地企业中标的概率比外地企业高出 40.0%。本地偏好可能源于信息摩擦，即采购部门获取本地企业信息及执行订单的成本更低；同时，地方偏好也可能与地方官员的晋升激励有关。研究发现，本地企业提供的中标价格的折扣率减少了 16.2%，并且生产率也显著低于外地投标企业。此外，地方偏好的程度随着地方官员晋升激励强度的提高而增强。因此，地方官员的晋升激励，而非信息摩擦，是解释我国政府采购中存在地方偏好现象的重要因素。

第 8 章的题目是"劳动力市场中的竞争与互补：外来人口会挤占本地人口的就业机会吗？"我国劳动力市场的分割与户籍政策有关，许多城市政府担心外来人口的大量涌入会挤占本地居民的就业机会，限制劳动力的自由流动，并对本地劳动力实施保护性政策。然而，在不完全的劳动力市场中，当本地与外地户籍的劳动力存在不完全替代时，对外地劳动力的限制会导致外来劳动力的工资溢价现象，反而提高了本地企业的用工成本。本章使用 2005 年 1% 人口抽样调查微观数据，发现在同等条件下外地户籍劳动力的工资收入显著高于本地劳动力。溢价主要存在于外地高技能劳动力中，并且落户限制越严格的城市溢价效应越明显。通过估计不同劳动力群体之间的替代弹性，研究发现低技能的本地和外地劳动力接近于完全替代，而高技能的本地和外地劳动力之间存在不完全替代，这也解释了为什么外地高技能劳动力存在工资溢价现象。根据上述结果，户籍制度改革通过降低外来人口的工资溢价和本地企业的用工成本，进而提高地区经济产出和公共财政收入，最终有助于本地劳动力福利水平的提升。

第 9 章的题目是"人口迁移与创业：外来人口的岗位创造效应"。现有研究主要强调作为"岗位竞争者"的外来人口对流入地劳动供给产生的影响，但较少关注其对当地劳动力需求端的积极作用,即通过促进新企业的创立而产生"岗位创造效应"。本章利用人口普查和工商企业注册数据,基于 Bartik 工具变量处理人口迁移的内生选址问题,实证分析人口迁移的创业促进效应。研究发现,城市外来人口占比的提升,推动了人均新增创业规模,进而推高了流入地的劳动力需求。机制分析表明,外来人口一方面利用个体企业家才能产生直接的创业提升效应,另一方面通过提升劳动力供给和本地不可贸易产品需求等产生间接的创业促进效应。本章的研究结果表明,促进劳动力的空间流动不仅可以带来全局的配置效率提升,而且对流入城市而言也会带来局部的福利改进。

第 10 章的题目是"要素市场一体化:城市群内的市场融合与分割"。要素市场的分割一直是制约我国区域经济发展效率的关键因素,而推动要素市场的一体化也是近年来中央政府政策改革的重点。为了促进生产要素在区域间的自由流动和提高配置效率,中央政府开始强调以城市群为主导的区域经济格局,并将城市群定位为我国未来城镇化的主体形式。本章基于 Hsieh-Klenow 的模型和工业企业数据库,提出区域间资源错配的计算方法,以衡量要素市场分割程度。研究发现,根据市场分割程度确立的城市群与政府规划的城市群范围存在显著差异;规划的城市群内部存在着较为严重的市场分割问题,省份边界、国有企业比重以及地区市场化水平等行政壁垒因素显著影响了城市群内各城市间的市场一体化。鉴于城市群经济往往跨越多个地区和省份边界,未来城市群的发展必须形成有效的政府间协调机制,以破除各类行政壁垒、促进区域市场一体化。

第 11 章的题目是"区域协作机制的新探索"。首先,本章探讨了影响我国区域协作的制度根源及其经济后果,强调了区域协调发展在实现经济高质量发展和共同富裕战略目标中的关键作用。其次,基于北大法宝网地方行政法规数据库,系统整理了过去 20 多年来各省、市、县级政府发布的关于跨区域合作的政策文件,分析了我国地方政府间合作的趋势和特征。最后,本章梳理并分析了各地在区域合作体制机制上的创新实践,包括飞地经济、横向政府补偿机制、政府引导基金等。通过对不同合作模式的对比,本章旨在为未来的区域协调发展和全国市场一体化建设提供政策依据和改革思路。

上 篇：
城市内的扩张与发展

第 2 章

城市体系的演化：从分散走向集中

2.1 引 言

城市化本质上包含两方面的内容：一是城市人口占总人口的比例，即城市化率；二是城镇人口在不同规模城市中的分布情况，即城市规模分布体系（Henderson 和 Wang，2007）。现有文献对我国的城市化率水平及其影响因素进行了广泛的研究[①]，但对于城市分布体系的研究较为缺乏。城市人口在空间上如何分布，不仅是城市发展的重要特征，本身也直接影响着如资源配置效率、经济增长和劳动收入等诸多经济问题（Henderson，2003；谢小平和王贤彬，2012；赵颖，2013）。

优化城市规模分布体系的重要前提是准确掌握我国城市体系的发展现状。一部分文献基于齐普律等方法对我国的城市分布体系进行了估计（Song 和 Zhang，2002；Anderson 和 Ge，2005；Xu 和 Zhu，2009；Gangopadhyaya 和 Basu，2009；王小鲁，2010；梁琦等，2013；余吉祥等，2013），但大部分研究仅分析了 2000 年之前的城市体系。例如，Anderson 和 Ge（2005）分析了 1949—1999 年中国城市分布体系的演化，发现改革开放之前我国的城市分布体系相对稳定，在之后变得更为均匀化。而 Song 和 Zhang（2002）、Xu 和 Zhu（2009）使用 20 世纪 90 年代数据也发现这一时

---

① 比如简新华和黄琨（2010）的分析发现中国的城市化率严重滞后于工业化率；Au 和 Henderson（2006a）认为户籍政策是造成我国低城市化率的重要原因。

期各城市的相对人口规模有所收敛，即城市体系更为扁平化。Soo（2005）对 73 个国家的城市分布体系进行了跨国比较，也显示中国的城市分布相比多数国家更为均匀化。

　　然而，上述研究面临的一个共同问题来自实证分析中使用的数据。一方面，我国长期以来并未进行与国际接轨的城市人口统计，现有的城市数据由于牵涉到户籍制度（如存在城乡户籍、本地和外地户籍的差别等[①]）以及城市边界问题（城市内部也有城镇人口和农村人口的区别[②]），造成衡量城市人口的指标存在模糊性和争议性。使用不同的人口指标得到的城市分布体系的特征也大相径庭。[③] 另一方面，我国城市的数量也在不断发生变化，如 20 世纪 80—90 年代广泛实施的地改市和撤县设市政策，大大增加了已有的城市数量。然而，许多文献由于数据可得性等，往往以地级市为研究单位，使用城市（市辖区）非农业人口分析我国的城市体系，造成估计结果存在偏误。

　　本章基于 2000 年和 2010 年的人口普查资料，在以下四个方面改进了已有研究：第一，在数据质量上，本章使用的数据涵盖了我国所有的建制市（包括直辖市、地级市和县级市等），并使用城镇常住人口作为城市人口的指标，该指标自 2000 年人口普查才开始采用，这与国际通用的统计方法最为接近。[④] 第二，在时间范围上，分析了 2000 年和 2010 年我国的城市体系现状及其演化，而已有文献主要分析了 2000 年之前的情况。我国在 2000 年之后城市发展战略出现较大调整，可能导致城市分布体系产生新的变化。第三，在研究方法上，为使分析结果更为稳健，使用了空间基尼系数、齐普律和马尔科夫转移矩阵等多种方法。第四，本章还讨论了影响 2000—2010 年城市分布体系变动的因素，包括城市发展战略的转变，以及地理（到港口、省会城市距离等）、政治（城市的行政等级）和经济（人均 GDP、市场潜力等）等影响城市集聚效应的因素。

　　本章余下的部分结构如下：2.2 节介绍了研究方法和数据来源；2.3 节使用空

---

① 许多文献使用了《中国城市统计年鉴》地级市市辖区非农人口作为城市的人口指标，这一统计忽略了在城市打工的大量农民工群体，造成分析结果存在明显偏误。

② 这与我国特有的城市制度有关，不同于国外经验，中国的城市不仅可以管理县（地级市所辖县），城市的市辖区内也包含大量的农村地区。

③ 后文将会比较使用城镇常住人口和户籍人口得到的城市分布集中度的差别。

④ 余吉祥等（2013）比较了我国历次人口普查中城市人口的统计口径问题，认为 2000 年和 2010 年的城镇常住人口指标最接近真实的城市人口。另外，2014 年国务院印发的《国务院关于调整城市规划分类标准的通知》也将统计口径界定为城区常住人口。

间基尼系数、齐普律和马尔科夫转移矩阵等方法分析了我国 2000 年和 2010 年的城市规模分布体系及其变化趋势;2.4 节分析了城市发展战略以及地理、政治和经济等因素对城市规模和分布体系变化的影响;2.5 节为结论。

2.2　方法与数据

2.2.1　研究方法

城市规模分布体系本质上衡量了一个国家各城市规模的离散程度。在国内外的经验研究中,有三种常用的分析方法,分别为空间基尼系数、齐普律和马尔科夫转移矩阵,本节简单介绍上述方法的基本原理。

(1)空间基尼系数

基尼系数在 20 世纪初由意大利经济学家基尼根据洛伦兹曲线(Lorenz Curve)构建而得,最初用于衡量收入分配问题。如果把个人或家庭换作城市,收入水平换为城市人口规模,便可计算一个国家城市规模的分散程度(称为空间基尼系数,Spatial Gini Coefficient)。Fujita 等(2004)基于联合国《世界人口展望》发布的全球城市人口数据,计算了各国城市分布的空间基尼系数,发现中国的数值明显低于其他主要国家和世界平均水平,这意味着我国的城市分布更为扁平化。

(2)齐普律

齐普律(Zipf's Law)是研究城市规模分布体系最常用的方法。Auerbach(1913)最早提出城市规模服从帕累托分布的规律:

$$y = Ax^{-\alpha} \tag{2.1}$$

其中 x 指人口规模水平,y 指人口规模大于或等于 x 的城市数量(等同于处于该人口规模的城市在所有城市中的排名)。α 被称为帕累托指数(Pareto Exponent)。α 越大,表示城市分布越均匀;α 越小,表示城市分布越集中。Zipf(1949)的研究进一步指出,一国的城市规模不仅服从帕累托分布,而且帕累托指数为 1,即 $\alpha = 1$。这一命题被称作齐普律,或位序—规模法则(Rank-Size Rule)。在实证分析时,通常对式(2.1)两边取对数:

$$\text{Ln}y = \text{Ln}A - \alpha \text{Ln}x \tag{2.2}$$

式(2.2)为检验一国城市规模分布是否满足齐普律的实证方程。已有文献利用各国城市数据对齐普律进行了实证检验,如 Eaton 和 Eckstein(1997)对法国和日本的比较研究、Overman 和 Ioannides(2001)以及 Black 和 Henderson(2003)对美国城市的研究,所得到的帕累托指数也各不相同。Rosen 和 Resnick(1980)、Soo(2005)利用跨国数据比较了各国的城市分布特征,发现有少数国家的帕累托指数在统计意义上等于1,其他国家的帕累托指数都围绕着1分布:Rosen 和 Resnick(1980)对 44 个国家的研究结果发现各国帕累托指数的取值范围为 0.81—1.96,Soo(2005)得出的结果为 0.73—1.72(中国为 1.18)。Parr(1985)使用部分国家的历史数据发现,一个国家城市分布的帕累托指数在不同发展阶段呈"U"型变化,即随着经济发展,城市的分布体系会先集中后分散。

另外,一些研究发现,帕累托指数的估计值与样本选取范围相关——选择哪些城市样本(如选择人口规模达到特定门槛的城市)影响了分析的结果。为解决潜在的估计偏误,实证文献同时估计了如下的回归方程(Rosen 和 Resnick,1980;Black 和 Henderson,2003;Soo,2005):

$$Lny = LnA + \alpha Lnx + \beta Lnx^2 \tag{2.3}$$

如果 $\beta < 0$,则帕累托分布呈现凹性(Concavity),说明进入回归的城市规模门槛值越高,得到的帕累托系数越大(城市体系越分散);反之亦然。本章在 2.3 节的实证分析中对式(2.2)和式(2.3)分别进行了回归。

(3)马尔科夫转移矩阵

空间基尼系数和齐普律都只体现了一个国家在某个时期的城市分布情况,无法反映城市体系分布跨时期的变化趋势。马尔科夫转移矩阵(Markov Transition Matrix)通过构造转移矩阵,可用来研究城市发展的动态过程。它的运算方程如下:

$$S_{t+1} = MS_t \tag{2.4}$$

S_t 和 S_{t+1} 分别表示某个城市在 t 和 $t+1$ 时刻所处的状态(即所处的某个规模等级)。根据 2014 年国务院发布的《国务院关于调整城市规模划分标准的通知》,我国的城市规模共分为七类。[1] 在 t 期,每个城市被划分为其中一个等级 i,并且以某个概率在 $t+1$ 期变化为 j 等级,这些概率共同组成了式(2.4)中的转移矩阵 M。换言之,转移矩阵 M 中的元素 M_{ij} 表示 t 期处于规模等级 i 的城市有多大的概率在 $t+1$ 期变为规模等级 j。Black 和 Henderson(2003)、Anderson 和 Ge(2005)等

---

① 本章 2.3 节说明了具体的分类指标和每一类的城市分布情况。

使用该方法研究了城市分布的演化情况。

2.2.2　数据来源

本章使用的城市人口数据来自 2000 年和 2010 年人口普查资料中的城镇常住人口指标，该指标既包含生活在城镇范畴内的本地户籍人口，也包含外地户籍（包括农业户籍和非农业户籍）的常住人口[①]，详细的统计口径说明可分别参阅中国 2000 年人口普查资料附录 7 中的《关于统计上划分城乡的规定》以及国务院 2008 年批复的《统计上划分城乡的规定》。相比 2000 年之前的历次人口普查数据以及历年城市统计年鉴中的人口统计指标，本章使用的城镇常住人口与真实的城市人口最为接近，也与世界通用的统计方法相一致。为了对比基于不同人口统计指标的结果差异，后文也计算了基于户籍人口数据得到的城市分布结果。

在分析城市分布变化的影响因素时，将使用以下的城市层面统计指标，其中撤县设区信息来自中国行政区划网；各类经济、人口指标（如 GDP、人均 GDP、产业结构等）来自《中国城市统计年鉴》；各城市到港口的距离通过城市经纬度构建而得。另外，根据 2000 年各地区的 GDP 以及城市经纬度构建得到 2000 年各城市的市场潜力（Market Potential），城市 i 的市场潜力的计算公式为：$MP_i = \sum_{j \neq i} \dfrac{GDP_j\,in\,2000}{d_{ij}^2}$（Harris，1954），$d_{ij}$ 为 i 和 j 之间的距离。根据新经济地理学理论，市场潜力作为第二地理特征（Second Nature Geography），在经济空间集聚中发挥着重要的作用（Krugman，1991）。最后要说明的是，本章所使用的城市数据，县级市为所辖的行政区范围，而地级及以上城市的空间范围只包括市辖区。

2.3　实证结果

根据上文介绍的方法，本节基于 2000 年和 2010 年人口普查资料中的城镇常住人口数据，分别利用空间基尼系数、齐普律和马尔科夫转移矩阵三种方法考察我国城市规模分布体系的现状及其演化情况。

---

① 常住人口指普查当年在当地居住达到半年以上。

2.3.1　空间基尼系数计算结果

Fujita 等(2004)基于世界人口展望数据计算了世界主要国家 2000 年的城市规模基尼系数,结果发现中国的空间基尼系数为 0.43,远低于世界平均水平(0.564),也低于巴西(0.65)、日本(0.65)、印尼(0.61)、英国(0.60)、墨西哥(0.60)、尼日利亚(0.60)、法国(0.59)、印度(0.58)、德国(0.56)、美国(0.54)和西班牙(0.52)的水平。这说明相比其他主要国家和世界平均水平,中国的城市体系更为均匀化和扁平化,国内许多学者引用这一结果来说明中国的城市体系存在问题。然而,Fujita 等所使用的数据只包含了中国 240 个城市,远低于我国 2000 年的城市总量(659 个);另外,他们使用的城市人口统计指标也存在问题。

本章利用所有城市的城镇常住人口和户籍人口数据,使用相同的方法计算了我国 2000 年和 2010 年的空间基尼系数,结果见表 2.1。结果显示,以城镇常住人口计算的 2000 年城市规模基尼系数(0.539)高于 Fujita 等(2004)的结果(0.43),说明基于世界人口展望数据计算得到的基尼系数低估了中国的城市集中度。然而,2000 年 0.539 的数值仍低于世界平均水平(0.564)。2010 年,我国的空间基尼系数上升为 0.578,比 2000 年提高了 0.04。这些结果说明,相比使用不完全样本,本章基于全样本数据得到的中国空间基尼系数更高(城市分布更集中),并且在2000—2010 年城市集中度进一步提高。

表 2.1　　　　　　中国城市规模空间基尼系数:2000 年和 2010 年

空间基尼系数	城镇常住人口	户籍人口	Fujita 等的计算	世界平均水平
2000 年	0.539	0.390	0.43	0.564
2010 年	0.578	0.428	—	—

注:2000 年共包含 659 个城市,2010 年共包含 651 个城市。

数据来源:2000 年和 2010 年人口普查资料以及 Fujita 等(2004)计算的结果。

另外,表 2.1 显示,使用城市户籍人口计算得到的基尼系数低于基于城镇常住人口的基尼系数,前者与 Fujita 等(2004)计算的结果较为接近。户籍人口数量更多地体现了政府对城市人口规模的控制,一般而言,大城市对外来人口的户籍限制更强,从而导致以户籍人口计算的城市规模集中度较低。该结果说明了使用不同的统计指标得到的城市分布体系存在较大偏差,因此,在实证分析中要特别注意这一问题。

2.3.2 齐普律估计结果

根据前文介绍，齐普律或者帕累托分布是衡量城市分布体系时常用的方法。检验城市分布是否服从齐普律，主要通过估计式(2.2)和式(2.3)中的 α 值。图 2.1利用散点图描绘了城市人口对数［即式(2.2)和式(2.3)中的 x］与其规模排序[①]对数［即式(2.2)和式(2.3)中的 y］的关系。图 2.1 中左上方点的纵坐标数值代表了当年最大城市的城镇常住人口规模，分别对应上海 1 307 万人(2000 年)和 2 022 万人(2010 年)。随着城市位序不断靠后，城市规模也随之下降。根据图 2.1，城市人口规模对数与位序对数呈现了很强的线性关系，斜率在－1 左右，说明我国的城市分布体系基本服从帕累托分布和齐普律。另外，该线性关系在城市规模下降到一定水平后出现了拐点，说明在估计帕累托系数时可能存在样本选择问题，因此，下文在回归中加入城市规模的二次项进行检验。

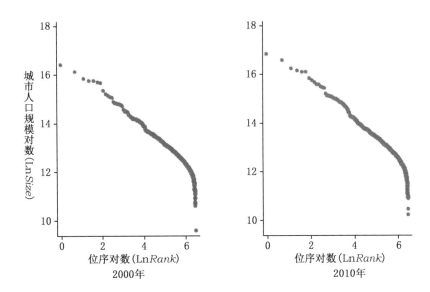

数据来源：2000 年和 2010 年人口普查资料。

图 2.1 城市人口规模对数与位序对数关系的散点图

表 2.2 展示了基于式(2.2)的回归结果。所有回归的 R^2 都在 0.75 以上，且基

[①] 首先对城市按照人口规模从大到小排序，然后根据各城市的人口排名生成规模排序变量。

于城镇常住人口数据得到的 R^2 均在 0.9 以上,说明帕累托分布很好地描述了我国的城市分布。另外,各方程的回归系数均在 1% 水平上高度显著。表 2.2 第(1)列和第(2)列只包含了城市规模对数的一次项,回归得到以城镇常住人口计算的 2000 年和 2010 年城市分布的帕累托指数(α)分别为 1.094 和 1.031,这与 Song 和 Zhang(2002)、Xu 和 Zhu(2009)的研究结果非常接近(他们计算得到的 1998 年和 2000 年的数值分别为 1.041 和 1.071)。然而,他们只分析了 2000 年之前的分布情况,通过对比 20 世纪 90 年代的数值,上述研究均得出了我国的城市分布体系在 20 世纪 90 年代变得更为扁平化的结论。本章的结果显示,2010 年的帕累托指数比 2000 年有所下降,说明城市体系在这一时期变得更为集中①,这与前文使用空间基尼系数计算得到的结论一致。通过对比 1990—2000 年和 2000—2010 年的城市分布演化路径可知,我国的城市规模集中度是先下降后上升,这可能与我国的城市发展战略密切相关。另外,使用户籍人口[第(3)列和第(4)列]得到的帕累托指数显著高于城镇常住人口的结果,即低估了城市体系的集中程度,这与前文使用空间基尼系数的计算结果也保持一致。

表 2.2　　　　　　　　　　2000 年和 2010 年我国的城市规模分布体系估算

	只包含一次项[式(2.2)]				同时包含二次项[式(2.3)]			
	城镇人口		户籍人口		城镇人口		户籍人口	
	2000	2010	2000	2010	2000	2010	2000	2010
	(1)	(2)	(3)	(4)	(5)	(6)	(7)	(8)
城市人口对数	1.094*** (0.012 0)	1.031*** (0.010 8)			3.363*** (0.099 4)	2.870*** (0.092 6)		
户籍人口对数			1.199*** (0.024 5)	1.158*** (0.021 0)			8.608*** (0.218)	7.471*** (0.156)
城市人口对数平方					−0.171*** (0.003 82)	−0.147*** (0.003 48)		
户籍人口对数平方							−0.369*** (0.008 20)	−0.320*** (0.005 78)
常数项	19.34*** (0.153)	18.77*** (0.139)	21.50*** (0.328)	21.06*** (0.283)	−9.473*** (0.646)	−7.003*** (0.615)	−43.40*** (1.449)	−36.86*** (1.052)
N	659	651	659	651	659	651	659	651
调整 R^2	0.926	0.934	0.784	0.824	0.982	0.982	0.947	0.969

注:被解释变量为城市位序对数,解释变量为城市人口规模(包括城镇常住人口和户籍人口)的对数,所估计出的人口变量系数为帕累托指数。* $P<0.1$, ** $P<0.05$, *** $P<0.01$。

---

① 如前文所述,帕累托指数越大,表明城市分布体系越均匀化和扁平化;系数越小,表明城市人口分布越集中,城市间差距越大。

考虑到帕累托指数在不同的城市规模区间有所不同(如图 2.1 所示的非线性趋势),表 2.2 中的第(5)列至第(8)列基于式(2.3)加入了人口规模对数的平方项。结果显示,平方项在各回归中均高度显著,调整 R^2 也高于只包含一次项的回归结果,说明了我国城市体系的帕累托分布呈现明显的凹性,即如果只考察我国较大城市的规模分布,估算出的城市体系会更加扁平化。该结果也反映了我国大城市的规模梯度不够明显,与 Henderson(2009)提出的观点相一致。

中国城市分布的帕累托指数与世界其他国家的水平相比是否存在差异? 基于联合国世界人口展望公布的世界各国的城市数据[1],本章利用式(2.2)计算了全球主要国家 2000 年和 2010 年的帕累托指数,并与表 2.2 第(1)、(2)列的结果进行比较,结果如图 2.2 所示。[2] 从图 2.2 可以看出,中国的帕累托指数略高于世界主要国家的均值。图中右上角有四个明显的离群值,是德国、意大利、俄罗斯和乌克兰,相比这些国家,我国城市人口的分布相对更为集中,但与处于左下方的多数国家相比,我国的城市分布更为扁平化。另外,2010 年我国的帕累托指数低于 2000 年,且与世界平均水平的差距有所减少,这说明,2000—2010 年我国的城市体系分布特征逐渐向全球主要国家的分布特征靠拢。

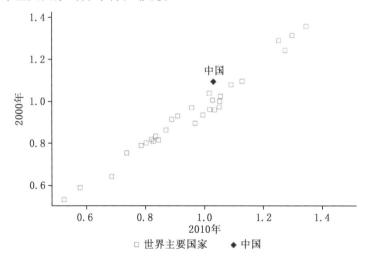

注:中国数值来自表 2.2 的回归结果[第(1)、(2)列],其他国家数据来自使用世界人口展望数据的回归结果。

图 2.2 世界主要国家 2000 年和 2010 年城市分布的帕累托指数比较

① 需要注意的是,联合国提供的中国城市数据并非全样本,而只包含了在 2014 年人口规模达到 30 万的城市样本。

② 为使得结果具有可比性,图 2.2 只展示了至少有 10 个城市样本的国家结果。

2.3.3　基于马尔科夫转移矩阵的城市分布演化规律

空间基尼系数和齐普律只能静态地描述城市分布体系的现状,而马尔科夫转移矩阵可用来分析城市分布的动态演化过程。本部分使用该方法对我国城市在不同规模类别中的变换情况进行分析。城市规模分类参考了 2014 年国务院发布的《国务院关于调整城市规模划分标准的通知》,将城市规模共分为七大类,具体分类方法和对应的城市数量见表 2.3。

表 2.3　　　　　　　　　　我国城市在各规模类别的分布情况

规模类别	2000 年	2010 年
1.超大城市(1 000 万以上)	1	4
2.特大城市(500 万—1 000 万)	6	9
3.Ⅰ型大城市(300 万—500 万)	5	12
4.Ⅱ型大城市(100 万—300 万)	46	55
5.中等城市(50 万—100 万)	91	135
6.Ⅰ型小城市(20 万—50 万)	301	304
7.Ⅱ型小城市(20 万以下)	209	132
共计	659	651

表 2.3 显示,2000—2010 年,我国中等城市规模及以上的城市数量均有所上升,其中超大城市从 1 个(上海)增加到 4 个(上海、北京、重庆和深圳)。相比之下,小城市的数量有所下降,尤其是Ⅱ型小城市数量,从 2000 年的 209 个下降到 2010 年的 132 个。Henderson 和 Wang(2003)计算得出,2000 年世界各国人口在 300 万以上的城市数量与 100 万—300 万的城市数量之比为 0.27,而中国的比值仅为 0.072,从而认为中国相对缺少 300 万以上的大城市。然而,他们使用的城市样本缺失严重,使用的城市人口指标也并非城镇常住人口。根据表 2.3,本章计算得到的这一比值在 2000 年为 0.26,与当时世界平均水平基本持平;在 2010 年该比值进一步上升到 0.45。在这个意义上,Henderson 和 Wang(2003)可能低估了我国的城市集中度。

图 2.3 进一步给出了我国各规模等级的城市人口占全国城市人口的份额,并对比了 2000 年和 2010 年的差异。与表 2.3 的结果一致,十年间大城市所占的人口

份额有明显提升,小城市的份额相对下降。其中,超大城市人口份额的提升最为明显,从 3.9% 提高到 12.4%;I 型小城市的份额减少最大,从 28.5% 下降到 21.4%。另外,I 型大城市的份额上升和 II 型小城市的份额下降也比较明显。

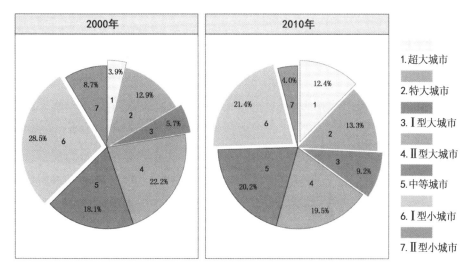

图 2.3 各规模等级城市所占的城镇人口份额比较

表 2.4 利用马尔科夫转移矩阵方法[式(2.4)]和城镇常住人口数据,计算了 2000—2010 年我国城市在不同规模类别间的变换情况。矩阵中的元素 M_{ij} 表示 2000 年处于规模类别 i 的城市以多大的概率在 2010 年变为类别 j。以最后一行的结果为例,在 2000 年处于 II 型小城市类别的城市,在 2010 年有 0.56% 的概率成为 II 型大城市,48.32% 的概率成为 I 型小城市,51.12% 的概率保持 II 型小城市的类别(每一行元素之和为 100)。矩阵中对角线的元素表示城市保持原类别不变的概率。

表 2.4　　城市规模增长的马尔科夫转移矩阵(2000—2010 年)

规模类别	1	2	3	4	5	6	7
1	100.00	0.00	0.00	0.00	0.00	0.00	0.00
2	50.00	50.00	0.00	0.00	0.00	0.00	0.00
3	0.00	80.00	20.00	0.00	0.00	0.00	0.00
4	0.00	2.33	25.58	72.09	0.00	0.00	0.00
5	0.00	1.12	0.00	21.35	76.41	1.12	0.00

规模类别	1	2	3	4	5	6	7
6	0.00	0.00	0.00	1.45	23.55	71.01	3.99
7	0.00	0.00	0.00	0.56	0.00	48.32	51.12

注:每一规模类别的具体含义详见表 2.3。矩阵中的各数值代表百分点。

表 2.4 的结果表明,我国城市在 2000—2010 年经历了普遍的人口规模升级,人口规模下降的比例较少(对角线右下方的元素表示城市所处类别升级的概率,右上方代表降级的概率)。在此期间, I 型大城市[表 2.4 第(3)行]的扩张速度尤为明显,有 80% 的概率在 2010 年发展成为特大城市。而 II 型大城市及以下的城市[表 2.4 第(4)—(7)行]也都以较高的概率在 2010 年升级为更高的类别。总体来看,规模升级概率在各个城市规模中是不平衡的,反映了不同规模的城市人口增长率存在着差异,这也导致城市分布体系发生变化。哪些因素导致了各城市间的非平衡增长和城市体系的变化,是下文要重点探讨的问题。

2.4　城市分布体系变化的影响因素

上文的实证研究发现,2000—2010 年我国城市的分布集中度有所上升,这与大城市出现更快的规模扩张密切相关。城市的扩张有两种形式,包括外延式(Extensive)和内涵式(Intensive)。外延式的城市扩张主要指城市边界的快速扩张,在我国的城市体制下,城市的行政区划调整是推动外延式扩张的重要因素,2.4.1 节讨论撤县设区等区划调整对城市分布体系的影响。内涵式的城市扩张则是指在城市边界不变的情况下,在城市集聚效应的带动下,外来劳动力不断涌入和集聚,使得城市人口密度逐渐上升。2.4.2 节具体讨论影响我国城市内涵式扩张的因素。

2.4.1　城市发展战略与撤县设区

改革开放以来,我国的城市发展战略一直处于不断地调整和优化之中。改革开放伊始,为防止大城市出现过度拥挤,加之当时乡镇企业的蓬勃发展,中央政府确立了鼓励中小城市和小城镇、限制大城市发展的城市发展战略(费孝通,1984;叶克林和陈广,1985)。在这一背景下,20 世纪 80—90 年代,我国通过撤县设市政策创立了一批规模较小的县级市。从图 2.4 中可以看出,1990—2000 年我国的县级市数量出现大幅上升。[①] 县级市相比地级市在人口规模上普遍较小,因而撤县设市政策降低了城市的平均规模和城市分布集中度。Song 和 Zhang(2002)、Xu 和 Zhu(2009)的研究发现,我国的城市体系在 1990—2000 年趋向平均化,这与撤县设市政策以及当时偏向小城市的发展战略密切相关。

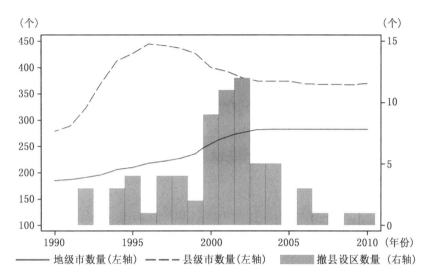

图 2.4   1990—2010 年地级市、县级市和撤县设区数量

     2000 年前后,我国的城市发展战略出现了重要调整。第一,在各类政府工作报告中,限制大城市的语句消失,取而代之的是"促进大、中、小城市协调发展";第二,大城市的户籍政策有所放松,促进了农村劳动力向大城市,尤其是向东部大城市集聚;第三,撤县设市政策在 1997 年被取消后,撤县设区政策开始广泛开展。不同于撤县设市,撤县设区本质上扩大了已有城市的边界,使得城市人口规模进一步上升。图 2.4 列出了 1990—2010 年撤县设区实施的数量,在 2000 年之后,尤其是在 2000—2004 年撤县设区改革出现热潮。

     撤县设区是指将县或县级市变为地级市的市辖区。不同于县和县级市,市辖区是地级市的有机组成部分,两者在经济、交通、生活等方面形成了高度融合。撤县设区后,地级市实现了城市空间的快速扩张。唐为和王媛(2015)研究发现,撤县设区在大城市发生的概率更高,并且通过区域经济融合和集聚效应的提升,撤并后

---

   ①   撤县设市政策始于 1983 年,并在 1997 年被中央政府取消(Fan 等,2012)。

的城市吸引了更多的外来流动人口。这些因素共同促进了大城市的人口规模扩张,使得 2000—2010 年我国城市体系的集中度不断增加。[①] 如果将 2000—2010 年通过撤县设区被撤并的县(或县级市)也纳入 2000 年各城市的城镇常住人口中,表 2.2 中根据式(2.2)回归得到的帕累托指数将从 1.094 降至 1.060,这与 2010 年(1.031)的差距减少了一半,间接地说明了这一期间帕累托指数的下降约有一半源于撤县设区政策。

2.4.2　城市集聚效应

不同于撤县设区政策通过政府的行政力量改变城市规模,内涵式的城市扩张更多依赖于城市集聚效应的增强。在新经济地理学和城市经济学理论中,集聚经济(Agglomeration Economies)是影响生产活动和人口在空间上非均匀分布的根本因素(Krugman,1991;Duranton 和 Puga,2004),集聚经济的强弱也体现了城市的发展活力,决定了未来城市人口的增长情况。

表 2.5 分析了影响我国城市 2000—2010 年人口增长的因素,这些因素包括地理和政治、人口、人均 GDP、产业结构等反映城市发展潜力的诸多因素。

表 2.5　　　　　　　　　我国 2000—2010 年城市人口增长率影响因素分析

	(1) 地理和政治	(2) 人口	(3) 人均 GDP	(4) 产业结构	(5) 全部
港口距离[a]	-0.333^{**}				-0.800^{***}
	(0.130)				(0.137)
平方项:	0.089				0.473^{***}
	(0.097)				(0.111)
立方项:	-0.003				-0.076^{***}
	(0.018)				(0.024)
省会城市	0.133^{**}				0.277^{***}
	(0.064)				(0.074)
县级市	0.037				-0.285^{***}
	(0.028)				(0.042)

[①]　近年来,撤县设区又掀起热潮,仅 2014 年就有多达 20 次的撤县设区发生,这将进一步提高我国城市分布的集中度。

续表

	(1) 地理与政治	(2) 人口	(3) 人均 GDP	(4) 产业结构	(5) 全部
城镇人口(百万)		0.124*** (0.031)			−0.052 (0.038)
平方项:		−0.008*** (0.003)			0.002 (0.003)
地区人口比[b]		0.006** (0.003)			0.014*** (0.003)
农村人口比[c]		0.136*** (0.013)			0.257*** (0.014)
人均 GDP(万元/人)			0.037* (0.021)		0.093*** (0.024)
平方项:			−0.005* (0.003)		−0.009*** (0.002)
非农 GDP 比例				0.003** (0.001)	0.010*** (0.001)
产业结构[d]				−0.144*** (0.055)	0.009 (0.056)
产业结构与城市规模交叉项				0.024*** (0.009)	−0.004 (0.010)
市场潜力				0.026** (0.011)	0.002 (0.009)
常数项	0.506*** (0.050)	58.81** (27.91)	0.298*** (0.027)	0.080 (0.105)	136.8*** (26.77)
N	597	547	595	547	547
调整 R^2	0.062	0.177	0.002	0.025	0.442

注：被解释变量为所有建制市 2000—2010 年城镇人口的增长率(2000—2010 年通过撤县设区被撤并的县或县级市的人口数据在 2000 年也被纳入了地级市市辖区范围)，所有解释变量均采用 2000 年数据。* $P<$ 0.1，** $P<0.05$，*** $P<0.01$。

a：指到上海和深圳两个港口最近的距离；b：地区人口比＝城市①所在地级市或地区的总人口除以城市内的城镇常住人口；c：农村人口比＝城市农村常住人口除以城市城镇常住人口；d：产业结构＝城市第二产业生产总值除以第三产业生产总值。

———————

① 关于城市的空间范围，县级市指整个行政区域，地级及以上城市指市辖区范围。

新经济地理学的"中心—外围"理论认为，各地区的经济发展随着到中心城市的距离增加呈现三次曲线关系（Fujita 和 Krugman，1995）。陆铭（2011）利用各城市到上海、深圳两个主要港口的距离及其二次项、三次项对城市土地利用效率进行了回归，证实了理论预期的三次曲线关系。表 2.5 第（1）列使用相同变量分析了地理与城市人口增长的关系，得到了类似的三次曲线关系：随着到上海、深圳距离的增加，城市在 2000—2010 年的人口增长先下降，后上升，再下降。第（1）列只有距离一次项显著，而第（5）列控制了其他相关因素后，距离二次项、三次项也变得高度显著。另外，在我国特殊的行政体制下，城市的行政等级反映了它们获取政治、经济资源的能力（Chen 等，2017），从而影响城市的人口增长。第（1）列的结果显示，以地级市作为基准组，省会城市获得了更快的人口增长，但县级市与地级市无显著差异。

第（2）列分析了 2000 年的人口变量对人口增长率的影响。基期的城镇人口数量与人口增长率呈倒 U 型关系，当基期城镇人口达到 750 万时，增长率最高。2000 年我国城市的城镇人口平均规模只有 56 万，只有少数城市的人口达到 750 万，表明对于大多数城市而言，基期人口规模越大，人口增长也越快。这种趋势必然带来城市分布体系的进一步集中，这与 2.3 节的回归结果相一致。地区人口比（即地级市总人口相对于城区人口的比值）和农村人口比（即城区内农业人口相对于城镇人口的比值）越高，反映了城市利用行政手段获取农村剩余劳动力的能力越高（蔡昉和都阳，2003）；此外，也反映了通过城乡迁移提高城市化率的人口基础更好。表 2.5 的结果显示，上述因素都显著促进了城市的人口增长率。

第（3）列和第（4）列分析了基期经济因素（2000 年）对城镇人口增长率的影响。首先，人均 GDP 与人口增长率存在着倒 U 型关系：人均 GDP 在 3.7 万元时，人口增长率达到最高。考虑到大多数城市的人均 GDP 低于 3.7 万元（2000 年均值为 1.8 万元），这一结果基本反映了人均 GDP 与城市人口增长存在正相关关系。其次，城市的产业结构显著影响了城市人口的集聚能力。第（4）列显示，基期非农产业比例越高，人口增长就越快。

此外，城市第二、三产业的相对比例也将对城市规模产生影响。Au 和 Henderson（2006b）通过结构方程模型论证了制造业与服务业的比例对城市最优规模的影响，指出服务业比重越大，对应的最优城市规模就越高。柯善咨和赵曜（2014）利用地级市数据，发现了产业结构与生产率的关系取决于城市规模，只有当城市达到一定的人口规模时，更高的服务业比重才会带来更大的生产率提升，对于小城市而言第二产业的比重更为重要。基于上述研究,第(4)列放入 2000 年产业结构(第二产业与第三产业之比)以及产业结构与城市规模的交叉项(城市规模为类别变量,分类标准见表 2.3,数值越大,表示人口规模越小):第二、三产业产出比越高,人口增长率就越低,这与上述已有研究相一致;然而,对于人口规模较小的城市,以 Ⅱ 型小城市为例(规模等级为 7),第二产业相对比重越高,人口增长率就越高(0.024×7−0.144＞0)。这些结果表明由于集聚经济的存在,服务业在大城市更具生产率,而第二产业在中小城市更具发展活力。最后,城市的市场潜力(Market Potential)也显著促进了城市人口的增长,这与新经济地理学的理论相一致(Krugman,1993)。

表 2.5 的第(5)列放入前述所有的解释变量。除部分变量因共线性不显著外,多数变量与单独回归时的结果一致。另外,调整 R^2 提高至 0.442,说明这些因素对于我国城市的人口增长有着很强的解释力。综合以上结果,2000—2010 年我国城市的集聚能力进一步增强,是由于具有更好的地理禀赋、人口规模更大、人均 GDP 更高的城市获得了更多的劳动力流入和人口增长。集聚效应的提升进一步提高了大城市的人口规模,使得 2000—2010 年我国城市分布的集中度不断上升,这与前文对城市集中度的测算结果相一致。

2.5 结 论

基于 2000 年和 2010 年人口普查数据,本章测算了这一时期我国城市规模分布情况及其变化趋势。在以往研究我国城市体系的文献中,由于所使用的城市数量、人口指标和时间范围等方面的限制,研究结果存在不同程度的偏差。本章使用全面的城市样本和更为准确的衡量城市规模的人口指标,并基于空间基尼系数、齐普律和马尔科夫转移矩阵等方法,重新估计了我国 2000 年和 2010 年的城市规模分布体系。结果发现,本章估计的城市集中度虽然仍低于其他主要国家和世界平均水平,但高于以往的类似研究结果。此外,一个重要发现是,2000—2010 年我国的城市规模分布变得更为集中,大城市所占的人口份额明显上升。

本章进一步分析了影响我国城市分布集中度提高的因素。首先,2000 年前后我国的城市发展战略有所调整,对大城市发展的限制开始减弱;撤县设区政策作为促进大城市发展的重要举措,显著提高了大城市人口在城市总人口中的比重。其次,城市的集聚经济在这一时期逐渐增强,2000 年经济规模和发展水平高的城市在此后 10 年间经历了更快的人口增长，即大城市的人口集聚能力在不断提升，这降低了我国城市体系的扁平化问题，使得城市集中度不断增加。

本章的研究结果为理解我国城市体系的发展提供了基础性事实。2014 年发布的《国家新型城镇化规划（2014—2020 年）》提供了未来城镇化发展的整体方案，并提出到 2020 年将城镇化率进一步提高到 60%。农村劳动力是向大城市还是向小城市迁移，是未来城市发展的重要问题。一方面，大城市存在着更高的集聚经济优势，同时拥堵成本也更高；另一方面，中小城市在吸引成熟制造业上拥有重要的成本优势，但其发展也离不开大城市在知识、信息等方面的溢出效应。中央政府在 2011 年发布的《全国主体功能区规划》和 2014 年发布的《国家新型城镇化规划（2014—2020 年）》强调了大、中、小城市协调发展的重要性。因此，如何优化城市分布体系，将成为我国未来城镇化工作的重要议题。

附　录

附表 2.1　　　　　　　　　　主要变量的描述性统计

变量名	均值	中位数	标准差	最小值	最大值
人口增长率	0.334	0.285	0.338	−0.652	2.108
距港口距离（1 000 千米）	0.915	0.812	0.649	0.000	4.050
城镇人口（百万）	0.565	0.292	1.082	0.014	13.845
地区人口比例	1.375	1.194	1.149	0.000	6.730
农村人口比例	5.859	4.825	5.143	0.000	44.285
人均 GDP（万元/人）	1.791	1.147	1.759	0.115	12.316
非农 GDP 比例	78.241	79.300	11.233	44.600	99.600
产业结构	1.379	1.249	0.749	0.188	10.553
市场潜力	0.792	0.443	1.384	0.013	22.204

注：所有变量均基于 2000 年数据，部分变量含义详见表 2.5 注释。

第 3 章

小即是美？撤县设市
与小城市的发展战略

3.1 引 言

    一国在经济发展和产业结构向非农产业转移的过程中,往往伴随着城市化率和城市数量的不断增加。回顾新中国成立以来的城镇化历程,城市化率的提升与城市数量的增长密不可分。图 3.1 描述了自 1949 年以来我国的城市化率[①]和城市数量的变化情况。1949 年我国城市化率为 10.6%,城市数量为 135 个;至 2014 年,城市化率达到 54.8%,城市总数提升至 649 个。如图 3.1 所示,除了在新中国成立初期经济恢复阶段城市化率出现明显提升外,一直到 20 世纪 80 年代,城市化一直处于停滞状态,城市的数量也基本保持稳定。改革开放后,在"小城市发展导向"的城镇化政策下,我国广泛实施了撤县设市政策,城市数量得以大幅提升[②],从根本上形塑了我国现有的城市体系。在城市数量迅速增加的同时,城市化率在这一阶段也进入快速上升阶段。

    从农村经济转向城市经济,需要赋予地方政府更多的自主权,以满足居民更为复杂和多样化的公共服务需求。当居民可以自由选择居住地时,由地方政府提供

---

   ① 我国官方的名称为城镇化率,为行文方便,本章对城市化和城镇化概念不做区分。

   ② 从 1978 年到 1997 年,通过实施撤县设市政策,我国新增超过 350 个中小规模的城市(县级市)。

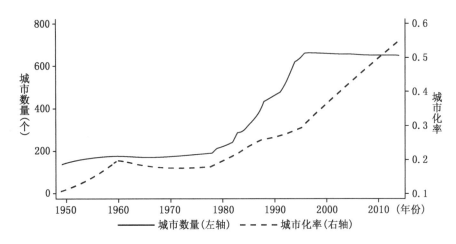

图 3.1　1949 年以来我国城市化率与城市数量的变化趋势

地方公共性物品也更具效率(Tiebout,1956)。在美国等国家的城市建制(Munici-pal Incorporation)实践中,一项重要的内容是给新的城市政府更多的自治权。在中国,对县级政府而言,通过撤县设市政策转变为县级市后,在行政审批、土地使用、城市规划、税收等方面可获得更多的自主权,因此,撤县设市改革本质上意味着经济管理权限的下放。根据第一、第二代财政分权理论的研究成果,分权(包括财政分权、行政分权)可以提高地方公共品的供给效率(Tiebout,1956),并促进地方政府间的引资竞争,从而有利于地方经济发展(Xu,2011)。改革开放后,我国采取了一系列带有分权特征的改革试验,例如计划单列市的设立(史宇鹏和周黎安,2007)、将重庆设为直辖市(王贤彬和聂海峰,2010)、省直管县和扩权强县(刘冲等,2014)等,已有研究均发现这些改革给当地的经济发展产生了一定的推动作用。与这些分权改革不同,撤县设市还具有鼓励城市化,尤其是中小城市发展的色彩。关于小城市能否产生足够的集聚能力,从而促进经济发展和人口城市化,一直存在着很大的争议(王小鲁和夏小林,1999;Au 和 Henderson,2006)。在本地集聚能力可能不足的情况下,扩大经济自主权能否促进小城市的发展,是一个需要实证检验的问题。

一些文献认为,撤县设市政策并未实现促进经济发展和人口城市化的预期目标。首先,有学者认为,撤县设市造成了假性城市化和被动城市化问题——许多通过撤县设市成立的县级市仍包含了大量农村地区,其非农产业比例与县域经济接近,造成"城不像城、乡不像乡"的现象(浦善新,2004)。其次,撤县设市政策的标准制定和执行过程也受到质疑(Chung 和 Lam,2004;Ma,2005),中西部一些欠缺发展潜力的县也获得县级市的建制,而许多发展禀赋和潜力更好的县甚至镇,由于无法取得城市建制限制了当地的经济发展。此外,通过撤县设市设立的城市规模相对较小,可能难以形成集聚经济。Fan 等(2012)利用 1993—2004 年的数据发现,通过撤县设市设立的县级市在促进经济发展和城市化方面并没有优于其他县,政策效果受到质疑。鉴于以上问题,撤县设市被认为是一项失败的城市化政策,国务院在 1997 年基本上中止了这一政策,并冻结了多达 500 例的撤县设市申请(Chung 和 Lam,2004)。

然而,经过 1997 年后十余年的快速工业化和经济增长,许多较为发达的县和乡镇具备了设立城市的条件,它们亟须获得与城市建制相应的管理权限,从而进一步发展城市经济和推动城镇化。近年来,对重启撤县设市的呼声日趋高涨。[①] 在此背景下,系统评估以往政策的实际效果,对于未来的改革方案设计至关重要。

已有的关于撤县设市的研究多基于描述性或基于小范围案例的分析,难以给出一个完整而准确的画面。Fan 等(2012)的实证研究为本章提供了一个很好的出发点,但他们的分析也存在局限之处,如限于所选时间范围只讨论了政策的短期效应、只讨论了平均政策效果而未分析效果的异质性等。本章在以上方面改进了已有文献,利用夜间灯光照明数据和县市经济数据重新检验了撤县设市对经济发展和城市化的政策效果,并重点讨论该政策效果的长期效应和地区异质性。基于双重差分方法的研究设计,研究发现撤县设市政策显著促进了当地的经济发展水平,但这一效应主要发生在研究时期的后半阶段(大约在 2004 年之后)。该结果补充了 Fan 等(2012)关于该政策在 2004 年之前无效果的结论。此外,政策效果存在着显著的异质性:东部地区和集聚经济水平更高的地区显示出更强的经济促进效应,而中西部地区则未产生显著效果。最后,本章进一步分析了政策的作用机制,并给出初步证据,指出在地方发展禀赋存在差异性的背景下,经济分权可能产生异化的政策效果。

本章的结构安排如下:3.2 节介绍国内外城市设立的制度背景并回顾相关文献;3.3 节介绍研究数据和实证方法;3.4 节汇报主要的实证结果,包括撤县设市对城市发展的平均效应及其异质性分析;3.5 节从行政审批权及土地管理权的下放两方面讨论了撤县设市政策的作用机制;3.6 节进一步排除了其他的可能性解释;3.7 节为结论和政策含义。

---

① 中央政府对撤县设市的限制也有所松动,自 2015 年以来,已有数十个县实施了撤县设市。

3.2　背景与文献综述

3.2.1　制度背景

（1）设市模式

世界范围内存在两种设立城市的模式：一种是以美国为代表的自下而上、自发形成的城市建制；另一种则是自上而下、行政主导的模式，如我国的撤县设市。

在多数市场经济国家，城市建制是当地居民达到一定规模后实行自治的一种形式。以美国为例，在决定本地是否获得城市建制过程中，当地民众发挥着主导性作用。上级政府（州政府或议会）为城市建制设定一定的标准，包括人口、面积、到已有建制市的距离等（Leon-Moreta，2014）。以美国北卡罗来纳州为例，一个地区要获得建制需达到以下条件：超过 15％ 的当地居民签署的请愿书（Petition），常住居民超过 100 人，人口密度（常住和流动人口）达到 250 人/平方英里，40％以上的土地用于住宅、商业、工业等非农用途等。满足上述条件后，该地区便可向由州议会组成的城市建制联合委员会（The Joint Legislative Commission on Municipal Incorporations）提出建市申请。由于上级政府制定的设市标准并不严苛，当地民众在这一过程中有很大的自主权。

相较而言，中国的设市模式具有明显的行政主导特征——由地方政府申请设市，中央政府决定是否批准，而当地居民在这一过程中发挥的作用很小。这个过程存在着典型的委托—代理问题。中央政府作为委托人，通过选择某些县改制为县级市，并赋予它们更多的经济资源，来实现推动城市化和经济发展的最终目标。但由于存在着信息不对称、激励不相容等问题，我国行政主导式的撤县设市能否实现预期目标，有待实证检验。

（2）撤县设市的流程和标准

我国县级以上的行政区划调整，如县、自治县、县级市、市辖区的设立、撤销、命名、隶属关系的变更等，需要由地级市（地区、盟）人民政府组织民政及有关部门进行科学论证，提出变更方案，并附有关地方人民政府的意见，请示省、自治区、直辖市人民政府。省、自治区、直辖市人民政府研究同意后，请示国务院，转经民政部审核并征求有关部委意见后报请国务院批准(参见《国务院关于行政区划管理的规定》国发〔1985〕8 号)。

"六五"和"七五"时期,我国实行了"小城市优先发展"的城镇化战略,同时期,撤县设市作为一项鼓励中小城市发展的重要举措获得了广泛关注。撤县设市改革的正式实施始于 1983 年,1986 年,民政部正式公布了撤县设市的标准,包含人口密度、非农产业人口、GDP、财政收入等一系列指标。总体来看,这些标准较容易达到,并且有些指标不明确或者难以统计,导致大部分的县具备申请条件。在许多情况下,民政部也难以确认申请材料的真实性(Ma,2005),加之来自地方政府的政治施压时有发生,使得撤县设市出现"热潮"。虽然民政部在 1993 年提高了设市的标准,但全国仍有近一半的县可满足设市条件(Chung 和 Lam,2004)。与此同时,Fan 等(2012)的研究则发现,在撤县设市实践中这些标准并没有被严格执行。过于宽松的设市标准导致许多缺乏城镇化基础、发展潜力较弱的县获得了城市建制,这可能是产生诸多问题的原因,也使得对政策效果异质性的讨论变得十分必要。

(3)县和县级市的区别

虽然在行政级别上县级市和县属同级,但县政府的职能重点在乡村发展,而县级市的职能重点是城市建设,在此意义上,撤县设市是一次由乡到城的身份转换。除了名字上的差异,对于当地经济发展而言,该政策所带来的行政权力和经济资源的下放更具意义。

首先,县级市政府的职权范围比县政府更大,许多县级市拥有相当于"副地级市"的审批权,而且县级市的市委书记更可能成为地级市的市委常委(Li,2011)。县改市后,机构设置会有更高的灵活性,尤其体现在城市规划、城市建设、城市环境保护等方面。

其次,相较于县,县级市往往拥有更多的土地审批权和建设用地指标,并能够从土地出让收入中保留更高的份额(Zhang 和 Zhao,1998;Chung 和 Lam,2004;Fan 等,2012)。

除此之外,县级市在其他方面也有一定的优势,如县级市的城市维护建设税适用税率比县高出 2—5 个百分点,带来更多的财政周转资金;而在招商引资上,县级市的形象往往比县更好(Chung 和 Lam,2004)。

3.2.2　文献综述

(1)行政区划调整与城市化

我国在改革开放后实行了一系列的行政区划调整,目的是调整区域间关系,以促进工业化和城市化的发展。这些调整包括地市合并、撤县设市、撤县设区和省直管县等。为了发挥城市在经济发展中的带动作用,自20世纪80年代起各地进行了地市合并(地改市)改革,形成了我国特有的"市管县"体制。然而,这一体制也造成了"市卡县、市刮县"等一系列问题,限制了农业和县域经济的发展(才国伟等,2011)。自2002年起在全国推广的省直管县和扩权强县改革便是为了解决这一问题,这些改革强化了县域经济发展的自主权。本章研究的撤县设市政策与省直管县和扩权强县有一定的相似性。在1997年撤县设市政策停止后,由农村政区(县)向城市政区(市制)转换的需求转而体现为撤县设区的改革浪潮。相比前述改革的分权特征,撤县设区改革走向了完全相反的方向——通过将县政府的自主权上收至地级市政府,来加强中心城区的集聚经济(唐为和王媛,2015;Tang 和 Hewings,2017)。

本章将全面评估20世纪90年代的撤县设市政策。目前,多数研究对撤县设市政策是否促进经济发展和城市化存在质疑,认为设市的标准存在着诸多问题,且在实践中没有被严格执行(Chung 和 Lam,2004;Ma,2005;Li,2011),最终带来了我国市制的混乱,造成"城不像城、乡不像乡"的现象(浦善新,2004)。Fan 等(2012)首次利用经验数据进行了系统的政策评估,他们以1994—1997年发生的91例撤县设市样本作为处理组,采用DID方法估计了该政策对撤县设市地方经济增长的效应,并未发现显著的政策效果。然而,该研究只检验了在2004年之前的政策效应,且并未分析政策效果的异质性。本章将在以上两方面补充已有研究,并进一步讨论撤县设市政策的作用机制。

(2)经济分权、集聚经济与城市发展

20世纪90年代兴起的第二代财政分权理论探讨了财政分权对经济增长的影响(Montinola 等,1995;Qian 和 Roland,1998)。关于分权理论的大量文献指出,向地方政府的分权可以解决中央政府面临的信息缺损问题,从而提高公共品提供效率(Tiebout,1956)。在财政分权模式下,地方发展的自主权推动了地方政府在促进经济发展中的努力,从而为我国经济增长带来推动效应(Xu,2011)。另外,在城市

化的背景下,城市和乡村经济代表着两种完全不同的经济结构,也需要不同的治理
方式。一般而言,城市经济面临更多的不确定性,因此赋予地方政府更高的经济自
主权有利于城市治理效率的改善。而在目前,许多经济发达的县级甚至镇级地方
政府由于缺乏相应的管理权限,限制了当地的经济发展。[①] 在此意义上,撤县设市
所带来的行政与经济资源管理权限的下放可能有利于县市经济发展。

经济分权能否促进县市经济发展,还取决于城市自身的发展潜力。在城市经
济学文献中,解释城市发展潜力和经济活动空间分布的一个基本因素是集聚经济。
大量实证研究发现,城市的企业生产率与城市规模和人口密度正相关(Rosenthal
和 Strange,2004),并指出集聚经济是促进城市经济增长的重要因素(Ciccone 和
Hall,1996)。已有研究也发现,集聚经济是解释我国地区间生产率差异的重要因素
(范剑勇,2006)。因此,新设立的市能否发挥集聚效应,将是影响政策效果的重要
因素。

3.3 数据和方法

3.3.1 数据来源

(1)撤县设市样本

撤县设市的信息来自中国行政区划网,其中详细记录了每年县级以上行政区
划的变更情况。图 3.2 给出了自 1976 年以来每年撤县设市的数量以及县级市总量
的变化情况。国务院在 1997 年冻结了撤县设市申请,除个别西部或沿边地区外,
该政策基本被中止。

本章使用 1993—1997 年发生撤县设市的县作为处理组,主要基于以下原因:
首先,1993—1997 年是政策集中发生的时期,为评估政策效果提供了充足的样本;
其次,现有的官方统计数据缺乏 1992 年之前县市的经济表现情况,而本章用以衡
量县域经济表现的夜间灯光数据最早也只到 1992 年;最后,20 世纪 80 年代通过撤
县设市设立的县级市中很大一部分又通过地市合并进一步升级为地级市,导致这

---

① 近年来在浙江等地开展的"镇级市"试点,一个主要目的便是解决这一"小马拉大车"问题。

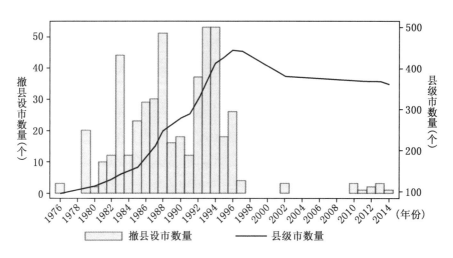

图 3.2　历年撤县设市和县级市数量(1976—2014 年)

些样本的可比性存在问题。

(2)县市经济数据

本章采用美国国家海洋和大气管理局(NOAA)发布的 1992—2012 年全球夜间灯光数据来反映县域的经济发展程度。该数据记录了各地区 20:30—22:00 的灯光亮度,并排除了自然火光、短暂性的光线和其他背景噪声等,以保证记录的数据代表了人造灯光的亮度。灯光亮度值的取值范围是 0—63,数值越大,亮度越高,表示该地的经济活动越繁荣。一个县的平均灯光亮度,由该县内所有栅格的灯光亮度总和除以栅格总数得到。

自灯光数据发布以来,许多研究者探讨了灯光亮度与当地经济发展程度(GDP)之间的关系,认为灯光亮度是客观反映经济活动的替代指标(Henderson 等,2012),并在实证研究中使用灯光亮度作为地区经济发展程度的代理变量(Hodler 和 Raschky,2014)。对于我国的官方经济统计数据,学界一直存在质疑,认为官方的数据高估了实际的产出水平(Rawski,2001),而使用灯光数据可有效规避这一问题。

除了数据真实性和客观性的优势外,本章使用灯光数据还有以下几个重要的原因:首先,灯光数据提供了 1992—2012 年严格平衡的面板数据,不存在某些县市数据在某些年份缺失的情况,这对全面评估撤县设市政策十分重要。[①] 其次,使用官方统计数据面临着不同年份的统计指标缺失或口径不一致的问题,并且不同年份的物价水平差异(尤其细分到县市一级)也影响着数据的可比性,而灯光数据有效避免了这些问题。另外,本章采用了 2008 年的县市行政边界地图与夜间灯光数据匹配,避免了由于部分行政区划调整带来的县市经济数据统计口径差异。

由于地区间的空间范围存在着巨大的差异,并且不同年份使用了来自不同卫星的数据,因而灯光数据在不同地区或年份间不直接可比。本章采用 Henderson等(2012)的方法,使用县市和时间固定效应解决这一问题。另外,灯光数据存在着取值上限问题(最大值为 63),超过这一亮度后数值不再增加。由于我国达到上限值的地区非常少,加之本章的样本是县市层面,排除了市辖区,较少受到上限值的影响。

在下文分析中,本章使用灯光亮度作为经济发展水平的主要指标,同时使用了人均工农业总产值和工业化率(工业产值占工农业总产值的比例)作为辅助性指标。自 1993 年以来的各县市总人口、工农业总产值(或第一、二产业附加值)等信息来自历年《全国地市县财政统计资料》和《中国县(市)社会经济统计年鉴》。

3.3.2　实证模型

本章采用双重差分模型(Difference-in-Difference,后文简称为 DID)来估计撤县设市对新设立县级市的经济增长和城市化产生的政策效应。在全国县或县级市样本中[②],1993—1997 年发生撤县设市的县为处理组(Treatment Group),1992—2012 年保持县建制的县为控制组(Control Group)。撤县设市对经济表现的政策效应可由式(3.1)得到:

$$y_{ipt} = \beta_0 + \beta_1 Policy_{ipt} + \theta_i + \delta_{pt} + \varepsilon_{ipt} \tag{3.1}$$

其中,y_{ipt} 表示隶属于地区(或地级市)p 的县(或县级市)i 在 t 年的经济表现。$Policy_{ipt}$ 表示撤县设市政策实施的虚拟变量。θ_i 代表县市固定效应,δ_{pt} 代表地区×年份固定效应,以控制地区(或地级市)层面随时间变化的不可观测因素。控

---

① 官方统计数据存在着很大的样本缺失问题。Fan 等(2012)使用了包含 91 个撤县设市样本、时间跨度为 1993—2004 年的数据;本章的时间跨度为 1992—2012 年,处理组样本为 139 个。

② 因为市辖区在产业结构和所获得的发展资源上不同于同级的县市,本章实证分析排除了市辖区的样本。

制了地区×年份固定效应后，回归系数比较的是属于同一地级市的处理组和控制组的经济表现差异。

3.4　实证结果

3.4.1　基准回归结果

基于式（3.1）的方程设定，表 3.1 报告了撤县设市政策的平均处理效应。第（1）列的回归包括了县市和年份固定效应，第（2）—（6）列进一步控制了地区×年份固定效应 δ_{pt}。鉴于在时间跨度较长的 DID 估计中，可能存在的时间序列相关会低估系数标准误从而高估显著性，回归采用了较为严格的地区（或地级市）一级的聚类标准误（Cameron 和 Miller，2015）。

表 3.1　　　　　　　　　　撤县设市对县市经济发展的影响分析

	(1)	(2)	(3)	(4)	(5)	(6)
	灯光亮度（1992—2012 年）				工农业发展（1993—2012 年）	
	平均效应1	平均效应2	分时间	排除"邻居"	人均工农业总产值（万元/人）	工业化率
Policy	1.388***	0.483**				
	(0.228)	(0.207)				
*Policy×Before*2004			0.188	0.289*	0.112**	0.119***
			(0.140)	(0.156)	(0.048)	(0.017)
*Policy×After*2004			0.888***	1.187***	0.305**	0.246***
			(0.337)	(0.330)	(0.118)	(0.031)
县级固定效应	是	是	是	是	是	是
年份固定效应	是	是	是	是	是	是
地区×年份固定效应	否	是	是	是	是	是
撤县设市个数	139	139	139	139	91	91
县（市）总数	1 546	1 546	1 546	1 311	1 546	1 546
观察值	36 098	36 098	36 098	30 260	30 947	31 312
调整 R^2	0.858	0.940	0.941	0.956	0.704	0.643

注：前 4 列回归的因变量为县级平均夜间灯光亮度，第（5）列因变量为人均工农业总产值（万元/人），第（6）列中的工业化率是指工农业总产值中工业产值的比例。*Policy* 为政策虚拟变量，某个县在获得撤县设市政策后的年份为 1，政策前的年份和未获得撤县设市的县为 0。第（3）列排除了"邻居"样本，"邻居"定义为距离处理组 50 千米范围内的控制组样本。如果将"邻居"的范围扩大至 100 千米，"邻居"县的个数上升至 709 个，主要结果基本不变。括号内为地区（地级市）一级的聚类标准误。* $P<0.1$，** $P<0.05$，*** $P<0.01$。

　　表 3.1 第(1)、(2)列的结果表明,在控制了地区×年份固定效应后,撤县设市的政策效果明显下降,这是由于处理组样本在平均意义上处于发展潜力更高的地区,不控制地区×年份固定效应将会高估政策效果。根据第(2)列的结果,在本章的研究期间(1992—2012 年),处理组比控制组经历了更快的经济发展。Fan 等(2012)使用 1993—2004 年的县级面板数据,发现 1994—1997 年发生的撤县设市政策并未产生积极效果。为与 Fan 等(2012)的文章相对应,第(3)列进一步区分了政策效果在 2004 年前后的差异。结果发现,该政策在 2004 年之前并未产生显著的效果,这与 Fan 等的研究结果相一致。然而,在 2004 年之后政策效果在系数大小以及显著性上都明显高于 2004 年之前。鉴于研究样本在 1992 年的灯光亮度均值仅为 1.25,因此撤县设市的长期效应(0.888)在经济意义上也是十分重要的。

　　设市的县可能通过资源转移效应(如吸引了周边县市的资本和劳动力)对周边县的经济发展产生负面影响。如果控制组受到政策的不利冲击,这一冲击将会反映在处理组与控制组的差异上,从而造成对政策效果的高估。为应对这一问题,回归中排除了“邻居”样本——与处理组相距 50 千米的控制组样本(共有 229 个县成为“邻居”县)。表 3.1 第(4)列的结果表明,政策效果系数及其显著性都有所提高,说明撤县设市政策存在一定的正向溢出效应,基准模型的回归结果并未高估政策效果。

　　第(5)、(6)列检验了撤县设市对人均工农业总产值和工业化率的影响。虽然在 2004 年之前也产生了积极的效果,但政策效果在 2004 年之后明显上升。撤县设市政策显著提高了县市人口的收入水平和工业化程度,这些结果与地区灯光亮度的上升基本一致。

3.4.2　异质性分析

　　考虑到我国区域发展的不平衡性,尤其是在加入 WTO 后,工业活动和劳动力向东部地区的集聚加强,使得东部地区在工业化和城市化进程上都明显领先于中西部。一个相关的问题是,撤县设市在不同的地区间是否产生类似的效果。表 3.2 前两列的回归结果表明,撤县设市政策主要在东部产生了较为显著的效果,而对于中西部县市,政策效果远低于东部,并且统计上也不显著。因此,未来的设市政策应充分考虑到我国城市发展的地区差距。

表 3.2　　　　　　　　　　　　　政策效果的地区异质性

	(1)	(2)	(3)	(4)
	被解释变量：平均灯光亮度(1992—2012 年)			
	东部	中西部	初始人口密度	初始灯光亮度
$Policy \times Before\,2004$	0.241	0.198		
	(0.279)	(0.151)		
$Policy \times After\,2004$	1.784***	0.281		
	(0.660)	(0.331)		
$Policy$			−0.034	0.051
			(0.200)	(0.162)
$Policy \times density\,1990$			0.459***	
			(0.111)	
$Policy \times light\,1992$				0.472***
				(0.125)
县级固定效应	是	是	是	是
地区×年份固定效应	是	是	是	是
撤县设市个数	70	69	139	139
县(市)总数	437	1 282	1 546	1 546
观察值	9 177	26 921	33 389	36 098
调整 R^2	0.927	0.924	0.943	0.941

注：$density\,1990$ 指 1990 年县市的人口密度，$light\,1992$ 指 1992 年的平均灯光亮度，两个变量均做了去均值处理。括号内为地区(地级市)一级的聚类标准误。* $P<0.1$，** $P<0.05$，*** $P<0.01$。

此外，已有文献强调了集聚经济在城市发展中的重要作用，本部分进一步考察初始的集聚经济水平如何影响撤县设市的政策效果。表 3.2 第(3)、(4)列分别加入了政策变量($Policy$)与 1990 年人口密度、1992 年灯光亮度的交叉项。一方面，人口密度是文献中衡量集聚经济的重要指标(Ciccone 和 Hall，1996)；另一方面，基期平均灯光亮度与县市的经济规模和发展水平正相关，也能够反映县的集聚水平。结果显示交叉项系数显著大于 0，即初始的集聚水平显著提高了政策效果。这些结果进一步说明了政策效果存在显著的异质性。

3.4.3　稳健性检验

（1）平行趋势检验

在使用 DID 方法进行政策评估时，一个重要的假设是处理组和控制组在政策实施前满足平行趋势（Parallel Trend）。如果处理组和控制组在政策实施前拥有相同的变化趋势，那么在政策实施后，我们可以根据控制组的变化情况构造处理组在没有政策干预时的反事实（Counterfactual）变化。本章采用如下方程来检验平行趋势：

$$light_{ipt} = \sum_{k=-5, k \neq -1}^{19} \beta_k D_{ipt}^k + \theta_i + \delta_{pt} + \varepsilon_{it} \tag{3.2}$$

在这里，式（3.1）中的政策虚拟变量 $Policy_{ipt}$ 分解为处理组虚拟变量与政策实施相距年份的虚拟变量的交叉项，D_{ipt}^k 表示政策实施后第 k 年的虚拟变量（政策实施前的变量为负），而政策实施前一年的样本作为基准组。

图 3.3 的结果首先证实了平行趋势的存在：在政策实施前（即图中垂直虚线左侧），除政策实施前第 5 年外[①]，处理组和控制组的差异在统计上并不显著。其次，从政策实施后的动态效果来看（即图中垂直虚线右侧），政策效果在政策实施的后半阶段要高于前半阶段。[②]

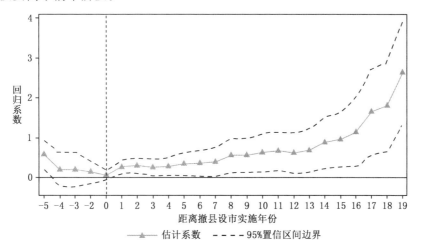

图 3.3　撤县设市政策对经济发展（灯光亮度）的动态效果

---

① D_{ipt}^{-5} 为 1 的县只有 3 个（即 1997 年发生撤县设市的县，其中东部 1 个、中西部 2 个），回归系数较易受到偶然因素的影响。

② 可排除政策后期的效果变大源于累积效应：政策效果并非直线上升，而是在第 7 年（尤其是第 12 年）后出现加速趋势。

此外,图 3.4 将所有样本分为东部和中西部两部分分别回归。与表 3.1 的结果一致,显著的政策效果主要发生在东部县市,而中西部县市在所有年份都未出现显著的政策效果。

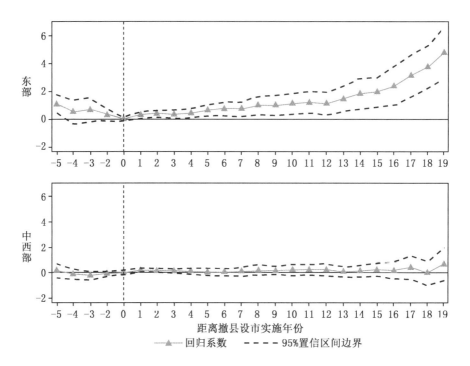

图 3.4　撤县设市政策效果的地区差异

(2)倾向得分匹配法

本部分采用另一种策略来应对政策实施的选择效应:根据倾向得分匹配法(Propensity Score Matching,PSM),直接选择那些与处理组在设市标准上相似的控制组样本进行比较。在选取匹配变量时,主要遵循以下两个原则:首先,变量的选取基于设立县级市标准所规定的指标;其次,时间尽量选择政策实施前的年份,以避免这些变量掺杂了政策本身的效果。根据上述原则以及数据可得性,最终的匹配变量包括:1990 年的人口密度、总人口和城镇化率;1991 年的工农业总产值和工业化率(工业总产值占工农业总产值的比例);1993 年的财政收入和人均财政收入;行政区域面积[根据 Henderson 等(2012),可使灯光亮度在各县市间更为可比]。以上数据分别来自 1990 年人口普查资料、1991 年《中国分县农村经济统计概要 1991》和 1993 年《全国地市县财政统计资料》。在使用上述变量获得所有县市的倾向得分(撤县设市概率)后,每个处理组样本获得一个(不重复的)控制组"邻居"(得分值最接近)。

为节省空间,本章没有汇报第一阶段 Logit 模型回归结果。匹配后数据共包含124 个处理组和 124 个控制组样本,匹配后的样本倾向得分较匹配前实现了更好的平衡,即两组在这些指标上更为相似。下文使用匹配的处理组和控制组样本重新进行了回归,回归结果见表 3.3。与表 3.1 的结果相一致,撤县设市在 2004 年之后获得更为显著的政策效果。此外,使用人均工农业总产值和工业化率作为经济发展指标的结果[第(2)、(3)列]在 2004 年之前的政策效果不再显著,进一步说明撤县设市的政策效果在时间上出现了结构性的变化。

表 3.3 **基于 Matching 方法的政策评估结果**

	(1)	(2)	(3)
	灯光亮度	人均工农业总产值	工业化率
$Policy \times Before 2004$	−0.068	0.114	0.022
	(0.186)	(0.075)	(0.030)
$Policy \times After 2004$	0.895*	0.462***	0.100**
	(0.460)	(0.170)	(0.050)
县级、年份固定效应	是	是	是
观察值	5 208	3 197	3 206
调整 R^2	0.489	0.356	0.482

注:各变量的构造方式详见表 3.1。回归样本为使用匹配法匹配后的处理组和控制组样本。括号内为县一级的聚类标准误。* $P<0.1$, ** $P<0.05$, *** $P<0.01$。

(3)人口效应

经济发展往往伴随着劳动力的不断涌入和人口增长,本部分使用 1990 年、2000 年和 2010 年人口普查数据检验撤县设市对人口城市化的长期影响。本章使用倾向得分匹配法来解决政策的选择偏误问题。

正常间距表 3.4 Panel A 的结果表明,撤县设市显著促进了县市的长期人口增长,使用不同匹配方法得到的结果类似。与 1990—2000 年相比,2000—2010 年处理组的人口增长速度更快,这与此前发现的撤县设市在 2004 年后显示出更强的经济推动效应相一致。Panel B 的结果表明,撤县设市政策显著提高了处理组的城市化率。[①] 一个潜在的问题是，处理组城镇化率的提高可能源于县改市后城镇户籍指标的增加。为排除这一可能性，Panel C 进一步考察了撤县设市后户籍人口的变化情况。结果显示，2000 年和 2010 年处理组的户籍人口比例并未显著更高。综合以上结果可以得出，撤县设市政策对县市人口规模存在显著推动效应，该效应并非通过城镇户籍指标增加的"假性城市化"，而是体现为不断提升的人口吸纳效应。

表 3.4　　　　　　　基于 Matching 方法估计的撤县设市政策的人口效应

	NN1		Kernel		Mahalanobis	
	ATT	S.E.	ATT	S.E.	ATT	S.E.
Panel A：人口增长率[a]						
1990—2000 年	0.034**	0.016	0.033**	0.015	0.034**	0.016
2000—2010 年	0.099***	0.038	0.090**	0.042	0.064*	0.037
Panel B：城镇化率[b]						
2000 年	0.119***	0.022	0.109***	0.015	0.135***	0.019
2010 年	0.042**	0.019	0.044***	0.012	0.039**	0.016
Panel C：户籍人口比例[c]						
2000 年	−0.017*	0.009	−0.022***	0.007	−0.021**	0.009
2010 年	−0.021	0.013	−0.025***	0.010	−0.009	0.013

注：上表中每一个 ATT 结果对应一个使用 Matching 方法得到的回归结果。Panel A、Panel B、Panel C 的因变量分别为人口增长率、城镇化率和户籍人口比例。NN1 指最近邻居法（每个处理组选择 1 个控制组"邻居"）；Kernel 指核密度法；Mahalanobis 指马氏距离法。所有方法均选择了共同支撑（Common Support）选项，而且处理组和控制组满足平衡特征（Balancing Property）。ATT 为政策平均处理效应，S.E. 为系数标准误。* $P<0.1$，** $P<0.05$，*** $P<0.01$。

a：人口增长率＝（本次普查人口总数−上次普查人口总数）/上次普查总人口；b：城镇化率＝城镇人口/总人口；c：户籍人口比例＝户籍人口总数/总人口。

---

① 相比 2000 年，2010 年的结果有所降低，可能是由于地区的城镇化率不可能无限上升，从而存在收敛效应。

3.5 进一步分析

本节将进一步讨论撤县设市的作用机制。撤县设市政策为县级政府带来了经济管理权限的下放,相较于县,县级市政府在行政审批权、土地使用权等方面获得了更大的自主权。本章认为,撤县设市后经济自主权的扩大是产生政策效应的主要原因。根据分权理论的相关文献,分权通过促进地方政府引资竞争而对经济增长产生推动作用(Xu,2011)。但传统的分权文献往往假设地区间的发展禀赋是同质的。当地区发展禀赋存在较大差异时,根据 Cai 和 Triesman(2005)提出的异质性地区下的分权模型,分权只在那些发展潜力更好的地区产生积极效应,而那些缺乏发展禀赋的地区将退出地区竞争,转而选择寻求经济租金。因此,经济自主权的扩大并不必然带来地方经济的快速发展,而是取决于当地的发展禀赋。

前文提到,行政审批权和土地使用权的下放是撤县设市政策的重要内容,下文将围绕这两个方面具体探讨政策效果的实现机制。

3.5.1 行政审批权下放与招商引资

撤县设市后,行政审批权的下放提高了县市政府在产业规划和招商引资等方面的自主权,可能对企业的投资产生促进作用。本章使用 1998—2007 年中国工业企业数据库中新企业的进入数量[①]来检验撤县设市带来的行政审批权下放对招商引资的促进作用。图 3.5 上半部分显示,无论是新进入企业数量还是新进入外资企业数量,处理组都明显高于控制组。图 3.5 下半部分则显示,若区分地域,则只能在东部地区观察到这种招商引资效应,而在中西部地区,改革县市和其他县的新进入企业并无明显差异。

根据上文的模型分析,更大的经济自主权给东部县市带来更快经济发展的同时,撤县设市也提高了发展潜力不足的中西部县市政府寻租的动力。表 3.5 检验了撤县设市对县市财政供养人口的影响,发现政策提高了中西部县市的行政机构

---

① 本章将 1998 年以后第一次进入工业企业数据库中的企业认定为新进入企业。2004 年数据来自经济普查,包含了更多中小企业,导致新进入企业的数量显著增加。

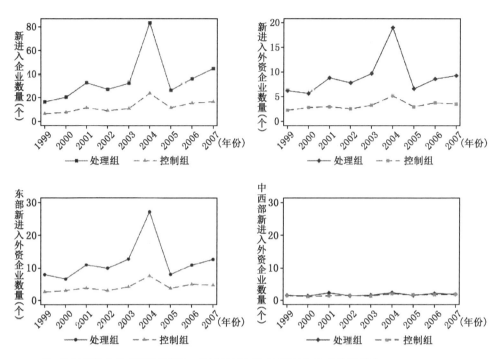

注：控制组为与处理组属于同一地区（地级市）的所有非改市县的样本。

数据来源：国家统计局（工业企业数据库）。

图 3.5　撤县设市与新企业的进入

规模，而该效应在东部更小，且统计上不显著。这些结果表明，撤县设市后经济自主权的下放并非无条件地对地方经济发展产生积极效果，而是在发展潜力不同的地区产生了差异化的政策效果。

表 3.5　　　　　　　　　　　撤县设市与县市财政供养人口

	人均财政供养人口（1993—2009 年）	
	（1） 东部	（2） 中西部
$Policy \times Before\,2004$	1.381	46.621*
	（9.379）	（26.478）
$Policy \times After\,2004$	0.956	32.525
	（7.463）	（27.525）
县市、地区×年份固定效应	是	是

续表

	人均财政供养人口（1993—2009 年）	
	(1) 东部	(2) 中西部
观察值	7 174	19 270
调整 R²	0.487	0.329

注：被解释变量为各县每万人中的财政供养人口，数据来自《全国地市县财政统计资料》。括号
内为地区（地级市）一级的聚类标准误。* $P<0.1$，** $P<0.05$，*** $P<0.01$。

3.5.2 土地市场的发展与政策效果差异

进入 21 世纪以来，在财政体制改革、严格的建设用地指标控制以及城市化加
速发展的背景下，土地资源已成为我国城市经济发展的关键因素。一方面，1994 年
分税制改革大大削弱了地方政府通过控制国企增加税收收入和调控地方经济的能
力，土地逐渐成为地方政府干预地方经济活动和获取收入的重要来源（Lichtenberg
和 Ding，2009）。另一方面，尽管 20 世纪末推广至全国的土地储备制度保证了地方
政府在土地供给上的垄断地位（王媛和贾生华，2012），但 1998 年修订后的《中华人
民共和国土地管理法》形成了中央政府以"建设用地指标控制"为核心的城市用地
管控体制，该指标采用计划式的由省逐层向下分解的模式，对未来城市扩张的规模
设定了严格限制（汪晖和陶然，2009）。随着 1998 年住房市场化改革后房地产市场
的发展以及 2001 年加入 WTO 后工业化进程的加快，土地需求日益升温。与此同
时，2002 年的《招标拍卖挂牌出让国有土地使用权规定》规定了商业和住宅类经营
性用地必须以"招拍挂"等公开方式出让，标志着我国城市土地使用权市场的正式
建立（王媛和贾生华，2012）。在以上供给和需求两方面因素的共同作用下，城市土
地出让市场在 2003 年前后出现拐点，全国土地出让收入从 2002 年的 2 417 亿元增
至 2013 年的 43 745 亿元，增长幅度超过 18 倍。

根据前文所述，撤县设市政策带来了土地资源控制权的下放，包括城市建设用
地指标增加和土地审批权下放等。图 3.6 表明，县级市的土地收入要高于县，并且

收入规模和两者差异在 2003 年之后迅速扩大。[①] 对土地更大的支配权使得县级市政府一方面可以通过低价供应工业用地招商引资，另一方面可以通过高价供应商住用地提高地方政府收入以支持城市基础设施建设，从而对县级市的经济表现产生推动作用（Lichtenberg 和 Ding，2009；范剑勇和莫家伟，2014）。此外，城市规划的相关审批权、土地使用审批权的下放也使得县级市政府在新增建设用地的分配上有了更大自由度，从而可以依据当地经济发展情况，配置工业、商业以及住宅用地等的供应比例，以达到推动经济增长的目的。随着外部市场环境的发育（土地市场及房地产市场的建立和成熟），2003 年后土地资源控制权的下放显示出巨大的经济推动效应，这也部分解释了为什么撤县设市政策效果在 2004 年后开始显著。

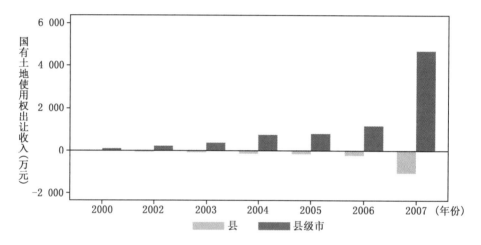

注：为了控制不同年份和地区在土地市场发展上的差异性，上图的数据为各县市土地收入对年份和所属地级市虚拟变量进行回归后的残差。数据来自《全国地市县财政统计资料》，2001 年数据不可得。

图 3.6　县与县级市在土地出让收入上的差异

　　然而，许多研究发现土地利用效率存在着巨大的地区差异（Ding 和 Lichtenberg，2011；陆铭，2011；王媛，2013），因此，土地资源控制权的下放对经济发展的效果也将存在差异，从而导致撤县设市政策效果出现异质性。利用《中国城市建设统计年鉴》中的县级市建设用地面积数据，表 3.6 检验了城市土地扩张与经济发展（用平均灯光亮度来度量）的相关性。与前文撤县设市的政策效果相一致：县级市土地的扩张与经济发展高度相关［第（1）列］；2004 年后土地与经济发展相关程度为

---

　　① 县级市相较于县土地收入的增加，既可能源于土地指标的增加，也可能源于县级市土地相对价格的上升。由于缺乏县一级土地指标（或者土地出让面积）的数据，本章无法区分两者相对贡献的大小。

2004 年之前的 2 倍多[第(2)列]，表明 2004 年后，在供给、需求两方面的作用下，土地对于城市经济发展的促进作用变得更为重要；土地的扩张与经济增长间的同步性只存在于东部地区，而在中西部地区并不显著[第(3)列]；在集聚经济水平更高（基期人口密度或灯光亮度更高）的地区，土地利用效率也更高[第(4)、(5)列]。表 3.6 的结果在一定程度上解释了撤县设市政策效果在时间和地区上的异质性。

表 3.6　　　　　　　　　县级市的城市土地扩张与经济发展

	被解释变量:平均灯光亮度(1998—2012 年)				
	(1)	(2)	(3)	(4)	(5)
	基准回归	分 2004 年前后	分区域	1990 年人口密度	1992 年平均灯光亮度
LnJS	1.797***			1.183*	1.011***
	(0.512)			(0.608)	(0.388)
LnJS×$Before$2004		1.147***			
		(0.416)			
LnJS×$After$2004		2.638***			
		(0.701)			
LnJS×Mid-$West$			−0.347		
			(0.322)		
LnJS×$East$			3.116***		
			(0.823)		
LnJS×$density$1990				0.890***	
				(0.229)	
LnJS×$light$1992					1.027***
					(0.196)
县市和年份固定效应	是	是	是	是	是
观察值	2 419	2 419	2 419	2 419	2 419
调整 R^2	0.490	0.502	0.529	0.594	0.627

注:LnJS 为县级市城市建设用地面积的对数,$density$1990 和 $light$1992 均做了去均值处理,其他变量的设置与表 3.1、表 3.2 相同。括号内为县级市一级的聚类标准误。* $P<0.1$, ** $P<0.05$, *** $P<0.01$。

3.6　其他可能性解释

3.6.1　同时期其他改革政策的影响

从时间上看,撤县设区(在 2000 年后频繁发生)、企业所得税分享改革(2002 年和 2003 年)以及省直管县改革(2002 年之后)均与本章发现的撤县设市政策产生显著效果的时间(大约在 2004 年之后)较为吻合,构成潜在的混淆因素(Confounding Factors)。

撤县设市政策在 1997 年被中止后,我国广泛开展了撤县设区政策,其中在 2000—2004 年集中发生了 42 例(唐为和王媛,2015)。本章的实证设计从两个方面可有效避免撤县设区对本章结论产生的影响。首先,样本中排除了所有的市辖区和发生撤县设区改革的县;其次,实证模型中控制了地级市×年份固定效应,即使撤县设区对地级市内其他县市产生溢出效应,只要这一溢出效应对县和县级市不存在差异,也不会影响本章的结果。此外,表 3.7 第(1)列回归中进一步删除了所在地级市在 1992—2012 年发生撤县设区之后的所有县市样本,撤县设市政策的系数基本不变。

表 3.7　　　　　　　撤县设区、所得税改革与省直管县改革对本章结论的影响

	(1)	(2)	(3)
	被解释变量:平均灯光亮度(1992—2012 年)		
	排除撤县设区样本	控制所得税改革	控制省直管县改革
$Policy \times Before\,2004$	0.192*	0.224	0.188
	(0.115)	(0.157)	(0.120)
$Policy \times After\,2004$	0.909***	1.049***	0.884***
	(0.233)	(0.320)	(0.271)
省直管县			0.042
			(0.139)
县市、地区×年份固定效应	是	是	是

续表

	(1)	(2)	(3)
	被解释变量:平均灯光亮度(1992—2012 年)		
	排除撤县设区样本	控制所得税改革	控制省直管县改革
2001 年所得税比例×年份	否	是	否
观察值	32 744	28 686	35 615
调整 R²	0.945	0.942	0.936

注:第(1)列删除了所在地级市在 1992—2012 年发生撤县设区之后的所有县市样本;第(2)列控制了 2001 年企业所得税收入占县市一般预算性收入的比例与各年份的交叉项;第(3)列控制了县市在发生省直管县之后的虚拟变量。括号内为地级市一级的聚类标准误。* $P < 0.1$,** $P < 0.05$,*** $P < 0.01$。

我国在 2002 年、2003 年进行了企业所得税改革,增加了中央政府在该税种上的收入份额。基于以下理由,所得税改革未对本章结果产生较大影响。首先,企业所得税在县、县级市政府财政收入中的占比较小(2001 年这一比例分别为 5.8%、10.2%,2002 年降至 1.4%、3.5%)。其次,由于企业所得税在县级市财政收入中占比更高,所得税改革对县级市的冲击更大。表 3.7 第(2)列加入了 2001 年企业所得税占地方财政收入的比例与 2002 年之后的各年份虚拟变量的交叉项,以控制所得税改革对县市财政收入的冲击。前文的主要结果并未受到影响。

我国自 2002 年开始在全国范围内开展了省直管县改革,试图优化地方政府层级结构,促进县域经济增长(Li 等,2016)。利用各省官方文件收集整理 2002—2009 年实行省直管县改革的县市名单,表 3.7 第(3)列加入了省直管县的虚拟变量,发现该变量并不显著。[①]

3.6.2　是政府力量还是市场力量?

此外,其他可能的解释还涉及本章发现的政策效果是由政府力量还是市场力量驱动。撤县设市对县市经济的推动作用可能源于上级政府加大了对这些县市的投资。因此,前文观察到的积极政策效果只是体现了政府投资的加强,而非市场的反应。为考察这一可能性,本章采用中国工业企业数据库(1998—2007 年)的企业

---

① 根据文献,将省直管县分成只财政直管、只扩权强县、两者兼有三类虚拟变量,也不会影响政策效果。

数据,粗略地将国有企业的产出份额看作政府的力量,而将外资企业的产出份额看作市场的力量。从图3.7中可看出,国有企业的产出比例在样本期内不断下降,而处理组样本的国有企业产出比例一直低于控制组样本,因此基本排除了撤县设市后政府投资的增加主导了前文观测到的政策效应。

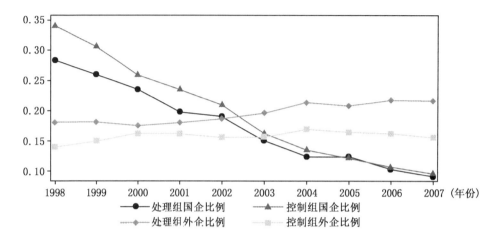

注:控制组为与处理组属于同一地区(地级市)的所有非改市县的样本;产出比例=国企或外企工业总产出/县市工业总产出。数据来自国家统计局(工业企业数据库)。

图 3.7　国有企业、外资企业产出比例对比

3.7　结　论

我国自"十一五"以来的各项城镇化发展政策均提出了"建立健康的城市体系,促进大、中、小城市协调发展"的发展战略。在城市化率不断提高、大城市中的拥挤成本过高和资源环境承载能力受到限制的形势下,如何促进小城市的发展,从而优化我国的城市体系,日益成为未来城镇化进程中面临的重要问题。本章通过检验撤县设市政策对经济发展和人口城市化的作用,探讨了扩大县市的经济自主权能否促进小城市的发展。结果发现,该政策促进了县市的经济发展和人口城市化,但显著效应主要发生在研究时期的后半阶段。此外,撤县设市政策效果存在显著的区域异质性:东部地区和集聚经济水平较高的地区显示出更强的政策效果。最后,本章讨论了撤县设市的作用机制,指出行政审批权及土地使用权等经济管理权限的下放是政策效果的主要来源,但分权的效果同时取决于当地的发展潜力。

　　本章虽然发现撤县设市在一定条件下可以促进经济发展和人口城市化，但不可否认的是，由于中央政府无法有效鉴别哪些地区更具发展潜力，这种行政主导式的设市模式仍存在着很人的问题。一方面，某些获得设市政策的县市由于自身的发展潜力不足，其政策效果难以显现，反而降低了行政效率；另一方面，许多发展潜力更高的县或者镇，由于无法获得相应的管理权限，城镇化面临种种约束。因此，未来的设市政策需要注意地区发展的差异性以及市场的导向作用，提高各种资源在空间上的分配效率，以确保政策达到预期目标。

第 **4** 章

大国大城？撤县设区与区域经济增长

4.1 引　言

作为一种重要的行政区划调整政策，撤县设市在一定程度上促进了城市化和工业化。在此过程中，涌现出一批产业基础雄厚、集聚能力突出的县级市，如广东的顺德市（现佛山市顺德区）、江苏的昆山市等。然而，随着撤县设市政策的广泛推行，许多缺乏产业基础和发展潜力的县被纳入撤县设市的队列之中，导致政策效果出现异化，出现了大量"城不像城、乡不像乡"的问题，并造成城市建设用地的低效利用。最终，中央政府于 1997 年暂停了撤县设市改革。

随着 2001 年正式成为世界贸易组织的一员，我国积极融入全球产业链和价值链的分工体系。这一战略举措促使我们着力培育一批具有强大集聚力和坚实产业基础的大城市，以此作为提升国际竞争力的关键策略。在这一背景下，自 2000 年以来，撤县设区改革成为我国行政区划调整的重要内容。

通过辖区合并扩大城市规模，并非中国独有。为了更有效地发挥规模经济的优势，全球范围内广泛实施了城市合并政策（Fox 和 Gurley，2006）。例如，过去几十年间，瑞典、丹麦和英国削减了超过 3/4 的地方政府。尽管大量研究探讨了城市合并的政策效应，但研究结果"喜忧参半"。一方面，部分研究证实在城市合并中存在规模经济效应（Blume 和 Blume，2007；Reingewertz，2012；Blesse 和 Baskaran，

2016)；但另一方面，也有研究指出合并效应较小，甚至在某些情况下产生负面影响（Nelson，1992；Carr 和 Feiock，1999；Rouse 和 Putterill，2005；Moisio 和 Uusitalo，2013；Allers 和 Geertsema，2016）。此外，Hinnerich(2009)发现，当地方政府预见到未来的改革时，城市合并可能会因机会主义政治行为（如增加地方债务）而导致成本上升。

现有文献主要关注城市合并对地方公共物品供给效率的影响，探讨城市合并如何促进经济增长的研究相对较少。[①] 本章的研究主题是我国的撤县设区政策对地方经济发展的影响。我国正处于全球历史上规模最大的城乡迁移进程中，城市化将成为未来经济发展的关键因素。因此，构建高效的城镇体系已成为决策者面临的重要挑战，而中国的实践经验也将为其他正在经历快速城镇化的发展中国家提供重要借鉴。[②]

与许多国家的城市合并类似，撤县设区通常涉及不同行政区的政府权力整合。大量研究表明，许多国家内部不同行政区之间存在各种行政壁垒，阻碍了要素和商品的自由流动（Wolf，2000；Agnosteva 等，2014；Tombe 和 Winter，2014；Ramondo 等，2016）。[③] 作为经济转型国家，我国面临的跨行政区流动壁垒已成为经济改革中的核心问题。在一项受到广泛关注的研究中，Young(2000)讨论了地区间竞争如何加剧行政壁垒，并导致国内市场的分割。[④] 撤县设区旨在通过加强市辖区与被撤并县之间的政府间协调和经济一体化，从而提高资源配置效率。[⑤]

城市合并的效果取决于当地的集聚经济水平。撤县设区的直接后果是实现了城市空间的快速扩张，而城市规模扩大究竟是促进规模经济还是导致城市"摊大饼"式的低效扩张，取决于人口和经济活动的密度。有大量实证证据发现城市的外部规模经济（或集聚经济），即城市的生产效率与城市规模或人口密度正向相关（Ciccone 和 Hall，1996；Rosenthal 和 Strange，2004；Davis 等，2014）。因此，合并对

---

① Carr 和 Feiock(1999)对美国市县合并的研究是一个例外。

② 根据联合国发布的《世界城市化前景》报告，预计全球城市人口将从 2010 年的 26 亿增加到 2050 年的 52 亿，非洲和亚洲国家将是城市人口增幅最大的国家。

③ 例如，Tombe 和 Winter(2014)计算了加拿大、美国和中国的国内贸易成本所隐含的税率，范围从 100%到 140%不等。

④ 现有文献采用了多种方法来量化中国区域间贸易壁垒的规模（Poncet，2003、2005；Bai 等，2004；Bai 等，2008；Wong，2012）。

⑤ 关于美国大都市区是否应该建立统一的政府，一直存在着激烈的争论（Gaigne 等，2015）。OECD 的一项报告详细讨论了芝加哥大都会区由于存在为数众多的地方政府，导致基础设施建设和土地利用规划缺乏协调（OECD，2012）。

当地经济发展的影响可能因城市初始密度的差异而有所不同。此外,地理位置可能是影响集聚经济和合并效果的另一个因素。新经济地理学相关理论强调了两类地理特征:其一为自然地理,如到港口的距离;其二为经济地理,如各地区的市场潜力(Krugman,1993;Fujita 等,1999)。

然而,撤县设区也可能存在一些负面影响。具体来说,城市扩张可能导致交通拥堵和通勤成本增加(Durantan 和 Puga,2004)、地方公共服务提供效率下降(Tiebout,1956)、地方政府对居民需求的响应能力下降(Nelson,1992),以及政府标尺竞争(Yardstick Competition)的缺失(Besley 和 Case,1995)等。此外,由于撤县设区是由政府主导的城市扩张过程,可能无法完全反映市场和居民的需求。综上所述,撤县设区是促进城市经济发展还是导致低效的城市扩张,仍然是一个有待深入研究的问题。

本章利用城市、县和企业层面的综合数据库,发现撤县设区对地方经济发展产生了积极作用,并且政策效果的大小与本地集聚水平密切相关。同时,我们在多种模型设定下验证了结果的稳健性,包括使用倾向得分匹配法、使用最新一轮撤县设区作为控制组等。进一步的分析表明,交通基础设施改善和城市集聚经济加强是撤县设区带来积极效应的重要机制。

本研究对我国城镇体系和经济集聚的相关文献提供了有益的补充(Au 和 Henderson,2006 a&b;Fan 等,2012;Desmet 和 Rossi-Hansberg,2013)。Au 和 Henderson(2006 a&b)指出,由于人口迁移受到户籍制度的限制,大多数中国城市并未达到最优规模,从而导致效率和福利损失。Fan 等(2012)研究了我国的撤县设市政策,发现尽管新设立的县级市获得了更多的财政和行政权力,但由于缺乏集聚经济,撤县设市在促进经济增长和城镇化方面未达到政策预期。当小城市的发展战略无法实现城市化和工业化的预期时(Fan 等,2012),那么通过撤县设区扩大现有城市的规模,将是未来我国城市化发展战略的重要内容。

本章余下的部分结构如下:4.2 节提供有关我国城镇体系和撤县设区政策的背景信息;4.3 节介绍计量模型和研究数据;4.4 节展示基准回归结果,并重点解决估计过程中可能存在的选择偏误;4.5 节进一步探讨撤县设区政策效果背后的作用机制;4.6 节为结论。

4.2　政策背景

4.2.1　制度背景

(1)城市体系

我国有四个主要的行政层级,从上到下分别是中央、省、地级和县级。与美国和欧洲的城市体系不同,中国的城市都隶属于特定的行政层级,包括省级城市(直辖市)、地级市和县级市,位于更高层级的城市拥有更多的经济资源和行政权力(Chen 等,2017)。2014 年,全国设市城市共有 653 个,其中大部分是地级市或县级市。其中,地级市包含市辖区(类似于美国大都市统计区的中心城市)、县域(农村腹地)和县级市(通常规模小于地级市)。地级市政府对市辖区有直接管辖权,而县和县级市的地方政府在地方事务上有更多的自主权。在本研究中,我们不区分县域与县级市之间的差异。如果没有特别说明,本章中提到的“城市”均指地级市。

撤县设区是指将县(县级市)转变为地级市的城区。济南市在 2002 年经历了一次撤县设区,长清县变为长清区,济南核心城区的面积因此大大扩展。一般而言,撤县设区的实施包括以下几个阶段:首先,由地方政府提出撤并申请;其次,由省政府审查并提交中央政府;最后,民政部对撤县设区申请做出最终决定。

(2)县与市辖区

在我国的政府层级中,县(县级市)和市辖区都属于县级单位,它们的主要区别在于地方经济事务上的自主权范围。尽管县(县级市)也隶属于地级市的管辖范围,但它们在地方事务上保留了比市辖区更多的自主权。相比之下,市辖区政府作为地级市政府的代理机构,失去了大部分城市规划、建设项目审批、土地供应等方面的独立性(Chung 和 Lam,2004)。在地级市政府的统筹管理下,市辖区之间的经济和交通联系大大增强。表 4.1 总结了县(县级市)与市辖区的主要区别。

表 4.1　　　　　　　　　　　　　　中国县(县级市)与市辖区的区别

	县(县级市)	市辖区
行政层级	县级单位	县级单位
政府间关系	独立的政府层级	地级市派出机构
行政自主权	高	低
财政自主权	高	低
城市规划、基础设施建设、土地管理	相对独立于地级市	地级市统筹
与地级市经济一体化	低	高
与地级市交通衔接	低	高
职责	主要服务农村居民	主要服务城镇居民
2014 年总数	1 903	897

注:关于县(县级市)和市辖区之间的主要区别的详细描述,可参阅程刚(2011)。书中作者是宁波市鄞县最后一任县委书记、鄞州区第一位区委书记(2002 年鄞县经历了撤县设区改革)。另外,也可参阅《广州日报》(2015 年 5 月 30 日)的头条报道,2015 年,广州对增城和从化两县进行了撤县设区改革。

图 4.1 展示了自 1983 年以来我国每年撤县设区的数量。从 1983 年至 2010年,全国共发生 80 例撤县设区,其中 41 次发生在 2000—2004 年。在接下来的分析中,我们将使用这 41 次改革样本作为处理组,估计撤县设区对地方经济增长的影响。这一阶段的撤县设区高峰反映了我国城市发展政策的转变,这在一定程度上增加了政策的外生性。此外,由于缺乏 20 世纪 80 年代、20 世纪 90 年代初发生的撤县设区所需的数据,并且在 1996—1999 年发生的 11 次撤县设区中,有 6 次来自北京和上海,纳入这些样本增加了研究的难度。

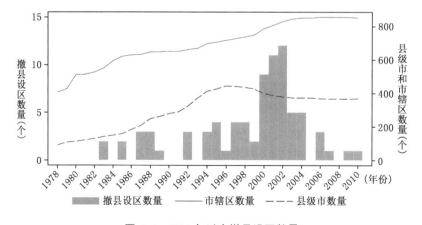

图 4.1　1983 年以来撤县设区数量

4.2.2 中国城市发展战略的演变

城市化通常被认为是经济发展的一个基本组成部分（Lewis，1954；Lucas，2004；Henderson 和 Wang，2005）。尽管中国自改革开放以来取得了前所未有的经济增长，但其城市化速度落后于发展水平相似的国家。造成这一差异的主要原因是户籍制度下的迁移限制：农村劳动力无法自由迁移到城市并充分享受城市化的好处，导致城乡差距扩大（Yang 和 Cai，2000），以及城市体系的集中度不足（Au 和 Henderson，2006a；Henderson，2010）。

中国的城市化政策处在不断演变之中。在改革开放初期（20 世纪 80 年代），鉴于乡镇企业的蓬勃发展及其吸纳农村劳动力的能力，当时的城镇化以小城镇和中小城市为主，而劳动力向大城市的迁移受到很大限制。作为建立小城市（县级市）的主要方式，撤县设市在 20 世纪 80—90 年代广泛实施。如图 4.1 所示，县级市的数量从 1980 年的 113 个增加到 1997 年的 442 个。然而，根据 Li（2011）、Fan 等（2012）的研究，这些新成立的小城市在促进城镇化和经济增长方面的表现并未达到政策预期。

中央政府在 1997 年暂停了撤县设市，并且自 20 世纪 90 年代末以来，对大城市的发展限制逐渐放松。中国于 2001 年加入世界贸易组织，大量劳动力迁往东部沿海城市，带动了我国制造业的快速发展。为了应对工业活动的空间集聚，充分发挥城市集聚经济，自 2000 年以来，撤县设区成为行政区划改革的重心。许多实证证据表明，当时我国城市的规模普遍小于其最优水平（Au 和 Henderson，2006a&b；Fan 等，2012），因此，撤县设区通过行政区划调整实现了城市空间的快速扩张，有利于城市规模靠近其最优水平。

4.3 数据来源和识别策略

4.3.1 数据来源

本章的研究数据有多个来源。其中，城市层面的 GDP 数据来源于《中国城市统计年鉴》，使用了地级市市辖区经济统计数据。县级层面的 GDP 数据来源于《全国地市县财政统计资料》，为保证数据单位的一致，被撤并县的 GDP 在撤县设区之前也与地级市的市辖区进行合并。所有 GDP 数据均按 2000 年不变价格计算（经各省 GDP 平减指数调整）。城市人口数据来自 2000 年和 2010 年的人口普查。

由于官方统计数据仅报告整个地级市的经济指标，未提供单个市辖区的信息，因此我们无法比较撤县设区前后被撤并县域的经济表现。为克服这一问题，我们使用夜间灯光数据，该数据提供了县级层面的经济表现指标。已有文献发现夜间灯光与经济发展之间存在显著的正相关关系（Chen 和 Nordhaus，2011；Henderson 等，2012），并使用灯光数据作为衡量区域经济发展的指标（Michalopoulos 和 Papaioannou，2014；Pinkovskiy 和 Sala-i-Martin，2016）。灯光数据来自美国国防气象卫星计划的运行扫描系统（DMSP-OLS），提供了当地时间 20：30 至 22：00 间各地区的夜间卫星图像。灯光值范围为 0—63，数值的地理范围为大约 1 平方千米。我们使用每个县/区边界内像素的平均光值来代表当地的经济发展水平，并使用城市和年份固定效应来处理跨地区和年份的灯光数据的可比性问题。

全国工业企业数据库提供了 1998—2007 年规模以上工业企业产出、中间投入和就业等详细信息，有助于我们考察撤县设区对企业生产率的影响。基于 Brandt 等（2012）的处理方法，我们选取位于市辖区和被撤并县的企业来考察撤县设区对生产率的影响，总共得到 699 093 个观测值，其中国有企业、国内私营企业和外资企业的比重分别占 12.8%、63.3% 和 23.9%。

最后，撤县设区的信息来自中华人民共和国民政部下属网站 http：//xzqh．cn。2000—2004 年，有 3 个城市经历了两次撤县设区，但我们只记录第一次改革的信息。此外，我们剔除了 1995—1999 年和 2005—2010 年发生撤县设区的城市，最终共有 33 个撤县设区城市构成了处理组样本。

表 4.2 提供了各市辖区、县（县级市）的描述性统计，并比较了处理组和控制组之间的差异。

表 4. 2　　　　　　　　　　　　　　　描述性统计

	处理组		控制组		差异	
	平均值	标准差	平均值	标准差	差异	标准差
Panel A:市区(被撤并县域除外):						
GDP	268. 338	338. 602	116. 168	159. 387	152. 170[***]	36. 837
人口	115. 734	127. 663	89. 345	58. 655	26. 389[*]	13. 700
人均 GDP	2. 101	1. 111	1. 239	1. 149	0. 862[***]	0. 216
非农比例[a]	0. 970	0. 020	0. 897	0. 097	0. 073[***]	0. 017
城市化率	0. 760	0. 144	0. 579	0. 219	0. 182[***]	0. 040
GDP 密度[b]	0. 447	0. 382	0. 139	0. 168	0. 308[***]	0. 040
数量	33		243			
Panel B:县域(县级城市):						
GDP	92. 557	78. 200	24. 009	31. 170	68. 548[***]	5. 060
人口	74. 955	39. 314	47. 625	38. 616	27. 330[***]	5. 899
人均 GDP	1. 211	0. 730	0. 469	0. 429	0. 742[***]	0. 067
非农比例	0. 776	0. 169	0. 534	0. 235	0. 242[***]	0. 036
城市化率	0. 197	0. 103	0. 166	0. 114	0. 031[*]	0. 017
到地级市距离[c]	17. 072	12. 508	62. 181	41. 614	−45. 110	5. 955
数量	49		1 708			

注:所有变量的值取自 1999 年,即样本中第一次出现撤县设区的前一年。最后两列计算处理组与控制组之间的差异(最后一列为 t 检验得出差异的标准误差)。[***] 表示 $p<0.01$,[**] 表示 $p<0.05$,[*] 表示 $p<0.1$。

a:第二产业和第三产业 GDP 占地区 GDP 总量的比重;b:单位土地 GDP;c:县(县级市)和地级市中心点之间的距离。

4. 3. 2　识别策略

本章使用双重差分模型来检验撤县设区的政策效应,具体设定如下:

$$y_{it} = \beta_1 Merger_{it} + \beta_2 Merger_{it} \times X_i + \theta_i + \delta_t + \varepsilon_{it} \qquad (4.1)$$

其中 y_{it} 是因变量,指的是城市(仅包括市辖区和被撤并县)i 在 t 年的人均 GDP 的对数。$Merger_{it}$ 为虚拟变量,撤县设区改革后的年份为 1,改革前为 0;对于未发生撤县设区的城市,所有年份均为 0。为了考察撤县设区的异质性政策效应,我们引入了 $Merger_{it}$ 和 X_i 的交互项。X_i 包括 GDP 密度、与主要港口距离以及市场潜力。θ_i 和 δ_t 是城市和年份固定效应,用于控制城市层面不随时间变化的不可观测特征和全国层面的经济冲击。

　　DID 模型的一个重要前提是,政策干预的发生应与可能影响因变量的遗漏变量不相关,否则会导致有偏估计(Besley 和 Case,2000)。我们使用两种方法来应对潜在的选择偏差。首先,检验处理组和对照组之间的平行趋势。其次,使用 Rosenbaum 和 Rubin(1983)最早提出的倾向得分匹配法。倾向得分匹配法首先使用 Logit(或 Probit)模型来估计每个单位的处理概率(倾向得分),然后选择控制样本的权重矩阵 w_{ij} 以最小化处理组和对照组在倾向得分方面的距离。作为稳健性检验,我们将选择 1∶1 的"近邻匹配"的方法对样本进行匹配。

4.4　实证结果

4.4.1　基准回归

(1)固定效应模型

我们首先估计式(4.1)中的固定效应模型,因变量为各城市(市辖区加被撤并县)历年的人均 GDP。在使用面板数据估计平均处理效应时,往往会低估标准误差,从而高估处理效应的显著性(Bertrand 等,2004)。因此,在后文分析中,我们将报告聚类在城市层面的稳健标准误。

　　基准回归的估计结果如表 4.3 所示,其中第(1)列显示,撤县设区对当地人均 GDP 产生了正向影响(3.1%),但统计上并不显著。为了进一步考察政策效果的异质性,引入三种类型的指标来代表城市集聚能力,即 GDP 密度、与主要港口距离(第一自然地理)和市场潜力(第二自然地理),并在第(2)至(4)列中加入了撤县设区改革与这些变量之间的交互项。回归结果表明,撤县设区效应随着 GDP 密度和市场潜力的增加而增大,随着与主要港口距离的增加而减小,并且所有交互项在 90% 的水平上显著。从政策效应的大小上看,GDP 密度、与主要港口距离和市场潜力每增加一个标准差,将导致撤县设区城市的人均 GDP 每年分别增加/减少/增加

2.7%、3.4%和 4.1%。[①]

表 4.3　　　　　　　　　　　　　　　　基准回归

	(1)	(2)	(3)	(4)	(5)
	因变量：城市人均 GDP 的对数				
	1997—2007 年	1997—2007 年	1997—2007 年	1997—2007 年	1997—2010 年
撤县设区	0.031	0.030	0.031	0.031	
	(0.027)	(0.027)	(0.027)	(0.026)	
撤县设区×GDP 密度[a]		0.017***			
		(0.004)			
撤县设区×与主要港口距离[b]			−0.010*		
			(0.006)		
撤县设区×市场潜力[c]				0.010***	
				(0.003)	
撤县设区前≥2 年					0.018
					(0.018)
撤县设区后 0—3 年					0.027
					(0.017)
撤县设区后≥4 年					0.065*
					(0.035)
城市固定效应	是	是	是	是	是
年份固定效应	是	是	是	是	是
样本量	2 782	2 782	2 782	2 782	3 603
调整 R^2	0.837	0.837	0.837	0.837	0.877

注：GDP 密度、与主要港口距离和市场潜力均已做了去均值处理。第(5)列中的"撤县设区前≥2 年""撤县设区后 0—3 年"和"撤县设区后≥4 年"是虚拟变量，当观测值为"撤县设区前≥2 年""撤县设区后 0—3 年"和"撤县设区后≥4 年"时，这些变量的值为 1。括号里是聚类到城市层面的稳健标准误，*** 表示 $p<0.01$，** 表示 $p<0.05$，* 表示 $p<0.1$。

a：指 1997 年单位土地面积的 GDP；b：距离上海、香港、青岛、大连、天津五大港口的最近距离；c：2000 年城市 i 的市场潜力是按照 Harris(1954)构建的 $\sum_{j\neq i}\frac{GDP_j in 2000}{d_{ij}^2}$ 的方法进行测量的，d_{ij} 是城市 i 和城市 j 之间的距离。

考虑到政府部门的整合是一个渐进的过程，撤县设区的长期效应可能更为突

出。为此,我们在第(5)列加入了一组时间虚拟变量,并进一步将时间段扩展到
2010 年。研究发现,"撤县设区后≥4 年"的处理效应比"撤县设区后 0—3 年"显著
更高。此外,"撤县设区前≥2 年"虚拟变量并不显著,其系数也小于其他两个虚拟
变量,说明处理组和控制组之间满足平行趋势的要求。进一步将撤县设区前后效
应分解为逐年的动态效应,也发现了类似的结果。

(2)倾向得分匹配法

本节使用倾向得分匹配法来处理选择偏误问题。使用倾向得分匹配法估计的
一个前提是识别出潜在的混杂变量(Confounding Factors),虽然撤县设区的申请最
终由中央政府决定,但目前尚未公布撤县设区需要满足的具体条件。附表 4.1 列
出了城市层面的初始经济发展特征作为匹配变量,这些变量可能与撤县设区成功
的概率有关。按照 Rosenbaum 和 Rubin(1983)、Imbens(2015)的方法,我们首先使
用 Logit 模型估计上述匹配变量所预测的撤县设区概率,然后计算每个城市倾向得
分的预测值。最后,将每个处理组城市与倾向得分最接近的控制组城市进行匹配,
最终得到 32 对匹配样本。[①] 附图 4.1 展示了处理组和控制组倾向得分的分布情
况。此外,附表 4.1 的结果显示,当使用匹配样本时,所有解释变量的系数均不显
著,并且 R^2 也显著下降,表明匹配后的样本实现了更好的平衡。使用匹配样本的
回归结果在表 4.4 中,与表 4.3 发现的主要结果非常相似。

表 4.4　　　　　　　　　　　使用匹配样本的估计结果

	(1)	(2)	(3)	(4)	(5)
	因变量:城市人均 GDP 的对数				
	1997—2007 年	1997—2007 年	1997—2007 年	1997—2007 年	1997—2010 年
撤县设区	0.040	0.040	0.041	0.040	
	(0.027)	(0.027)	(0.027)	(0.026)	
撤县设区×GDP 密度		0.020***			
		(0.003)			
撤县设区×与主要港口距离			−0.009		
			(0.006)		
撤县设区×市场潜力				0.011***	
				(0.003)	

① 由于缺少数据,一个撤县设区的城市被删除。

续表

	(1)	(2)	(3)	(4)	(5)
	因变量:城市人均 GDP 的对数				
	1997—2007 年	1997—2007 年	1997—2007 年	1997—2007 年	1997—2010 年
撤县设区前≥2 年					0.022
					(0.019)
撤县设区后 0—3 年					0.041**
					(0.019)
撤县设区后≥4 年					0.126***
					(0.041)
城市固定效应	是	是	是	是	是
年份固定效应	是	是	是	是	是
样本量	704	704	704	704	896
调整 R^2	0.919	0.920	0.920	0.921	0.936

注:括号里是聚类到城市层面的稳健标准误,*** 表示 $p<0.01$,** 表示 $p<0.05$,* 表示 $p<0.1$。

(3)使用夜间灯光数据

前面的分析只比较了撤县设区后地级市层面的经济发展差异,没有考虑被撤并县的选择偏误问题,而地级市可能会选择表现较好的县作为撤县设区目标。此外,我们也无法确定之前发现的政策效果是由原有的市辖区还是被撤并县在撤县设区后经济增长更快所致。要回答上述问题,我们需要县级层面的数据进行分析。然而官方统计数据只包含市辖区整体的信息,无法追踪市辖区或县级层面的经济表现。

本节利用夜间灯光数据考察撤县设区对市辖区和被撤并县的影响。我们首先排除所有市辖区样本,以未撤并县(县级市)作为控制组,考察政策对被撤并县的影响。同样,我们还是用了所有市辖区的样本,以发生撤县设区城市的市辖区作为处理组,估计撤县设区对原市辖区的影响。

表 4.5 第(1)列以所有未撤并县(县级市)作为控制组,发现撤县设区显著提升了被撤并县的经济发展水平。第(2)列将样本限制在发生撤县设区的地级市所辖的县(县级市),撤县设区政策效应有所减小,但仍然显著。由于只有地理位置与原市辖区相邻的县(县级市)才有可能被撤县设区,即使没有发生撤县设区,这些县也可能享受到邻近地级市带来的市场规模和知识溢出的好处。为避免这一问题,

第(3)列将样本限制为空间上靠近地级市的县样本,结果依然是显著的。第(4)列考察了撤县设区的动态效应,发现撤县设区前处理组和控制组存在共同的变化趋势,而在撤县设区后两者的差距不断拉大。将平均效应分解为动态的逐年效应,也发现类似的趋势。在第(5)列和第(6)列使用市辖区样本进行的回归中,我们发现撤县设区对原市辖区的经济发展也产生了类似的影响。

表 4.5　　　　　　　　　　使用夜间灯光数据估计撤县设区效应

	(1)	(2)	(3)	(4)	(5)	(6)
	县或县级市样本				市辖区样本	
	所有样本 (1997—2007年)	样本I (1997—2007年)	样本II (1997—2007年)	样本II (1997—2010年)	所有样本 (1997—2007年)	所有样本 (1997—2010年)
撤县设区	3.194***	1.977***	1.653***		1.795**	
	(0.549)	(0.431)	(0.452)		(0.739)	
撤县设区前≥2年				0.268		−0.294
				(0.301)		(0.382)
撤县设区后0—3年				0.936***		1.103**
				(0.302)		(0.554)
撤县设区后≥4年				3.921***		2.365***
				(1.001)		(0.831)
城市固定效应	是	是	是	是	是	是
年份固定效应	是	是	是	是	是	是
样本量	17 105	1 958	1 661	2 114	7 678	9 772
调整 R^2	0.262	0.348	0.370	0.523	0.422	0.570

注:样本I指2000—2004年发生撤县设区的地级市所辖的县和县级市。样本II在样本I的基础上限定在空间上与地级市距离较近的县(地级市与被撤并县的最大距离小于66.7千米)。括号中是聚类到城市层面的稳健标准误,*** 表示 $p<0.01$,** 表示 $p<0.05$,* 表示 $p<0.1$。

4.4.2　稳健性检验

(1)使用2012—2015年发生的撤县设区城市作为控制组

我国在2012年之后又经历了一次撤县设区的高峰,至2015年共计发生了57次撤县设区改革(2012年7次,2013年8次,2014年21次,2015年21次)。我们利用2012年之后发生的撤县设区城市作为控制组,重新评估2000—2004年撤县设区的政策效应。如果两个时期发生的撤县设区在市辖区和被撤并县的特征上相似,那么 2012—2015 年发生的撤县设区城市可构成 2000—2004 年发生撤县设区城市有效的反事实组。

根据表 4.6 的结果，我们发现撤县设区的平均处理效应比基准结果更大，并且显著性也有所提高。第(2)至第(5)列中的异质性和长期效应也与之前的发现基本一致。

表 4.6 使用 2012—2015 年发生的撤县设区城市作为控制组

	(1)	(2)	(3)	(4)	(5)
	因变量:城市人均 GDP 的对数				
	1997—2007 年	1997—2007 年	1997—2007 年	1997—2007 年	1997—2010 年
撤县设区	0.055*	0.055*	0.056*	0.056*	
	(0.031)	(0.030)	(0.030)	(0.030)	
撤县设区×GDP 密度		0.018***			
		(0.004)			
撤县设区×与主要港口距离			−0.010		
			(0.006)		
撤县设区×市场潜力				0.010***	
				(0.003)	
撤县设区前≥2 年					0.010
					(0.020)
撤县设区后 0—3 年					0.049**
					(0.021)
撤县设区后≥4 年					0.120**
					(0.050)
城市固定效应	是	是	是	是	是
年份固定效应	是	是	是	是	是
样本量	758	758	758	758	970
调整 R^2	0.886	0.887	0.887	0.888	0.909

注:括号里是聚类到城市层面的稳健标准误，*** 表示 $p<0.01$，** 表示 $p<0.05$，* 表示 $p<0.1$。

(2)使用撤县设区城市的邻近城市作为控制组

如果地理上相邻区域的不可观测特征相似，那么撤县设区城市的地理邻近城市可构成更为有效的控制组，表 4.7 利用这一策略来考察撤县设区的政策效应。我们将邻近城市定义为样本中位于撤县设区城市 200 千米半径内并且未发生撤县设区的城市，回归结果与基准回归里的发现基本一致。[①]

表 4.7　　　　　　　　使用撤县设区城市的邻近城市作为控制组

	(1)	(2)	(3)	(4)	(5)
	因变量：城市人均 GDP 的对数				
	1997—2007 年	1997—2007 年	1997—2007 年	1997—2007 年	1997—2010 年
撤县设区	0.026	0.025	0.026	0.026	
	(0.029)	(0.028)	(0.029)	(0.028)	
撤县设区×GDP 密度		0.017***			
		(0.004)			
撤县设区×与主要港口距离			−0.010*		
			(0.006)		
撤县设区×市场潜力				0.010***	
				(0.003)	
撤县设区前≥2 年					0.018
					(0.019)
撤县设区后 0—3 年					0.023
					(0.019)
撤县设区后≥4 年					0.064*
					(0.038)
城市固定效应	是	是	是	是	是
年份固定效应	是	是	是	是	是
样本量	1 491	1 491	1 491	1 491	1 916
调整 R^2	0.849	0.850	0.850	0.850	0.891

注：回归中控制组样本为 2000—2004 年发生撤县设区城市 200 千米半径范围内的未发生撤县设区的城市，总数为 110 个。括号里是聚类到城市层面的稳健标准误，*** 表示 $p<0.01$，** 表示 $p<0.05$，* 表示 $p<0.1$。

（3）撤县设区对人口增长的影响

撤县设区对经济发展的积极作用也会体现在劳动力的不断流入上，表 4.8 进一步检验了撤县设区对城市人口增长的影响。前三列使用全样本，并将附表 4.1 中的匹配变量作为控制变量；后三列仅使用匹配后的样本。结果显示，无论是全样本还是匹配样本，都发现撤县设区对城市化率和人口增长产生了积极影响。

———————————

① 如果将邻近城市定义为撤县设区城市 100 千米半径范围内的未撤县设区城市，基本结果仍然成立，此时相邻城市数量减少到 34 个。

表 4.8　　　　　　　　撤县设区对城市化和人口增长的影响（2000—2010 年）

	(1)	(2)	(3)	(4)	(5)	(6)
	全样本			匹配样本		
	Δ城镇化率	城市人口增长	流动人口增长	Δ城镇化率	城市人口增长	流动人口增长
撤县设区	0.102***	0.143***	0.085**	0.105***	0.151**	0.087*
	(0.021)	(0.054)	(0.036)	(0.020)	(0.063)	(0.050)
2000 年城镇化率	−0.163***	−0.424***	−0.401***			
	(0.048)	(0.123)	(0.082)			
GDP 密度	−0.031	0.133	0.071			
	(0.036)	(0.093)	(0.062)			
GDP	−0.000	−0.000	0.000			
	(0.000)	(0.000)	(0.000)			
人均 GDP	0.012	0.045**	0.022			
	(0.008)	(0.021)	(0.014)			
GDP 增长率	0.144**	0.223	0.129			
(1997—1999 年)	(0.073)	(0.188)	(0.125)			
工业化率	−0.000	0.003	0.004**			
	(0.001)	(0.003)	(0.002)			
样本量	218	218	218	58	58	58
调整 R^2	0.167	0.117	0.152	0.322	0.077	0.034

　　注：人口数据来自 2000 年和 2010 年全国人口普查。第(1)、(4)列的因变量为 2000 年和 2010 年城镇化率差值。第(2)、(5)列的因变量为 2000—2010 年城镇人口增长率。第(3)、(6)列的因变量为 2000—2010 年城镇流动人口增长率。*** 表示 $p<0.01$，** 表示 $p<0.05$，* 表示 $p<0.1$。

4.5　机制分析

4.5.1　基础设施投资与市场整合

　　前文的实证结果验证了撤县设区的政策影响，本部分利用一个简单的柯布-道格拉斯生产函数，进一步讨论这些积极效应的作用渠道：

$$Y = AI^{\alpha}K^{\beta}L^{\gamma} \tag{4.2}$$

其中，Y 是城市的经济产出；A 表示生产率；I 表示当地基础设施水平；K 和 L 分别表示资本和劳动力。基于这一生产函数，撤县设区对地方经济增长的影响可能通过两个渠道产生：提高基础设施水平和生产率水平。以下内容将从这两个渠道进行机制分析。

在撤县设区之后，市辖区与被撤并县在城市规划、交通交涉、建设项目审批、土地供应等方面由地级市政府进行统筹管理（Chung 和 Lam，2004），这为减少县区之间的行政壁垒，并建立高效的交通网络奠定了制度基础。

表 4.9 的前两列结果显示，撤县设区后城市建设用地[①]和土地出让收入的增长速度显著更快，而土地收入的增加也为当地交通基础设施提供了必要的资金。第（3）、（4）列的结果发现，城市的市政投资（主要是公共交通投资）和城区人均公路长度也经历了更快的增长。

表 4.9　　　　　　　撤县设区、地方土地市场与基础设施投资

	(1)	(2)	(3)	(4)
	土地市场（1999—2007 年）		基础设施（1999—2007 年）	
	城市土地	土地收入	市政投资	居民人均道路长度
撤县设区	0.256***	0.480***	0.240*	0.306***
	(0.052)	(0.149)	(0.133)	(0.051)
城市固定效应	是	是	是	是
年份固定效应	是	是	是	是
样本量	2 219	2 271	2 269	2 300
调整 R^2	0.475	0.755	0.320	0.491

注：括号里是聚类到城市层面的稳健标准误，*** 表示 $p<0.01$，** 表示 $p<0.05$，* 表示 $p<0.1$。

4.5.2　集聚经济

撤县设区直接带来的另一变化是扩大了城市规模。城市经济学的大量实证研究表明，企业的生产率随着城市规模的扩大而提高（Rosenthal 和 Strange，2004）。

———————————

① 根据中国土地法，中国土地大致分为城镇建设用地、农村建设用地和耕地，目前只有城镇建设用地使用权可以进行市场交易，且主要由地方政府垄断供应。

通过分享、匹配和学习，规模更大的城市可以产生更高的外部性和集聚效应（Durantan 和 Puga，2004）。一般而言，集聚经济有两种形式——地方化经济（Localization Economies）和城市化经济（Urbanization Economies）。前者侧重于产业专业化的好处（Marshall，1890；Henderson，1986；Henderson，1997），而后者则强调城市多样性的作用（Jacobs，1969；Glaeser 等，1992；Glaeser 等，1995；Henderson 等，1995）。大城市可以同时实现高度的产业专业化和多样性，从而享受更高的城市集聚经济。通过促进集聚经济，撤县设区可以有效提高企业的生产率，从而促进经济增长。

我们利用企业层面的数据来检验这一渠道。企业数据来自 1998—2007 年的全国工业企业数据库，全要素生产率（TFP）使用 Olley 和 Pakes（1996）的方法进行估计（Brandt 等，2012）。具体的模型设定如下：

$$TFP_{ict} = \beta_1 Merger_{ct} + \theta_i + \delta_t + \varepsilon_{it} \tag{4.3}$$

表 4.10 第（1）列显示，撤县设区对于处理组城市的企业 TFP 产生了显著的正向影响。同时，第（2）列的结果进一步表明，相较于原有的市辖区，撤县设区产生的政策效应在被撤并县的样本里更为显著，这可能是由于被撤并县的企业更多地享受到中心城市的技术溢出和更大规模的市场需求带来的好处。最后，我们在第（3）至第（5）列中考察了政策效应在不同所有制企业中的异质性。结果显示，撤县设区对国有企业的影响相对较小，但对私营企业尤其是外资企业产生了更加明显的作用。总体而言，这些结果支持了促进城市集聚经济是撤县设区提升地方经济发展水平的重要渠道。

表 4.10　　　　　　　　　　撤县设区与企业全要素生产率

	（1）	（2）	（3）	（4）	（5）
	基准回归	分县区	国有企业	私营企业	外资企业
撤县设区	0.087**	0.049	0.039	0.064	0.099***
	(0.044)	(0.036)	(0.070)	(0.072)	(0.036)
撤县设区×被撤并县		0.080**			
		(0.041)			
城市固定效应	是	是	是	是	是
年份固定效应	是	是	是	是	是
样本量	699 093	699 093	89 230	442 673	167 189
调整 R^2	0.048	0.048	0.007	0.065	0.066

注：因变量为企业层面的全要素生产率，采用 Olley 和 Pakes（1996）方法计算得到。括号里是聚类到城市层面的稳健标准误，*** 表示 $p<0.01$，** 表示 $p<0.05$，* 表示 $p<0.1$。

4.6 结 论

本章利用丰富的地级市、县区和企业等层面的数据库,探讨了我国 2000—2004 年发生的"撤县设区"改革对地方经济发展的影响。实证结果表明,撤县设区政策显著推动了地方经济的发展水平,并且政策效果的显著性与地方集聚能力和发展禀赋密切相关。进一步的分析表明,撤县设区促进地方经济发展有两个关键机制:一是地方交通网络的改善;二是城市集聚经济的提升。

本书的研究发现对其他发展中国家具有重要的借鉴意义。根据联合国发布的《世界城镇化展望》,未来几十年,发展中国家将经历快速的城市化进程。通过行政区划调整实现城市合并,从而推动城市规模的快速扩张,可能成为这些国家推动城市化的可行方案。然而,本研究的结果并不意味着支持无条件的城市扩张。实际上,撤县设区的政策效果具有明显的异质性,直接取决于城市的初始集聚能力和发展禀赋。此外,随着城市拥堵效应的加剧,城市合并的政策效益可能会随着城市规模的增加而减小(Reingewertz,2012)。因此,具体政策的制定需要充分考虑本国的发展条件。本书发现撤县设区政策带来的正向效果,是基于 2000 年前后中国城市规模普遍小于其最优规模这一事实(Au 和 Henderson,2006a)。

本研究对我国未来的城市化也具有重要的政策意义。关于大城市与小城市发展战略的争论一直贯穿于我国的城市化进程中,并且这一争论至今依然存在。改革开放初期,中央政府更加侧重小城市的发展,导致大城市的扩张受到严格限制。以往的文献提供了大量关于小城市失败(Fan 等,2012)以及城市体系规模不足(Au 和 Henderson,2006)的证据。本章的研究发现则支持大城市在推动地区经济增长和工业发展中的重要作用。因此,未来的城市化政策应进一步消除劳动力向大城市迁移的障碍,提升大城市的中心集聚和资源整合能力。

附　录

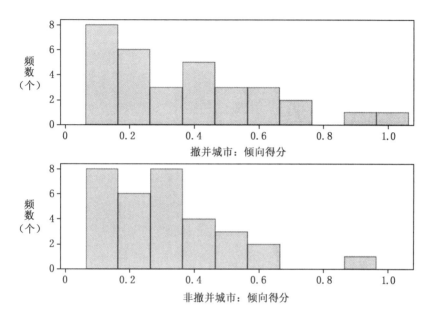

附图 4.1　处理组和控制组倾向得分的分布情况

附表 4.1　　　　　　　　　倾向得分匹配第一阶段回归（**Logit Regressions**）

	（1）	（2）
	被解释变量:该城市在 2000—2004 年是否发生撤县设区	
	全样本	匹配样本
城市化率	2.812	2.472
	(2.195)	(3.190)
单位土地 GDP 密度	2.954***	1.219
	(1.071)	(1.029)
GDP	0.001	0.000
	(0.001)	(0.001)
人均 GDP	−0.106	−0.062
	(0.208)	(0.207)
GDP 增长率(1997—1999 年)	5.141*	−1.378
	(3.070)	(5.183)

续表

	(1)	(2)
	被解释变量:该城市在 2000—2004 年是否发生撤县设区	
	全样本	匹配样本
工业化率	0.109	−0.212
	(0.095)	(0.212)
常数项	−15.306*	18.383
	(8.306)	(18.807)
样本量	221	64
伪 R^2	0.277	0.028

注:*** 表示 $p<0.01$, ** 表示 $p<0.05$, * 表示 $p<0.1$。

第 5 章

人地之争：城市空间扩张能促进人口集聚吗？

5.1 引　言

城市化被广泛认为是现代经济增长的重要组成部分，它包含了一个经济体从以农业为主的农村经济转变为以工业为主的城市经济的过程（Lucas，2004；Henderson 和 Wang，2005）。我国正经历着人类有史以来规模最大的人口迁移和城市化，1978—2014 年，城市化率从 17.9％上升至 54.8％。2014 年中共中央、国务院发布的《国家新型城镇化规划（2014－2020 年）》提出了一系列有关城镇化的改革方案，并指出到 2020 年将城市化率进一步提升至 60％，意味着有 1 亿左右的农村人口迁移到城市生活。

从发达国家的经验来看，城市化的核心是劳动力和企业的迁移与集聚，城市空间的扩张则是劳动力、土地等市场出清后的均衡结果。然而，我国城市化的实现机制与西方发达国家存在明显的差异，具有以地方政府为主导、以土地扩张为实现手段的典型特征，直接导致了土地城市化快于人口城市化的问题：1991—2010 年，中国的城镇人口从 3.02 亿增长到 6.7 亿，增长率为 122％；而同期城市建成区面积从 1.22 万平方千米扩张到 4.01 万平方千米，增长率高达 229％。因此，政府主导的城市扩张对于人口集聚能否产生积极作用，是一个亟待考察的问题。

　　从我国的城市发展经验来看,行政区划调整是中央政府推动城市化的重要工具,此类政策实验为检验政府主导的城市扩张是否促进人口集聚提供了很好的研究对象。与城市有关的行政区划调整政策主要有两类:创立新的城市(撤县设市)和扩大已有城市规模(撤县设区)。总体而言,两类政策都扩大了城市空间,区别是前者增加了我国小城市的数量,而后者则显著扩大了已有城市的规模。这两类政策在促进人口集聚方面的效应是否也存在差异呢? 事实上,哪一类政策更有效率,长期以来也是研究者和政策制定者争执不下的问题。从 1978 年到 1997 年,通过实施撤县设市政策,中国新增了超过 350 个小城市(县级市)。然而,Fan 等(2012)的研究表明,这一政策并未实现促进城市化和工业化的预期目标,并在 1997 年基本被中止。随后,我国掀起了撤县设区的浪潮,仅 2000—2004 年就发生了 42 次,许多城市的规模得以迅速扩张。

　　为满足城市扩张需要而调整行政区划并非中国独有。例如,美国历史上也曾发生过类似的市县合并(City-county Consolidation)。在发达国家,合并成功与否需要当地民众进行公投,因此体现了民众和市场的需求。而我国的撤县设区由政府主导,这一过程有可能与市场规律相悖,形成假性城市化和城市摊大饼式扩张,并造成县(或县级市)资源被地级市攫取。但从积极意义上来看,这种撤并政策可能促进了各县区之间的经济联系和市场融合,有助于降低行政壁垒,提升城市集聚经济。因此,撤县设区能否促进城市化和人口集聚,仍有待实证检验,这也是本章的核心研究动机。

　　我们利用 2000—2004 年发生的撤县设区政策实验,采用双重差分的实验设计方法研究撤并政策对人口集聚的效应,进而回答政府主导的城市空间扩张能否促进人口城市化。由于撤县设区改革在各城市间并非随机发生,我们采用了熵平衡法(Entropy Balancing)和倾向得分匹配法来解决可能的选择偏误问题。研究发现,撤并城市在 2000—2010 年的人口增速比非撤并城市高出 21.4%。这一增长主要来自外来人口的迁移,从而排除假性城市化和被动城市化的可能。我们同时考察了撤并效果的异质性,发现东部、非省会城市的人口集聚效应显著高于中西部、省会城市,并且城市的市场潜力越大,撤并的集聚效应就越高。我们进一步探讨了撤县设区促进人口集聚的作用机制,指出撤并后的区域市场融合和城市集聚经济有助于提升企业的生产率与就业,从而吸引外来人口集聚。

　　本章余下的部分结构如下:5.2 节介绍我国有关城市的行政区划制度背景,并回顾了相关文献;5.3 节介绍政策评估中所使用的模型和数据;5.4 节为实证结果分析;5.5 节对撤县设区的人口集聚效应的实现机制进行探讨;5.6 节为结论和政策建议。

5.2 制度背景与文献综述

5.2.1 制度背景

历史上,县一直是我国基层政府的主要形式,城市和现代城市体系的建立一直到 20 世纪 20 年代才正式出现。[①] 自市制建立以来,城市设立的标准以及市县间的关系一直在不断调整。在早期,与大多数国家相似,县一般为比市更高的建制(两者为面和点的关系),市由县管辖。[②] 改革开放后,为了促进工业化和城市化,中国进行了撤地设市(或地改市、地市合并)改革,确立了"市管县"的地方治理体制。图 5.1 显示了现阶段我国地方政府的治理体系,其中地级市政府对市辖区拥有直接管辖权,对辖区内的县和县级市拥有部分管辖权。

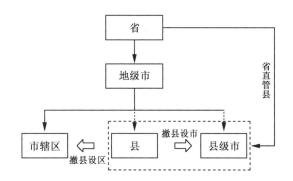

图 5.1 中国地方政府的治理体系

改革开放后,我国相继出现了多种行政区划改革,包括撤县设市、撤县设区和省直管县等。其中,为顺应改革开放初期采取的中小城市和小城镇优先发展战略,20 世纪 80—90 年代全国广泛开展了撤县设市改革,县级市数量从 1978 年的 92 个

---

① 1924 年,广州成为中国第一个建制市。
② 美国、日本等主要国家目前仍然采用这种行政区划体制。

上升到 1996 年的 445 个（见图 5.2）。然而，撤县设市改革并未实现经济增长和城市化的预期目标，反而造成了"城不像城、乡不像乡"的问题。近年来在各省广泛开展的省直管县和强县扩权改革则主要是为了解决市管县体制下造成的"市卡县、市刮县"的问题，促进县域经济的发展（才国伟等，2011）。

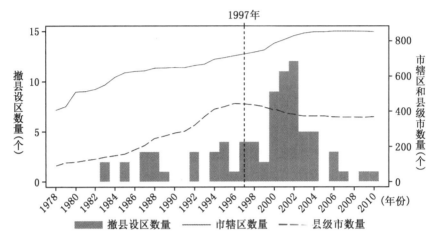

图 5.2　中国撤县设区、市辖区与县级市数量

　　撤县设区政策兴起于 20 世纪 80 年代，是指将地级市所管辖的县或者县级市调整为地级市市辖区。1997 年撤县设市改革被中止后，撤县设区的数量出现了快速上升（图 5.2 显示了自改革开放以来每年撤县设区的数量）。撤县设区政策同样旨在调整市县关系，但具有以下特点：首先，不同于撤县设市，撤县设区政策扩大了已有城市的规模，有助于优化中国城市规模体系；其次，地级市和所辖县之间虽然有一定的隶属和管辖关系，但两个行政单位的政府部门决策具有相对独立性。撤县设区后，两者的行政界限被打破，并在城市规划、产业布局、基础设施建设等方面实现统一决策。

　　中央政府曾在 1983 年发布撤县设市的具体标准，并在 1986 年和 1993 年进行了修订。而关于撤县设区，并未正式公布实施的标准[①]，通常是由地级市政府提出申请，经过省民政厅和省政府上报后，最终由民政部和国务院批准。由于申请成功与否牵涉到许多因素，不同的城市发生撤并的概率存在差异。因此，在识别撤县设区的政策效应时，必须考虑到撤并组和非撤并组的系统性差异，否则将导致估计结

_____

①　2003 年民政部曾发布《市辖区设置标准（征求意见稿）》，但并未实施，所设立的标准也不明确。

果有偏。后面的实证部分将采用熵平衡法和匹配法来解决这一问题。

5.2.2　文献综述

大量文献对我国城市化的发展现状和特征进行了深入探讨。概括而言，中国的城市化存在着两个明显特征：低城市化率和城市规模体系的平均化。首先，长期以来中国的城市化率滞后于工业化率和世界同发展水平国家的城市化平均水平（简新华和黄锟，2010）。许多文献探讨了造成中国城市化率偏低的原因，这些因素包括户籍制度（Au 和 Henderson，2006a&b；Whalley 和 Zhang，2007）、农村土地制度和农用地流转市场（Mullan 等，2011）、重工业优先发展战略（陈斌开和林毅夫，2010）、以增值税而非房产税为主的税收体系（Henderson，2009）[①]等。这种低城市化率不仅造成了巨大的效率损失（Au 和 Henderson，2006a），也导致了城乡收入差距不断扩大（Yang 和 Cai，2000）。其次，我国对大城市人口增长的控制导致了城市规模体系的平均化。Soo（2005）对 73 个主要国家的城市分布体系的研究显示，中国的城市规模分布比多数国家更为平均化。王小鲁（2010）利用跨国数据分析了影响城市集中度（超过 100 万人的城市人口占总人口的比例）的因素，并基于回归结果预测中国城市集中度，发现预测值显著高于实际值，同样说明了我国城市人口分布过于分散。

实际上，低城市化率和城市规模的平均化存在着密切的关系。大量研究表明，大城市在人口集聚上具有规模经济优势，而中国过去限制大城市的发展战略抑制了大城市在人口城市化上的优势（王小鲁，2010）。撤县设区政策通过行政区划调整扩大了已有城市的规模，而且，我们后面的分析发现，规模较大的城市发生撤并的概率更高，因此，撤县设区政策改善了我国的城市分布体系。从规模经济的角度而言，该政策有助于促进人口向城市集聚。然而，作为政府主导的城市空间扩张政策，撤县设区政策能否遵从市场规律，最终促进人口城市化，而非造成城市的无效蔓延和假性城市化，是一个有待检验的实证问题。

具体而言，撤县设区改革可能从两个方面促进人口集聚。首先，撤县设区改革涉及不同行政区之间的市场和行政机构融合问题。Alesina 等（1997）指出，一个经济体的规模越大，公共品提供的效率和贸易收益也越高。而一旦跨越国界或地区

---

① 房产税会鼓励更多的外来人口迁入本城市，而增值税则导致地方政府对资本的竞争。

边界，各种市场壁垒造成市场资源无法自由流动，就将形成显著的边界效应（Mc-Callum，1995）。在中国式分权体制下，资本、劳动力和土地的配置受到地方政府干预，造成了中国特有的"行政区经济"，不同行政区之间存在着严重的市场分割（Young，2000）。撤县设区改革则打破了市区与邻近县之间的行政分割：县市变为市辖区后，地级市政府可以进行统一的城市规划与产业布局，减少行政区间的政府机构摩擦。从这个意义上来说，撤县设区减少了行政壁垒导致的各种扭曲，促进了市场融合和资源优化配置。

其次，撤县设区政策扩大了已有城市的规模，而城市经济学中有大量理论和实证文献探讨了生产率和工资如何随着城市规模的上升而增加[详见 Duranton 和 Puga（2004）以及 Rosenthal 和 Strange（2004）分别在理论和实证上的综述]。文献中将这一规模报酬递增现象归为两大类：地方化经济（或称为 Marshall-Arrow-Romer 外部性），强调产业专业化带来的规模效应（Henderson，1997）；城市化经济（或称为 Jacobs 外部性），强调城市产业的多样化有利于企业的创新活动，从而促进城市的长期增长（Glaeser 等，1992）。大城市可以同时拥有较高程度的产业专业化和多样化，产生更高的集聚效应，促进生产率的上升和人口的流入。

本章也与研究世界各国的城市合并和中国行政区划改革的文献相关。"二战"之后，许多国家经历了城市合并现象，如丹麦、瑞典和英国等国家约有 3/4 的城镇通过合并被撤销（Fox 和 Gurley，2006）。相应的实证研究（Blume 和 Blume，2007；Reingewertz，2012；Moisio 和 Uusitalo，2013）虽然结论各不相同，但都将研究重点放在了公共品提供的效率上。本章关注的是撤并政策对人口城市化的效应，这对于发展中国家来说更为重要。另外，一些文献研究了近年来我国行政区划调整政策，包括省直管县（才国伟等，2011）、将重庆列为直辖市（王贤彬和聂海峰，2012）、撤县设市（Fan 等，2012）、佛山的撤县设区改革（王贤彬和谢小平，2012）等。Fan 等（2012）的研究利用县及县级市面板数据和双重差分方法，发现撤县设市政策并未促进城市化和经济增长，一个重要原因是该政策创造出的城市规模过小，难以发挥集聚效应。本章所研究的撤县设区政策则扩大了已有城市的规模，因此是 Fan 等（2012）的有益补充。另外，相比王贤彬和谢小平（2012）对佛山市的案例研究，本章使用全国样本得到的结论也更具一般性。

5.3 模型与数据

5.3.1 实证模型

本章实证部分采用了双重差分模型。DID 是进行政策评估最常用的方法，它将所有样本分为处理组和控制组，在 2000—2004 年发生撤县设区的地级市被视作"处理组"，而在研究期间（2000—2010 年）没有经历过撤县设区的地级市则为"控制组"。如果撤并政策在各城市中随机发生，撤并实施前后两组人口增长的差异就是撤并政策对人口集聚的无偏估计量。上述过程可用式（5.1）表示。

$$ATE = E(\Delta) = E(y_1 \mid x, Merger=1) - E(y_0 \mid x, Merger=0) \quad (5.1)$$

其中，y_1 表示处理组的变化值，在本章中为 2000—2010 年的人口增长；y_0 表示非撤并城市的人口增长。式（5.1）得到的结果为该政策的平均处理效应（Average Treatment Effects，ATE）。

基于上述思想，本章的主要实证模型如式（5.2）所示。其中，$\Delta Popu$ 代表人口增速，$\Delta Popu =$（2010 年人口水平－2000 年人口水平）/2000 年城镇常住人口。$Merger$ 为虚拟变量，$Merger = 1$ 代表处理组，$Merger = 0$ 代表控制组。X 代表相关控制变量，ε 为误差项。β_1 是倍差估计量，度量了撤县设区政策对人口增速的平均处理效应。

$$\Delta Popu = \beta_0 + \beta_1 Merger + \gamma X + \varepsilon \quad (5.2)$$

需要注意的是，DID 方法假设政策的发生在样本中是随机的。如果不满足这一假设，会造成选择偏误问题，导致估计结果有偏，而且偏向未知（Besley 和 Case，2000）。解决该问题的一个方法是使用倾向得分匹配法，即通过选取与处理组在某些重要特征上相似的控制组进行比较，获得对处理组的平均处理效应（Average Treatment Effects on the Treated，ATT；Imbens，2014）。

与 PSM 相似，Hainmueller（2012）提出了解决选择偏误的另一种方法——熵平衡法，基本思想如下：首先对那些有可能导致政策评估有偏的特征变量（与 PSM 第一阶段变量选择的思路类似）设定某些矩条件，使得处理组和控制组在样本特征上实现平衡，从而获得针对每个样本的一组权重。例如，可选择一阶矩条件（即均值条件),然后寻找一组权重,使得处理组和控制组在所选变量上的加权平均值相同。权重确定后,在第二阶段利用该权重进行加权最小二乘法回归。这种做法可以赋予与处理组特征更接近的控制组样本更高的权重,以减少估计时的选择偏误。熵平衡法与倾向得分匹配法在思想上有一定的相似之处,但熵平衡法具有以下几个方面的优势:

首先,熵平衡法可以确保处理组和控制组在样本特征(第一阶段选取的变量)上实现平衡,这一点在匹配方法中未必能够满足;其次,保留了所有样本的有用信息,而 PSM 的最近邻居匹配法(Nearest Neighbor, NN)删除了无法匹配的控制组样本,造成信息损失;再次,估计方程的模型设定更为灵活,而基于非参数分析的 PSM 方法在第二阶段估计时模型设定比较固定;最后,在运算性能上,熵平衡法也更具吸引力——Hainmueller(2012)使用蒙特卡洛模拟发现,相比各类匹配方法,熵平衡法在估计政策效应时可以获得更小的系数偏误和标准误。鉴于以上优点,本章采用了熵平衡法来解决 DID 中的选择偏误问题,而在稳健性检验部分使用普通 DID 和 PSM 方法进行比较。

5.3.2 数据来源

本章关于撤县设区的信息来自中国行政区划网,其中详细记录了每年县级以上行政区划调整的信息。为便于分析,本章集中探讨 2000—2004 年发生的撤县设区改革,这也是该政策集中发生的时间段,共发生了 42 次撤并(见图 5.2)。[①]

核心因变量——城市常住人口,来自 2000 年和 2010 年的人口普查分县数据。我们没有使用《中国城市统计年鉴》的市区人口数据,有以下几个理由:首先,人口普查数据更准确地统计了市辖区城镇常住人口,与统计城市人口的国际惯用标准最为接近;其次,《中国城市统计年鉴》只有市辖区的人口数据,没有口径一致的县域人口数据,在后文分析中,需要将被撤并县市在撤并前的城镇人口并入所属地级市市辖区人口统计范畴内,以保证 2000 年和 2010 年数据的可比性;最后,人口普查数据区分了常住人口、户籍人口和不同来源的流动人口,有助于更深入地探讨撤并

---

① 我们没有考虑 1995—1999 年和 2005—2010 年发生撤并的城市样本,因为这些城市与 2000—2004 年发生撤并的城市在撤并效果所涵盖的时间长度上存在显著差异,不具有直接可比性。删去的样本共包含 15 个城市,依次为长春、永州、武汉、泸州、厦门、西安、北京、重庆、上海、昆明、哈尔滨、白山、乌鲁木齐、南通、徐州。

后人口增长的来源。

有关城市经济特征的控制变量来自《中国城市统计年鉴》。在探讨撤县设区影响人口集聚的实现机制时,采用了中国工业企业数据库 1998—2007 年的微观数据。表 5.1 是主要变量的描述性统计,并比较了撤并城市和非撤并城市在这些变量上的差异及显著性。

表 5.1 主要变量描述性统计

自变量	撤并城市 Merger＝1		非撤并城市 Merger＝0		两组之差 (撤并组－非撤并组)	
	均值	标准差	均值	标准差	差值	标准差
城镇常住人口变动	0.445	0.234	0.298	0.264	0.147***	0.050
其中:						
城镇户籍人口变动	0.182	0.185	0.222	0.196	−0.040	0.037
本县(区)内迁入人口变动	0.022	0.057	0.041	0.085	−0.019	0.016
本省外县迁入人口变动	0.103	0.104	0.062	0.110	0.040**	0.021
外省迁入人口变动	0.136	0.146	0.042	0.079	0.093***	0.017
2000 年城镇常住人口(万人)	186.33	183.76	69.50	71.80	116.82***	17.97
1999 年 GDP(亿元)	268.86	337.98	112.60	158.34	156.26***	36.88
2000 年市场潜力(亿元/千米^2)^a	1.996	4.079	0.578	0.640	1.418***	0.298
到主要港口距离(千米)^b	384.77	337.22	654.23	423.19	−269.46***	76.89
个数	33		182			

注:以上变量均是在地级市市辖区水平上构建而得。前五个关于人口变动的变量指 2000—2010 年的增加值除以 2000 年的城镇常住人口规模。最后两列使用 t 检验比较了两组的差异,* 表示 $p < 0.1$,** 表示 $p < 0.05$,*** 表示 $p < 0.01$。

a:城市 i 的市场潜力为其他地区 GDP 的加权平均,计算公式为 $\sum_{j \neq i} \dfrac{GDP_j\,in\,2000}{d_{ij}^2}$,$d_{ij}$ 为城市 i 和 j 之间的距离。

b:到主要港口距离为到上海、深圳、天津、大连和青岛五个港口中最近的距离。

5.4　实证结果

本节报告撤县设区政策评估的主要实证结果,分为三部分:首先,利用人口普查数据和《中国城市统计年鉴》数据，考察造成选择偏误的可能因素；其次，使用熵平衡法估计撤县设区政策对 2000—2010 年城市人口增长的影响，并讨论人口增长的来源以及政策效果的异质性；最后，使用倾向得分匹配法进行稳健性检验，比较普通 DID 方法、熵平衡法和匹配法估计结果的异同。

5.4.1　造成选择偏误的可能变量

中央政府并未正式发布实施撤县设区改革的准则或条件，事实上，哪些城市可以成功获得撤县设区牵涉到一系列复杂的因素。[①] 我们认为经济因素是造成选择偏误问题的主要来源：如果经济发展条件更好的城市获得撤并的概率更高，那么普通 DID 方法将高估撤并的效果。由于事前我们无法确定政策实施的影响因素，为了尽可能减少潜在的选择问题，结合数据可得性，本章选取了以下地级市市辖区在撤并前的经济特征，包括撤并前的市区 GDP 和增速、人均 GDP、非农 GDP 比例、人口（城镇常住人口和户籍人口）、密度和规模（单位土地产出密度、人口密度和建成区面积）、地理和行政特征（市场潜力、到港口距离和省会城市虚拟变量）等。在使用熵平衡法时，这些是构造矩条件进而获得权重矩阵的变量；在使用匹配法时，第一步的 Logit（或 Probit）回归使用了上述变量以获得倾向得分。当然，我们仍然可能遗漏了其他重要变量，甚至一些不可观测因素，检验这一问题的方法是检验处理组和控制组在政策干预前是否存在着平行趋势。如果存在平行趋势，即在撤并前撤并城市与非撤并城市不存在差异，而在撤并后出现显著差异，我们可以把估计得到的处理效应理解为因果关系。鉴于本章使用的数据特点，在主回归中无法做此检验，但在机制分析时我们检验了就业量在政策实施前是否存在着平行趋势。

我们使用上述变量对城市发生撤并的概率进行了 Logit 回归。结果显示，市辖区规模越大的城市发生撤并的概率更高，这里的规模变量包括经济、人口和土地规模，分别用市辖区 GDP、城镇人口和建成区面积来衡量。然而，在回归中有些变量并未得到预期结果，比如，1996—1999 年 GDP 增速、单位土地非农产出和人口密度与撤并概率并未呈现显著的相关性。这也许反映了政府主导的城市扩张政策的潜

---

① 比如，地级市政府和县市政府间的关系便是一个重要的因素。被撤并后，县市政府失去了大部分的行政自主权，因而容易受到县市官员的抵制。例如，浙江湖州市在撤并时受到长兴县政府各级官员的强烈抵制，未能成功；而广东佛山市则是在撤换被撤并县级市的主要领导人之后成功进行了撤并。

在问题:在大量资源被政府主导的背景下,许多发展前景更好的城市由于行政等级等原因无法获得足够的资源和政策优势,造成资源的空间配置无法达到最优(王小鲁,2010)。如果撤县设区政策没有发生在需求最强烈的城市,将削弱撤并为城市发展所带来的积极效果。从这个意义上讲,后文的实证分析得到的是撤并政策效果的下限。

5.4.2 撤县设区的人口集聚效应

下文分析撤县设区政策是否促进了人口集聚。根据上文的分析,由于撤并政策在城市间并非随机发生,我们采用熵平衡法处理选择偏误问题。首先对上文提到的所有变量设定一阶矩条件,即寻找一组权重,使得处理组和控制组在每一个变量上的加权平均值相等。然后利用该组权重做加权最小二乘法估计,估计结果如表 5.2 所示。其中,被解释变量分别为 2000—2010 年市辖区常住人口变化、户籍人口变化和区分来源的迁移人口变化,数据来自 2000 年和 2010 年人口普查。由于发生撤并的城市人口规模更大,使用人口增长的绝对值可能高估撤并的效应,因此将上述人口绝对变化值均除以 2000 年市辖区城镇人口。[①] 由于各城市在初始经济规模和发展水平上有较大差异,回归中控制了市辖区初始的 GDP 和城镇人口。此外,某些地理因素通过影响城市生产率也可能引起人口规模的变化,因此控制了区域虚拟变量(中部为基准组)、省会城市虚拟变量、2000 年市场潜力、到主要港口距离及其平方项。各城市 2000 年的人口数据均加入了 2000—2004 年被市辖区合并的县或县级市的城镇人口,因此我们观察到的人口增长消除了单纯由行政区划调整带来的城市人口增长。由于本研究中的最后一批撤并发生在 2004 年,而因变量是 2000—2010 年的城市人口变化,所以我们估计的政策效应是一个中长期的效果。

---

① 我们没有使用各自变量的增长率,是为了方便分析城镇常住人口增加的份额有多少是来自户籍人口和迁移人口。如表 5.1 所示,城镇户籍人口与所有迁移人口总和等于城镇常住人口。使用增长率作为被解释变量不会改变我们的主要结论。

表 5.2　　　　　　　　　　　撤县设区与人口增长(2000—2010 年)

	(1) 城镇人口	(2) 户籍人口	(3) 本县(区)内迁移	(4) 本省外县迁移	(5) 外省迁移
	被解释变量:(2010 年人口水平－2000 年人口水平)/2000 年城镇常住人口				
撤县设区 (*Merger*)	0.214*** (0.031)	0.004 (0.025)	0.054*** (0.008)	−0.002 (0.010)	0.067*** (0.015)
1999 年市辖区 GDP	0.000 (0.000)	−0.000 (0.000)	0.000 (0.000)	0.000 (0.000)	0.000 (0.000)
2000 年市辖区 城镇人口	−0.000 (0.000)	−0.000 (0.000)	−0.000** (0.000)	−0.000 (0.000)	−0.000 (0.000)
东部	−0.037 (0.057)	−0.058 (0.046)	−0.042*** (0.014)	−0.034* (0.019)	0.002 (0.028)
西部	−0.097 (0.065)	−0.039 (0.053)	0.010 (0.016)	0.046** (0.021)	0.018 (0.032)
省会城市	0.148*** (0.052)	0.109** (0.042)	−0.033** (0.013)	0.158*** (0.017)	0.019 (0.026)
2000 年市场潜力	0.004 (0.006)	−0.006 (0.004)	−0.002 (0.001)	0.002 (0.002)	0.001 (0.003)
到主要港口距离	−0.046** (0.021)	−0.029* (0.017)	−0.005 (0.005)	−0.014** (0.007)	−0.048*** (0.011)
到主要港口距离 平方项	0.003* (0.002)	0.002 (0.001)	0.000 (0.000)	0.001 (0.001)	0.003*** (0.001)
常数项	0.388*** (0.091)	0.331*** (0.074)	0.039* (0.023)	0.128*** (0.030)	0.169*** (0.046)
城市个数	215	215	215	215	215
撤并城市个数	33	33	33	33	33
调整 R^2	0.248	0.026	0.378	0.477	0.346

注:以上结果采用熵平衡法(加权最小二乘法)回归而得。所有数据均在市辖区水平上构建得到。为使两个年份的人口具有可比性,2000 年城市各类人口数据包括原市辖区和被撤并县市的人口。* 表示 $p<0.1$, ** 表示 $p<0.05$, *** 表示 $p<0.01$。

表 5.2 的第(1)列表明,撤并城市在 2000—2010 年经历了更快的城镇常住人口增长。*Merger* 的估计系数为 0.214,即撤县设区后,撤并城市的人口增速比非撤并城市高出 21.4%。由于撤并城市的人口基数较大,所以撤并带来的城市人口增加的绝对水平也就更高,即该政策有力地促进了人口的城市化。改革开放后我国城市化速度曾出现一个拐点:根据国家统计局的数据计算,1978—1999 年城市化率平均每年提升 0.8% 左右,而 2000—2013 年则达到 1.3%,城市化速度明显加速。这

一转变可归因于很多因素的变化，比如对户籍制度的放松、加入 WTO 等。表 5.2 的结果表明，2000 年后集中实施的撤县设区政策也是城市化速度提升的积极因素之一。另外，撤县设区政策也导致了城市人口分布更为集中，使得我国的城市分布体系进一步趋同于世界平均水平。

城镇常住人口可分为两类：本地户籍人口和迁移人口[①]，而迁移人口根据其来源地，又可以分为本县（区）内、本省外县和外省迁移人口。关于户籍人口，一方面，高技能人才更可能涌入大城市，因而获得户籍的数量可能更高；另一方面，大城市对户籍的限制也更高，因此撤并对户籍人口影响的净效应无法确定。我们发现，尽管撤并城市的常住人口有了显著上升，但是撤并城市的户籍人口增长无明显差异［表 5.2 第（2）列］，说明两种效应相互抵消。这一结果反映了撤并政策带来的人口增长主要来自外来迁移人口。

我们进一步分析了区分来源的外来迁移人口的变化情况［表 5.2 第（3）—（5）列］。结果发现，撤县设区政策对本省外县迁移人口无显著作用，但对本县（区）内和外省迁移人口有显著正向作用，两者是撤并带来的城镇人口增长的主要来源。由于中国的迁移人口大多数来自农村，该结果在一定程度上说明撤县设区有效促进了本县（区）内人口的城镇化和农村劳动力的跨省迁移。

需要注意的是，在估计政策干预效果时，一个重要前提是控制组应独立于政策干预。然而，由于撤并城市和非撤并城市在吸引流动人口上存在着竞争关系，撤县设区在给予撤并城市正向冲击的同时，也可能对非撤并城市产生不利影响，从而高估撤并效果。[②] 在实验设计中，我们很难找到完全不受撤并影响的非撤并城市作为控制组。但这一问题并不会从根本上改变本章的结论。首先，本章的处理组共包括 33 个地级市，而全国在 2004 年共有 333 个地区（其中 283 个地级市），处理组规模显著低于控制组。其次，我国城市常住人口的增长很大一部分来自农村剩余人口，这与发达国家的人口流动主要是在城市之间不同。尽管如此，我们在解释估计结果时仍需要注意这一问题。

表 5.2 的回归结果给出了撤县设区的平均效应，这一效果在不同城市可能存在差异。考虑到中国区域发展水平和城市等级的差异性，本章从以下角度考察撤并效果的异质性，包括地区差异、发展潜力差异（市场潜力）和城市行政等级差异

---

① 人口普查中的迁移人口指在普查当年居住在本乡、镇、街道半年以上，且户口不在当地的人口。

② 当然，撤并城市也可能通过提高周边非撤并城市的市场潜力产生正向的溢出效应，从而造成撤并效果被低估。

(省会与非省会城市),回归结果如表5.3所示。

表5.3　　　　　　　　　　　　撤县设区与人口增长的地区差异

	(1) 城镇人口	(2) 本县(区)内迁移	(3) 本省外县迁移	(4) 外省迁移	(5) 城镇人口	(6) 城镇人口
东部撤并城市	0.233*** (0.033)	0.063*** (0.008)	−0.005 (0.011)	0.085*** (0.016)		
中西部撤并城市	0.138** (0.064)	0.016 (0.016)	0.009 (0.021)	−0.010 (0.032)		
撤县设区(Merger)					0.099** (0.042)	0.037 (0.063)
撤并与市场潜力交叉项					0.055*** (0.014)	
非省会撤并城市						0.219*** (0.068)
城市个数	215	215	215	215	215	215
撤并城市个数	33	33	33	33	33	33
调整 R^2	0.251	0.396	0.476	0.367	0.297	0.281

　　注:本表中的回归方法、被解释变量和控制变量构建方式与表5.2相同。为节省空间,不再汇报常数项和控制变量的结果。$^*\ p<0.1$,$^{**}\ p<0.05$,$^{***}\ p<0.01$。

　　(1)区域差异

　　由于东部具有独特的地理条件和先发优势,在经济发展和工业化上先行于中西部,加之城市和区域发展中的规模优势,东部城市在包括投资、土地等各种资源的利用效率上明显高于中西部。表5.3第(1)列的结果表明,中西部撤并城市的人口集聚效应显著低于东部:东部城市的撤并效果为23.3%,高于全国平均水平(21.4%);而中西部仅为13.8%,在系数大小和显著性上均低于东部和全国平均。第(2)—(4)列显示,东部撤并城市显著促进了本县(区)内和外省迁移人口增长。尽管中西部撤并城市在促进各类迁移人口增长上效果都不显著,但在促进本县(区)内和本省外县迁移人口方面有一定的正向作用,说明中西部城市虽然在吸引跨省劳动力上能力有限,但如果给予合理的扶持,可以作为区域性中心,促进本地的城市化和经济发展。

　　(2)市场潜力差异(Market Potential)

　　新经济地理学强调了两个因素对区域发展的重要性:物质地理特征(第一地理特征),强调距离港口等先天空间特性的重要性,此前对东部和中西部地区的划分反映了这一地理差异;市场潜力(第二地理特征),强调地区间经济活动的相互影响在经济集聚过程中发挥着至关重要的作用(Krugman,1991)。通过加入撤并政策变量(*Merger*)与城市 2000 年市场潜力①的交叉项来讨论市场潜力的作用,我们预期城市的市场潜力越大,其经济发展的潜力也越大,撤并所带来的人口增长效应也越高。表 5.3 第(5)列的结果证实了我们的判断,该交叉项在 1% 水平上显著为正。

(3)行政等级差异

在中国的行政体制下,行政等级更高的城市在获取财政、金融、土地等各类资源上有着先天优势。在我们的撤并城市样本中(共 33 个),有 8 个为省会城市。如果撤并的人口集聚效果主要是由省会城市驱动的,我们的结论就很难推广到其他城市——因为可能存在其他因素(如某些优惠政策等)导致省会撤并城市吸引了大量外来人口,产生遗漏变量问题,造成估计有偏。表 5.3 的第(6)列加入撤并政策变量与非省会城市(虚拟变量,非省会城市=1,否则=0)的交叉项,来比较省会城市与非省会城市的差异。加入交叉项后,撤并政策变量捕捉了省会城市的效应,而交叉项捕捉了非省会城市与省会城市的效应之差。结果显示,省会城市并没有产生更高的人口集聚,且结果不显著,而非省会城市的人口集聚效果显著为正。这一结果排除了撤并效果主要是由那些行政等级更高的城市所带动的担忧。省会城市撤并效果更低的一个可能解释是,这些城市在本省内已具有了各种资源和政策优势,而撤县设区对它们的边际效益较低。相反,撤并对非省会城市的政策意义更为重要,其人口集聚效果也更强。

5.4.3 稳健性检验

为确保上述结果的稳健性,本章进一步使用倾向得分匹配法分析撤县设区政策的效果。具体过程为:首先利用 5.4.1 节提出的控制变量预测每个城市发生撤并的概率(Logit 回归),然后利用预测的概率构造权重矩阵,再根据不同的匹配法估计得到政策效果。表 5.4 依次列出了使用普通 DID 方法、PSM-kernel 和 PSM-NN所得到的估计结果(即 *Merger* 的系数)。

---

① 城市市场潜力的计算公式见表 5.1 注释。

表 5.4　　　　　　　　　　　　　　稳健性检验结果

人口变动	普通 DID 方法		PSM-Kernel		PSM-NN	
	政策效果	标准误	政策效果	标准误	政策效果	标准误
城镇人口	0.147^{***}	(0.050)	0.168^{***}	(0.058)	0.201^{***}	(0.060)
户籍人口	-0.040	(0.037)	-0.003	(0.047)	0.025	(0.052)
本县(区)内迁移人口	-0.019	(0.016)	0.037^{***}	(0.014)	0.042^{***}	(0.016)
本省外县迁移人口	0.040^{*}	(0.021)	0.003	(0.026)	0.022	(0.026)
外省迁移人口	0.093^{***}	(0.017)	0.076^{**}	(0.032)	0.085^{***}	(0.033)

注：被解释变量的构造与表 5.2、表 5.3 相同。Kernel 指核密度匹配法，NN 指最近邻居匹配法。使用 Kernel 和 NN 匹配时，协变量在处理组和控制组之间实现了平衡。* $p<0.1$，** $p<0.05$，*** $p<0.01$。

结果显示，普通 DID 方法和匹配法只在估计本县(区)内和本省外县迁移人口时存在较大差异。由于普通 DID 方法没有处理样本选择偏误，造成估计有偏。比较使用 PSM-kernel、、PSM-NN 得到的结果和使用熵平衡法得到的结果（见表 5.2）发现，不同方法的估计系数略有差异，但符号和显著性完全一致，因此可以认为本章所估计的撤县设区政策对人口增长的影响是非常稳健的。

5.5　机制分析

上一节的分析证实了撤县设区政策对城镇人口增长的促进作用，这与 Fan 等（2012）对撤县设市的研究结论截然不同。为什么撤县设区相比撤县设市在吸引人口集聚方面更有效，或者说，撤县设区的人口集聚效应是如何实现的，是本节所关注的问题。一般来说，外来迁移人口的增长与当地就业机会的增加紧密关联。一方面，撤县设区后，县区间的市场融合、行政壁垒和资源分配等问题可以得到改善，政府效率提高和区域市场融合促进了城市企业生产率的提升；另一方面，区域市场的融合和城市规模的扩大又通过分享、匹配和学习三个机制产生集聚经济（Duranton 和 Puga，2004），也提高了企业生产率。城市生产率的提升将推动企业的扩张和新企业的进入，并促进当地就业量的上升，最终形成人口集聚。上述过程如图 5.3 所描述。本部分首先探讨撤县设区在区域市场融合和集聚经济方面的效应，然后给出该政策提升企业生产率和就业的经验证据。

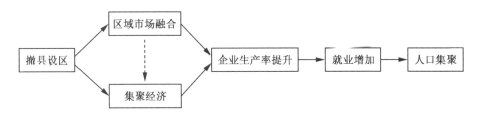

图 5.3 撤县设区人口集聚效应的实现机制

5.5.1 区域市场融合与集聚经济

(1)区域市场融合

在中国的分权体制下,地方政府间存在着广泛的引资竞争,导致不同地区间出现各种市场壁垒,形成严重的市场分割与"行政区经济"(Young,2000;周黎安,2004)。比如,地区边界上的公路收费站就是一个具有代表性的阻碍区域市场融合的行政壁垒。Ma(2014)使用倍差法研究了广东省近年来实施的大部制改革发现,改革有效降低了部门间冲突,提升了服务质量,说明在行政效率问题上我国存在着巨大的改进空间。在本章所关注的问题上,尽管地级市对本地县市具有管辖权,但县市政府在诸多经济事务上仍有着相对独立的决策权,例如土地出让、城市规划、财政支出等。被撤并为地级市市辖区后,县级政府大部分决策权上收至地级市政府,地级市政府可以制定统一的城市规划,包括产业布局政策、交通与通信网络等基础设施建设,并减少行政区之间的政府摩擦[可参阅王贤彬和谢小平(2012)对佛山撤县设区案例的详细描述]。

撤县设区带来的一个重要改变是原市区与被撤并县市交通联系的加强:在撤并后,城市道路、公交、地铁等交通基础设施延伸到被撤并县市,使得两者形成一个紧密的生产、生活共同体。利用《中国城市统计年鉴》中市辖区人均道路的数据,可以大致观察到撤并前后县区间交通网络的改善。图 5.4 描述了撤并前后市辖区人均道路面积的变化情况。在发生撤并的当年和第一年,撤并城市市辖区人均道路面积发生下降,是由于我们缺乏被撤并县市在撤并前的道路信息,而被撤并县市相对较低的人均道路面积拉低了整体水平。但撤并后,市区人均道路面积开始不断上升。交通设施的改善不仅体现为人均道路面积的上升,撤并后各区之间公路收费站的取消、公交系统延伸到新区也将改善市区和被撤并县市的空间联系。空间

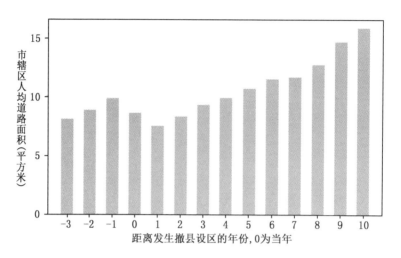

图 5.4　撤县设区后市辖区人均道路面积变化情况

联系的加强有利于优化资源空间配置和提升经济效率，并带动就业和人口的增长。

（2）集聚经济

根据城市经济学的理论，城市规模的扩大通过分享、匹配和学习三个机制产生集聚经济效应（Duranton 和 Puga，2004），提高了城市的生产率，从而吸引更多劳动力流入。大量实证文献证明了城市规模与企业生产率高度正相关（Rosenthal 和 Strange，2004）。然而，由于户籍等制度因素的限制，中国的城市规模普遍低于其最优水平，这限制了城市集聚效应的发挥（Au 和 Henderson，2006a&b）。撤县设区政策的重要作用是扩大已有城市的规模，大城市可以同时拥有高水平的产业专业化和多样化，从而带来更高的集聚效应。

5.5.2　撤县设区与企业生产率

下面利用 1998—2007 年的中国工业企业微观数据，检验撤并政策是否促进了企业生产率的提升。企业生产率的计算参考了 Olley 和 Pakes（1996）的方法，该方法能够有效解决选择偏误和企业进入退出问题，从而更准确地估算企业的生产率水平。采用的基本实证模型如式（5.3）所示，θ_i 为企业固定效应，η_t 为年份固定效应，β_1 是倍差估计量，度量了撤县设区政策对企业生产率的平均处理效应。表 5.5 列出了主要回归结果。

$$TFP_{it} = \beta_0 + \beta_1 Merger_{it} + \theta_i + \eta_t + \varepsilon_{it} \tag{5.3}$$

表 5.5　　　　　　　　　　　撤县设区与企业生产率

	(1) 企业 TFP	(2) 区分新区和旧区[a]	(3) 国企 TFP	(4) 国内私企 TFP	(5) 外企 TFP
撤县设区 (*Merger*)	0.087** (0.044)	0.049 (0.036)	0.039 (0.070)	0.064 (0.072)	0.099*** (0.036)
新设立市辖区 (*Merger×New District*)	0.080** (0.041)				
常数项	2.592*** (0.036)	2.591*** (0.034)	1.432*** (0.049)	2.697*** (0.035)	2.812*** (0.038)
企业和年份固定效应均已控制					
城市个数	699 093	699 093	89 230	442 673	167 189
撤并城市个数	33	33	33	33	33
调整 R^2	0.047	0.048	0.007	0.065	0.066

注：被解释变量为使用 OP 方法（Olley 和 Pakes，1996）计算得到的企业 TFP。国有企业的定义参考了聂辉华等（2012）的划分标准。括号内为城市水平上的聚类标准误。* $p<0.1$，** $p<0.05$，*** $p<0.01$。

a：新区指撤县设区中新设立的市辖区；旧区指撤并前已经存在的市辖区。

表 5.5 第（1）列的结果表明，撤县设区显著提高了当地企业的生产率。第（2）列区分了新区（被撤并县市）和旧区，结果表明，新区的企业生产率获得了更高的提升，说明被撤并县市的企业在区县市场融合后，在生产活动中获得了更多的溢出效应，从而显著提升生产率。这一结果与对被撤并县市空心化和边缘化的担忧恰好相反。第（3）—（5）列区分企业所有制的回归结果表明，撤并政策在外资和民营企业中的作用大于国有企业，反映了撤并对企业生产率的效应并非由国有企业带动，而是通过促进政府效率和市场融合、顺应市场主体（尤其是民营和外资企业）的需求来实现的。

5.5.3　撤县设区与就业

劳动力在迁移决策时首要考虑的因素是迁移目的地的就业情况，因此一个城市的人口规模直接与其就业创造能力相关。根据前述分析，城市在撤县设区后，区县间的市场融合、行政壁垒和资源分配等可以得到改善，并且由于城市集聚经济的存在，工业企业的生产率得到显著提高。上述因素将促进企业的扩张和新企业的进入，并推动当地就业量的上升。这一部分使用工业企业数据库中有关工业企业雇佣数量的信息，探讨撤并政策是否促进了当地的就业水平。所有就业数据在地级市市辖区层面进行加总。采用的实证模型如式(5.4)所示。其中 F_5，F_4，$\cdots$，F_2 表示撤并前 5 年，4 年，$\cdots\cdots$，2 年；L_0，L_1，L_2，$\cdots$，L_7 表示撤并后当年，第 1 年，第 2 年，$\cdots\cdots$，第 7 年。这是两组虚拟变量，基准组为撤并前一年(F_1)。θ_i 为城市固定效应，η_t 为年份固定效应。β 度量了撤县设区政策对城市工业企业就业量的效应。在统计推断中使用了地级市水平上的聚类标准误。

$$LnEmp_{it}=\beta_0+\beta_{F_5}Merger_i \cdot F_5+\cdots+\beta_{F_2}Merger_i \cdot F_2+\cdots+\beta_{L_0}Merger_i \cdot L_0$$
$$+\cdots+\beta_{L_1}Merger_i \cdot L_7+\theta_i+\eta_t+\varepsilon_{it} \tag{5.4}$$

回归结果通过图 5.5 展示。撤并前，撤并城市和非撤并城市在企业雇员数量上并不存在显著差异；而撤并后，撤并城市雇员数量开始不断上升。上述结果说明撤并对就业量的影响存在着平行趋势，进一步证实了两者之间的因果效应。该结果仅讨论了撤县设区政策对工业部门就业的影响，而实际上，城市制造业就业的提升对服务业就业存在一个乘数效应(袁志刚和高虹，2015)，使得城市总就业量进一步提高，所以引入服务业数据并不会改变我们的基本结果。总之，撤县设区政策通过提升企业的生产率有效促进了当地就业量的增加，从而使得人口不断增长。

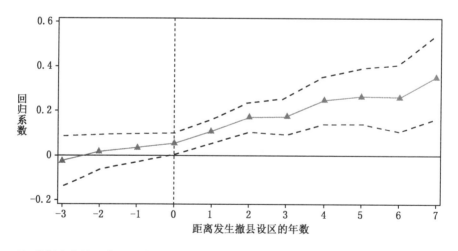

注：数据来自基于式(5.4)的回归结果，实线为撤县设区政策的估计系数，虚线为 90% 水平上的置信区间，标准误使用了城市水平上的聚类标准误。为节省版面，本章没有汇报具体的回归结果。

图 5.5　撤县设区对(工业企业)就业量的影响

5.6 结 论

政府主导的城市扩张是我国推动城市化进程的重要手段，其中行政区划调整是直接的实现工具。按对城市规模体系的影响区分，与城市有关的行政区划调整可分为撤县设市与撤县设区两类。Fan 等（2012）的研究发现，中小城市发展战略导向的撤县设市政策并未发挥人口城市化的作用。本章回答的研究问题是，大城市发展战略导向的撤县设区政策能否促进人口集聚。基于我国 2000—2004 年发生的撤县设区改革，使用熵平衡法和倾向得分匹配法解决撤县设区政策存在的选择偏误后，实证结果发现，撤并城市经历了更快的人口增长，且增长的来源主要来自迁移人口。另外，撤县设区政策对人口增长的促进作用存在着显著的异质性：首先，东部和非省会城市的效果显著高于中西部和省会城市；其次，城市的市场潜力越高，撤并的效果也越强。

本章的研究与 Fan 等（2012）对撤县设市的评估结果截然不同。我们认为，这是由于撤县设区政策对人口集聚的实现机制有所不同：撤县设市的结果是形成了大量中小城市，并不利于区域市场融合和城市集聚经济的实现；而撤县设区则扩大了城市规模，一方面有利于集聚经济效应的发挥，另一方面撤并后县区间的市场融合、行政壁垒和资源分配等问题得到改善，两方面的因素均有助于提升企业生产率并促进企业雇佣数量提升，从而吸引外来人口集聚。利用工业企业微观数据，并基于双重差分方法，本章的实证结果支持了上述判断。

需要注意的是，本章的结果并非意味着只通过撤县设区等行政区划调整就可以促进人口的城市化。我们虽然证实了 2000—2004 年发生的撤县设区的积极效应，但这依赖于两个条件：我国的城市规模尚未达到最优水平，以及撤并有效降低了行政壁垒、改善了政府效率。然而，随着城市规模的不断扩张，诸如拥堵成本、环境污染等"大城市病"开始涌现，支撑我国地方经济增长的地区间（包括县市间）标尺竞争机制也有所弱化，这都将削弱撤并政策的积极效应。近年来，撤县设区政策又掀起热潮，仅 2014 年发生撤并的城市就有 20 个。随着城市的快速扩张，许多城市可能达到甚至超过最优规模水平。另外，撤并后地方政府能否真正改善政府效率，也取决于改革的力度和效果。在这些背景下，新实施的撤并政策能否实现预期目的、有效促进城市化，仍有待进一步观察。

现阶段,城镇化成为地方政府创造政绩的关键指标,一方面促进了城市的快速发展,另一方面也产生了"空城""鬼城"、城市无效蔓延等一系列问题,这与我国地方政府主导的城市发展体制密不可分。在此背景下,更应谨慎评价撤并政策的效果。在未来的行政区划调整中,我们要处理好政府与市场的边界,在弄清楚政府必要职能的同时,充分发挥市场在城市资本、劳动力和土地资源配置中的基础性作用,这对于实现"以人为核心"的新型城镇化至关重要。

下篇：
城市间的竞争与合作

第6章

城市间的竞争与协调：
分权、外部性与边界效应

6.1 引 言

随着经济发展和产业集聚、分工水平的提高,地方政府面临的问题不再局限于单一行政区内部,越来越多的公共性事务具有外部性或全局性,例如城市群经济的发展、区域市场一体化建设、环境污染治理等。党的十九大报告提出区域协调发展战略,要求"建立更加有效的区域协调发展新机制"。党的二十大报告进一步强调促进区域协调发展,构建优势互补、高质量发展的区域经济布局和国土空间体系。实现区域协调发展不仅可以缩小区域差距,而且通过促进区域间产业协作分工可以提高要素配置效率,有助于形成兼顾效率与公平的区域发展格局。

改革开放以来,我国实现了经济的快速增长,但区域不协调带来的发展成本一直存在,并有扩大趋势。在现有的分权体制下,地方政府间的竞争一方面赋予了地方官员发展经济的激励,另一方面导致了政府间的协调不足,例如,地方保护主义、市场分割下的行政区经济、以牺牲环境和土地收入为代价的恶性引资竞争、基础设施在区域间互联互通不足等问题(Young,2000;周黎安,2004;陶然等,2009;Cai等,2016;Tombe和Zhu,2017),都在国家层面带来巨大的效率和福利损失。如何在不损害地方政府竞争激励的基础上,建立一套有效的机制以平衡区域间的竞争与合作关系,在良性竞争中实现区域协调发展,是未来我国区域政策的重要内容。

大量研究考察了分权下的地方政府竞争对于区域经济发展的意义(Tiebout,1956;Montinola 等,1995;Qian 和 Weingast,1997;Li 和 Zhou,2005),认为这是实现我国增长奇迹的重要制度基础(张五常,2009;Xu,2011)。但对于地方政府间协调不足的产生机制、演化趋势以及解决思路等问题的讨论,现有文献则相对不足。传统的分权文献大多假定地区之间的经济活动独立,即不存在协调问题(Garicano 和 Rayo,2016;Lipscomb 和 Mobarak,2017)。事实上,考虑到公共投资(如交通基础设施)对其他地区存在溢出效应(Sigman,2005;张学良,2012),若缺乏协调或者利益共享机制,地方政府对辖区内的公共投资产生的外部性无法内部化,将导致地方公共品供给低于最优水平。在不同行政区交界地区,这一协调问题表现得尤为明显,导致行政区边界地区的基础设施和经济发展水平相对滞后,产生"边界效应"。在我国的区域发展中可观察到明显的边界效应。例如,城市或者省份交界处的交通设施通达性和兼容性不足;又如,边界地区的经济发展相对滞后。在 2012年原国务院扶贫办发布的名单中①,592 个国家扶贫开发工作重点县中,超过一半位于省份交界处,边界县的贫困发生率远高于非边界县;在 11 个集中连片特殊困难地区中,有 10 个为多省交界地区。

本章在分权的制度背景下,讨论公共投资的外部性如何导致区域发展出现边界效应。首先,通过一个政府投资决策模型,说明由于缺乏地区间协调,地方分权导致地方政府对辖区边界处的公共投资不足,从而导致边界地区发展滞后。其次,从以下两方面实证检验边界效应:第一,利用翔实的县级面板数据,考察省界县相对于本省非省界县的发展绩效与公共投资水平,并探讨这一"边界效应"的时间演化趋势。第二,利用撤县设区的政策实验,考察增强地级市政府的统筹权力能否降低区县边界效应,从而为未来的政策设计提供思路。

研究发现了显著的边界效应:在控制各县的地理位置、地形等影响本地生产率的因素后,省界县的发展水平(人均 GDP 以及夜间灯光亮度)相对于本省非省界县显著更低,并且两者差距在时间上有扩大的趋势。研究发现,分权体制下的公共投资不足是上述边界效应的重要原因:在控制各县生产禀赋和 GDP 规模后,主要由省政府进行投资决策的交通设施水平(省道、高速公路)在省界县更低,而由中央政

---

① 新时期我国的扶贫对象分为国家扶贫开发工作重点县和集中连片特殊困难地区县两类,两者名单有所重合。

府决策的交通设施(国道、铁路)则不存在边界效应。最后,将夜间灯光数据映射到带有经纬度信息的点位(相邻点相距 1 千米左右)形成微观地理面板数据,并利用撤县设区的政策实验和双重差分模型,发现加强地级市政府的统筹和协调能力后,位于原市辖区与被撤并县交界区域的经济发展水平显著提高,说明了增强政府间协调对于降低边界效应的重要性。

同已有文献相比,本章在以下几个方面具有创新之处。首先,现有的分权文献主要强调分权给地方公共品提供和地区经济发展带来的积极作用,对于分权成本的探讨相对较少。在一些具有外部性的公共事务上,分权可能带来区域间协调不足的问题。本章构建了一个政府公共投资的决策模型,讨论了分权所导致的行政边界效应的内涵与根源。其次,已有文献在分析基础设施投资时,往往将其作为一个整体进行研究,而本章通过比较由中央政府主导和地方政府主导的基础设施投资行为的差异,给出了分权导致公共投资边界效应的证据。最后,利用撤县设区的政策冲击,考察了一定程度的集权或加强政府间协调能否降低边界效应,这对于区域协调发展战略具有重要的政策含义。

本章余下的部分结构安排如下:6.2 节总结现有文献;6.3 节给出本章的模型与数据;6.4 节讨论我国"省界效应"的基本事实以及背后机制;6.5 节进一步考察增强区县政府间协调的政策实验如何影响"边界效应";6.6 节为本章的结论。

6.2　文　献

大量理论和实证文献强调分权体制创造了地方政府发展地方经济的激励,从而带来地方公共品改善与经济增长(Tiebout,1956;Montinola 等,1995;Qian 和 Weingast,1997;Oates,1999;Li 和 Zhou,2005;Xu,2011)。然而,分权在带来激励的同时,也面临着协调不足的问题(Seabright,1996;Garicano 和 Rayo,2016;Lipscomb 和 Mobarak,2017)。关于分权体制面临的激励和协调之间的权衡问题,Garicano 和 Rayo(2016)给出了一个有趣的案例:美国联邦调查局采取了分权的治理体制,这一体制充分利用特工(Agent)分散化的个人信息,对于表现良好的给予充分奖励,在打击个人犯罪方面获得巨大成功。但在处理更大规模的安全问题时,需要所有人信息共享,并采取联合行动。分权体制下美国联邦调查局特工普遍缺乏合作与协调激励,导致美国政府在"9·11恐怖袭击事件"前未能及时采取行动。

　　对于地方政府治理结构而言,由于经济活动存在外部性,分权下的地方官员只关注辖区内的经济增长,社会最优与个体最优出现背离,政府间的竞争导致"竞次"(Race to the Bottom)问题大量出现。例如,财政分权文献指出,地方政府为吸引新企业进入展开激烈的税收竞争。当一个地区提高房产税税率时,会导致资本流入税率更低的其他地区,这使得地方政府竞相压低本辖区的税率,导致税收收入和地方公共品供给不足(Oates,1999;Wildasin,1989)。许多国家针对由于竞争外部性导致的地方税收不足问题,出台了各类税收协调计划,如欧盟规定了间接税的最低税率水平(Keen 和 Marchand,1997)。

　　一般而言,行政区边界是受外部性不利影响最强的地区。如基础设施投资的溢出效应(张学良,2012)、城市经济学强调的技术和知识溢出效应(Glaeser,2008)以及新经济地理学中强调的市场潜力效应(Krugman,1991),都说明了距离是某地经济发展受到其他地区经济活动辐射程度的关键因素。

　　区域间的贸易壁垒和市场分割是分权体制下政府间协调不足的典型后果。市场一体化有助于促进区域间的贸易,从而发挥各地区的比较优势。然而,分权体制下地方政府的引资竞争限制了商品和要素跨行政区边界的流动性。McCallum(1995)、Chen(2004)等基于引力模型,Engel 和 Rogers(1996)、Parsley 和 Wei(2001)基于"一价定律"(Law of One Price),发现国界导致了严重的贸易壁垒。即使在一国内部不存在制度、文化差异的情况下,行政区之间仍存在较为严重的市场分割问题。李善同等(2004)、行伟波和李善同(2009)、陆铭和陈钊(2009)、赵奇伟和熊性美(2009)、黄新飞等(2014)利用不同的数据和方法,均发现我国内部存在互为分割的市场。Tombe 和 Winter(2014)衡量了加拿大、美国和中国的国内贸易成本,发现中国的市场分割情况最为严重,由此产生的贸易成本相当于对商品征收140%的税率。李善同等(2004)利用调查问卷形式考察了地方保护主义的程度、形式及行业差异等。陆铭和陈钊(2009)、赵奇伟和熊性美(2009)、黄新飞等(2014)利用各地区商品价格指数数据并基于"一价定律"衡量了我国市场分割的程度与趋势。Poncet(2003、2005)、行伟波和李善同(2009)则利用省际贸易数据并基于贸易理论中的引力模型,发现省界严重限制了国内的商品贸易。虽然基于不同的测度方法和数据,但这些研究均发现我国存在严重的市场分割问题。Tombe 和 Zhu(2017)构造了一个包含国内和国际贸易的一般均衡模型,通过数据校准发现我国的贸易和迁移成本在2000—2005年有所下降,由此带来的效率提升可以解释这一时期整体生产率增长的1/3,并且在未来仍存在较大的改进空间。

　　边界上的环境污染问题则是分权体制下外部性导致边界效应的另一例证。空气污染、水污染具有典型的负外部性，当政府间缺乏足够的协调机制时，行政区边界的污染治理收益无法被当地政府内部化，边界地区将出现更高的污染程度。Sigman(2002)发现，当一条河流跨域国界时，国境线周围位于上游检测站的污染水平比其他地区高出40%以上。Sigman(2005)进一步利用美国污染治理的分权化改革作为政策冲击，发现获得污染治理自主权的州，其下游河水的污染程度提高4%，导致每年的环境损失达到1 700万美元。Lipscomb和Mobarak(2017)使用巴西的行政区划改革来解决行政区边界的内生性问题，得到与Sigman(2005)相似的结论。在我国分权化的环境治理体系下，污染也存在着"边界效应"。Duvivier和Xiong(2013)对河北省的研究发现，污染性的企业更多聚集在靠近省界的地区。2001年，中央政府加大了环境治理的力度，Cai等(2016)以我国24条主要河流为研究对象，使用三重差分模型发现，在2001年后位于一省河流下游的县污染性行业比其他县高出20%以上。

　　另有一些研究探讨了政治边界对于经济绩效的影响。Alesina等(2006)指出由于历史原因，许多国家间的国界线将同一种族划分在不同国家，如非洲80%的国界线由经度线和纬度线确定，造成国家内部严重的种族分化问题，导致这些国家的经济绩效更差。Pinkovskiy(2017)利用夜间灯光数据，发现各国国界线两端的经济增长出现明显的断点，并指出各国政治制度的差异是产生增长断点的重要原因。在一国内部，行政边界也显著影响着经济资源的配置效率。Gaigné等(2016)探讨了都市圈内部的治理问题，指出随着城市空间的持续扩张，都市圈所包含的地方政府个数不断增加，导致行政边界与经济边界出现不一致，造成居民的福利损失。国内的一些研究考察了行政边界对于经济行为的扭曲效应。黄新飞等(2014)利用翔实的农产品销售数据，发现长三角内部各省边界两端的农产品价格存在明显差异。高翔和龙小宁(2016)研究了我国省界与区域文化边界(以方言作为代理变量)不一致的现象，发现与本省主流文化存在差异的地区，其人均GDP大约下降15%。

　　讨论行政区边界经济发展滞后的文献相对较少。周黎安和陶婧(2011)与本章的研究较为接近。他们使用1997—2003年的县级面板数据，发现位于省份交界处的县人均GDP显著更低，并认为这一现象源于我国地方官员的政治晋升锦标赛。本章在以下几个方面存在差异：首先，本章强调分权体制下地方政府仅关注辖区内的经济产出，导致存在外部性的公共投资在行政边界处不足，产生边界效应。而周黎安和陶婧(2011)则强调政治晋升的逻辑。官员的晋升依赖于经济增长的相对排位,因此地方官员同时关注本辖区内和其他辖区的经济产出,受到竞争对手的负面影响,边界县经济发展落后。其次,在识别策略方面,周黎安和陶婧(2011)发现了交界线上两省的经济差距越小,交界县经济发展越差,但并未进一步检验竞争省相互"拆台"的实现手段。为说明本章的机制,进一步考察了中央和省政府主导的公共投资在省份边界上的不同。已有文献在分析基础设施投资时,往往将其作为一个整体进行研究,而本章通过比较由中央政府主导和省政府主导的基础设施投资的差异,给出了分权导致公共投资边界效应的证据。最后,利用撤县设区的政策冲击,本章发现一定程度的集权促进了边界区域的经济发展,一方面给出了本章核心故事的进一步证据,另一方面也对未来的政策改革提供了重要的借鉴意义。本章的结果并不能否定周黎安和陶婧文章中所强调的官员晋升激励的故事,现实中两种机制可能同时存在。

6.3　模型与数据

6.3.1　模型

本部分首先构造一个简单的政府投资决策模型,来分析当经济活动存在外部性时,分权的治理结构如何导致边界效应的发生。假定经济体由 A、B 两级政府组成。为分析方便,地方行政区划在一条直线上依次展开,如图 6.1 所示,A 级政府的范围为 (a,c),B 级政府由 B1 和 B2 组成,其中 B1 的区划范围是 (a,b),B2 的区划范围是 (b,c)。

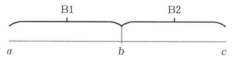

图 6.1　地方行政区划示例

B1 政府在 $x \in (a,b)$ 的公共投资 I_x 可获得直接产出 $A_x I_x^a$ [①],同时对其他区域 $y \in (a,c)$ 产生溢出效应 $A_y I_x^a \delta^{|y-x|}$,其中 A_x 为 x 地的生产率,$\delta < 1$。溢出效应的大小随着距离增加而减弱。对于 B1 政府而言,投资 I_x 获得的总收益为 $A_x I_x^a + \int_a^b A_y I_x^a \delta^{|y-x|} \, dy$,而对 B2 地区产生的溢出效应 $\int_b^c A_y I_x^a \delta^{|y-x|} \, dy$ 则不进入 B1 的收益函数。投资 I_x 的成本为 $(1+r)I_x$,其中 r 为资本利率。

情形 Ⅰ:分权

在分权的政府治理结构下,由 B 级政府分别进行地方投资决策。[②] 以 B1 为例,在 x 处的投资 I_x 获得的净收益为:

$$W(I_x) = A_x I_x^a + \int_a^b A_y I_x^a \delta^{|y-x|} \, dy - (1+r)I_x \tag{6.1}$$

将 B1 在 (a,b) 间所有投资获得的净收益进行加总,得到:

$$W(B1) = \int_a^b \left[A_x I_x^a + \int_a^b A_y I_x^a \delta^{|y-x|} \, dy - (1+r)I_x \right] \mathrm{d}x \tag{6.2}$$

B1 的目标是最大化 $W(B1)$。根据模型设定,容易得到最优投资规模 I_x^* 与当地生产率 A_x 正相关,因此对边界效应的实证检验需要控制地方生产率水平的影响。为突出外部性对公共投资的影响,假定各区域间不存在生产率差异:对于 $z \in (a,c)$,$A_z \equiv 1$(即式(6.2)中的 A_x 和 A_y 均为1)。根据欧拉方程,可得到 B1 政府在辖区内各地区的均衡投资水平 I_x^* 满足[③]:

$$I_x^* = \left\{ \frac{1+r}{\alpha\left[1+(\delta^{x-a}+\delta^{b-x}-2)/\mathrm{Ln}\delta\right]} \right\}^{1/(a-1)} \tag{6.3}$$

根据对称性,B2 的决策过程与 B1 相同。

情形 Ⅱ:存在政府间协调

在 B1、B2 存在政府间协调机制(从而将外部性内部化)的情形下,由 A 级政府或者 B1、B2 组成的政府联合体制订投资计划,目标是最大化 (a,c) 区域的总产出。此时在 x 处的投资 I_x 获得的净收益变为:

---

① 这里没有考虑资本和劳动力。由于私人资本、劳动力与公共投资之间存在互补效应,纳入这些因素将进一步加强"边界效应"。

② 这一设定与财政分权文献的基本模型相一致,可参考 Cai 和 Treisman(2005)、Gaigné 等(2016)等。

③ 具体地,令 $F = A_x I_x^a + \int_a^b A_y I_x^a \delta^{|y-x|} dy - (1+r)I_x$,利用变分法中的欧拉方程,$W(B1)$ 实现最大化的必要条件是 $\frac{\partial F}{\partial I_x}=0$。整理后可得式(6.3)。

$$W(I_x) = A_x I_x^\alpha + \int_a^c A_y I_x^\alpha \delta^{|y-x|} \, dy - (1+r)I_x \tag{6.4}$$

将(a,c)间所有投资获得的净收益进行加总，得到：

$$W(A) = \int_a^c \left[A_x I_x^\alpha + \int_a^c A_y I_x^\alpha \delta^{|y-x|} \, dy - (1+r)I_x \right] dx \tag{6.5}$$

令$A_x = A_y = 1$，最大化$W(A)$，可得到均衡投资水平I_x^*满足：

$$I_x^{**} = \left\{ \frac{1+r}{\alpha \left[1 + (\delta^{x-a} + \delta^{c-x} - 2)/\mathrm{Ln}\delta \right]} \right\}^{1/(a-1)} \tag{6.6}$$

为了更直观地表达均衡结果，假定政府投资的产出弹性 $\alpha = 0.1$[①]，$a=0$，$b=1$，$c=2$，$\delta=0.1$，$r=0.1$。根据式(6.3)和式(6.6)，可得到分权和协调情形下均衡时的投资水平为：

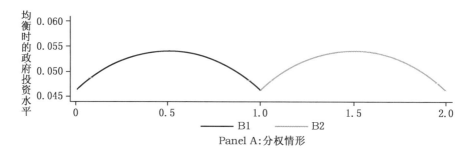

Panel A：分权情形

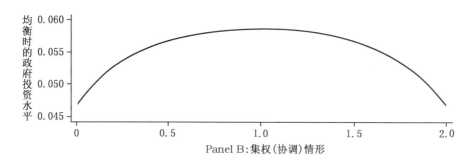

Panel B：集权（协调）情形

图 6.2　分权与存在协调情形下均衡的政府投资水平

从图 6.2 可看出，在分权体制下，政府投资存在着明显的边界效应：地方政府在辖区边界地区的投资水平低于辖区中心区域。如果 B1、B2 两地政府建立利益协调机制，从而将投资外部性内部化，可显著提高两地交界地段($x=1$)的投资水平。

---

① 这里可用基础设施投资的产出弹性表示。张学良(2012)利用省级面板数据，发现中国交通基础设施对区域经济增长的产出弹性值合计约为 0.05—0.07。Garcia-Milà(1996)对美国数据的研究发现，高速公路的产出弹性为 0.127。本章选择 0.1 作为政府公共投资的产出弹性。

比较式（6.3）和式（6.6），对于任意的 x，集权下的均衡投资水平均高于分权情形（$I_x^* < I_x^{**}$），这说明在投资存在正外部性时，分权体制下社会收益和个体收益出现不一致，导致均衡的政府投资水平低于社会最优水平。

模型中有几点值得注意。首先，图 6.2 的结果依赖于 $\delta > 0$，如果 $\delta = 0$，投资不存在外部性，分权与协调下的均衡结果完全相同。其次，模型并未考虑地方官员的激励问题，如果使用集权的方式（由 A 级政府进行投资决策）来解决协调不足的问题，将会面临激励与协调的权衡问题。再次，模型均衡假定各地生产率水平相同，如果考虑经济集聚带来的生产率提升，位于行政区中心区域更大的经济规模产生更强的集聚经济，从而带来中心区域更高的政府投资水平，这将进一步加强"边界效应"。最后，我国的地方治理体系并非完全的分权或者集权，因此边界效应的大小还取决于分权的程度。

根据本章的模型，分权、外部性和边界效应三者之间的逻辑关系是，由于公共投资（如交通基础设施）具有空间外部性，分权体制下地方政府无法将这一外部性完全内部化，最终导致边界效应现象的产生。首先，是否存在空间外部性是边界效应的必要条件（见模型均衡结果）。其次，分权体制将导致公共投资的外部性无法内部化，这在行政区边界处尤为严重（行政区边界处的公共投资对其他行政区的外溢性最强）；而集权（或者协调）则有效避免了这一外部性问题。最后，当公共投资存在空间外部性，并且分权体制下地方政府无法将其完全内部化时，最终出现本章所考察的边界效应——行政区边界上的公共投资和经济发展水平相对滞后于其中心区域。

根据上述分析，本章提出如下三个待检验的假说：

假说 6.1：给定各县生产率水平，省份边界县的经济发展水平低于其他县（省界效应）。

根据上述模型，假定各地区不存在生产率差异，容易得到，边界地区的产出水平（取决于自身投资和来自其他地区的溢出效应）低于中心地区。因此，在控制本地生产率水平后，推测省份边界县的经济发展水平相对较低。根据新经济地理学的文献，影响地区生产率的因素包括市场潜力、地形特征（决定交通成本）等（Krugman，1991、1993）。省界县由于远离中心城市，加之边界地区往往地形复杂，不控制这些因素可能会高估边界效应。

假说 6.2：给定各县生产率水平，省政府在省界县上的公共投资低于其他县，中央政府的公共投资则不存在省界效应。

模型中的 I_x^*、I_x^{**} 分别对应于分权（省政府）和集权或协调（中央政府）下的均衡投资水平。在控制地方生产率水平后，由于存在投资外部性，省政府在省界县上的公共投资相对更少（如图 6.2 中的 Panel A 所示）。中央政府的公共投资则不存在外部性问题，因此最优投资规模与该地是否处于省界无关（如图 6.2 中的 Panel B 所示）。换言之，在控制地方生产率水平后，中央政府的公共投资在省界县和非省界县应无显著差异。

假说 6.3：增强地方政府之间的协调水平可降低区域发展中的"边界效应"。

根据本章的模型设定，加强政府间协调有助于将公共投资外部性内部化，从而消除"边界效应"。撤县设区是 21 世纪初开始兴起的一项重要行政区划改革（Tang 和 Hewings，2017），该政策强化了地级市政府的统筹权力和区县政府间的协调机制，根据前述模型结果，推测将有助于提高原市辖区与被撤并县交界地区的发展水平，降低"边界效应"。后文将利用这一政策冲击检验集权化改革对边界效应的影响。

6.3.2　数据来源

实证部分从以下两方面考察边界效应。首先，利用县级经济统计数据，考察县级行政单位在经济产出和公共投资上是否存在省界效应。其次，利用夜间灯光微观数据，考察撤县设区的政策试验如何影响县区交界区域的发展情况。具体地，使用如下数据来检验研究假说。

各县级行政单位的 GDP 等统计数据来自《中国区域经济统计年鉴（2012）》。省份边界县、夜间灯光亮度、各县级行政单位之间的距离、行政区面积、基础设施数据等地理数据，均利用 ArcGIS 软件与我国县级行政单位的 Shapefile 文件相匹配得到。其中，各类交通基础设施的地图数据来自《中华人民共和国交通地图集》。基于美国 NASA 发布的 SRTM 90m Digital Elevation Database v4.1[①]，并结合中国行政区划图，可计算出每个城市的平均坡度。

夜间灯光数据来自美国国家海洋和大气管理局（NOAA）发布的 1992—2012 年全球夜间灯光数据。该数据记录了各地区 20:30—22:00 的灯光亮度，并排除了自然火光、短暂性的光线和其他背景噪声等，以保证记录的数据代表了人造灯光的

---

① 详见 http://www.cgiar-csi.org/data/srtm-90m-digital-elevation-database-v4-1 介绍。

亮度。灯光亮度值的取值范围是 0—63,数值越大,亮度越高,表示该地的经济活动越繁荣。现有文献探讨了灯光亮度与当地经济发展程度(GDP)之间的关系,认为夜间灯光是客观反映经济活动的替代指标(Chen 和 Nordhaus,2011;Henderson 等,2012)。一系列高水平的实证研究使用灯光亮度作为地区经济发展程度的代理变量(Hodler 和 Raschky,2014;Michalopoulos 和 Papaioannou,2014)。相较于传统统计数据,夜间灯光数据在数据客观性、准确性、完整性、一致性上都有更好的性质(唐为,2018)。[①] 此外,夜间灯光数据提供了约 1 平方千米大小的栅格数据,通过将每个栅格的灯光亮度对应到带有经纬度信息的点,可在更小的地理单位上考察经济活动的分布情况。Lipscomb 和 Mobarak(2017)、Campante 和 Yanagizawa-Drott(2018)利用夜间灯光微观数据考察了城市内部经济活动的分布。后文将构造带有经纬度信息的灯光点位面板数据,以考察撤县设区是否有利于消除区县边界区域的"边界效应"。

表 6.1　　　　　　　　　　　　　主要变量描述性统计

	省界县		非省界县		两组之差 (省界县－非省界县)	
	均值	标准差	均值	标准差	差值	标准差
灯光平均亮度对数	1.335	0.924	2.104	1.205	−0.770***	0.045
市场潜力对数	4.765	0.894	5.071	1.121	−0.306***	0.043
平均坡度	9.087	6.730	6.706	6.149	2.380***	0.256
少数民族县	0.221	0.415	0.156	0.363	0.065***	0.015
陆地边境县	0.021	0.144	0.056	0.229	−0.034***	0.008
历史国都	0.142	0.350	0.135	0.342	0.008	0.014
成为历史国都年数	186.2	241.9	229.1	293.3	−42.96	29.99

---

① 我国对各县 GDP 的统计在 20 世纪 90 年代相对缺乏,并且不同年份 GDP 的统计口径也存在变化。更重要的是,我国的官方统计数据,尤其是县一级基层 GDP 数据受到较大质疑,经济增长存在或多或少的高估问题(徐康宁等,2015)。在以上方面,夜间灯光数据均优于官方统计数据。

	省界县		非省界县		两组之差 （省界县－非省界县）	
	均值	标准差	均值	标准差	差值	标准差
全国重点文物保护单位数	17.23	21.76	15.78	16.46	1.450**	0.739
个数	892		1 959			

注：市场潜力的计算公式为 $\sum_{j\neq i} \frac{GDP_j \, in \, 2012}{d_{ij}^2}$，$d_{ij}$ 为 i 和 j 之间的距离，本章使用各县夜间灯光平均亮度代替 GDP。历史国都和成为历史国都年数来自赵红军和胡玉梅（2018）。全国重点文物保护单位数据（以地级市为单位）来自国家文物局网站，截至 2018 年，公布了七批共 4 296 处全国重点文物保护单位。最后两列使用 t 检验比较了两组的差异及其标准差，* $p < 0.1$，** $p < 0.05$，*** $p < 0.01$。

6.4　省界效应

本部分对上文提出的前两个假说进行检验。首先，根据假说 6.1，6.4.1 节在控制地方生产率水平后，考察省份边界县的相对发展绩效（省界效应）。其次，根据假说 6.2，6.4.2 节比较中央政府、省政府对省界县的基础设施投资行为差异。

6.4.1　县域经济发展的"省界效应"

本部分基于县级样本，采用如下回归方程考察省界效应：

$$y_i = \alpha + \beta Border_i + \sum_j \gamma_j X_j + \theta_p + \varepsilon_i \qquad (6.7)$$

其中，y_i 表示各县的经济发展或者基础设施水平，$Border_i$ 为属于省份边界县的虚拟变量（省界线为 1），X_j 为一系列控制变量，θ_p 为省份固定效应。表 6.2 给出了我国区域经济发展的边界效应的经验证据，其中省份边界县的系数代表了边界县与其他县的经济发展差异，即本章关注的边界效应。

表 6.2   区域经济发展中的"边界效应"

	Ln(2012 年夜间灯光亮度)			Ln(2012PcGDP)	是否贫困县
	(1)	(2)	(3)	(4)	(5)
省份边界县	-0.145***	-0.109***	-0.111***	-0.067**	0.284***
	(0.020)	(0.020)	(0.022)	(0.034)	(0.073)
市场潜力对数	0.415***	0.352***	0.347***	0.246***	-0.678***
	(0.021)	(0.023)	(0.023)	(0.041)	(0.088)
平均坡度	-0.059***	-0.062***	-0.061***	-0.037***	0.089***
	(0.005)	(0.005)	(0.005)	(0.009)	(0.019)
平均坡度平方	0.001***	0.001***	0.001***	0.001***	-0.001
	(0.000)	(0.000)	(0.000)	(0.000)	(0.001)
少数民族县	-0.150***	-0.181***	-0.198***	0.002	0.457***
	(0.033)	(0.034)	(0.036)	(0.062)	(0.112)
陆地边境县	0.113**	0.083*	0.086*	0.471***	-0.374**
	(0.046)	(0.045)	(0.046)	(0.082)	(0.163)
行政区面积对数	-0.388***	-0.397***	-0.406***		
	(0.010)	(0.010)	(0.010)		
历史国都		0.052	0.079	-0.100	-0.428
		(0.106)	(0.110)	(0.198)	(0.447)
成为历史国都年数对数		0.022	0.016	0.031	0.063
		(0.022)	(0.023)	(0.042)	(0.095)
全国重点文物保护单位数对数		0.039***	0.045***	0.076***	-0.130***
		(0.013)	(0.013)	(0.024)	(0.047)
方言区虚拟变量	否	是	是	是	是
省份固定效应	是	是	是	是	是
观察值	2 851	2 840	2 657	1 457	2 084
调整/伪 R^2	0.861	0.874	0.876	0.522	0.242

注：前三列的被解释变量为 2012 年夜间灯光亮度对数，第(4)列为 2012 年人均 GDP 的对数，第(5)列的因变量为是否贫困县的虚拟变量，采用 Probit 回归模型。贫困县名单来自原国务院扶贫办 2012 年发布的国家扶贫开发工作重点县名单。各县所属方言区数据来自刘毓芸等(2015)，根据许宝华和宫田一郎编著的《汉语方言大词典》(1999 年)，汉语分成 10 种方言大区、25 种方言区、109 种方言片，第(2)—(5)列控制了每个县所属方言大区、方言区和方言片的虚拟变量。成为历史国都年数、全国重点文物保护单位数在计算对数时做了加 1 处理。其他变量说明见表 6.1。* $p<0.1$，** $p<0.05$，*** $p<0.01$。

　　根据上一节的分析,若不控制影响地方生产率水平的因素,则会导致边界效应高估。结合新经济地理学文献,本章使用地形特征、市场潜力等变量来表征各县生产禀赋的差异。第(1)列的结果显示,平均坡度反映了县域的第一地理特征①,坡度越大,交通成本越高,越不利于经济发展。市场潜力代表第二地理特征,其水平将促进县域经济的发展水平。少数民族县由于文化、语言等与其他地区存在差异,也会导致发展滞后。有趣的是,"国界效应"与"省界效应"恰恰相反。表6.2结果显示,虽然与省界县类似,同处于地理偏远、交通不便地区,国界县的经济表现反而强于其他县。国际和国内市场在区域发展中的重要性的不同,造成了省界县与国界县发展绩效的差异。Poncet(2003)使用引力模型和投入产出数据发现,我国对外贸易壁垒在不断减少的同时,省际贸易壁垒在不断恶化。陆铭和陈钊(2009)的解释是,随着对外开放度的提高,通过融入世界市场获取规模经济,降低了地方政府促进国内市场一体化的激励。另外,给定经济活动总量,县域行政区划面积越大,其平均灯光亮度可能越低。因此,使用平均灯光亮度作为被解释变量时[表6.2第(1)—(3)列],同时控制了行政区划面积。

　　控制省份固定效应和上述反映生产禀赋的变量后,第(1)列的结果显示,省界县的平均灯光亮度更低。这与假说6.1的预测相一致。由于本部分回归主要利用截面差异(Cross-sectional Variations),一些历史文化的因素也可能影响不同区域的发展水平。基于数据可得性,第(2)列使用是否为历史国都、成为历史国都年数、全国重点文物保护单位数以及所属方言区等变量控制这些历史文化因素的影响。结果显示,边界效应的系数有所下降,但仍然高度显著。另外,部分省份(自治区)以山川河流为界,包括河北、山西——太行山,陕西、山西——黄河,福建、江西——武夷山,黑龙江、内蒙古——大兴安岭,青海、甘肃——祁连山,西藏、云南——长江,西藏、新疆——昆仑山,广东、广西和湖南——南岭。另外,海南省作为岛屿,不与任何省份交界。第(3)列的回归删除了这些省份交界的县级行政单位,依然发现了显著的边界效应。

　　最后,第(4)、(5)列分别使用2012年人均GDP水平对数、是否为贫困县作为被解释变量,发现省界县的人均GDP更低,成为贫困县的概率更高,这与前三列的回归结果相一致。此外,作为稳健性检验,附表6.1进一步控制了地级市固定效应,

―――――――――

　　① 新经济地理学将各地区的地理特征分为两类:一类是第一地理特征(First Nature Geography),如山区、到港口距离等;另一类是第二地理特征(Second Nature Geography),如市场潜力(Krugman,1993)。

比较同一地级市内部省界县和非省界县发展水平的差异。控制地级市固定效应增
强了省界县和非省界县的可比性,但本章未采用这一设定作为主要回归结果,基于
以下两个理由:首先,根据图 6.2,公共投资水平随着远离中心位置是逐渐减少的,
如果只比较同一地级市内省界县和非省界县的差异,可能会低估边界效应;其次,
控制地级市固定效应后,估计边界效应时实际上仅使用到包括省界县的地级市样
本,有效样本的减少会导致回归系数标准误增加。作为稳健性检验,附表 6.1 汇报
了控制地级市固定效应的回归结果。

我国现行的分权体制起源于 20 世纪 80 年代初(Xu,2011;陈硕和高琳,2012),
考虑到基础设施投资的累积性,分权导致的边界效应在时间上可能不断加强。为
检验这一可能性,附图 6.1 进一步估计了 1992—2012 年每一年边界效应的大小,
并将回归系数绘制在图中,可以看出省界效应呈现不断增强的趋势。这一结果表
明,我国区域发展不协调的问题可能在不断恶化。此外,为避免经济发展短期波动
对回归结果造成的干扰,表 6.3 第(1)—(4)列使用夜间灯光亮度对数 5 年平均值作
为被解释变量,第(5)—(7)列使用人均工业产出对数 5 年平均值作为被解释变量,
同样发现边界效应在时间上有不断增强的趋势。

表 6.3 区域经济发展中的"边界效应":使用 5 年平均值

	夜间灯光亮度对数 5 年平均值				人均工业产出对数 5 年平均值		
	(1)	(2)	(3)	(4)	(5)	(6)	(7)
	1993—1997	1998—2002	2003—2007	2008—2012	1998—2002	2003—2007	2008—2012
省份边界县	−0.036*	−0.062***	−0.072***	−0.100***	−0.230*	−0.400***	−0.439***
	(0.020)	(0.020)	(0.021)	(0.021)	(0.131)	(0.150)	(0.147)
市场潜力对数	0.340***	0.334***	0.348***	0.348***	0.480***	0.755***	1.386***
	(0.019)	(0.020)	(0.021)	(0.023)	(0.156)	(0.180)	(0.192)
平均坡度	−0.053***	−0.060***	−0.059***	−0.063***	−0.036	−0.029	0.017
	(0.005)	(0.005)	(0.005)	(0.005)	(0.035)	(0.040)	(0.040)
平均坡度平方	0.001***	0.001***	0.001***	0.001***	−0.000	−0.002	−0.004**
	(0.000)	(0.000)	(0.000)	(0.000)	(0.001)	(0.002)	(0.002)
少数民族县	−0.073**	−0.105***	−0.118***	−0.179***	0.005	0.103	−0.206
	(0.033)	(0.033)	(0.034)	(0.035)	(0.273)	(0.298)	(0.264)
陆地边境县	0.251***	0.209***	0.220***	0.111**	0.127	−0.312	0.127
	(0.042)	(0.042)	(0.044)	(0.045)	(0.307)	(0.327)	(0.326)

续表

	夜间灯光亮度对数 5 年平均值				人均工业产出对数 5 年平均值		
	(1)	(2)	(3)	(4)	(5)	(6)	(7)
	1993—1997	1998—2002	2003—2007	2008—2012	1998—2002	2003—2007	2008—2012
行政区面积对数	−0.038	−0.000	0.052	0.040	0.059	0.007	0.991
	(0.100)	(0.099)	(0.104)	(0.107)	(0.746)	(0.893)	(0.879)
历史国都	0.031	0.029	0.019	0.023	−0.081	−0.052	−0.202
	(0.021)	(0.021)	(0.021)	(0.022)	(0.156)	(0.184)	(0.183)
成为历史国都 年数对数	0.043***	0.044***	0.052***	0.048***	0.104	0.150	0.172*
	(0.012)	(0.012)	(0.012)	(0.013)	(0.090)	(0.101)	(0.101)
全国重点文物保护 单位数对数	−0.441***	−0.439***	−0.439***	−0.413***	0.104	0.150	0.172*
	(0.009)	(0.009)	(0.010)	(0.010)	(0.090)	(0.101)	(0.101)
方言区虚拟变量	是	是	是	是	是	是	是
省份固定效应	是	是	是	是	是	是	是
观察值	2 657	2 657	2 657	2 657	1 527	1 707	1 706
调整 R^2	0.884	0.888	0.881	0.881	0.506	0.543	0.547

注：工业产出数据来自国家统计局工业企业数据库。各变量说明见表 6.1、表 6.2。* $p<0.1$，** $p<0.05$，*** $p<0.01$。

6.4.2　基础设施投资与边界效应

本小节以交通基础设施投资为例，进一步说明前文发现的省界效应是由于分权体制下边界地区的公共投资不足。基于县级交通基础设施存量数据（截面数据），表 6.4 Panel A 比较了同一省份内位于省界的县与其他县在基础设施存量上是否存在差异。结果发现，无论是由中央政府统筹投资的国道和铁路基础设施，还是主要由省政府进行投资决策的高速公路①和省道基础设施，都存在明显的边界效应，即省界县的交通基础设施水平更低。然而，当 Panel B 控制各县的生产禀赋（自身集聚水平、第一和第二地理特征等）后，各类交通基础设施的"边界效应"都有不同程度的减少。其中，国道和铁路的"边界效应"不再显著，而高速公路和省道仍存在着显著的"边界效应"。这些结果与假说 6.2 的推测一致：在分权体制下，中央政府的投资决策主要取决于各地的生产禀赋，而省政府则同时考虑生产禀赋和边界

————————

①　高速公路分为中央和省政府规划投资，但现有数据无法区分两种类型的高速公路。

上基础设施投资的外部性。附表 6.2 给出了控制地级市固定效应后的回归结果。

表 6.4 　　　　　　　　　　　"边界效应"与交通基础设施投资

	(1) Ln(国道密度)	(2) Ln(铁路密度)	(3) Ln(高速公路密度)	(4) Ln(省道密度)
Panel A:				
省份边界县	-0.018^{***}	-0.026^{***}	-0.025^{***}	-0.050^{***}
	(0.002)	(0.002)	(0.002)	(0.004)
省份固定效应	是	是	是	是
观察值	2 851	2 851	2 851	2 851
调整 R^2	0.070	0.133	0.169	0.279
Panel B:				
省份边界县	0.001	-0.002	-0.004^{**}	-0.005^{*}
	(0.001)	(0.001)	(0.002)	(0.003)
市场潜力对数	-0.001	0.003	0.012^{***}	-0.003
	(0.002)	(0.002)	(0.003)	(0.005)
平均坡度	-0.000	0.001^{**}	-0.002^{***}	0.001
	(0.000)	(0.000)	(0.001)	(0.001)
平均坡度平方	0.000^{*}	-0.000	0.000	0.000
	(0.000)	(0.000)	(0.000)	(0.000)
行政区面积对数	-0.011^{***}	-0.014^{***}	-0.004^{**}	-0.034^{***}
	(0.001)	(0.001)	(0.002)	(0.002)
陆地边境县	0.003	-0.000	0.004	0.006
	(0.003)	(0.003)	(0.004)	(0.006)
少数民族县	0.006	0.007^{**}	0.014^{***}	0.020^{**}
	(0.004)	(0.004)	(0.005)	(0.008)
常住人口对数	0.001	-0.003^{*}	-0.000	-0.000
	(0.002)	(0.002)	(0.002)	(0.004)
GDP 对数	0.007^{***}	0.007^{***}	0.009^{***}	0.011^{***}
	(0.001)	(0.001)	(0.002)	(0.003)
历史国都	0.025^{***}	0.007	0.010	0.009
	(0.008)	(0.009)	(0.012)	(0.019)
成为历史国都年数对数	-0.005^{***}	-0.002	-0.002	-0.002
	(0.002)	(0.002)	(0.003)	(0.004)

续表

	(1)	(2)	(3)	(4)
	Ln(国道密度)	Ln(铁路密度)	Ln(高速公路密度)	Ln(省道密度)
全国重点文物保护单位数对数	0.001	−0.001	0.005***	0.002
	(0.001)	(0.001)	(0.001)	(0.002)
方言区虚拟变量	是	是	是	是
省份固定效应	是	是	是	是
观察值	1 699	1 699	1 699	1 699
调整 R^2	0.203	0.368	0.366	0.503

注:国道密度是指行政区内国道总长度除以行政区面积,其他类型交通设施密度定义方式相同,数据来自《中华人民共和国交通地图集》。常住人口数据来自 2010 年人口普查,GDP 来自《中国城市统计年鉴(2012)》。其他变量的含义和构造方式详见表 6.1、表 6.2。* $p<0.1$, ** $p<0.05$, *** $p<0.01$。

与基础设施的投资决策相似,省级政府同样缺乏投资激励来维护和促进边界区域与相邻省份的经济协作和市场整合,进而导致跨越省份的相邻县之间的经济联系弱于同一省内的相邻县。为考察这一差异,借鉴 Elhorst 和 Fréret(2009)的两部门(Two-regime)空间计量模型,具体设定如下:

$$y_{it} = \rho_1 \sum_{j=1}^{N} W_{1,ij} y_{jt} + \rho_2 \sum_{j=1}^{N} W_{2,ij} y_{jt} + \mu_i + \theta_t + \varepsilon_{it} \qquad (6.8)$$

与传统空间计量模型的设定不同,式(6.8)将空间距离矩阵拆分为两个相对独立的矩阵,拆分原则基于两个县(或县级市、市辖区)是否同属一省。空间矩阵的设定如下:

$$W_{1,ij} = \begin{cases} 1, 如果 i 和 j 相邻并且同属一省 \\ 0, 其他 \end{cases}$$

$$W_{2,ij} = \begin{cases} 1, 如果 i 和 j 相邻并且不同属一省 \\ 0, 其他 \end{cases}$$

模型(6.8)的核心参数是 ρ_1 和 ρ_2。若 ρ_1 显著大于 ρ_2,意味着同一省内的相邻县之间的经济联系强于跨省相邻县,一定程度上反映了省界导致的市场分割。

表 6.5 显示了各县夜间灯光亮度的空间计量回归结果。所有的回归均控制了县市和年份固定效应。第(1)列的结果表明,无论是否同属一省,相邻县的经济增长均存在显著的空间相关性,但同属一省的相关程度显著大于分属两省的情况 $(\rho_1 - \rho_2)$。第(2)—(4)列分不同时间段的回归发现,市场一体化的省界效应存在较

强的持续性。虽然中央在一系列的政府规划中强调了区域经济一体化的重要性[1]，但根据本章的结果，我国区域市场整合并未出现明显的改善迹象。这一结果与Young（2000）和 Poncet（2003、2005）相一致，他们发现随着对内改革和对外开放步伐的加快，国内的市场分割问题仍未得到有效改善，甚至出现恶化趋势。

表 6.5 省界与相邻县间的经济联系

	（1）	（2）	（3）	（4）
	被解释变量：Ln（夜间灯光亮度）			
	1993—2012 年	1993—1999 年	1999—2006 年	2006—2012 年
同省空间相关系数（ρ_1）	0.655***	0.648***	0.597***	0.629***
	（0.004）	（0.006）	（0.006）	（0.006）
跨省空间相关系数（ρ_2）	0.166***	0.159***	0.155***	0.171***
	（0.005）	（0.008）	（0.008）	（0.008）
县市固定效应	是	是	是	是
年份固定效应	是	是	是	是
观察值	57 020	19 957	22 808	19 957
R^2	0.989	0.995	0.994	0.994
同省—跨省空间相关系数（$\rho_1-\rho_2$）	0.489***	0.489***	0.443***	0.458***
	（0.007）	（0.011）	（0.011）	（0.011）

注：回归方法在 Elhorst 和 Preret（2009）提供的 MATLAB 软件包的基础上做出一定修改。空间权重矩阵的设定基于共同边界（Contiguity）。* $p<0.1$，** $p<0.05$，*** $p<0.01$。

6.5　政府间协调与边界效应

前文的结果说明，由于公共投资存在外部性，在分权体制下，省政府对于省界县的基础设施投资不足，导致区域发展出现"边界效应"。沿着这一逻辑，通过增强区域政府间的协调，或者建立利益共享机制，将边界上经济活动的外部性内部化，可能缓解由于分权导致的区域发展不平衡问题。由于我国的省级区划相对稳定，缺少外生的政策冲击，难以有效识别协调如何改变"省界效应"。本部分利用我国

---

[1]　我国自 1991 年的"七五"计划开始，均指出区域经济合理分工和协调发展的重要性。如"十三五"规划中提出："塑造要素有序自由流动、主体功能约束有效、基本公共服务均等、资源环境可承载的区域协调发展新格局。"

21世纪初在县级行政单位广泛开展的一项行政区划改革——撤县设区,来识别加强政府间协调对边界效应的影响(假说6.3)。在现有政府治理体系下,地级市政府对于市辖区有着直接的管辖权,而对于所辖县或者代管的县级市控制相对较弱(唐为和王媛,2015)。通过撤县设区将县或县级市变为市辖区后,地级市政府可在新的市辖区范围内对城市规划、产业布局、土地供应等进行统一决策(Chung和Lam,2004),加强原市辖区与被撤并县政府间的协调,从而有利于将政府投资产生的外部性内部化。

根据已有文献,撤县设区后的一个显著变化是城市交通基础设施投资的快速增加(Tang和Hewings,2017)。由于撤县设区改革强化了地级市政府的统筹和协调能力,交通网络建设的外部性得以内部化,地级市政府有激励加强对被撤并县基础设施的建设并提高市区的通达性。原市辖区与被撤并县之间相对独立的交通网络得到有效提升,公共交通、城市公路等成为有机整体。例如,2014年县级增城市变为广州市增城区后,广州在城市轨道延伸、快速路建设等方面向新成立的增城区倾斜,地铁13号线、16号线的修建方便了往来增城区和广州市区的居民(杨进,2015)。交通网络的改善加强了被撤并县与原市辖区之间的经济联系,而两者的交界区域依靠距离优势,享受到更多来自市中心的集聚外部性。

已有文献采用区县级加总数据探讨了撤县设区改革对于城市经济发展和人口城市化的积极作用(唐为和王媛,2015;Tang和Hewings,2017)。然而,撤县设区背后蕴含着城市空间扩张的需求,无论是否发生撤县设区,市中心正向的溢出效应都可能促进城市周边县市的发展。与其他县相比,被撤并县往往更邻近市区,受城市经济扩张带来的溢出效应更强,因此,采用县级层面数据的撤县设区效应估计可能存在遗漏变量问题。若观察到的撤县设区政策效应完全来自城市扩张的溢出效应而非政府协调的改善,并且这一溢出效应与地理距离相关,则控制到市中心距离后,被撤并县与非撤并县的经济发展应不存在显著差异。因此,以到市中心相同距离的非撤并县样本作为控制组,可以解决上述遗漏变量问题。

与已有文献不同,本章基于微观地理数据,使用到市中心相同距离的非撤并县作为控制组,讨论撤县设区改革如何影响经济活动在地区内部的空间分布。具体地,本部分基于标准的双重差分模型,利用夜间灯光的点位面板数据(相邻点相距约1千米),考察在撤县设区改革后,被撤并县靠近城市中心的区域是否获得更快的发展。回归使用的样本是在1998—2006年发生撤县设区改革的地级市中距离市中心50千米以内的区位点(包括被撤并县与其他非撤并县,但不包括原市辖

区)。模型设定如下:

$$Light_{ict} = \beta Dist_{ic} \times Merger_{ct} + \theta_{ic} + \delta_t + \varepsilon_{ict} \tag{6.9}$$

其中,$Light_{ict}$ 表示 t 年 c 县 i 点的灯光亮度,$Dist_{ic}$ 表示该点到城市中心的距离。本章使用 1995 年地级市市辖区中灯光最亮点的位置作为市中心(附表 6.3 给出了使用 1992 年、1994 年、1996 年、1998 年、2000 年灯光最亮点作为市中心的回归结果),如果存在多个最亮点,取经纬度平均值作为市中心位置。[①] 作为稳健性检验,使用地级市人民政府所在地的地理位置作为市中心。$Merger_{ct}$ 为虚拟变量,属于被撤并县的点位在政策实施之后取值为 1,否则取值为 0。θ_{ic}、δ_t 分别表示点位和年份固定效应,以控制不随时间变化的不可观测变量以及年份共同冲击。

表 6.6 展示了撤县设区对区域经济发展的政策效应结果。前三列使用灯光最亮点作为城市中心,第(1)列结果显示,相对于非撤并县邻近市区(50 千米以内)的区域,撤并改革显著提高了被撤并县内各区域的灯光亮度,这与 Tang 和 Hewings (2017)基于区县层面数据的发现相一致。为考察撤并改革如何影响区县边界效应,将各点位根据到市中心的距离分成 0—10 千米、10 千米—20 千米、20 千米—30 千米、30 千米—40 千米和 40 千米—50 千米五组。在本章的样本选取规则下,距离市中心更近的样本也是更加靠近区县边界的点。第(2)列加入了撤县设区政策与各组距离虚拟变量的交叉项。结果显示,撤县设区后,与市中心的距离越近,政策效果越强;当距离超过 30 千米时,撤县设区对经济活动的影响在统计上不再显著。这一结果表明,撤县设区改革显著增强了区县交界地区的经济活力,从而削弱了区县边界效应。这与假说 6.3 的推测相一致。

表 6.6　　　　　　　　　　　　　撤县设区与"边界效应"

| | 被解释变量:各点夜间灯光亮度 | | | | | |
| | 使用灯光最亮点作为城市中心 | | | 使用市政府所在位置作为城市中心 | | |
	(1)	(2)	(3)	(4)	(5)	(6)
撤县设区	1.997***			2.001***		
	(0.649)			(0.660)		
撤县设区(0—10 千米)		8.277***	11.183***		8.478***	11.499***
		(1.334)	(1.786)		(1.239)	(1.554)

———————————

[①] 由灯光最亮点确定的市中心的位置非常稳定,所有地级市 1992—2000 年市中心的距离变化均值为 1.87 千米,中位值为 0.95 千米,5% 分位数为 0 千米,95% 分位数为 4.64 千米。在附表 6.3 中,本章进一步使用 1992 年、1994 年、1996 年、1998 年和 2000 年的灯光最亮点作为市中心位置,结果与表 6.6 非常接近。

续表

	被解释变量:各点夜间灯光亮度					
	使用灯光最亮点作为城市中心			使用市政府所在位置作为城市中心		
	(1)	(2)	(3)	(4)	(5)	(6)
撤县设区(10千米—20千米)		4.958***	7.075***		5.001***	6.867***
		(1.165)	(1.332)		(1.215)	(1.442)
撤县设区(20千米—30千米)		2.026**	3.701***		1.825**	3.221***
		(0.795)	(0.858)		(0.800)	(0.959)
撤县设区(30千米—40千米)		0.625	1.947***		0.301	1.290**
		(0.751)	(0.473)		(0.712)	(0.523)
撤县设区(40千米—50千米)		−0.727			−0.662	
		(0.589)			(0.599)	
点位固定效应	是	是	是	是	是	是
年份固定效应	是	是	是	是	是	是
县×年份固定效应	否	否	是	否	否	是
观察值	3 610 720	3 610 720	1 449 984	3 552 256	3 610 720	1 449 984
调整 R^2	0.311	0.328	0.933	0.312	0.331	0.934

注:前三列使用1995年地级市市辖区中灯光最亮点的位置作为市中心,如果存在多个最亮点,取经纬度平均值。后三列使用地级市人民政府所在地的地理位置作为市中心。第(1)、(2)、(4)、(5)列使用1998—2006年发生撤县设区改革的地级市中被撤并县和非撤并县(不包括原市辖区)到市中心50千米以内的所有点作为样本,以非撤并县的样本点作为控制组。第(3)、(6)列仅使用被撤并县的点位作为样本,并以(40千米—50千米)作为基准组。括号里是聚类到城市层面的稳健标准误,* $p<0.1$,** $p<0.05$,*** $p<0.01$。

为了比较同一被撤并县内部政策效果的异质性,第(3)列进一步将样本限定在发生撤并的县(50千米以内的点位)。控制县×年份固定效应后,得到类似的结论:撤县设区对经济活动的提升效应在距离市中心0—10千米的位置最强,政策效果随着与市中心距离的增加而减弱。为确保结果稳健,第(4)—(6)列使用市政府所在地作为城市中心,得到相似的结果。

为进一步说明表6.6发现的撤县设区效应的因果性,将政策效果的平均效应分解为距政策实施不同年份的动态效应(以政策实施前一年作为基准组),以考察撤并政策是否满足平行趋势假设。回归结果详见图6.3。结果显示,在撤县设区政策实施前,处理组(被撤并县距离市中心50千米以内的点位)和控制组(非撤并县距离市中心50千米以内的点位)在灯光变化上没有显著差异,说明模型设定满足平行趋势假设。在政策实施后，处理组样本的灯光亮度显著增长，并且政策效果随时间呈现不断增强的趋势。根据到市中心距离，附图 6.2 将所有样本分为 0—30 千米和 30 千米—50 千米两组，发现两组样本均存在着平均趋势，但只有 0—30 千米样本点在撤并后产生了显著的政策效果，这与表 6.6 的回归结果相一致。

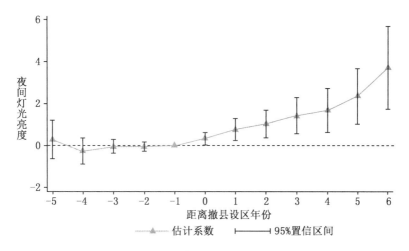

图 6.3　撤县设区对点位夜间灯光亮度的动态效果

本章强调撤县设区改革通过强化地级市政府的统筹和协调能力，交通网络建设的外部性得以内部化，使得地级市政府有激励加强对被撤并县基础设施的建设并提高市区的通达性。原市辖区与被撤并县之间相对独立的交通网络得到有效提升，公共交通、城市公路等成为有机整体。基础设施网络的改善有助于市辖区和被撤并县的市场融合，促进资源在区县的优化配置。为证明上述假说，本章利用宏观经济学领域近年来发展迅速的资源错配（Misallocation）文献，考察撤县设区是否促进了区县之间的资源配置效率。具体地，基于 Hsieh 和 Klenow（2009）的方法，计算了地级市内任意两个县区（或者县县）整体的资源错配程度。为了考察撤县设区对改善区县间资源配置效率的影响，本章在区县对（County Pair）整体的资源错配程度的基础上减去了区或县内部的资源错配变化情况。指标的定义如下：

$$IJM_{ij} \triangleq Mis_{ij} - \rho_i Mis_i - \rho_j Mis_j \tag{6.10}$$

其中，Mis_{ij} 为 i 与 j 组成的区县对整体的错配程度，Mis_i、Mis_j 分别为 i、j 行政区内部的错配程度，ρ_i、ρ_j 分别为 i、j 经济产出占两者产出之和的比例（$\rho_i + \rho_j = 1$）。区县对 ij 整体的资源错配水平减去 i、j 内部的资源错配水平后，IJM_{ij} 主要衡量了 i 与 j 之间跨行政区的资源错配程度。本章使用国家统计局发布的工业企业数据库 1998—2007 年的数据计算了每个地级市内各区县对跨行政区的错配程度 IJM_{ij},具体模型参数的设定详见 Hsieh 和 Klenow(2009)。识别策略同样基于双重差分方法,回归方程如下:

$$IJM_{cijt} = \beta Merge_{cijt} + \theta_{ij} + \eta_t + e_{ijt} \tag{6.11}$$

其中,被解释变量为基于前文方法和工业企业数据构建的地级市 c 内县①(区) i 和 j 在 t 年跨行政区的资源错配水平。θ_{ij}、η_t 分别表示县对和年份固定效应。

表 6.7 第(1)列使用同一地级市内所有县(包含被撤并县)与市辖区构成的配对样本,回归结果表明,撤县设区显著降低了被撤并县与市辖区之间的资源错配。撤县设区改革主要加强了被撤并县和市辖区政府间的协调,但并不改变被撤并县与其他县的政府间关系,因此推测改革对被撤并县—非撤并县间的资源配置效率不产生显著影响。若第(1)列发现的效果是由政府间协调关系改善外的其他因素所推动,那么改革也将影响被撤并县—非撤并县间的资源配置。因此,作为稳健性检验,第(2)列仅使用全部由县构成的县对(排除所有包含市辖区的县对),发现该政策对被撤并县与其他非撤并县之间的资源配置影响相对较小,并且在统计上不显著,在一定程度上排除了其他因素对结果的影响。

表 6.7 撤县设区与区域间资源配置效率

	(1)	(2)
	县—区	县—县
撤县设区	-0.052^{**}	-0.032
	(0.023)	(0.055)
县对固定效应	是	是
年份固定效应	是	是
观察值	17 338	12 486
调整 R^2	0.435	0.363

注:被解释变量为同一地级市内县—区(县—县)间跨行政区的资源错配水平,第(1)列为县(包括被撤并县)与市辖区构成的配对样本,第(2)列为全部由县(不含市辖区)构成的配对样本。括号内是区县对一级的聚类标准误。$^{***}\,p<0.01$,$^{**}\,p<0.05$,$^{*}\,p<0.1$。

图 6.4 进一步考察了撤县设区政策对资源配置效率改善作用的动态效果,基本设定与图 6.3 一致。结果显示,在政策实施前,处理组(被撤并县与原市辖区构

---

① 部分地级市管辖一定数量的县级市。为便于讲述,县与县级市统称为县。

成的县对)和控制组(非撤并县与原市辖区构成的县对)并未产生显著差异,即满足平行趋势假设;在政策实施后,两组产生显著差异,处理组之间的资源错配程度明显下降。

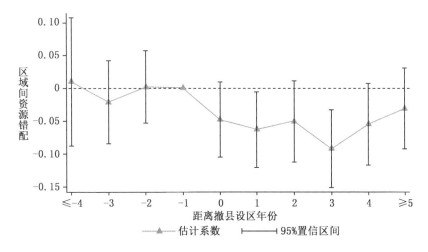

图 6.4　撤县设区改善区域间资源配置效率的动态效果

　　虽然我们无法直接排除地级市政府的区域发展战略可能影响了政策效果[①],但上述结果表明,撤县设区政策通过加强区县政府间的协调机制,提高了区域市场一体化程度和资源的配置效率。这些结果与本章所强调的主要观点一致,即通过改变地方事务决策的权力结构,从而加强相关政府的统筹和协调能力,有助于降低分权导致的协调不足问题,提高区域经济的整体效率。

6.6 结 论

　　在分权体制下,当经济活动存在外部性,并且外部性的强度随着距离增加而减弱时,地方政府将减少位于行政区边界区域的公共投资,形成边界地区发展相对滞后的"边界效应"。本章首先验证了区域经济发展的边界效应的广泛存在。利用县级经济统计数据和夜间灯光亮度,在控制各县的生产率水平后,研究发现省界县的

---

　　① 例如地级市市辖区面临空间扩张的需求,使得地级市政府在撤县设区后优先开发被撤并县靠近市中心的区域。

经济发展水平相对滞后。

其次，利用县级交通设施存量数据，本章验证了分权下边界地区外部性投资不足是产生上述边界效应的重要原因。研究发现，主要由各地省政府进行投资决策的交通设施（省道、高速公路）存在显著的省界效应，而由中央政府进行统一决策的交通设施（铁路、国道）主要取决于各县的生产率水平，与该县是否处于省界无关。边界地区的外部性投资不足导致出现明显的区域市场分割，基于两部门空间计量的回归结果说明，同省邻县的经济联系显著高于跨省邻县。

根据本章的分析逻辑，通过加强政府间的协调，或者建立区域间利益协调机制，可将公共投资产生的外部性收益内部化，从而减弱区域发展中的"边界效应"。利用撤县设区改革的政策冲击，并将历年夜间灯光栅格数据映射到相距约1千米的点位上以形成微观地理面板数据，研究发现，与邻近市中心相同距离（50千米）的其他区域相比，撤县设区政策显著增强了被撤并县的经济活力，且距离原市辖区越近（越接近区县边界），政策实施后被撤并区域的经济发展活力越强。上述政策效果满足平行趋势假设。另外，基于 Hsieh 和 Klenow（2009）衡量资源错配的方法，本章发现撤县设区政策有助于提高区域经济的资源配置效率，降低分权的成本。

上述研究结果强调了经济活动存在外部性情况下，分权体制存在成本，这一成本集中体现在区域交界地区的经济发展滞后。加强政府间协调或者集权化改革有助于削弱上述边界效应，但需要注意的是，集权化改革的另一面是对地方官员激励的损害，从而可能破坏政府间竞争带来的效率提升。因此，本章强调政府间协调机制的加强不应牺牲地方政府的竞争激励。在这一前提下，目前有两种解决政府间协调问题的机制：一种是自上而下，通过高级别政府统筹和协调辖区内不同区域间的公共事务，例如国务院成立京津冀协同发展领导小组；另一种则是自下而上，由利益相关各方自发地建立协调机制解决外部性问题，例如由30个城市共同组成的长三角城市经济协调会[1]，美国大都市圈的公共治理也主要采用这一方式。何种机制更有助于在良性竞争中实现区域协调发展，还有待未来更多的经验研究和理论探索。

---

① 2018年4月，长三角区域合作办公室发布《长三角地区一体化发展三年行动计划（2018—2020年）》（征求意见稿），其中的重要内容是建设互联互通的综合交通网络，并着力推进省界断头路建设，提升省际公路通达能力。

附　录

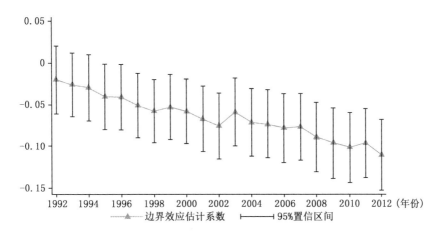

附图 6.1　省界效应的动态变化（1992—2012 年）

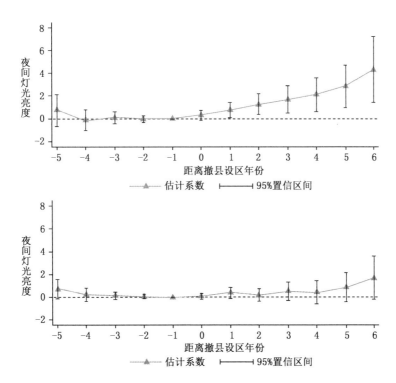

注：上图仅使用距离市中心 0—30 千米的样本点；下图仅使用距离市中心 30 千米—50 千米的样本点。

附图 6.2　不同距离的撤县设区动态效果

附表6.1　　区域经济发展中的"边界效应"：控制地级市固定效应

	Ln(2012 年夜间灯光亮度)			Ln(2012PcGDP)	是否贫困县
	(1)	(2)	(3)	(4)	(5)
省份边界县	−0.104***	−0.088***	−0.088***	−0.013	0.118
	(0.021)	(0.021)	(0.023)	(0.032)	(0.104)
市场潜力对数	0.310***	0.279***	0.261***	0.326***	−2.105***
	(0.027)	(0.028)	(0.028)	(0.050)	(0.252)
平均坡度	−0.054***	−0.057***	−0.057***	−0.031***	0.088**
	(0.006)	(0.006)	(0.006)	(0.009)	(0.035)
平均坡度平方	0.000	0.000	0.000	0.001**	0.000
	(0.000)	(0.000)	(0.000)	(0.000)	(0.001)
少数民族县	−0.305***	−0.305***	−0.346***	−0.095	0.751***
	(0.044)	(0.045)	(0.049)	(0.078)	(0.250)
陆地边境县	0.045	0.033	0.028	0.369***	−0.576**
	(0.050)	(0.050)	(0.051)	(0.081)	(0.272)
行政区面积对数	−0.395***	−0.394***	−0.401***		
	(0.011)	(0.011)	(0.011)		
历史国都		0.203	0.221	0.009	0.904
		(0.270)	(0.274)	(0.409)	(1.367)
成为历史国都年数对数		−0.012	−0.010	0.002	−0.339
		(0.061)	(0.062)	(0.092)	(0.327)
方言区虚拟变量	否	是	是	是	是
地级市固定效应	是	是	是	是	是
观察值	2 822	2 812	2 642	1 419	2 084
调整/伪 R^2	0.892	0.897	0.897	0.717	0.339

　　注：前三列的被解释变量为 2012 年夜间灯光亮度对数，第(4)列为 2012 年人均 GDP 的对数，第(5)列的因变量为是否贫困县的虚拟变量，采用 Probit 回归模型。贫困县名单来自原国务院扶贫办 2012 年发布的国家扶贫开发工作重点县名单。各县所属方言区数据来自刘毓芸等(2015)，根据许宝华和宫田一郎编著的《汉语方言大词典》(1999 年)，汉语分成 10 种方言大区、25 种方言区、109 种方言片，第(2)—(5)列控制了每个县所属方言大区、方言区和方言片的虚拟变量。全国重点文物保护单位数为地级市层面变量，与地级市固定效应产生共线性，回归中略去。其他变量说明见表 6.1。* $p<0.1$，** $p<0.05$，*** $p<0.01$。

附表 6.2　　　　"边界效应"与交通基础设施投资:控制地级市固定效应

	(1) Ln(国道密度)	(2) Ln(铁路密度)	(3) Ln(高速公路密度)	(4) Ln(省道密度)
省份边界县	0.001	−0.003**	−0.005*	−0.007*
	(0.002)	(0.002)	(0.003)	(0.004)
市场潜力对数	0.005*	0.016***	0.017***	0.011*
	(0.003)	(0.003)	(0.004)	(0.006)
平均坡度	−0.000	0.001***	−0.002**	0.003**
	(0.000)	(0.000)	(0.001)	(0.001)
平均坡度平方	0.000	−0.000**	0.000	−0.000
	(0.000)	(0.000)	(0.000)	(0.000)
行政区面积对数	−0.011***	−0.018***	0.001	−0.045***
	(0.001)	(0.001)	(0.002)	(0.003)
陆地边境县	−0.002	−0.000	−0.000	0.008
	(0.004)	(0.004)	(0.006)	(0.010)
少数民族县	0.007	0.012**	0.011*	0.025**
	(0.004)	(0.005)	(0.007)	(0.011)
常住人口对数	0.004*	0.005**	−0.002	0.007
	(0.002)	(0.002)	(0.003)	(0.005)
GDP 对数	0.006***	0.003*	0.011***	0.011**
	(0.002)	(0.002)	(0.003)	(0.004)
历史国都	0.086***	0.023	−0.037	−0.020
	(0.022)	(0.023)	(0.034)	(0.053)
成为历史国都年数对数	−0.015***	−0.004	0.010	0.006
	(0.005)	(0.005)	(0.008)	(0.012)
方言区虚拟变量	是	是	是	是
地级市固定效应	是	是	是	是
观察值	1 510	1 510	1 510	1 510
调整 R^2	0.246	0.417	0.373	0.487

注:变量说明见表 6.1、表 6.2。全国重点文物保护单位数为地级市层面变量,与地级市固定效应产生共线性,回归中略去。* $p<0.1$, ** $p<0.05$, *** $p<0.01$。

附表 6.3 　　　　　　　　　　　　使用不同年份的灯光最亮点作为市中心

	(1)	(2)	(3)	(4)	(5)
	1992 年	1994 年	1996 年	1998 年	2000 年
撤县设区(0—10 千米)	11.225***	11.005***	10.907***	10.540***	11.270***
	(1.806)	(1.913)	(1.866)	(1.899)	(1.943)
撤县设区(10 千米—20 千米)	7.126***	7.243***	7.201***	7.286***	7.158***
	(1.470)	(1.394)	(1.371)	(1.428)	(1.442)
撤县设区(20 千米—30 千米)	3.595***	3.767***	3.669***	3.741***	3.682***
	(0.905)	(0.835)	(0.829)	(0.894)	(0.875)
撤县设区(30 千米—40 千米)	1.904***	2.145***	1.991***	1.946***	1.995***
	(0.474)	(0.496)	(0.466)	(0.468)	(0.499)
点位固定效应	是	是	是	是	是
县×年份固定效应	是	是	是	是	是
观察值	1 436 432	1 441 664	1 449 072	1 447 184	1 437 968
调整 R^2	0.934	0.933	0.933	0.933	0.933

注:括号里是聚类到城市层面的稳健标准误,* $p<0.1$,** $p<0.05$,*** $p<0.01$。

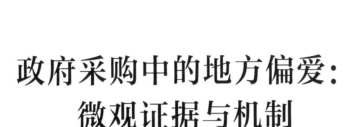

第 7 章

政府采购中的地方偏爱：
微观证据与机制

7.1 引　言

　　2020 年,我国政府采购总额占全国 GDP 的 3.64%,占财政总支出的 15.05%,是全球第二大政府采购市场,仅次于美国。庞大的政府采购体量影响着地方经济。在政府采购订单的配置上,当地政府部门拥有较大的自由裁量权。从理论上看,自由裁量权能够发挥地方政府的本地信息优势(Hayek,1945;Aghion 和 Tirole,1997;Tiebout,1956;Stansel,2005;Jin 等,2005),但在地方政府激励扭曲的情况下,自由裁量权也存在潜在的成本,例如,地方保护主义和腐败(Young,2000;Fan等,2009;Jia 和 Nie,2017)。现有文献检验了自由裁量权与规则对政府采购效率的影响,但尚未深入揭示潜在作用机制。[①]

　　本章关注我国财政分权体制下的一种典型现象——地方政府采购中的本地偏好。通过将政府采购公告数据集与工商注册数据中的企业信息相结合,本章构建了一个“订单—企业”维度的数据集,包含政府采购活动的招标、中标信息以及所有

---

　　① 大量来自发达国家的实践证据表明,自由裁量权可以改善采购绩效(Kang 和 Miller,2022;Carril,2021;Decarolis 等,2021),但在发展中国家的实践中也存在相反的证据(Palguta 和 Pertold,2017;Szucs,2024;Wolfram 等,2023)。整体而言,自由裁量权的最优选择取决于政府采购中信息摩擦和激励扭曲的相对重要性。

参与投标的企业信息（包括未中标候选和中标企业）。鉴于这些投标企业均已满足基本的资质要求，同一采购标的的投标企业之间更具可比性。通过比较采购活动中的本地和非本地投标者的中标概率差异，本章发现政府采购中存在显著的本地偏好现象。企业竞标本地采购订单时，中标概率比非本地企业高出 40.0%，同时政府获得的价格折扣率减少了 16.2%。

政府采购中的本地偏好现象可能源于信息摩擦，表现为地方机构获取本地企业信息以及与之合作的成本较低；这也可能是地方官员激励扭曲的结果。这两种驱动机制均可能导致本地偏好的实证结果，其背后的福利含义却截然相反。具体而言，如果信息摩擦机制占主导地位，则本地偏好有助于改善采购效率。事实上，本章的分析显示，本地中标企业提供的价格折扣显著更低，且企业生产效率也显著低于外地投标者。这意味着，本地偏好并未带来采购成本的节约或供应商质量的提升，也就是说，本地偏好现象不太可能源于信息摩擦机制。

本章强调了地方政府的激励扭曲在本地偏好现象中扮演的重要作用。在缺乏有效监督的情况下，地方官员可能会偏离社会福利目标，转而追求个人利益，具体表现为追求政治租金（升迁考虑）或经济租金（腐败）。本章探讨了地方官员的晋升激励在本地偏好中的作用，这是现有政府采购文献中很少涉及的方面。鉴于政府采购对供应商业绩及其发展的重要影响（Ferraz 等，2015；Gugler 等，2020；Beraja 等，2022），地方官员有强烈动机在采购订单的分配中偏向本地竞标企业，从而达到推动本地经济发展的目标。为了检验这一可能性，本章基于市长的个人特征数据构建了一个测度市长事前晋升概率的指标。与晋升激励理论假说一致，当市长拥有较好的晋升前景以及在面临更高财政和就业压力的城市中，政府采购的本地偏好更加明显。当市长接近退休年龄（58 岁和 59 岁）时，其晋升机会微乎其微，本地偏好效应也显著减小。此外，现有文献发现，官员临近退休时，腐败可能性随之增加（Adit 等，2020；Nguyen，2021），因此，本章的发现也说明本地偏好并非腐败动机所推动。最后，本章发现在高晋升激励的城市中，采购订单折扣率和供应商质量均显著更低，这表明激励扭曲造成了政府采购订单分配的效率损失。

综合来看，地方政府的激励扭曲是驱动政府采购中的本地偏好行为的关键机制。本章进一步识别出采购过程中实施本地偏好的具体实现机制：首先，存在本地偏好效应的采购订单可能限制竞争；其次，在使用综合评分法的采购中，本地企业的综合得分平均比外地竞标企业高出 5.8%。并且这种得分差异只存在于商务和技术等主观评分中，在客观价格得分上，本地与外地企业间不存在显著差异。

与本章直接相关的一支文献是区域间贸易壁垒的相关研究。传统研究通常采用比较不同辖区之间的贸易流量大小的方法来识别区域间贸易壁垒（McCallum，1995；Poncet，2003、2005；Agnosteva 等，2019；Santamaría 等，2020）。采用该方法识别出的边界效应，通常被解释为地方保护主义的证据（Agnosteva 等，2019；Bai 和Liu，2019；Herz 和 Varela-Irimia，2020；Barwick 等，2021；Liu 等，2022）。[①] 然而，这种方法并不能直接观察到政府的干预行为。此外，识别出的边界效应也可能源于市场摩擦（如运输成本或信息不对称等）而非地方保护。本章通过比较同一采购活动中本地和外地企业的中标概率和表现，提供了识别本地保护的新思路，从而拓展了该方面的研究。与聚焦于贸易流或资本流的研究不同，地方政府有能力直接干预采购订单的分配，因此本地效应很大程度上反映了地方政府的选择和偏好。

本章的结果还回应了近期文献中关于政府采购领域规制与自由裁量权的讨论。来自发达国家（如美国和意大利）的大量证据表明，更多的自由裁量权可以提高政府采购的效率（Kang 和 Miller，2022；Carril，2021；Decarolis 等，2021），从而强调了地方政府掌握的本地信息在选择更合格供应商中的重要性。与之相对，一些来自发展中国家的研究，如匈牙利等，发现了完全相反的情况（Palguta 和 Pertold，2017；Szucs，2024）。这些看似矛盾的研究结果说明了制度背景对理解自由裁量权的福利后果的重要性（Bosio 等，2022），这是目前政府采购文献中较少关注的一个方面。在公共部门治理能力有限的经济体中，激励扭曲带来的负面影响可能会超过信息优势的收益。本章利用独特的"订单—企业"维度数据集，区分了政府采购中的信息摩擦和激励扭曲机制，丰富了这一主题的研究。

最后，本章与政府采购效率的文献相关。现有研究更多强调了腐败行为的影响（Colonnelli 和 Prem，2022；Mironov 和 Zhuravskaya，2016；Decarolis 等，2021；Coviello 和 Gagliarducci，2017；Lehne 等，2018；Huang，2019）。例如，Coviello 和Gagliarducci（2017）发现市长任期的延长促成了政客与本地投标人之间的勾结，导致意大利的采购效率下降。本章更强调另一种形式的激励扭曲：在财政分权体制且存在跨辖区竞争的经济体中，地方官员的晋升激励可能导致政府采购订单的错配。因此，本章的发现可以为公共组织理论中最佳自由裁量权政策设计提供一般性的参照。

---

① 例如，Fang 等（2022）使用区域间采购订单的数量和企业投资流来研究跨区域竞争对地方保护主义的影响。

本章其余部分的结构安排如下：7.2 节介绍了我国政府采购的制度背景以及本章使用的数据集；7.3 节介绍了实证模型设定和识别策略；7.4 节提供了本地偏好行为存在性的直接证据；7.5 节讨论了潜在的驱动机制，重点关注地方官员的晋升激励；7.6 节进一步提供了地方政府本地偏好具体实现方式的证据；7.7 节是本章的主要结论。

7.2　制度背景和研究数据

7.2.1　中国的政府采购市场

我国的政府采购市场在 2001 年中国加入世界贸易组织后开始蓬勃发展，如图 7.1 所示。政府采购在 GDP 中所占的比重持续上升，从 2000 年的 0.33% 上升到 2020 年的 3.64%（见图 7.2）。然而，我国政府采购市场的经济规模仍然小于主要发达国家，存在巨大的增长潜力。参照 WTO 的政府采购协议（GPA 协议）的要求，我国于 2002 年颁布了《中华人民共和国政府采购法》（以下简称《政府采购法》），标志着中国公共采购市场的起步。该法规定，政府采购订单必须通过公开透明和竞争性的方式进行分配。然而，2002 年的《政府采购法》在具体规定和实施细节方面存在一定的局限性。经过 10 年广泛讨论和辩论，2014 年我国修订通过了被称为"经济宪法"的新《中华人民共和国预算法》，明确提出了财政收支公开透明的要求。同年，我国对《政府采购法》进行了修订，并制定了《中华人民共和国政府采购法实施条例》。同时，财政部发布了一系列政府采购制度改革文件，形成了现行的政府采购制度的基本制度框架。这一框架尤其强调了采购招标中的竞争性和信息公开。这些改革的一个直接成果是，自 2014 年起，政府采购的招标公告和中标公告被要求在官方网站上公开。这也构成了本书政府采购基础数据集的数据来源。

根据《政府采购法》，典型的采购流程始于在中国政府采购网（财政部唯一指定政府采购信息网络发布媒体）上公开发布招标公告。招标公告应当说明采购人名称，采购代理机构的名称、地址和联系方式，提交投标书的截止日期，采购项目的内容、类型，预算价格和投标人的资质要求等。

在招标阶段，根据采购方式竞争程度和透明度的不同，政府采购方式可以简单

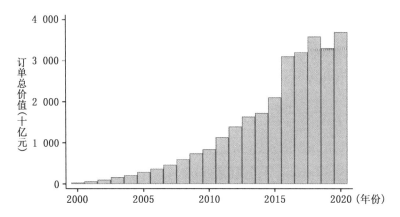

注:数据来源于中国财政部和国家统计局。

图 7.1 中国政府采购市场规模

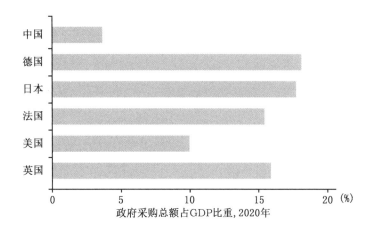

政府采购总额占GDP比重,2020年

注:数据来源于中国财政部和 OECD 官网。

图 7.2 中国和 OECD 主要国家政府采购市场规模比较

分为两大类:公开招标采购和限制性(非公开)招标采购。公开招标是《政府采购法》规定的主要采购方式,约占样本中的 77%。在公开招标的情况下,所有符合资质要求的投标人均可参与。限制性招标采购则赋予了采购机构在选择供应商方面更大的自由度,主要适用于公开招标成本高昂的情况,例如,紧急采购、对商品或服务有特殊要求的采购,或投标人不足三家等情形。《政府采购法》规定了 6 种限制性采购方式:①邀请招标;②询价;③竞争性谈判;④竞争性磋商;⑤单一来源采购;⑥框架协议。其中,前 4 种类型要求邀请三个(及以上)满足采购条件的供应商参与竞标,此时供应商竞争受到一定限制。单一来源采购则直接指定唯一供应商,完全消除了竞争。框架协议是一种新兴的采购方式,采购程序和采购要求与其他采购方式有很大不同,适用范围也比较有限,本章暂不进行讨论。图 7.3 整理了我国政府采购流程的基础时间线和主要的政府采购方式。图 7.4 说明了研究数据中主要采购方式的订单数量分布。

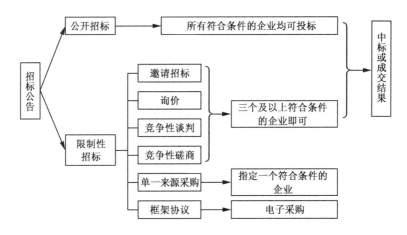

图 7.3　中国政府采购的主要方式

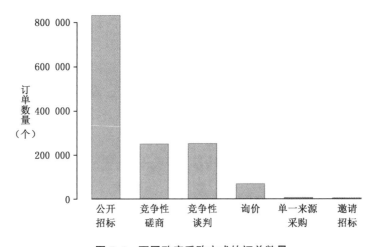

图 7.4　不同政府采购方式的订单数量

实践中有两种广泛使用的政府采购评标方法——最低价格法和综合评分法。图 7.5 展示了不同采购方式适用的评标方法。在最低价格法中,投标报价最低的供应商中标,使用该规则的采购项目约占样本数据集的 64%。这种评标方法在透明度方面具有明显优势(Saussier 和 Tirole,2015)。相比之下,综合评分法是对竞标企业在价格指标、技术指标和商务指标上进行打分,选择综合得分最高的供应商为中标人。由于缺乏明确的评分标准,技术指标和商务指标评分往往存在较大的主观性,可能存在人为干预的可能性。

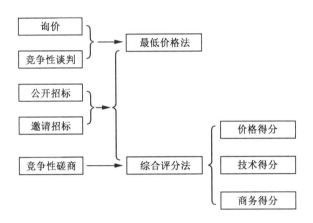

图 7.5 中国政府采购评标方法

最后,政府采购的中标或成交结果必须在中国政府采购网上公示。公示内容包括采购的项目编号、采购项目的简要情况、中标日期、中标人的姓名和地址、中标价格等。虽然官方文件没有明确要求披露竞标候选企业,但在本章的数据库中有20%的采购公告公示了完整的候选人名单信息。本章的附录 E 展示了基础数据库中的政府采购订单示例。

7.2.2　政府采购与地方官员晋升

政府采购活动在中央或地方政府的监管下运作。其中,地方政府采购项目约占所有采购项目的95%。这些采购订单的资金来源于地方政府的财政预算资金,并受地方政府财政部门监督。因此,地方政府能够直接干预采购订单的分配。地方干部的激励机制在此过程中扮演着重要作用。

我国地方官员的晋升机制受到财政分权和政治集权的共同影响(Blanchard 和Shleifer,2001;Xu,2011)。财政分权体制下,地方官员在本地经济事务上有很大的自主权。同时,地方官员的晋升前景由上级政府决定,而晋升概率又在很大程度上取决于当地的经济表现(Li 和 Zhou,2005;Xu,2011)。由于干部晋升采取相对绩效评估的考核机制,地方官员有强烈的激励围绕 GDP 增长率等经济发展目标,以经济增长为导向展开横向竞争。这导致了一系列经济后果,包括辖区间的招商引

资竞争(Cai 和 Treisman,2005)、产品和要素市场的分割(Poncet,2005;Zhang 和
Tan,2007)、法规和法律的歧视性执行(Eberhardt 等,2015;Liu 等,2022)以及实施
保护本地企业的歧视性产业政策(Bai 等,2004;Barwick 等,2021)。

我国的政府采购活动由同级政府财政部门监管,是地方领导最直接控制的领
域,因此也最容易受到政府干预。与美国和欧洲国家的实践和改革(Coviello 等,
2018;Carril,2021;Szucs,2024)相比,我国的地方政府在决定采购方式、评标规则等
方面保留了相当大的自主权。事实上,即便在透明度和竞争性要求最严格的公开
招标中,正如 Lu 和 Wang(2022)的案例研究所示,地方政府仍然可以通过三种潜在
渠道操控合同分配:①选择竞争性较低的采购方式;②设置特殊的歧视性资质要
求;③干预专家评审过程,提高特定企业的主观指标得分。

鉴于政府采购与企业绩效表现间存在显著联系(Ferraz 等,2015),而地方企业
的经营业绩与当地的就业、税收乃至 GDP 增长息息相关,因此,地方领导有强烈的
激励在政府采购中偏向本地企业。2019 年,厦门市的一份政府文件明确提出,限额
以下的工程项目采购中应优先考虑本地企业。2022 年,汉阴县实施的一项产业政
策规定,政府采购应优先考虑本地产品。Fang 等(2022)的研究发现,中国地方官员
策略性地将更少的采购订单分配给存在较强竞争关系的城市。

7.2.3　研究数据

本章的分析基于多个数据库。本章的主要数据库来自中国财政部运营的官方
网站——中国政府采购网(www.ccgp.gov.cn)——上的详细采购订单信息。原始
数据库包括约 450 万条招标公告和 360 万条中标成交公告数据,样本时间区间为
2014—2020 年。将唯一的采购项目编号招标公告与中标成交公告进行匹配,本章
整理了每项政府采购活动从招标立项到中标成交的全过程信息,具体包括政府采
购的项目编号、招标日期、中标日期、预算价、中标价、采购人、供应商、采购方式、采
购商品、资质要求等。排除了缺失城市信息的样本后,最终得到约 220 万条采购记
录。在上述样本中,部分采购活动公告了所有投标企业信息(包括中标企业和所有
未中标企业)。通过提取该部分订单的供应商信息,最终获得"采购订单—投标企
业"层面的数据集,共 1 411 236 个样本观察值,涵盖 409 299 个政府采购订单。这
一数据集是识别政府采购本地偏好效应的基础数据集。借助其独特的数据结构,
后续的实证检验将直接比较同一采购项目中的投标人的中标概率。

　　基于披露投标企业信息的采购订单子样本在数据分析时可能面临潜在的样本自选择问题,为了解决这个问题,需要了解为何某些采购项目未披露候选企业信息。可能存在两种解释:一是该采购项日仅吸引了一个投标企业;二是实施人为操纵的采购机构故意隐瞒了投标信息。表 7.1 提供了仅公开中标企业和公开所有投标人信息的子样本中核心变量的统计性描述情况。有两个特征值得注意:第一,仅公开中标企业的子样本中,59.9%的采购订单中标企业来自本地,而公开所有投标人信息的子样本中这一比例为 52.1%;第二,在公开招标采购比例上,仅公开中标企业的子样本(74.1%)明显低于公开所有投标人信息的子样本(92.6%)。如果上述差异主要是由于采购项目的吸引力较低,例如,只有一家本地公司参与竞标,在此情形下,采用仅公开中标企业的子样本将系统性地高估中标样本中的本地偏好程度;相反,如果涉及本地偏好的采购活动更不可能报告完整的投标人信息,则基于公开所有投标人信息的子样本将低估本地偏好程度。为严谨起见,本章的研究基于公开所有投标人信息的子样本,取得的估计系数可被视为真实的本地偏好效应的下限。

表 7.1　　　　　　　　　　　　　政府采购订单的统计性描述

(1) 变量名	(2) 定义	(3) 仅公开中标企业 的子样本	(4) 公开所有投标 人信息的子样本	(5) 差值
Local Firm	本地企业中标=1,异地企业中标=0	0.599	0.521	0.078***
Value	订单价值(单位:百万元)	2.055	3.446	−1.391***
Budget Value	预算价(单位:百万元)	2.432	3.459	−1.027***
Rebate	预算价−订单价值(单位:百万元)	0.301	0.317	−0.016
Rebate Ratio	(预算价−订单价值)/预算价	0.046	0.037	0.009***
Goods	货物类采购=1,其他为0	0.3	0.15	0.15***
Services	服务类采购=1,其他为0	0.18	0.1	0.09***
Works	工程类采购=1,其他为0	0.13	0.12	0.01***
Open auction	公开拍卖形式采购=1,其他为0	0.741	0.926	−0.185***
Central Gov.	中央公告=1,地方公告=0	0.049	0.007	0.042***
样本总量		2 601 220	390 160	—

　　注:第(3)和第(4)列分别汇报了仅公开中标企业的子样本和公开所有投标人信息的子样本的变量均值,第(5)列汇报了两个样本集是否有显著差异及 T 检验的结果。* $p < 0.1$, ** $p < 0.05$, *** $p < 0.01$。

图 7.6 说明了不同政府采购类型(品目)的订单分布。政府采购分为货物、服务和工程三大类。这些类别在采购的复杂性方面有所不同,下文实证分析中将利用这些差异检验信息机制在本地偏好中的作用。

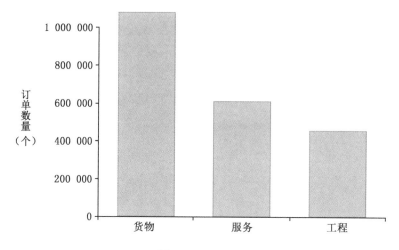

图 7.6　不同品目采购订单的数量分布

笔者利用中国工商注册企业数据对政府采购的竞标企业信息进行了补充。中国工商注册企业数据提供了截至 2020 年底注册的所有企业的背景特征信息。本章根据竞标企业名称,将这两个数据集结合起来,从而获取竞标企业的特征信息,如注册资本、企业年龄、所有权、行业隶属和地理位置等,最终成功匹配了 93.2% 的竞标企业。

表 7.2 比较了政府采购项目的投标企业的基本情况。结果显示,本地企业的中标概率显著高于外地公司(52% vs. 47%)。并且,如图 7.7 所示,本地企业的中标价格通常更高(即更低的价格折扣)。本地和非本地中标企业的平均折扣率分别为 3.36% 和 4.06%,意味着如果本地企业中标,折扣率将减少 20.8%,即政府采购的财政成本明显提高。最后,平均而言,每个采购项目有 3.44 个企业参与竞标,样本中的竞标企业平均参与了 5.07 项采购。

表 7.2　　　　　　　　　　　　　　投标企业的统计性描述

Panel A:中标企业 vs. 未中标企业

(1) 变量名	(2) 定义	(3) 未中标	(4) 中标	(5) 差值
Local Firm	本地采购＝1,异地采购＝0	0.47	0.52	−0.05***
Capital	注册资本（单位:元）	95 752	50 912	44 840.46***
Age	企业年龄	10.85	11.26	−0.42***
SOE	国有企业＝1,其他＝0	0.02	0.03	−0.01***
样本总量	—	1 024 966	380 722	—

Panel B: 其他统计性描述

样本企业总量	249 461
候选人层面:	
中标概率	0.27
每个企业平均投标数量	5.81
订单层面:	
每个订单平均投标企业数量	3.49
其中:本地企业数量	1.63
外地企业数量	1.86

注:Panel A 汇报了投标企业的基本信息,第(3)和第(4)列分别汇报了未中标企业、中标企业的变量均值,第(5)列汇报了两类样本集是否有显著差异及 T 检验的结果。* $p<0.1$, ** $p<0.05$, *** $p<0.01$。

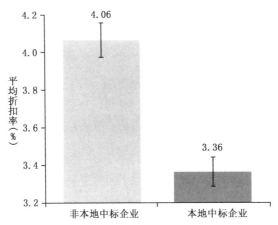

图 7.7　本地和非本地企业中标订单的折扣率[①]

---

① 注:图中置信区间为折扣率的 95％的置信区间,其中,折扣率,即(预算价−订单价值)/预算价。

中国工商注册企业数据的局限之一是缺乏企业运营活动和绩效方面的信息。为了解决这个问题,笔者整合了多个数据集来测度企业的生产效率。具体来说,本章使用了国家企业信用信息公示系统的企业失信数据(匹配率为40%)、政府采购网的"政府采购严重违法失信行为记录名单"(匹配率为0.18%)、北大法宝网的行政处罚记录数据(匹配率为1.6%),以及国家知识产权局的企业专利申请数据(匹配率为4.9%)。最后,笔者还根据2007—2014年中国税收调查数据库的企业数据计算了企业的全要素生产率,匹配率为23.1%。

为了研究地方领导人的晋升激励作用,笔者从百度百科等来源收集了地级市层面主要领导干部(市委书记和市长)的个人信息,包括年龄、任期、家乡、上一职位和下一职位等。通常来说,党委书记主管地级市党政事务和负责监督地方发展的总体事务,而市长则主要负责地方政府行政部门的运作和经济政策的实施。鉴于这一分工,本章重点关注市长的激励机制对采购过程产生的影响。

最后,以下两个数据集提供了有关地方官员腐败调查的详细信息。第一个数据集是中国腐败调查数据集(CID数据集),该数据集来源于2014—2016年的在线媒体报道(Wang和Dickson,2022)。基于该数据集,可进一步将腐败案件按调查原因进行分类,以区分与政府采购、财政部门和经济部门等相关的腐败案件。第二个数据集通过收集中央纪委国家监委网站(https://www.ccdi.gov.cn/)上有关地级或省级官员的腐败调查报告形成(CCDI数据集),时间跨度为2016—2020年。

7.3 理论模型与识别策略

7.3.1 理论模型设定

在实证检验之前,本部分提供一个简单的说明性模型来厘清基础逻辑和深层次的关键机制。假设采购机构(PA)选择供应商i的效用函数为U_i。参照Bosio等(2022)的设定,U_i由三部分组成:中标企业质量Q_i、中标价格p_i以及由采购机构获取的私人租金R_i。具体地:

$$U_i = \underbrace{Q_i - p_i}_{Social\ Welfare} + \underbrace{\gamma R_i}_{Preference\ Misalignment} \qquad (7.1)$$

其中,$Q_i - p_i$ 代表社会福利水平(Social Welfare),而 γR_i 代表采购人与社会公众偏好不一致的程度(Preference Misalignment)。参数 γ 反映了私人租金和社会福利对于采购机构的相对重要性,代表了激励扭曲的程度。

采购机构能够观察到采购价格 p_i 和私人租金水平 R_i,但只能观察到竞标企业质量 Q_i 的代理变量 S_i,$S_i = Q_i + \in_i$。其中,Q_i 服从均值为 0、方差为 1 的标准正态分布$[Q_i \sim N(0,1)]$,$\in_i$ 服从均值为 0、方差为 σ_i^2 的正态分布$[\in_i \sim N(0, \sigma_i^2)]$。$Q_i$ 和 $\in_i$ 相互独立。需要指出的是,参数 σ_i^2 代表了采购人对竞标企业的了解程度。

(1)中标规则

为简化起见,参照 Bagues 和 Perez-Villadoniga(2013)以及 Zinovyeva 和 Bagues(2015)的方法,假定采购机构为风险中性,且根据以下规则授予采购订单:

$$E(U_i | S_i, p_i, R_i) = E(Q_i - p_i + \gamma R_i | S_i, p_i, R_i) > \underline{U} \qquad (7.2)$$

竞标企业 i 的中标概率 P_i 为[1]:

$$P_i \equiv P(PAchoosesi | S_i, p_i, R_i) = P[E(Q_i - p_i + \gamma R_i | S_i, p_i, R_i) > \underline{U}]$$
$$= 1 - \Phi\left[\sqrt{1 + \sigma_i^2}(\underline{U} + p_i - \gamma R_i)\right] \qquad (7.3)$$

其中,Φ 为标准正态分布的累计分布函数。

此时,中标企业的期望质量 $\overline{Q}_{winner}$ 为:

$$\overline{Q}_{winner} \equiv E(Q_i | PAchoosesi) = E[Q_i | E(Q_i - p_i + \gamma R_i | S_i, p_i, R_i) > \underline{U}]$$
$$= E\left(Q_i | \frac{S_i}{1 + \sigma^2} - p_i + \gamma R_i > \underline{U}\right) \qquad (7.4)$$

根据逆米尔斯比率公式(Heckman,1979;Greene,2012),可得[2]:

---

① 具体地,$E(Q_i | S_i) = \mu_{Q_i} + \rho_{Q_i S_i} \sigma_{Q_i} \left(\frac{S_i - \mu_{S_i}}{\sigma_{S_i}}\right)$。由于 $\mu_{Q_i} = 0, \mu_{S_i} = 0, \sigma_{Q_i} = 1, \sigma_{S_i} = \sqrt{1 + \sigma_i^2}$,$\rho_{Q_i S_i} = \frac{COV(Q_i, S_i)}{\sigma_{Q_i} \sigma_{S_i}} = \frac{1}{\sqrt{1 + \sigma_i^2}}$,因此,$E(Q_i | S_i) = \frac{S_i}{1 + \sigma_i^2}$。此时,$P[E(Q_i - p_i + \gamma R_i | S_i, p_i, R_i) > \underline{U}] = P[E(Q_i | S_i) - p_i + \gamma R_i > \underline{U}] = P\left(\frac{S_i}{1 + \sigma_i^2} - p_i + \gamma R_i > \underline{U}\right)$。

② 具体地,$E\left(Q_i | \frac{S_i}{1 + \sigma^2} - p_i + \gamma R_i > \underline{U}\right) = \mu_{Q_i} + \rho_{Q_i X_i} \sigma_{Q_i} \lambda\left(\frac{\underline{U} - \mu_{X_i}}{\sigma_{X_i}}\right)$,其中,$X_i = \frac{S_i}{1 + \sigma^2} - p_i + \gamma R_i$,且 $\mu_{Q_i} = 0, \mu_{X_i} = -p_i + \gamma R_i, \sigma_{Q_i} = 1, \sigma_{X_i} = \frac{1}{\sqrt{1 + \sigma_i^2}}$,$\rho_{Q_i X_i} = \frac{COV(Q_i, X_i)}{\sigma_{Q_i} \sigma_{X_i}} = \frac{\frac{1}{1 + \sigma_i^2}}{1 \times \frac{1}{\sqrt{1 + \sigma_i^2}}} = \frac{1}{\sqrt{1 + \sigma_i^2}}$。

$$\bar{Q}_{winner} = \frac{1}{\sqrt{1+\sigma_i^2}} \lambda \left[\sqrt{1+\sigma_i^2} \, (\underline{U}+p_i-\gamma R_i) \right] \qquad (7.5)$$

其中，$\lambda(x) = \frac{\varphi(x)}{1-\Phi(x)}$ 为逆米尔斯比率，$\varphi(x)$、$\Phi(x)$ 分别为标准正态分布的概率密度函数和累积分布函数。

(2)本地企业与非本地企业

采购机构能够更加准确地掌握本地企业信息（σ_i 更小，即信息摩擦机制），或者更方便地从本地企业获取私人租金（R_i 更大，即激励扭曲机制）。

为简化分析，假定采购机构能够获取的私人租金 γR_i 小于 $\underline{U}+p_i$，故 $\underline{U}+p_i-\gamma R_i > 0$。并且，$\Phi(x)$ 是单调递增函数，$\lambda'(x) > 0$。此时，企业 i 的中标概率 P_i 和中标企业的期望质量 $\bar{Q}_{winner}$，取决于信息准确性 σ_i、私人租金水平 R_i 和采购机构私人利益的相对权重 γ，且满足：

中标概率，$\dfrac{\partial P_i}{\partial \sigma_i} < 0, \dfrac{\partial P_i}{\partial R_i} > 0, \dfrac{\partial P_i}{\partial \gamma} > 0$；

中标企业的期望质量，$\dfrac{\partial \bar{Q}_{winner}}{\partial \sigma_i} < 0, \dfrac{\partial \bar{Q}_{winner}}{\partial R_i} < 0, \dfrac{\partial \bar{Q}_{winner}}{\partial \gamma} < 0$；

假说 1：若信息摩擦为主要机制，采购机构将发挥本地信息优势（σ_i 值更小），使本地企业中标概率更高，同时中标企业的平均质量水平更高。

假说 2：若激励扭曲为主要机制，采购机构将追求私人租金（R_i 和 γ 值更大），使本地企业中标概率更高，同时中标企业的平均质量水平更低。

因此，尽管信息摩擦和激励扭曲两种潜在机制都可能导致本地竞标企业的中标概率提高，但它们对中标企业质量的影响是完全相反的。故区分这两种机制的一种可行方法是检验本地偏好对中标企业质量的影响，本章将在随后的实证分析中进行考察。[①] 模型提供的另一层重要含义是，扭曲程度的大小取决于地方官员对私人利益（γ）的重视程度，而这一点在不同区域可能会存在很大的差异。

7.3.2　实证模型设定

基准回归模型旨在检验政府采购中本地偏好的存在性。以往的研究多利用区

---

① Zinovyeva 和 Bagues (2015) 使用这一分析框架考察了西班牙大学学院中候选人与评审者之间的个人关系对学术晋升的影响。研究结果表明，当候选人由熟人评估时，他们更有可能获得晋升。然而，相比其他获得晋升的候选人，由强关系（如由其博士生导师、同事或合著者评估）晋升的候选人在晋升后的表现明显较差。

域内和区域间的贸易流或投资流差异来推断本地偏好。例如,Herz 和 Varela-Ir-imia(2020)利用这一策略评估了欧盟政府采购中的本国和本区域偏好效应。与这种思路不同,本章将直接比较同一采购项目中本地和非本地竞标企业的中标概率。基准实证模型设定为:

$$Winner_{fp} = \beta \cdot Local_{fp} + u_p + \varepsilon_{fp} \qquad (7.6)$$

其中,$Winner_{fp}$ 为虚拟变量,代表投标企业 f 是否中标采购订单 p。$Local_{fp}$ 为虚拟变量,代表企业 f 的注册地与采购机构所在城市是否相同。u_p 为政府采购订单的固定效应。本章实证分析均聚类到采购城市层面。系数 β 的大小体现了同一项采购中本地和非本地竞标企业的中标概率差异,表示政府采购中的本地偏好效应的大小。

由于竞标企业均已满足基本的资质要求,同一项采购活动的投标企业之间具有较强的可比性。然而,仍可能存在一些采购机构可以观察到,但研究者不能观察到的混淆因素造成估计的偏误。例如,本地供应商可能提供更高质量的产品,或具有更好的事后合同执行能力。为了解决该问题,采用了以下三种识别策略:

首先,加入企业层面的控制变量,包括注册资本、公司年龄、行业固定效应、企业专利数量和失信记录等。在更严格的设定中,加入了企业层面的固定效应,有效控制了所有不随时间改变的企业特征差异。此时,回归结果代表了同一家公司竞标本地与非本地政府订单时中标概率的差异。这一设定能够显著减轻企业层面遗漏变量造成的偏误。

其次,比较不同行政层级采购中的本地偏好效应差异。如果本地偏好单纯出于企业质量的差异,那么中央和地方政府采购的结果应表现出相似的特征。因此,通过比较不同层级采购机构中的本地偏好系数差异,可以排除未观察到的企业质量的潜在影响。

最后,比较本地和非本地中标者之间的生产率和绩效差异。如果本地偏好仅仅由于企业质量,将观察到本地中标者的质量平均高于非本地中标者。相反,若本地中标者的质量更低,这意味着信息摩擦并非主要驱动机制。

7.4   政府采购中的本地偏好

7.4.1   基准回归结果

表 7.3 展示了基准回归结果。如第(1)列所示，在同一政府采购活动中，本地竞标企业获得采购订单的概率比外地竞标企业平均高出 10.2%。鉴于因变量为离散变量，第(2)列使用了条件 Logistic 回归模型（即加入固定效应的 Logit 模型），回归结果与基准回归保持一致。为排除外地企业在采购城市设立子公司以更好地满足当地需求或建立政治联系的可能性，第(3)列将企业注册城市替换为主要投资者的注册城市，回归结果依然稳健。第(4)列的回归分析比较了中央和地方采购的本地偏好效应，结果表明，本地偏好主要存在于地方采购活动中。需要指出的是，中央采购中也存在程度较小但显著的本地偏好效应，这主要是因为相当一部分中央采购是在地方层面运作，其比例约为 72%。因此，这些采购决策可能在某种程度上也受到本地偏好的影响。

表 7.3   本地企业与非本地企业中标概率的差异

	(1)	(2)	(3)	(4)
因变量	1（是否中标）			
	OLS	Clogit	注册城市	中央和地方
Local Firm	0.102***	0.399***	0.089***	
	(0.012)	(0.044)	(0.013)	
中央采购×*Local Firm*				0.029**
				(0.013)
地方采购×*Local Firm*				0.102***
				(0.012)

续表

因变量	(1)	(2)	(3)	(4)
	1(是否中标)			
	OLS	Clogit	注册城市	中央和地方
Y 的均值	0.286	0.286	0.286	0.286
订单固定效应	是	是	是	是
样本量	1 395 103	1 382 699	1 395 103	1 395 103
R^2	0.047	—	0.047	0.047

注:回归样本为采购订单竞标企业层面数据。因变量是企业是否获得政府订单的虚拟变量。第(2)列使用条件 Logit 模型回归。第(3)列将投标企业所在城市改为其主要投资者的注册城市。第(4)列根据公告类型,将样本划分为中央采购和地方采购。括号中的聚类标准误均聚类到采购城市层面。$^* p < 0.1$,$^{**} p < 0.05$,$^{***} p < 0.01$。

7.4.2 潜在的遗漏变量问题

(1)企业质量

如前文所述,基准回归可能存在企业层面的遗漏变量导致的估计偏误。例如,Shingal(2015)利用日本和瑞士的数据发现,政府采购订单的本地偏好效应很大程度上取决于国内和国外供应商之间的生产率差异。如果本地企业确实具有相对更高的质量,那么表 7.3 很可能会高估本地偏好效应。

为解决这一问题,在表 7.4 的分析中加入了企业层面控制变量。第(1)列加入了企业注册资本、企业年龄和行业层面固定效应。第(2)列加入了截至 2014 年企业持有的专利数量,作为生产率和质量的代理变量。第(3)列进一步控制了截至 2023 年由国家企业信用信息公示系统提供的企业失信记录数量。第(4)列加入了企业层面固定效应,以控制所有不随时间改变的企业特征,即此时的 Local Firm 回归系数反映了同一公司在竞标本地和非本地政府订单时中标概率的差异。以上各列中的回归结果均保持稳定,本地偏好效应的大小基本一致。为严谨起见,第(4)列的回归结果为本章首选的估计结果(0.114),对比企业的平均中标概率(0.286),本地偏好效应相当于提高了 39.9% 的中标可能性。

最后,第(5)列在企业固定效应的基础上加入了年份虚拟变量与企业特征变量(包括注册资本、企业年龄、国企、行业、专利数量和失信记录)的交互项,以更好地控制企业异质性。本地偏好效应在量级上依然保持不变。

表 7.4　　　　　　　　　加入企业特征控制变量和企业固定效应

因变量	(1)	(2)	(3)	(4)	(5)
	\multicolumn{5}{c}{1(是否中标)}				
	企业层面控制变量	＋专利数量	＋失信记录	企业固定效应	企业固定效应＋企业特征×时间趋势
Local Firm	0.130***	0.131***	0.131***	0.114***	0.131***
	(0.013)	(0.013)	(0.013)	(0.010)	(0.012)
Ln(注册资本)	0.042***	0.038***	0.038***		
	(0.003)	(0.003)	(0.003)		
Ln(企业年龄)	0.011**	0.009*	0.009		
	(0.006)	(0.005)	(0.006)		
是否国企	0.069***	0.071***	0.071***		
	(0.019)	(0.018)	(0.018)		
Ln(专利数)		0.014***	0.014***		
		(0.001)	(0.001)		
Ln(失信记录)			0.008***		
			(0.002)		
订单固定效应	是	是	是	是	是
行业固定效应	是	是	是	否	否
企业固定效应	否	否	否	是	是
样本量	1 206 929	1 206 929	1 206 929	1 214 675	1 062 246
R^2	0.061	0.062	0.062	0.389	0.370

注:回归样本为采购订单竞标企业层面数据。第(1)列控制了注册资本、公司年龄、是否国有企业和行业固定效应。第(2)列纳入了截至 2014 年企业所拥有的专利数量[Ln(专利＋0.01)]。第(3)列纳入了截至 2023 年由国家企业信用信息公示系统提供的投标者的失信记录数量。第(4)列纳入了企业固定效应。第(5)列包括企业固定效应以及第(1)—(3)列中控制的所有企业特征与年度虚拟变量的交互项。括号中的聚类标准误均聚类到采购城市层面。* $p<0.1$, ** $p<0.05$, *** $p<0.01$。

(2)地理距离

尽管排除了企业质量方面的遗漏变量,本地和非本地企业之间仍可能存在与地理因素有关的生产率差异。例如,在企业生产率水平相同的情况下,本地企业在提供本地服务方面可能具有成本优势。

　　本部分采取了多种方式排除地理因素的影响,结果见表 7.5。第(1)列将非本地竞标企业限制在与采购城市地理相邻城市的企业样本。第(2)列和第(3)列回归分别直接控制了采购与供应城市之间的距离和通行时间。所有回归结果与基准回归结果保持一致。第(4)列根据非本地企业与采购城市间的距离是否少于 300 千米将样本分为两组。回归结果显示,两组之间的本地偏好效应大小是接近的。考虑到不同类型的采购项目可能受到地理距离影响而有所不同,第(5)列回归中进一步区分了采购类型。三个类别中本地偏好效应的大小和统计显著性基本一致。综上所述,地理因素并非主导本地偏好现象的关键因素。

表 7.5　　　　　　　　　　　　　　**控制地理距离的影响**

因变量	(1)	(2)	(3)	(4)	(5)
	\multicolumn{5}{c}{1 (是否中标)}				
	相邻城市	地理距离	最短通勤时间	是否 300 千米以内	采购品目
Local Firm	0.131***	0.119***	0.112***		
	(0.012)	(0.011)	(0.011)		
地理距离 (100 千米)		0.002			
		(0.002)			
地理距离^2		−0.000			
		(0.000)			
Ln (最短通勤时间)			−0.001		
			(0.002)		
非本地×1(>300 千米)				−0.106***	
				(0.012)	
非本地×1(<300 千米)				−0.116***	
				(0.010)	
Local Firm×货物					0.082***
					(0.009)
Local Firm×服务					0.087***
					(0.012)
Local Firm×工程					0.081***
					(0.010)

续表

因变量	(1)	(2)	(3)	(4)	(5)
	\multicolumn{5}{c}{1（是否中标）}				
	相邻城市	地理距离	最短通勤时间	是否 300 千米以内	采购品目
订单固定效应	是	是	是	是	是
企业固定效应	是	是	是	是	是
样本量	675 692	1 214 675	1 199 238	1 199 238	382 120
R^2	0.445	0.389	0.389	0.389	0.451

注:回归样本为采购订单竞标企业层面数据。第(1)列将非本地投标者限制为位于地理上相邻城市的企业样本。第(2)列和第(3)列控制了采购和供应城市之间的地理距离及最短通行时间。最短通行时间是基于道路、铁路和高铁的网络数据库,使用 ArcGIS 中的 OD 成本矩阵计算得出。在第(4)列中,非本地×1(>300 千米)为虚拟变量,对于距离超过 300 千米的非本地投标者取值为 1;非本地×1(<300 千米)为虚拟变量,对于距离小于 300 千米的非本地投标者取值为 1。第(5)列区分了不同的采购品目。括号中的聚类标准误均聚类到采购城市层面。* $p < 0.1$, ** $p < 0.05$, *** $p < 0.01$。

(3)合同的执行成本

本地偏好可能是由于采购机构与本地企业的合作与沟通成本更低。为排除这种可能性,本部分利用了以下事实:当竞标者曾经中标过该地采购订单时,合作与沟通成本将大大降低。因此,如果采购合同的执行成本是一个关键因素,那么对于中标过的竞标企业而言,本地偏好应当不复存在。

表 7.6 的第(1)列和第(2)列分别将样本限制在曾经中标和从未中标过当地采购订单的企业样本。结果表明,两组样本中均存在显著的本地偏好,且后者的效应更大。这意味着,与当地政府的合作经验可在一定程度上缓解政府与企业之间的信息不对称。第(3)列基于全样本,根据是否本地企业以及是否曾中标过当地订单将样本分为四组,并将未获得过政府订单的外地竞标企业设定为参照组。结果表明,尽管与当地政府的合作经历确实提高了外地企业的中标概率,但在与本地企业竞争时,它们仍然面临显著的劣势。而在本地企业组中,以往的政企合作经验对其中标概率并未产生有效助益。

表 7.6 是否中标过政府采购订单

因变量	(1)	(2)	(3)
	1（是否中标）		
	中标过订单	未中标过订单	全样本
Local Firm	0.086***	0.113***	
	(0.011)	(0.012)	
本地企业，中标过			0.129***
			(0.011)
本地企业，未中标过			0.164***
			(0.011)
非本地企业，中标过			0.064***
			(0.006)
采购 FE	是	是	是
企业 FE	是	是	是
样本量	523 978	433 760	1 214 675
R^2	0.376	0.595	0.390

注:回归样本为采购订单竞标企业层面数据。第(1)和第(2)列将样本限制为在当前招标之前已经中标或从未中标本地采购订单的竞标者。第(3)列使用全样本,并根据竞标者的地域性和是否有中标本地订单的历史将其分为四组,且基准组为从未中标任何本地订单的外地竞标者(在回归中省略)。括号中的聚类标准误均聚类到采购城市层面。* $p < 0.1$,** $p < 0.05$,*** $p < 0.01$。

7.4.3　采购成本与供应商质量

从机制上看,前文发现的本地偏好可能是由于信息摩擦(即采购机构在获取本地公司质量信息方面的成本较低),也可能是由于地方官员的激励扭曲。两者虽然都能导致本地偏好的结果,但其导致的效率结果截然相反。如果信息摩擦是主导因素,那么预期本地采购具有更高的效率,表现为较低的采购成本或更高的供应商质量;相反,如果激励扭曲是主要原因,则本地偏好将导致更低的采购效率。

(1)政府采购成本

为了考察本地偏好对政府采购成本的影响,本部分在采购订单层面构建了回

归模型:

$$Outcome_p = \beta \cdot Local\ Winner_p + \vartheta_{it} + \varepsilon_p \qquad (7.7)$$

结果变量 $Outcome$ 反映了采购成本,在表 7.7 的第(1)—(3)列回归中为价格折扣率,计算方式为预算价与中标价的差额除以预算价;在第(4)列中为价格折扣,即预算价与中标价差额的对数。更高的折扣率和更大的预算价与中标价差额,意味着更低的采购成本。

表 7.7　　　　　　　　　　　本地偏好与政府采购价格

因变量	(1)	(2)	(3)	(4)
	价格折扣率			Log(价格折扣)
	基准回归	中央和地方	企业固定效应	企业固定效应
Local Winner	−0.008***		−0.006***	−0.383***
	(0.001)		(0.002)	(0.070)
中央采购×*Local Winner*		0.004		
		(0.007)		
地方采购×*Local Winner*		−0.009***		
		(0.001)		
Y 的均值	0.040	0.040	0.040	8.321
采购城市×年份固定效应	是	是	是	是
企业固定效应	否	否	是	是
因变量	103 954	103 954	73 389	71 633
R^2	0.060	0.060	0.383	0.454

注:回归样本为采购订单层面数据。*Local Winner* 为虚拟变量,若中标供应商和采购机构位于同一城市则记为1。第(1)—(3)列中,因变量为价格折扣率,计算方法为(预算价−中标价)/预算价。第(2)列引入了 *Local Winner* 与是否为中央或地方采购的交互项。第(4)列中,因变量为(预算价−中标价)的对数。括号中的聚类标准误均聚类到采购城市层面。*$p<0.1$,**$p<0.05$,***$p<0.01$。

Local Winner 为虚拟变量,若中标供应商和采购机构所在城市相同则记为1。模型中加入了"采购城市—年份"维度的固定效应 ϑ_{it},以控制随时间改变的城市层面的混淆因素。

如表 7.7 第(1)列和第(4)列的结果所示,本地中标企业的价格折扣率和绝对价格折扣显著低于外地中标企业。第(2)列回归显示,这种差异主要存在于地方采购活动中,在中央政府采购中并不显著,这与前文关于中标概率的发现保持一致。
第(3)列加入了企业层面固定效应,回归系数略微减小但基本结果保持不变。上述
结果表明,本地企业可以以较小的折扣(或者说,更高的采购价格)来获得采购订
单,而这意味着本地偏好可能导致采购效率损失。

(2)供应商质量

虽然本地偏好导致了更高的采购成本,但如果地方政府利用本地信息优势选
择了更有生产效率的供应商,最终在采购效率上仍可能是有效的。为了探讨这一
可能性,表 7.8 研究了本地和非本地中标企业之间的绩效差异。具体而言,将企业
质量的代理变量作为因变量,在"订单—企业"层面进行回归分析。企业样本被分
为四组,即本地和非本地中标企业、本地和非本地未中标企业,其中非本地未中标
企业设定为参照组。所有回归均控制了订单层面的固定效应。

表 7.8   本地中标企业和非本地中标企业的企业质量

因变量	(1) Log(人均增加值)	(2) TFP	(3) 1(专利数>0)	(4) 企业专利数(PPML)
非本地中标企业	0.032**	0.107***	0.027***	−0.033
	(0.015)	(0.022)	(0.003)	(0.103)
本地中标企业	−0.509***	−0.227***	−0.037***	−3.186***
	(0.111)	(0.068)	(0.004)	(0.383)
本地未中标企业	−0.438***	−0.265***	−0.040***	−2.471***
	(0.059)	(0.070)	(0.004)	(0.204)
订单固定效应	是	是	是	是
调查年份固定效应	是	是	否	否
行业固定效应	是	是	是	是
Y 的均值	4.373	5.218	0.049	2.822
因变量	131 089	50 018	1 258 242	169 848
R^2	0.701	0.747	0.454	

注:回归样本为采购订单竞标企业层面数据。第(1)列和第(2)列中的因变量为企业人均增
加值的对数和企业的全要素生产率。TFP 的计算方法采用 Levinsohn 和 Petrin(2003)提出的
方法,该方法使用中间投入作为代理变量来解决 TFP 估计中的内生性问题。在第(3)列中的因
变量为企业是否拥有专利的虚拟变量。第(4)列中的因变量为截至 2014 年企业拥有的专利数
量。由于因变量中存在大量 0 值,故第(4)列使用面板泊松回归模型(PPML)。括号中的聚类标
准误均聚类到采购城市层面。* $p<0.1$,** $p<0.05$,*** $p<0.01$。

　　鉴于中国工商注册企业数据没有提供用于测度企业质量的信息，将政府采购数据集与中国税收调查数据（2007—2014 年）进行匹配，以获取部分竞标企业的企业人均增加值和全要素生产率。基于企业最新调查年份的数据计算出上述指标，同时在回归中控制了调查年份的固定效应。由于匹配过程中样本损失较大，模型中无法控制企业层面的固定效应。作为替代，表 7.8 加入了两位数层面的行业固定效应，以控制行业层面的冲击。

　　表 7.8 的第（1）列和第（2）列中的因变量分别为企业增加值和全要素生产率，第（3）列和第（4）列中的因变量分别为企业是否拥有专利的虚拟变量和企业截至2014 年拥有的专利数量。结果一致表明，无论是本地中标企业还是未中标企业的生产率和创新能力均显著低于外地企业。

　　综上所述，本部分发现，本地偏好导致了采购效率的损失，而根据信息摩擦假说，地方政府能够利用本地信息优势识别更具生产力的供应商并降低采购成本。因此，本部分的结果说明本地偏好并非主要是由于信息摩擦。

7.5　本地偏好与激励扭曲

7.5.1　晋升激励机制

　　本部分实证检验地方官员的激励扭曲在政府采购的本地偏好中扮演的作用。我们首先探讨官员晋升激励的影响，然后提供有关腐败激励的证据。

　　（1）本地偏好与晋升激励

　　在我国的政治体制下，对于地级主政领导的评估是自上而下的。附录 B 从城市和个人层面考察了市长和市委书记职业晋升概率的决定因素，验证了 GDP 增长率作为晋升关键因素的重要性。鉴于市长的晋升概率与地方经济表现的联系更为紧密，且地方政府采购机构在其直接监管下，本部分主要关注市长的晋升激励。

　　借鉴已有政治经济学的研究，本部分使用了两组指标来评估地方官员的晋升激励强度：晋升概率和经济增长压力。表 7.9 将依次检验上述因素与政府采购订单的本地偏好效应间的关系。

表 7. 9 本地偏好与晋升概率、经济增长压力

因变量	(1)	(2)	(3)	(4)
	1(是否中标)			
	晋升概率	GDP 压力	财政压力	就业压力
Local firm	0.100***	0.112***	0.093***	0.107***
	(0.012)	(0.011)	(0.009)	(0.010)
Local Firm×晋升概率	0.027**			
	(0.012)			
Local Firm×GDP 压力		0.004***		
		(0.001)		
Local Firm×财政压力			0.080***	
			(0.014)	
Local Firm×就业压力				0.010*
				(0.006)
订单固定效应	是	是	是	是
企业固定效应	是	是	是	是
样本量	836 335	933 662	1 181 165	1 181 165
R^2	0.399	0.393	0.388	0.388

注:回归样本为采购订单竞标企业层面数据。晋升概率为虚拟变量,若市长的预测晋升概率高于样本中位数则记为 1,否则为 0。GDP 压力为城市目标 GDP 增长率与实际 GDP 增长率之间的差距。财政压力为虚拟变量,若采购城市的财政压力[计算方法为(财政支出－财政收入)/财政收入]在省级平均水平之上,则记为 1。就业压力为虚拟变量,若采购城市的就业增长率低于省级平均水平,则记为 1。括号中的聚类标准误均聚类到采购城市层面。* $p<0.1$, ** $p<0.05$, *** $p<0.01$。

表 7.9 的第(1)列采取以下策略测度市长的晋升概率。参照 Wang 等(2020)的研究,本章构建了官员晋升概率指标,将各种影响官员晋升的因素加入回归,最终计算出每位市长的晋升预测概率(更多细节见附录 B)。在此基础上,定义了虚拟变量晋升概率,当该市长的晋升概率高于中位数时记为 1。回归结果显示,晋升激励更强的市长,本地偏好效应更强。

年龄和任期是现有文献中用以衡量官员晋升激励的常用指标。图 7.8 和图 7.9 展示了本地偏好效应随采购城市市长的年龄和任期的变化情况。图 7.8 显示,市

长在 58 岁之前,显示为更显著的本地偏好效应,此后则迅速下降。我国地级市官员的退休年龄为 60 岁,年龄超过 58 岁则意味着晋升机会大大降低(Wang 等,2020)。与此同时,根据现有的经验证据,接近退休的官员更容易受到腐败的影响(Adit 等,2020;Nguyen,2021),因此,若本地偏好由政企合谋的腐败动机驱动,那么应当观察到高龄的市长显示出更强的本地偏好,但图 7.8 展示出相反的趋势。这一证据说明,相对于腐败假说,晋升激励假说对本地偏好效应更具解释力。

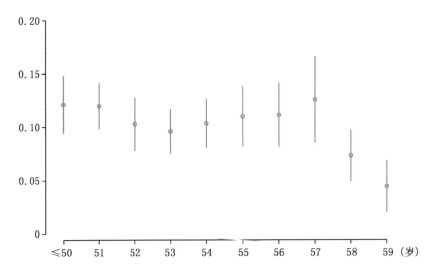

注:横轴为市长的年龄,纵轴为本地偏好效应的估计系数和 95% 的置信区间。

图 7.8　市长年龄与本地偏好效应

图 7.9 的结果显示,在市长上任后的前六年内,本地偏好的程度相对稳定,随后逐渐减少。由于地方官员的晋升取决于其在当前职位上的整体表现,故在其任期初期有更强的激励去追求更高的经济增长(Li 和 Zhou,2005;Guo,2009)。因此,这一结果说明本地偏好效应与官员的晋升动机有关。同时,这一发现也与腐败假说相矛盾。现有文献发现,官员与地方企业之间的勾结可能性会随着任期的延长而增加(Coviello 和 Gagliarducci,2017)。若本地偏好效应与腐败有关,则随着官员在任时间的推移,本地偏好效应会随着政企合谋可能性的增长而变强。

鉴于 GDP 增速是评估官员能力的关键指标,表 7.9 第(2)列考察了当地方官员面临更大 GDP 增长压力时本地偏好效应的变化。为了测度经济增长压力,我们计算了地级市目标 GDP 增长率与实际 GDP 增长率之间的差异。其中,目标 GDP 增速来自各地级市年初发布的政府工作报告。实际与目标 GDP 的偏移衡量了地方

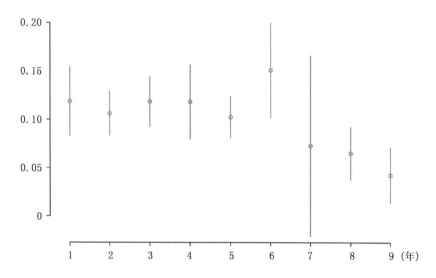

注:横轴为市长的任期,纵轴为本地偏好效应的估计系数和 95% 的置信区间。

图 7.9　市长任期与本地偏好效应

官员的职业压力。结果显示,面对更大 GDP 增长压力的地方官员会表现出更显著的本地偏好。

表 7.9 的第(3)列和第(4)列考察了地方官员面临的财政压力和就业压力。由于地级市官员的晋升竞争主要发生在同一省份内部(Yu 等, 2016),我们定义了反映财政压力的虚拟变量:若"(财政支出－财政收入)/财政收入"超过所在省的平均水平,则记为 1;同样,我们定义了就业压力指标——若当地就业增长率低于省级平均水平,则记为 1。回归结果显示,当地方官员面临更大的财政和就业增长压力时,本地偏好效应更加明显。

(2)晋升激励与采购绩效

本部分考察地方官员的晋升激励对政府采购绩效的影响。为此,表 7.10 和表 7.11 在式(7.7)中加入了变量 *Local Winner* 与前述晋升激励指标的交互项。结果并未发现晋升激励会降低采购成本或提高供应商效率。事实上,当晋升激励更强时,采购订单的价格折扣率和供应商质量均显示为下降趋势。结合前文的发现,即晋升激励更强的地方官员具有更强的本地偏好,说明激励扭曲降低了政府采购订单的分配效率。

表 7.10   晋升概率与政府采购成本

因变量	(1)	(2)	(3)	(4)
	订单折扣率			
Local Winner	-0.010^{***}	-0.009^{***}	-0.003^{**}	-0.005^{**}
	(0.002)	(0.002)	(0.001)	(0.002)
Local Winner×晋升概率	0.005			
	(0.004)			
Local Winner×GDP 压力		0.001		
		(0.001)		
Local Winner×财政压力			-0.012^{***}	
			(0.004)	
Local Winner×就业压力				-0.003
				(0.002)
采购城市×年份固定效应	是	是	是	是
企业固定效应	是	是	是	是
样本量	48 544	49 672	72 547	72 547
R^2	0.381	0.394	0.375	0.375

    注：回归样本为订单层面数据。因变量为订单折扣率，计算方法为（预算价－中标价）/预算价。晋升概率指标的定义与表 7.9 中的定义一致，较大的数值表示更大的职业激励。括号中的聚类标准误均聚类到采购城市层面。$^{*}\ p < 0.1, ^{**}\ p < 0.05, ^{***}\ p < 0.01$。

表 7.11   晋升概率与供应商质量

因变量	(1)	(2)	(3)	(4)
	Log（企业人均增加值）			
Local Winner	-0.317^{**}	-0.356^{***}	-0.281^{***}	-0.367^{***}
	(0.155)	(0.082)	(0.091)	(0.084)
Local Winner×晋升概率	-0.069			
	(0.148)			
Local Winner×GDP 压力		-0.033^{***}		
		(0.009)		

续表

	(1)	(2)	(3)	(4)
因变量		Log(企业人均增加值)		
Local Winner×财政压力			−0.425***	
			(0.110)	
Local Winner×就业压力				−0.057
				(0.063)
采购城市×年份固定效应	是	是	是	是
调查年份固定效应	是	是	是	是
行业固定效应	是	是	是	是
样本量	59 307	63 214	78 736	78 736
R^2	0.329	0.331	0.336	0.332

注:回归样本为订单层面数据。因变量为企业人均增加值。晋升概率指标的定义与表 7.9 中的定义一致,较大的数值表示更大的职业激励。括号中的聚类标准误均聚类到采购城市层面。* $p<0.1$,** $p<0.05$,*** $p<0.01$。

7.5.2 腐败机制

本部分探讨政府采购的本地偏好是否由于腐败动机。政府采购中,公共部门和私人部门之间直接互动,且往往涉及大规模财政资金,这使得政府采购活动往往容易受到腐败行为的影响(Bosio 等,2022)。

本部分利用两种识别策略来检验本地偏好与腐败之间的潜在联系。首先,基于腐败调查会产生威慑效应的分析思路,我们检验了中央巡视以及对地方主要领导(市长和市委书记)的腐败调查对采购的本地偏好效应的影响。若本地偏好效应主要由腐败驱动,预期在这些事件发生后,本地偏好效应会有所减弱,即"腐败调查的威慑效应"(Colonnelli 和 Prem,2022)。为检验该假说,本节使用了九轮中央巡视数据以及中央纪委国家监委网站上关于市长和市委书记的调查数据,在基准回归中加入了变量 *Local Firm* 与调查前、调查中、调查后时期的虚拟变量的交互项。图 7.10 和图 7.11 展示了回归结果。结果显示,在上述调查期间或之后,本地偏好效应并未有显著减少。

其次,进一步在城市层面检验本地偏好与腐败之间的关系,回归模型设定如下:

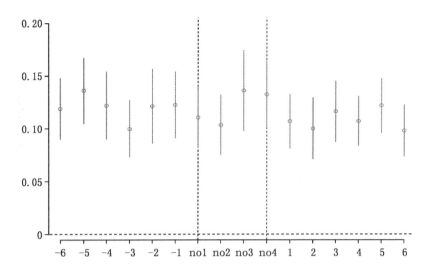

注：横轴表示中央巡视前/期间/后的月份数，纵轴为本地偏好效应的估计系数和 95% 的置信区间。

图 7.10　本地偏好与中央巡视活动

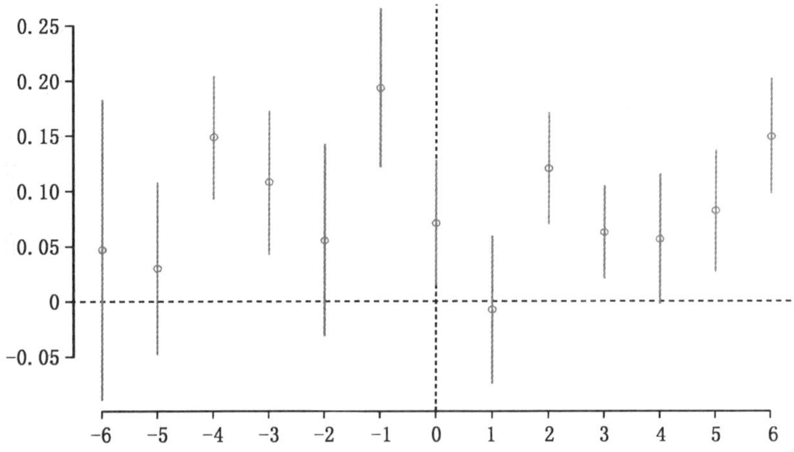

注：横轴表示地方领导（市委书记或市长）接受腐败调查前/后的月份数，纵轴为本地偏好效应的估计系数和 95% 的置信区间。

图 7.11　本地偏好与地方官员腐败调查

$$Corruption_{jt} = \beta \cdot L.Local\ Share_{jt} + \vartheta_t + \delta_j + \varepsilon_{jt} \qquad (7.8)$$

其中，因变量 $Corruption_{jt}$ 为虚拟变量，表示采购城市 j 在 t 年是否发生了腐败案件。自变量 $Local\ Share_{jt}$ 为 t 年城市 j 授予本地企业订单的比重，代表该城市本地偏好效应的程度。考虑到腐败效应可能存在滞后，自变量取值滞后一年。

表 7.12 显示了主要的回归结果。Panel A 控制了城市和年份固定效应。考虑到腐败相关本地偏好效应的差异可能主要体现在城市间比较,故 Panel B 回归剔除了城市固定效应。为了确保估计的稳健性,Panel C 基于泊松伪最大似然模型(PPML)进一步进行了横截面分析。其中,因变量为每个城市在样本期间内的腐败案件数量均值。自变量 *Local Bias* 表示城市的本地偏好程度,其取值为在基准模型中加入 *Local Firm* 与采购城市虚拟变量交互项的估计系数。回归结果表明,大多数回归分析中采购城市腐败案件发生的情况与政府采购中的本地偏好程度之间不存在显著关联。唯一显著的正效应出现在 Panel B 的第(1)列。然而,当第(3)至第(6)列进一步分析与采购活动相关的腐败案件时,并未发现本地偏好与涉及政府采购、财政部门、经济相关腐败案件之间存在显著的关联。

表 7.12　　　　　　　　　　　　本地偏好与腐败

	(1)	(2)	(3)	(4)	(5)	(6)
	CCDI 数据集	CID 数据集	采购相关	财政相关	经济相关	横截面回归
Panel A. 自变量滞后一期						
因变量:是否发生腐败案件						
$L. Local Share$	−0.000	−0.000	0.001	0.000	−0.001	−0.000
	(0.000)	(0.001)	(0.001)	(0.001)	(0.001)	(0.001)
城市、年份固定效应	是	是	是	是	是	是
样本量	1 363	368	364	364	364	364
R^2	0.428	0.678	0.506	0.575	0.704	0.682
Panel B. 排除城市固定效应						
因变量:是否发生腐败案件						
$L. Local Share$	0.001***	−0.000	0.000	0.000	−0.001	0.001
	(0.000)	(0.001)	(0.000)	(0.001)	(0.001)	(0.001)
年份固定效应	是	是	是	是	是	是
样本量	1 385	427	421	421	421	421
R^2	0.154	0.250	0.025	0.157	0.359	0.285

续表

	(1)	(2)	(3)	(4)	(5)	(6)
	CCDI 数据集	CID 数据集	采购相关	财政相关	经济相关	横截面回归
Panel C. PPML 回归						
因变量：腐败案件数量						
Local Bias	−0.714*	−0.177	−0.303	−0.039	−0.188	−0.267
	(0.402)	(0.156)	(0.458)	(0.303)	(0.167)	(0.188)
样本量	316	250	246	246	246	246

注：回归样本为城市层面数据。CCDI 数据来源于中央纪委国家监委网站（https://www.ccdi.gov.cn/），样本期间为 2016—2020 年。第（2）至第（6）列使用了中国腐败调查数据集，该数据集由 2014—2016 年与腐败相关的网络媒体报道汇编而成（Wang 和 Dickson，2022）。自变量 *L. Local Share* 表示采购城市分配给本地企业的采购份额，同时取滞后 1 期。在 Panel A 和 Panel B 中，因变量为是否发生腐败案件的虚拟变量。具体而言，第（1）列和第（2）列关注所有类型的腐败案件的发生情况，而第（3）至第（6）列则关注涉及地级市官员的特定类型的腐败案件的发生情况，包括与政府采购、财政部门和与经济有关的腐败案件。在 Panel C 中，因变量为研究期间各城市腐败案件数量的均值。自变量 *Local Bias* 表示特定城市的本地偏好程度，具体为在式（7.6）基准模型中加入 *Local Firm* 与采购城市虚拟变量交互项的估计系数。由于因变量中存在大量 0 值，Panel C 使用泊松伪最大似然模型进行估计。括号中的聚类标准误均聚类到城市层面。* $p<$ 0.1，** $p<0.05$，*** $p<0.01$。

受限于腐败数据的可得性，上述结果仅提供了参考性证据。不同于其他制度背景的研究，目前并未发现本地偏好与腐败相关的证据。本章的结果说明本地偏好并非由腐败驱动。另外，相对微弱的腐败效应可能与我国自 2012 年以来的反腐败运动有关。

附录 D 检验了已有文献中经常讨论的与腐败相关的其他因素。这些因素包括地方官员（市委书记和市长）是否本地出生、是否本地晋升、离职后是否被免职以及是否与企业存在政治关联（基于高管的政府背景数据）。如附表 7.2 的第（1）至第（4）列所示，回归结果并未发现在这些情况下存在更显著的本地偏好效应。

7.6　采购中的政府干预

地方政府如何干预采购过程从而实现有倾向性地选择特定供应商？本部分考

虑三种可能性：(1)使用竞争性较弱的采购方式；(2)设定限制性资质要求；(3)干预采购的专家评分过程。

　　表 7.13 检验了前两种干预方式与本地偏好效应的关系。第(1)列的结果显示，采用公开招标进行的采购相较于其他竞争性较弱的采购方式表现出显著更小的本地偏好效应。第(2)列中加入了一组表示参与竞标人数的虚拟变量。结果发现，随着采购竞争性的增加，本地企业的中标概率显著降低。这与 Gerardino 等 (2022)的发现一致，他们的研究发现限制竞争的采购竞标过程更可能产生对小型和本地企业的偏好。

　　表 7.13 中的第(3)列和第(4)列检验了招标设定的资质门槛与本地偏好的关系。参照 Baltrunaite(2020)的研究，使用招标公告中"资质要求"部分的文本长度和顿号数量作为资质要求严苛程度的代理变量，与本地企业虚拟变量($Local\ Firm$)构成交叉项。研究结果显示，资质要求更详细的采购招标并未显示出显著更强的本地偏好效应。

表 7.13　　　　　　　　　　政府采购方式、供应商资质要求与本地偏好效应

样本量	(1)	(2)	(3)	(4)
	1（是否中标）			
	公开招标	竞标企业数量	资质要求字数	资质要求标点数
$Local\ Firm$	0.135***		0.084***	0.124***
	(0.012)		(0.017)	(0.015)
$Local\ Firm$×公开招标	−0.034***			
	(0.008)			
$Local\ Firm$×2 个竞标企业		0.187***		
		(0.019)		
$Local\ Firm$×3 个竞标企业		0.156***		
		(0.017)		
$Local\ Firm$×4 个竞标企业		0.108***		
		(0.011)		
$Local\ Firm$×5 个竞标企业		0.094***		
		(0.009)		
$Local\ Firm$×≥6 个竞标企业		0.068***		
		(0.009)		

续表

样本量	(1)	(2)	(3)	(4)
	1(是否中标)			
	公开招标	竞标企业数量	资质要求字数	资质要求标点数
Local Firm×Ln(文本字数)			0.003	
			(0.003)	
Local Firm×Ln(顿号数量)				−0.005
				(0.006)
订单固定效应	是	是	是	是
企业固定效应	是	是	是	是
样本量	703 164	1 214 675	617 155	220 420
R^2	0.424	0.389	0.429	0.437

注:回归样本为采购订单竞标企业层面数据。文本字数为招标公告中"资质要求"部分的字数统计。顿号数量为"资质要求"部分顿号(、)的数量统计。采用分号(;)数量的回归结果类似。括号中的聚类标准误均聚类到采购城市层面。* $p<0.1$,** $p<0.05$,*** $p<0.01$。

在本章的样本中,无论是在使用最低价格法还是综合评分法的政府采购中,均存在显著的本地偏好效应,这意味着在这两种情况下都可能存在政府干预。遗憾的是,由于缺乏每个竞标企业的报价信息,无法观察到采购过程中的价格操控情况。然而,对于采用综合评分法的采购,数据集中披露了参与竞标企业的详细得分信息。基于这一子样本,表7.14检验了本地中标采购中是否存在干预评分的情况。在实践中,评审专家通常由采购机构从公共部门中选拔(Lu和Wang,2022),根据企业的报价、技术和商务情况进行打分。其中,技术和商务指标统称为非价格指标,往往具有很大的主观性,更容易被干预(Huang,2019)。第(1)、(2)列和第(3)、(4)列分别分析了本地与非本地投标企业在价格和非价格指标得分上的差异。在客观的价格指标上,并未发现本地与非本地竞标企业的系统性差异;而在主观的非价格指标的评分中,本地企业的得分显著更高。上述结果在控制企业固定效应的情况下依然稳健。根据第(4)列的估计结果,本地企业在非价格指标的得分上平均高出5.5分,这相当于此类指标的平均得分的12%。本地成交的采购订单是否设定了更高的主观指标得分权重?第(5)列的结果并未显示相应的证据。总体而言,上述结果暗示控制主观专家评分是地方政府干预中标结果的重要方式。

表 7.14　　　　　　　　　　　本地偏好与政府采购评分方式

因变量	(1)	(2)	(3)	(4)	(5)
	价格指标		非价格指标		指标权重 (非价格/价格)
Local Firm	−0.006	−0.124	1.937**	5.486***	
	(0.079)	(0.110)	(0.876)	(1.026)	
Local Winner					0.051
					(0.169)
Y 的均值	24.95	24.95	46.31	46.31	3.46
订单固定效应	是	是	是	是	否
企业固定效应	否	是	否	是	否
因变量	84 968	65 828	84 968	65 828	15 154
R^2	0.962	0.978	0.456	0.791	0.000

注:回归样本为使用综合评分法的采购订单子样本。其中,第(1)列至第(4)列为"订单—企业"维度的分析,因变量为每个竞标企业价格和非价格指标(技术和商务指标)的得分。第(5)列为订单层面回归,因变量为非价格指标相对于价格指标的权重。括号中的聚类标准误均聚类到采购城市层面。* $p<0.1$,** $p<0.05$,*** $p<0.01$。

7.7　结　论

信息摩擦与激励扭曲之间的权衡是理解城市发展中自由裁量权的效率含义的关键。

在分权体制下,本地保护是城市间竞争的直接后果,这一现象在全球范围内普遍存在。本地偏好背后可能是降低政企间信息不对称的客观需求,也可能是政府官员的个人目标偏离社会目标的结果。为了理解本地偏好背后的驱动机制,本章聚焦于政府采购订单分配中的本地偏好现象。基于独特的"订单—企业"维度的政府采购大数据,本章对比了同一采购活动中本地和非本地企业的中标概率。研究发现,我国政府采购的招标过程存在显著的本地偏好。更重要的是,本地偏好行为并未带来采购成本节约或供应商质量的改善,这说明缓解信息摩擦并非背后的驱动机制。进一步的研究发现,地方官员的晋升激励是政府采购的本地偏好效应背后的核心动力。

本章的研究结果说明，在地方官员与社会公众偏好不一致的情况下，地方性资源的分配存在错配的风险。考虑到地方政府在采购过程中具有相当大的自主权，政府采购的程序透明性和竞争性至关重要。本章研究结果意味着，当地方官员的偏好与社会公众利益之间存在不一致时，引入更多规制是必要的（Carril，2021）。鉴于地方官员的晋升激励扭曲根植于以 GDP 为中心的晋升锦标赛制度，合意的规制应以减少地方保护主义和跨辖区的市场分割为目标，这与我国近期在构建全国统一市场方面的政策方向相一致。

附　录

附录 A　理论分析模型

本章在正文中提供了一个简单定性分析模型来说明分析的基础逻辑，此处，参照已有拍卖理论（Arozamena 和 Weinschelbaum，2009；Krishna，2010；Cai 等，2013；Coviello 和 Gagliarducci，2017）进一步提供采购招投标的理论分析框架。为简化起见，使用政府采购理论研究中常见的第一价格密封拍卖模型作为基准理论模型，且假设为增价拍卖。实践中，常见的政府采购为降价拍卖，价低者得。降价拍卖是增价拍卖的对偶问题（Coviello 和 Gagliarducci，2017），并不影响分析结果。

基准模型设定：

政府采购订单通过标准的第一价格密封拍卖机制进行分配。[①] 每项采购拍卖有 N 个潜在竞标企业。竞标企业为风险中性，目标函数是最大化期望收益，且不存在进入成本。每个竞标企业了解自己的中标收益 v_i，不了解其他人的中标收益，但知其概率分布在区间 $[0, w]$ 内满足独立同分布，分布函数为 F，概率密度为 f。竞标企业间进行不完全信息静态博弈，均衡结果为贝叶斯纳什均衡。竞标企业根据其中标收益进行出价，竞标价 $b = \beta(v)$。假定竞标企业 1 的中标收益为 v_1，其期望收益为：

---

　① 常见的政府采购为降价拍卖，价低者得。而在增价拍卖中，竞标者的目标是尽可能地降低出价，价高者得，其出价即为采购人的收入，采购人的目标是最大化收入。但降价拍卖是增价拍卖的对偶问题（Coviello 和 Gagliarducci，2017），不影响分析结果。

$$\pi_1(v_1, b) = (v_1 - b)\left\{F\left[\beta^{-1}(b)\right]\right\}^{N-1} \tag{A7.1}$$

其中,$(v_1 - h)$ 为竞标企业 1 获得订单的净收益,$\left\{F\left[\beta^{-1}(b)\right]\right\}^{N-1}$ 为该企业的中标概率。故满足期望收益最大化的一阶条件为:

$$b^S = v - \frac{F(\varphi)}{(N-1)f(\varphi)\varphi'} \tag{A7.2}$$

其中,$\varphi \equiv \beta^{-1}(b)$。推导过程详见 Krishna(2010)的第二部分。

政府的目标函数为最大化拍卖的期望收入,即 $E[R^G]$:

$$U_{gov} = E[R^G] = N(N-1)\int_0^w x\left[1 - F(x)\right]\left[F(x)\right]^{N-2}f(x)dx \tag{A7.3}$$

根据式(A7.3)可知,政府的收入随着竞标企业数 N 的增加而增加,这是因为如式(A7.2)所示,竞标企业数越多,竞争越激烈,竞标企业出价也就越高。

接下来,对基准模型中政府的效用函数进行拓展:首先,投标企业之间在产品质量或合同执行方面存在差异,即存在信息不对称或信息摩擦。此时,政府需要私人信息来评估每个投标企业,当采购项目是差异化或非标准化商品时这一点尤其重要。其次,地方官员存在追求个人利益的动机(包括政治和经济租金),这将导致地方官员和公众之间存在偏好不一致的情况。综合考虑上述两个因素,假设地方政府的目标是最大化社会福利和个人租金的加权平均数:

$$U_{gov} = \underbrace{E[R^G] + \lambda_1 Quality}_{Social\ Welfare} + \underbrace{\lambda_2 Rent}_{Preference\ Misalignment} \tag{A7.4}$$

其中,λ_1 和 λ_2 分别是采购质量(Quality)、个人租金的相对权重。社会福利由两部分构成,即采购预期收入和采购质量。政府识别或评估竞标企业质量的能力越强,监督和保证采购合同执行的能力越强,则政府采购质量越高。

在式(A7.4)中,$Rent$ 表示官员可以从特定竞标企业(本章中则为本地企业)获取的政治租金或经济租金。通常,特定企业或被偏好企业在投标价格或产品质量方面是缺乏竞争力的。一种情况是,地方官员更容易与本地企业形成政治关联,从而会向受偏好的本地企业索贿,寻求个人经济租金;另一种情况是,地方官员会将本地偏好作为一直刺激当地税收和就业增长的工具。

综上所述,竞标企业质量方面的信息摩擦以及地方官员与公众之间的偏好不一致都可能导致政府采购订单中的本地偏好现象。虽然实践中呈现出的结果类似,但这两种机制背后的福利含义截然相反,这也是正文的实证分析所着重区分的。

假设存在一个受偏好的本地企业(竞标企业 1)和 $N-1$ 个其他竞标企业。地

方官员可能在本地企业出价前将其他参与者的出价信息泄露给该企业。此时,其他竞标企业 i 的预期收益为:

$$\pi_i(v_i,b)=\max_b(v_i-b)\left\{F\left[\beta^{-1}(b)\right]\right\}^{N-2}F(b) \tag{A7.5}$$

不同于式(A7.1),i 企业的获胜概率取决于 i 企业出价高于其他竞争者的概率 $\left(\left\{F\left[\beta^{-1}(b)\right]\right\}^{N-2}\right)$ 和受偏爱的本地企业的获胜收益低于 i 企业出价的概率 $\left[F(b)\right]$。不同于基准模型,此时如果 i 企业的报价低于本地企业的获胜收益,i 企业一定竞标失败。具有信息优势的本地企业的出价只需要略微高于 i 企业的出价 b 即可获胜。

假定其他竞标企业预期以 P 的概率存在一个受政府偏爱的本地企业。易知,λ_1 和 λ_2 与 P 正相关。此时,i 企业最大化预期收入的一阶条件为:

$$b^{LF}=v-\frac{PF(\varphi)F(b)+(1-P)\left[F(\varphi)\right]^2}{P(N-2)f(\varphi)\varphi'F(b)+PF(\varphi)f(b)+(1-P)(N-1)F(\varphi)f(\varphi)\varphi'} \tag{A7.6}$$

当 $P=0$ 时,即无本地偏好,此时的均衡出价为 $b^0=v-\dfrac{F(\varphi)}{(N-1)f(\varphi)\varphi'}$,即式(A7.2)中的情形;当 $P=1$ 时,即存在极端偏爱,此时均衡出价为:

$$b^1=v-\frac{F(\varphi)F(b)}{(N-2)f(\varphi)\varphi'F(b)+F(\varphi)f(b)} \tag{A7.7}$$

若 $0<P<1$,则均衡出价将在 b^0 和 b^1 之间。根据 Arozamena 和 Weinschelbaum (2009)的结论,本地偏好效应对 i 企业出价的影响取决于曲率 $\alpha(v)=\dfrac{F(v)}{f(v)}$:当 $\alpha(v)$ 严格凹时,$b^s>b^{LF}$;当 $\alpha(v)$ 严格凸时,$b^s<b^{LF}$;在线性情况下,$b^s=b^{LF}$。无论其他竞标企业的出价策略属于哪种情况,本地偏好均会减少其预期收入。

推论 1:未引入信息摩擦和激励扭曲的基准模型是效率最优的,此时出价最高(生产率最高)的企业获取了订单。然而,本地偏好使均衡结果偏离了最优。

假设 $N-1$ 个竞标企业的获胜收益为 $v^h=\max\limits_{i\in B^{NF}}v_i$,该收益相应的报价为 $\beta(v^h)$。考虑以下三种情况:

第一,受偏爱的本地企业的获胜收益(v^f)低于其他竞标企业的报价 $\beta(v^h)$。本地企业将不会提出一个高于 $\beta(v^h)$ 的报价;

第二,相反,如果 v^f 高于 v^h,那么,无论是否存在本地偏好,本地企业都会赢得订单；

第三，如果 v^f 在 $\beta(v^h)$ 和 v^h 之间，则本地企业将会以一个略高于 $\beta(v^h)$ 的价格赢得订单并获得最大的收益，此时，受偏好企业而非生产率最高的企业获得了订单，造成了效率损失。

当然，还存在一种可能性是，本地偏好的目的是缓解信息摩擦，此时能够改善效率。归根结底，本地偏好能否改进社会效率取决于信息摩擦和激励扭曲两类机制的相对重要性。

推论 2：为了简单起见，理论分析到目前为止没有考虑进入成本因素。然而，实际的采购活动往往存在各种进入成本，如保证金、收集采购信息的时间和精力成本，购买招标文件的费用以及准备标书的成本等。在存在进入成本的情况下，只有预期收益高于进入成本，潜在竞标企业才会选择参与竞标。而竞标企业的预期收益会随着本地偏好效应的增强而减少，所以本地偏好导致参与竞标企业数量低于基准模型的情况［即式（A7.2）的情况］。故进入成本将会降低政府从拍卖中获取的预期收入，降低社会福利水平。

推论 3：在上述模型设定中，地方政府可以通过透露其他竞标企业的投标价格来赋予本地企业以信息优势。事实上，除了操纵价格信息，采购机构还可以干预评标程序来实现偏袒（Huang，2019）。这种做法常见于综合评分制的采购拍卖。采购机构可能在难以量化的主观指标上给予受偏好的本地企业更高的分值，或者策略性地设置不同评分指标的权重（Dastidar 和 Mukherjee，2014）。这种通过干预评标打分方式实现的偏袒在拍卖理论中已有探讨，但仍缺少实证证据的支撑。本章的实证部分利用每个参与竞标的候选企业的得分信息，检验了评标操纵理论。

附录 B　地方官员晋升的决定因素

本部分使用地级市层面的面板数据考察影响地方官员晋升的主要因素。回归的因变量为各城市市委书记和市长是否晋升的虚拟变量。参照现有文献，自变量包括该城市当年和上一年 GDP 的增长率、官员年龄和任期水平项及其二次项、教育背景、专业、性别、上一职位的行政层级以及入党年限等。考虑到部分城市有特殊的晋升机会，在实证模型中加入城市层面固定效应。为排除全国和地方党代会召开等特殊事件的影响，进一步加入年份固定效应。

附表 7.1 的回归结果显示，上一年 GDP 增长率是决定地方官员晋升概率的重要因素。与市委书记相比，市长的晋升与地方经济表现的联系更为紧密。这一结果与市长在地方经济发展中承担更大责任的观点相一致。同时，年龄和任期也是职业晋升的重要预测因素。

附表 7.1　　　　　　　　　　官员晋升的决定因素

	(1) 市长	(2) 市委书记
GDP 增长率滞后一期	0.006***	0.003**
	(0.002)	(0.002)
GDP 增长率	0.000	−0.002
	(0.002)	(0.002)
年龄	0.115***	0.170**
	(0.032)	(0.073)
年龄^2	−0.001***	−0.002**
	(0.000)	(0.001)
任期	0.058*	0.099***
	(0.031)	(0.024)
任期^2	0.000	−0.009**
	(0.005)	(0.004)
教育背景	−0.033	−0.016
	(0.020)	(0.018)
性别	0.129**	0.154***
	(0.059)	(0.053)
上一任职务	0.018	−0.046
	(0.033)	(0.032)
专业背景：经济与管理学	0.001	−0.025
	(0.027)	(0.024)
专业背景：法学与政治学	−0.016	−0.066**
	(0.040)	(0.032)
党龄	0.009**	−0.005
	(0.004)	(0.003)
城市固定效应	是	是
年份固定效应	是	是
样本量	1 337	1 532
R^2	0.285	0.260

注：因变量为市长或市委书记是否晋升。上一任职务为虚拟变量，若官员上一任职务与市长或市委书记具有相同的行政层级则记为 1。专业背景为虚拟变量，且将工学和其他学科的专业背景设为参照组。括号内为聚类到城市层面的标准误。* $p < 0.1$，** $p < 0.05$，*** $p < 0.01$。

基于上述回归模型,计算了每位地方领导干部的晋升概率预测值,在实证模型中作为其晋升激励强度的代理变量(Wang 等,2020)。附图 7.1 将市长和市委书记的晋升概率预测值与他们的实际晋升情况进行了比较,验证了预测结果的可靠性。

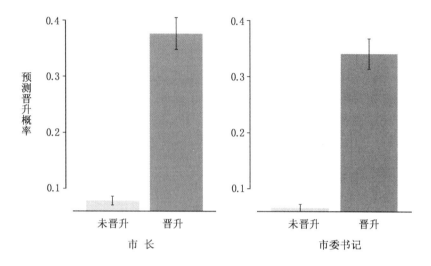

注:纵轴为根据附表 7.1 中的回归结果计算的市长和市委书记的晋升概率预测值。

附图 7.1　市长、市委书记晋升概率的预测情况

附录 C　异质性分析

(1)本地偏好效应的时间趋势。为说明本地偏好效应随着时间的变化情况,附图 7.2 在年份维度分解了表 7.3 中的基准回归结果。回归结果显示,本地偏好效应基本稳定,在 2017 年左右略有增加。

(2)产品异质性。附图 7.3 至附图 7.5 将本地偏好效应在商品类型维度上进行了分解,排除了观测值少于 200 的子类别,最终得到 55 个子商品类别的估计系数。总体而言,在广泛的产品类别中均观察到显著的本地偏好效应。

(3)区域异质性。附图 7.6 将本地偏好效应在省(区、市)[①]维度上进行了分解。总体来看,大多数省份存在显著的本地偏好效应。

---

① 由于观测数据数量不足,本章排除了 31 个省(区、市)中的 8 个(天津、山西、内蒙古、西藏、陕西、甘肃、青海、新疆)。

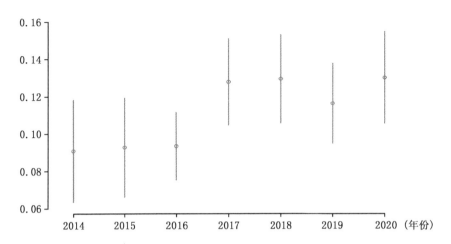

注：纵轴为变量 Local Firm 与年份虚拟变量交互项的估计系数及其 95％置信区间，回归中包含了订单和企业层面的固定效应。

附图 7.2　本地偏好效应的时间趋势

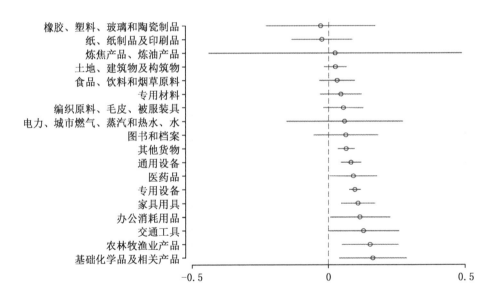

注：横轴为变量 Local Firm 与产品类别虚拟变量交互项的估计系数及其 95％置信区间，回归中包含了订单层面和企业层面的固定效应。

附图 7.3　货物类采购的本地偏好效应

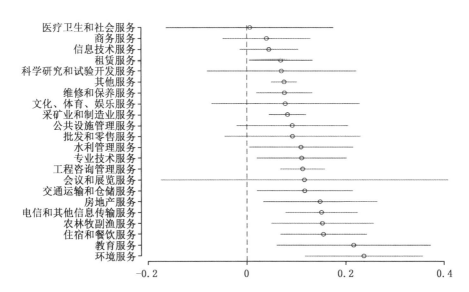

注:横轴为变量 *Local Firm* 与产品类别虚拟变量交互项的估计系数及其 95% 置信区间,回归中包含了订单层面和企业层面的固定效应。

附图 7.4　服务类采购的本地偏好效应

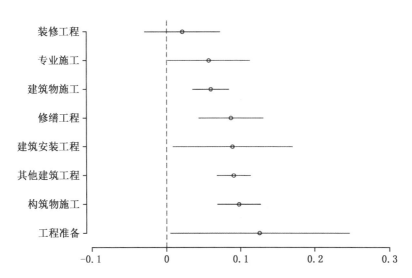

注:横轴为变量 *Local Firm* 与产品类别虚拟变量交互项的估计系数及其 95% 置信区间,回归中包含了订单层面和企业层面的固定效应。

附图 7.5　工程类采购的本地偏好效应

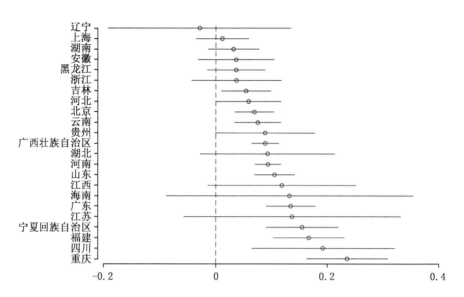

注：横轴为变量 *Local Firm* 与省(区、市)虚拟变量交互项的估计系数及其95％置信区间，回归中包含了订单层面和企业层面的固定效应。

附图7.6　不同省(区、市)的本地偏好效应

附录 D　其他补充性证据

附表7.2进一步分析了已有文献提到的其他替代性解释。

本地出生或晋升的领导人可能与当地企业有更强的联系，因此在政府采购中显示出更强的本地偏好。为了检验这一可能性，附表7.2的第(1)列和第(2)列纳入了本地企业与是否本地出生、是否本地晋升的虚拟变量的交互项，然而，结果并未发现显著为正的效应。相反，实证结果发现本地晋升的官员有显著的负向效应，这可能和他们的晋升概率往往低于从其他城市调任的官员有关。第(3)列根据上市公司高管背景数据识别出存在政治关联的企业，据此分析本地偏好是否与企业的政治关联有关。研究并未发现显著的相关性。第(4)列纳入官员被处罚的虚拟变量与本地企业的交互项，但并未发现本地偏好与官员被处罚概率之间的相关性。这一结果也进一步排除了腐败机制——根据腐败机制假说，被处罚的腐败官员任职期间应表现出更强的本地偏好效应。

年底突击花钱会缩短采购人搜寻供应商的时间，进而可能导致本地偏好的情况。第(5)列使用12月份政府采购金额占全年总采购金额的比例来衡量年底突击花钱的情况。回归结果并未发现本地偏好与年底突击花钱之间存在显著关联。

附表7.2　其他替代性假说的排除

	(1) 出生地	(2) 本地晋升	(3) 政治关联	(4) 被处罚	(5) 年底突击花钱
Local Firm	0.112***	0.139***	0.115***	0.108***	0.115***
	(0.010)	(0.012)	(0.011)	(0.010)	(0.012)
Local Firm×出生地	−0.000				
	(0.018)				
Local Firm×本地晋升		−0.032***			
		(0.011)			
Local Firm×政治关联			−0.072***		
			(0.027)		
Local Firm×被处罚				−0.013	
				(0.017)	
Local Firm×年底突击花钱					−0.008
					(0.023)
订单固定效应	是	是	是	是	是
企业固定效应	是	是	是	是	是
样本量	1 182 721	1 182 279	1 214 675	1 070 501	1 211 571
R^2	0.388	0.388	0.389	0.391	0.389

注:出生地为虚拟变量,当官员任职城市为其出生地时记为1。本地晋升为虚拟变量,若市长或市委书记由本地晋升则记为1。被处罚为虚拟变量,在市长或市委书记离任后被处罚时记为1。政治关联为虚拟变量,在企业高管有过政治背景时记为1。年底突击花钱为12月份政府采购金额占全年总采购金额的比重。括号中的聚类标准误均聚类到采购城市层面。* $p < 0.1$,** $p<0.05$,*** $p < 0.01$。

附录 E　政府采购订单示例

中国政府采购网
中国政府购买服务信息平台
www.ccgp.gov.cn

服务热线:400-810-1996

首页　政采法规　购买服务　监督检查　信息公告　国际专栏

当前位置:首页 » 政采公告 » 地方公告 » 中标公告

揭阳市水利局揭阳市"互联网+河长制"信息管理平台项目的中标(成交)公告

2020年12月01日 22:06 来源:中国政府采购网 [打印] 【显示公告概要】

一、项目编号(或招标编号、政府采购计划编号、采购计划备案文号等,如有):

445200-202011-128001-0008

二、项目名称:揭阳市"互联网+河长制"信息管理平台项目

三、中标(成交)信息

1.供应商名称 中国移动通信集团广东有限公司揭阳分公司;供应商地址 广东省揭阳市榕城区建阳路全球通大厦;中标(成交)金额 4150000;备注 无。

四、主要标的信息

	序号	标的名称	服务范围	服务要求	服务时间	服务标准
服务类	1	揭阳市"互联网+河长制"信息管理平台项目	/	/	6个月	/

五、评审专家(单一来源采购人员)名单:

评审委员会总人数:5

随机抽取专家名单:黄俊才、蔡潮波、罗少爽、李润新

采购人代表名单:吴佳畎

自行选定专家名单:无

六、代理服务收费标准及金额:

代理收费标准:参照有关标准执行 收费金额(元):49700

七、公告期限

自本公告发布之日起1个工作日。

八、其他补充事宜

序号	投标人名称	总报价	价格得分 比例(10%)	技术得分 比例(50%)	商务得分 比例(40%)	综合得分 100%	排名
1	福建大智网络科技有限公司	￥4,158,908.00	9.97	20.40	6.00	36.37	3
2	中国移动通信集团广东有限公司揭阳分公司	￥4,150,000.00	9.99	41.00	32.00	82.99	1
3	广东信帆信息技术有限公司	￥4,145,299.00	10.00	22.60	21.00	53.60	2

九、凡对本次公告内容提出询问,请按以下方式联系。

1.采购人信息

　名称: 揭阳市水利局

　地址: 揭阳市临江北路东

　联系方式: 0663-8236586

2.采购代理机构信息

　名称: 广东中正招标代理有限公司

　地址: 广东省揭阳市榕城区东升街道莲花大道市邮政局旁公路直入150米(中正招标)

　联系方式: 0663-8490199

3.项目联系方式

　项目联系人: 杨先生

　电话: 0663-8490199

十、附件

发布人: 广东中正招标代理有限公司

发布时间: 2020年12月01日

注:数据来源于 http://www.ccgp.gov.cn/cgggg/dfgg/zbgg/202012/t20201201_15537748.htm。

第 8 章

劳动力市场中的竞争与互补：外来人口会挤占本地人口的就业机会吗？

8.1 引 言

自 1992 年十四大确立建设社会主义市场经济以来,中央政府通过一系列改革政策,破除资源跨区域流动的制度障碍,以建立统一、高效的全国大市场。然而,在全国市场一体化水平不断提高的同时,我们还面临着要素市场化改革相对滞后于商品市场化改革的问题。2020 年 3 月,中共中央、国务院发布了《关于构建更加完善的要素市场化配置体制机制的意见》,要求深化要素市场化配置改革,促进要素自主有序流动,提高要素配置效率。

在探究资源跨区域流动障碍出现的根源时,已有文献往往从地方政府的自利行为出发,认为生产要素的流动不自由与地方政府的个人经济理性是一致的:无论其他地区的策略如何,地方政府的最优策略都是对本辖区内的企业和居民进行保护,以实现自身利益最大化。个体理性与集体目标的冲突,导致地方政府行为出现"囚徒困境"式均衡,阻碍了全国统一大市场的形成。

本章对分析这一问题提供了一个新的视角:地方保护主义与个体理性也是相悖的。当某一城市限制外部生产要素进入时,会导致本地的要素供给不足和价格上升,从而增加企业的生产成本。即使假定地方政府的目标是最大化个体利益(辖区内已有居民和企业的利益),当放开生产要素跨区域流动限制时,对于提高地区和全国整体福利都具有积极意义。

本章从劳动力市场出发来验证上述假说。户籍改革给地方政府带来的成本和收益究竟有多少,仍存在着较大争议。现有文献主要从放开落户限制导致地方政府公共支出的增加角度出发,衡量户籍改革的成本。其中比较有代表性的研究来自 2013 年中国社科院发布的《城市蓝皮书》,其测算得到我国东、中、西部地区农业转移人口市民化的人均公共成本[①]分别为 17.6 万元、10.4 万元和 10.6 万元,全国平均为 13.1 万元/人。[②] 然而算好户籍改革的"经济账",不仅要看到改革的直接成本,更要看到改革可能释放的经济红利。已有文献从提高企业生产率(钟笑寒,2006;都阳等,2014)、扩大本地消费水平(陈斌开等,2010;梁文泉,2018)等角度考察了外地移民和户籍制度改革对本地居民福利的积极影响。

本章从一个新的视角揭示了户籍制度造成的社会损失:鉴于户籍绑定公共服务会影响劳动力迁移选择(夏怡然和陆铭,2015),城市严格落户限制将导致外来劳动力的相对短缺,并且这种短缺不能完全地被本地劳动力替代,使得外地户籍劳动力获得额外的工资溢价,本章称之为户籍制度的工资溢价效应。利用倾向得分匹配与多元线性回归相结合的方法,本章发现外地户籍劳动力月收入高出本地户籍劳动力 6.8%,小时收入高出 3.5%。据此进行粗略估计,2005 年全国由于户籍限制导致的工资溢价达 653.07 亿—1 095.90 亿元,占当年 GDP 的 3.55‰—5.9‰,相当于全国财政收入的 2.06‰—3.46‰。因此,户籍制度改革通过消除外地劳动力的工资溢价,可有效降低本地企业的用工成本,提高企业生产规模和地区经济产出。在目前经济下行压力增大、贸易摩擦带来企业出口成本高企的背景下,深化户籍制度改革有望成为各地区特别是大城市优化营商环境、释放制度红利的潜在政策突破方向。

具体而言,本章的主要内容和潜在贡献包括如下几个方面:

第一,相比已有文献的主要研究对象为农民工群体,本章区分了高技能和低技能的外来移民。在控制劳动力个人特征、行业、地区等因素后发现,外地户籍在劳

---

① 包括城镇建设维护、随迁子女义务教育、保障性住房、公共服务管理投入、社会保障等成本。
② 此外,国务院发展研究中心课题组(2011)基于 2010 年四个城市的调研测算得到农民工市民化的政府支出公共成本约为 8 万元。屈小博和程杰(2013)预测得到户籍改革的成本将逐年增加,到 2030 年预计达 4.3 万亿元,约相当于当年财政用于与民生直接相关支出的 20.2%。张力和吴开亚(2013)估计得到全国 45 个城市自由落户的财政成本,发现其中接近半数城市人均落户成本超过了年度人均财政收入,即这些城市放开自由落户将面临"入不敷出"的窘境。

动力市场上存在工资溢价，且溢价主要存在于高技能外地劳动力。

第二，本章将劳动力不完全替代引入劳动力市场均衡分析，解释了外地户籍劳动力工资溢价的形成机制。本章构造了一个技能—户籍双重嵌套的 CES(Contant Elasticity of Substitutions)生产函数模型，根据模型的推论，严格的落户限制将导致外来劳动力的相对短缺进而加剧外地户籍工资溢价现象，且溢价现象主要体现在替代弹性小的高技能劳动力群体中，相关实证发现印证了以上推论。

第三，本章首次估计了我国分技能、本地和外地劳动力的替代弹性。本章估计得到高技能的本地和外地劳动力之间替代弹性为 12.66—13.16，存在不完全替代性，而低技能的本地和外地劳动力之间接近完全替代。

第四，本章排除了导致外地户籍工资溢价的其他假说，包括福利的现金补偿假说以及移民自选择假说。

本章余下的部分结构安排如下：8.2 节对相关研究进行梳理和综述；8.3 节对数据处理进行说明，并对本地和外地户籍劳动力的差异进行描述性统计；8.4 节利用倾向得分匹配与多元线性回归相结合的方法，估计本地和外地户籍工资差异；8.5 节通过构建理论模型，从替代弹性角度分析外地户籍工资溢价的成因并得到相应推论；8.6 节估计不同技能类型下我国本地和外地劳动力之间的替代弹性；8.7 节对理论模型预测的假说进行实证检验；8.8 节排除移民自选择假说；8.9 节对全文进行总结。

8.2　文献综述

已有文献在研究户籍身份对劳动力工资的影响时，主要以户籍性质(农业户口和非农业户口)作为划分标准(Meng 和 Zhang，2001；邓曲恒，2007；刑春冰，2008；万海远和李实，2013；孙婧芳，2017)。然而从 2000 年起，我国诸多省份宣布废除农转非指标，取消农业户口与非农业户口的区分，户口性质的差异逐渐淡化。而与此同时，作为地方政府提供公共服务的依据和界限，户口所在地的意义远远超过户口类型。为了保证本地人口的就业和福利，政府对于外来人口落户的限制往往较为严格，获得本地户口困难重重(陈金永，2004)。张展新等(2007)将自 20 世纪 90 年代以来的户籍制度演进的特点总结为"城乡分割体制的弱化和区域分割体制的强化"。因此，以户籍所在地为划分标准考察劳动力收入差异具有越来越重要的现实意义。

一些文献在研究户籍所在地带来的工资差异时发现外地户籍劳动力存在工资溢价现象。王海宁和陈嫒嫒(2010)利用 2008 年四个大城市外来人口调查数据进行分位数回归,结果显示外来市民工资收入在绝大多数分位数下高于本地市民。陈昊等(2017)采用倾向卡尺近邻的马氏距离匹配方法对 2008 年、2010 年及 2013 年中国综合社会调查(CGSS)中的本地和外地户籍劳动力工资进行了比较,发现外地户籍存在 58.74% 的工资溢价。章莉和吴彬彬(2019)通过 Oaxaca-Blinder 均值分解法对工资进行分解,在 CHIP2013 数据中也发现了类似的结果。章元和王昊(2011)使用上海市 2005 年人口 1‰ 抽样调查数据,在考虑工作小时数、"三金"缴纳情况、个税以及个人特征等因素后,发现外地工人相对于本地工人存在 10% 的工资溢价。谢桂华(2012)利用 2005 年全国 1‰ 人口抽样调查数据,发现外来工人收入比本地工人高出 16%。

然而,对外地户籍工资溢价的成因给出符合经济理性的解释是个巨大的挑战。就经济学理论而言,在竞争性劳动力市场中,劳动力工资应该等于边际劳动产出,基于身份的工资歧视或溢价都与企业利润最大化的目标相悖(Becker,1971)。现有文献大致从以下几个方面进行解释:一是福利的现金补偿假说。陈昊等(2017)指出,对于外地户籍劳动力而言,雇主往往不严格执行缴纳五险一金的要求,转而将因此节约的支出用于为外地户籍雇员提供更高的工资。但本章利用 2005 年人口抽样数据中的社保参与信息对该假说进行考察,发现控制社保参与情况后工资溢价仍然存在。二是移民自选择假说。谢桂华(2012)指出,自选择性一方面体现为选择流动的个体本身拥有较高技能,另一方面体现为自愿选择流动的个体主动性和获利动机更强,有助于其通过学习快速融入流入地劳动力市场,具体体现为外来劳动力流入之初工资较高,而且增速较快,收入优势不断强化。然而自选择基于难以度量的个人能力特征,因此验证这一假说存在难度。假定个人能力与可观测的个人特征(如受教育水平、职业、行业等)相关,基于可观测的个人特征,文献已经发现我国劳动力"群分"(Sorting)①的现象并不明显(Combes 等,2020),这在一定程度上弱化了第二种假说的现实基础。同时 8.8 节利用社会调查数据库研究发现移民与本地劳动力比较,其在认知能力、语言水平等方面的评分并不存在明显优势,进一步排除了移民自选择假说。

––––––––––––––––––––

① 人力资本更高的劳动力集聚到劳动报酬更高的地区的现象。

　　就理论分析而言，本地劳动力和外地劳动力可视为两种投入要素，在 CES 生产函数设定下，两类群体工资差异最直接的影响因素是相对劳动力数量，而相对数量如何影响工资差异则由替代弹性决定。当两类劳动力可以完全替代（完全同质）时，在完全竞争的劳动力市场中，他们的均衡工资应该相等；相反，当两类劳动力存在不完全替代时，户籍制度对于外地劳动力的限制导致其相对供给短缺，使得其均衡时工资水平更高。因此，户籍制度对于劳动力收入差距以及经济效率的影响，将直接取决于本地和外地劳动力之间的替代弹性。

　　近年来，考察移民对本地劳动力市场影响的文献越来越关注替代弹性这个核心因素（Ottaviano 和 Peri，2012）。Borjas（2003）认为受教育程度相同但经验不同的劳动力之间是不完全替代的，他将劳动力按教育—经验分组，发现移民数量增加对同类型本地劳动力工资产生负向冲击，而在此前未考虑这一不完全替代性的研究一直认为移民带来的影响极小甚至不显著。这一发现引起了人们对劳动力替代弹性的关注，此后的文献进一步将移民与本地劳动力间的替代弹性纳入模型中。Card（2009）、Ottaviano 和 Peri（2012）、Manacorda 等（2012）和 Piyapromdee（2019）基于美国和英国的数据研究发现，个人特征相同的国际移民和本国劳动力间是不完全替代的，这意味着移民数量增加将加剧移民内部的竞争压力，而对本地劳动力的冲击有限。已有文献发现不同技能水平的本国和外国劳动力间的替代弹性存在明显差异，大部分研究发现高技能劳动力组内移民与本地劳动力的不完全替代性更强，而低技能的两类劳动力则更接近于完全替代，这意味着在高技能群体中移民与本国居民工资之比受移民比例变化的影响会更敏感。

　　就目前所掌握的文献而言，尚没有研究量化估计我国外地户籍劳动力和本地户籍劳动力之间的替代弹性。我国国内劳动力迁移模式与国际移民存在明显不同，本地和外地劳动力的差异也完全不同于本国和外国劳动力，因此，从劳动力替代弹性角度解释我国劳动力市场上本地和外地劳动力的工资差异成因，首先需要合理估计我国本地和外地劳动力的替代弹性。

8.3　数据说明及描述性统计

8.3.1　数据说明

本章所使用的微观数据来自 2005 年全国 1‰ 人口抽样调查的一个 20% 随机抽样子样本。研究对象限定为城镇地区工作①、年龄在 15—60 岁、非在校学生、主要生活来源为劳动收入的个体。② 以居住地与户籍登记地是否在同一个城市区分本地和外地户籍劳动力。③ 考虑到外地户籍劳动力在空间上有明显集聚的特点，本章将研究范围限制在流动人口数量排名前 50 的城市。④

8.3.2　描述性统计

表 8.1 提供了本地户籍与外地户籍劳动力个人特征、就业情况的简单描述性统计。

表 8.1　　　　　　　　本地和外地户籍劳动力个人特征和就业情况对比

变量	本地户籍	外地户籍	均值差异 t 值
观测值	185 225	107 355	
年龄	37.20	29.19	220.47***
受教育年限	10.94	9.44	127.28***
男性比例	0.57	0.56	10.79***
少数民族比例	0.03	0.05	−0.77

① 为排除农村地区样本，剔除从事农林牧渔及相关服务业的劳动者样本。

② 由于收入是本研究中的被解释变量，仅保留上月收入大于零的样本，同时为避免极端值的影响，删除收入超过调查上限的 8 个样本。

③ 人口抽样调查数据直接提供的信息是调查所在城市，居住地和户口登记地需要通过问卷中"R6. 户口登记地情况""R7. 调查时点居住地"这两个问题进行确定。

④ 根据 2005 年全国 1‰ 人口抽样调查统计发现，87.23% 的外地户籍劳动力集中在吸纳外地户籍劳动力最多的 50 个城市中，放宽到前 100 个城市，这一比例增长到 94%。

续表

变量	本地户籍	外地户籍	均值差异 t 值
未婚比例①	0.17	0.41	$-1.8\mathrm{e}+02$***
农业户口比例	0.36	0.83	$-2.8\mathrm{e}+02$***
月工资(元)	1 337.26	1 158.13	-8.77***
周工作小时数	46.91	53.81	$-1.5\mathrm{e}+02$***
小时工资(元)	7.64	5.86	22.43***
制造业比例②	0.35	0.53	$-1.1\mathrm{e}+02$***
建筑业比例	0.07	0.09	-26.02***
服务业1类比例	0.22	0.05	143.12***
服务业2类比例	0.36	0.33	12.42***
参与失业保险的比例	0.41	0.12	138.44***
参与基本养老保险的比例	0.55	0.20	161.34***
参与基本医疗保险的比例	0.67	0.24	209.50***

注:受教育年限由受教育程度换算得到,对应关系如下:未上过学=0 年,小学=6 年,初中=9 年,高中=12 年,大学专科=14 年,大学本科=16 年,研究生及以上=19 年。*** 表示在 1% 水平上显著,** 表示在 5% 水平上显著,* 表示在 10% 水平上显著。

从个人特征上看,外地户籍劳动力比本地户籍劳动力年轻,受教育程度更低。两类人群的性别比例和少数民族人口比例差异不大,外地户籍未婚的比例明显更高。从户口性质上看,外地户籍主要由农业户口人数构成,农业户口人数高达 83%,而本地劳动力中农业户口人数仅占 41%。③ 从月收入上看,本地户籍劳动力均值为 1 337.26 元,高于外地户籍劳动力均值 1 158.13 元。从工作时间上看,外地户籍劳动力工作时间远远超过本地户籍劳动力,按每周 5 个工作日折算,外地户籍劳动力相当于每天比本地户籍劳动力多工作超过一个小时。折算为小时工资

---

① 初婚有配偶、再婚有配偶、离婚和丧偶等归入除未婚外的其他婚姻状况。

② 本章将所有行业分为制造业、建筑业和服务业三大类,在服务业大类中参考章元和王昊(2011)进一步分为对人力水平要求高、对外来人口而言存在明显就业门槛的服务业 1 类(包括信息传输、计算机服务和软件业,金融业,科学研究、技术服务和地质勘查业,教育、卫生、社会保障和社会福利,文化、体育和娱乐业,公共管理与社会组织、国际组织等)和除以上行业以外的服务业 2 类。

③ 实际上,根据户口所在地和户口性质这两个标准可以将劳动力分为四类:第一类是本地工人(本地非农业户口),这部分人占比最高,达 40.96%;第二类是外地农民工(外地农业户口),占比为 30.55%;第三类是本地农民工(本地农业户口),占比为 22.62%;第四类是外地工人(外地城镇户口),占比仅为 6.14%。

后,本地户籍劳动力与外地户籍劳动力的工资差距进一步拉大,前者高出后者 30
个百分点。然而这样的比较未将两类群体个人特征、行业、地区分布等差异考虑在
内,后文实证部分将通过倾向得分匹配与多元线性回归相结合的方法,控制其他各
方面差异,进而得到由户籍本身带来的工资差异。

8.4　估计外地户籍工资效应

8.4.1　估计策略

通过以上描述性统计可以发现,外地户籍劳动力在个人特征、就业情况等方面
都与本地户籍劳动力存在巨大差异。Gelman 和 Hill(2007)指出,即便假设实验组
与控制组的差异都是由可观测变量导致的,但如果实验组与控制组的协变量分布
不平衡(Imbalance)和不重叠(Lack of Overlap),采用简单线性回归依旧可能是有
偏的估计量。在本章中,外地户籍劳动力定义为实验组,本地户籍劳动力定义为控
制组,年龄、性别、民族、受教育程度和婚姻状况等同时影响外出务工决策和收入但
不反过来受务工决策影响的个人特征为前定协变量(Pre-treatment Covariates)。[1]
在回归之前,本章利用倾向得分匹配法从实验组和控制组中找出匹配的样本,使得
匹配后的两组样本更好地满足平衡性和重叠性。

8.4.2　基准回归

通过匹配得到了前定协变量重叠和平衡的样本,下面将在此基础上进行多元
线性回归,进一步控制除前定协变量之外其他影响工资收入的因素。收入回归模
型如下:

$$\text{Ln}(monthly\_income_{i,j}) = \beta_0 + \beta_1 migrant_{i,j} + \beta_2 X_{i,j} + \beta_3 W_{i,j} + \delta_j + \mu_{i,j} \quad (8.1)$$

$$\text{Ln}(hourly\_income_{i,j}) = \beta_0 + \beta_1 migrant_{i,j} + \beta_2 X_{i,j} + \beta_3 W_{i,j} + \delta_j + \mu_{i,j} \quad (8.2)$$

在式(8.1)和式(8.2)中,被解释变量分别为生活在 j 城市的个体 i 的月收入对

---

[1]　文献中也称这些变量为混杂变量,表示这些变量同时影响进入实验组与否和最终结果。

数和小时收入对数。被解释变量 $migrant_i$ 是一个虚拟变量,表示个体是否为外地户籍。系数 β_1 估计了外地户籍劳动力相对于本地户籍劳动力的工资溢价,是本章最关心的系数。X_i 为一系列个人特征,即前文提到的前定协变量,这些变量不仅影响是否外出务工的决策而且影响工资收入,但不反过来受外出务工决策的影响,满足这些要求的协变量有年龄、性别、民族、受教育年限和婚姻状况。$W_{i,j}$ 为除 $X_{i,j}$ 外其他影响收入的因素,包括行业、社保参与情况和户口性质(是否为农业户口),式(8.2)中的 $W_{i,j}$ 还包括上周工作小时数。δ_j 为城市固定效应,控制地区间经济发展、物价水平等一系列差异,这是相比此前相关文献更为严格的设定。[①] $\mu_{i,j}$ 为其他不可观测变量。

表 8.2 报告了工资回归方程的结果。第(1)列和第(2)列分别是被解释变量为月收入对数和小时收入对数的基准回归。基准回归控制了包括年龄、性别、民族、受教育年限和婚姻状况等个人特征前定协变量,同时控制了行业和户口性质(是否为农业户口),被解释变量为月收入对数的回归中还控制了工作时长的影响。基准回归结果显示,外地户籍劳动力比本地户籍劳动力拥有更高的工资,月工资高出16.4%,小时工资高出 11.7%。

这部分工资溢价是否如文献所言是对外地户籍劳动力社保缺失的现金补偿(陈昊等,2017)? 第(3)列和第(4)列中进一步加入是否参与失业保险、基本养老保险、基本医疗保险的虚拟变量,回归结果发现,在控制了劳动力各类社保参与情况后,外地户籍工资溢价反而进一步增强:月收入溢价增至 19.1%,小时收入溢价增至 15.3%。这一方面拒绝了工资溢价是用来补偿五险一金缺失的假说,另一方面反映出社保参与情况与岗位性质可能存在一定相关性,由于提供社保的岗位更可能是城市正规就业部门,而基准回归中未完全控制岗位性质差异进而导致工资溢价被低估。

城市对于劳动力工资水平具有重大影响,我国流动人口在空间上的非均衡分布使得控制工作所在地显得尤为必要。第(5)列和第(6)列进一步控制城市固定效应,结果发现外地户籍工资溢价幅度明显缩小,月收入溢价降至 6.8%,小时工资溢价降至 3.5%。这一结果表明,流动人口相对于本地户籍劳动力更集中在劳动回报

---

① 同样是使用 2005 年全国 1%普查数据对工资进行的研究,刑春冰(2008)仅控制了省份固定效应,谢桂华(2012)同本章一样控制了地区固定效应,并指出省内不同地区的差异极大,换成省一级固定效应会使得部分变量系数发生方向性变化。

高的城市。[1] 考虑到不同匹配方法获得的样本可能会影响回归估计结果,在不同的匹配规则下重复以上工作,作为稳健性检验,得到的估计结果与基准回归基本一致。

表 8.2 本地和外地劳动力收入差距估计

	基准回归		社保的影响		城市的影响	
	(1)	(2)	(3)	(4)	(5)	(6)
被解释变量	Ln(月收入)	Ln(小时收入)	Ln(月收入)	Ln(小时收入)	Ln(月收入)	Ln(小时收入)
外地户籍	0.164***	0.117***	0.191***	0.153***	0.068***	0.035***
	(0.000 7)	(0.000 8)	(0.000 8)	(0.000 8)	(0.000 9)	(0.000 9)
年龄	0.006***	0.008***	0.005***	0.006***	0.004***	0.006***
	(6.14e−05)	(6.76e−05)	(6.02e−05)	(6.58e−05)	(5.79e−05)	(6.34e−05)
男性	0.204***	0.193***	0.206***	0.196***	0.209***	0.201***
	(0.000 7)	(0.000 8)	(0.000 7)	(0.000 8)	(0.000 7)	(0.000 8)
少数民族	−0.163***	−0.176***	−0.152***	−0.161***	−0.042***	−0.045***
	(0.002)	(0.002)	(0.002)	(0.002)	(0.002)	(0.002)
受教育年限	0.078***	0.087***	0.066***	0.073***	0.067***	0.073***
	(0.000 2)	(0.000 2)	(0.000 2)	(0.000 2)	(0.000 2)	(0.000 2)
未婚	−0.087***	−0.069***	−0.081***	−0.064***	−0.091***	−0.072***
	(0.001)	(0.001)	(0.001)	(0.001)	(0.001)	(0.001)
农业户口	−0.125***	−0.192***	−0.053***	−0.094***	−0.061***	−0.101***
	(0.001)	(0.001)	(0.001)	(0.001)	(0.001)	(0.001)
上周工作小时	0.001***		0.002***		0.002***	
	(2.87e−05)		(2.84e−05)		(2.76e−05)	
建筑业	0.026***	0.062***	0.062***	0.104***	0.097***	0.127***
	(0.001)	(0.001)	(0.001)	(0.001)	(0.001)	(0.001)
服务业1类	0.062***	0.137***	0.065***	0.134***	0.111***	0.171***
	(0.002)	(0.002)	(0.002)	(0.002)	(0.001)	(0.002)
服务业2类	−0.035***	−0.042***	0.002***	0.005***	0.042***	0.031***
	(0.001)	(0.001)	(0.001)	(0.001)	(0.001)	(0.001)

① Combes 等(2020)也有类似结论,他们发现本地劳动力相对于流动人口而言,更多分布在劳动报酬低的地区。

续表

被解释变量	基准回归		社保的影响		城市的影响	
	(1) Ln(月收入)	(2) Ln(小时收入)	(3) Ln(月收入)	(4) Ln(小时收入)	(5) Ln(月收入)	(6) Ln(小时收入)
失业保险			0.093***	0.140***	0.107***	0.141***
			(0.001)	(0.002)	(0.001)	(0.002)
基本养老保险			0.143***	0.169***	0.116***	0.139***
			(0.001)	(0.001)	(0.001)	(0.001)
基本医疗保险			0.083***	0.097***	0.038***	0.059***
			(0.001)	(0.001)	(0.001)	(0.001)
城市固定效应	否	否	否	否	是	是
常数项	5.775***	0.437***	5.705***	0.421***	5.770***	0.501***
	(0.004)	(0.004)	(0.004)	(0.003)	(0.003)	(0.003)
观察值	2 147 040	2 135 888	2 147 040	2 135 888	2 147 040	2 135 888
R^2	0.235	0.250	0.265	0.289	0.343	0.358

注：括号内为异方差修正的稳健标准误。行业虚拟变量的基准组为制造业。***表示在1%水平上显著，**表示在5%水平上显著，*表示在10%水平上显著。

进一步将本章户籍工资溢价的估计结果与类似研究进行对比。刑春冰（2008）同样利用2005年全国人口1%抽样调查数据，发现控制个人特征、工作情况和地区因素后，农民工月收入高出城镇职工8.3%，小时收入却比城镇职工低1.1%。然而这两类人群之间包含了户籍所在地和户籍性质的双重差异，而本章则单独考察户籍所在地的差异。章元和王昊（2011）利用2005年全国人口1%抽样调查中上海市的样本，发现外地户籍月工资溢价和小时工资溢价分别为17%和12%，高于本章在全国层面得到的工资溢价程度。陈昊等（2017）利用2008年、2010年和2013年中国综合社会调查数据，通过匹配的方法研究发现外地户籍的收入溢价为58.64%，远高于本章的估计，但他们的研究中未控制行业、社会保障参与情况和地区因素。

按照本章估计得到的外地工资溢价幅度，可以粗略估计户籍制度导致企业额外支付的劳动力成本。以2005年为例，一方面，全国共有流动人口14 735万[1]，按经济活动人口数/总人口数的比例为60%进行推算[2]，流动人口中劳动人口大致为

---

① 数据来源：《2005年全国1%人口抽样调查主要数据公报》。
② 数据来源：《中国统计年鉴（2006）》。流动人口中劳动力年龄人口占比相对整体人口而言更高，因此按照整体比例进行推算实际上低估了流动人口中的劳动力数量。

8 776 万;另一方面,按 2005 年全国职工平均工资 18 364 元的水平计算,外地户籍劳动力工资溢价平均为每人每年 642.74—1 248.75 元。两者相乘可以估计得到由于户籍制度导致的工资溢价为 653.07 亿—1 095.90 亿元,占当年 GDP 的 3.55‰—5.9‰,相当于全国财政收入的 2.06%—3.46%。

　　从其他变量对收入的影响来看,年龄(工作经验的代理变量)对工资的影响为正;平均而言,男性收入比女性更高;少数民族在收入上存在一定劣势;本章估算的教育回报在 7 个百分点左右,即受教育年限每增加一年,个体收入将增加 7%;从婚姻状况来看,已婚劳动力工资要明显高于未婚群体;农业户籍人口收入显著低于非农业户籍人口;分行业来看,各类行业收入从低到高依次为制造业、服务业 2 类、建筑业和服务业 1 类;从社保参与情况来看,拥有“三金”的劳动者收入明显更高,这背后反映的可能是提供“三金”的工作往往是更为正规、收入更高的岗位。

8.5　理论模型

　　本节建立一个简单的工资决定模型,用以分析外地户籍溢价的成因。本章认为劳动力非完全替代性是导致外地户籍溢价的本质原因,并且在不同的技能水平下,本地和外地劳动力替代弹性可能存在差异。模型设定劳动力在受教育水平、户籍所在地这两个维度上存在差异,为刻画两个维度下不同类型劳动力间差异化的替代弹性,本章采用基于嵌套 CES 生产函数的分析框架[沿用 Ottaviano 和 Peri (2012)以及 Piyapromdee(2019)的模型框架]。

　　本章重点分析横截面上城市内部劳动力工资差距的成因,因此模型中略去地区和时间因素。假设企业间存在完全竞争,利用劳动力和资本这两种生产要素,通过规模报酬不变的技术生产同质化的产品,生产函数形式如下:

$$Y = AL^{\alpha}K^{1-\alpha} \tag{8.3}$$

　　其中 A 为全要素生产率,L 为不同类型劳动力的 CES 加总,K 为资本,$\alpha \in (0,1)$ 为劳动力收入份额。

　　落户政策将影响城市中本地和外地劳动力相对比例,其是否进一步影响本地和外地劳动力之间的工资差距则取决于两类劳动力之间的替代弹性。当本地和外地劳动力替代弹性足够大时,外地劳动力的供给不足可以通过本地劳动力完全替代,则不会出现外地户籍的工资溢价;如果存在不完全替代,本地劳动力无法完全替代外地劳动力,此时外地劳动力的相对供给不足将引致工资溢价现象。不同技能水平的本地和外地劳动力替代弹性可能存在较大差异。对于从事简单、重复性体力劳动的低技能劳动者而言,本地和外地劳动者的替代性较强;而对于从事更加强调创新、协作等脑力劳动的高技能劳动者而言,不同来源的劳动者拥有不同的知识背景和信息资源,替代弹性明显低于低技能劳动者。为了允许不同技能水平的本地和外地劳动力存在差异化的替代弹性,下面将构建一个技能—户籍所在地两层嵌套的劳动力 CES 加总。

第一层为总劳动力,由高技能劳动力和低技能劳动力两部分构成:

$$L=(\theta_H L_H^{\rho_E}+\theta_L L_L^{\rho_E})^{\frac{1}{\rho_E}} \tag{8.4}$$

劳动力技能水平记为 e,$e\in\{H,L\}$,H、L 分别表示高技能和低技能,θ_H、θ_L 分别表示高、低技能间的相对生产率,令 $\theta_H+\theta_L=1$。$\sigma_E=\frac{1}{1-\rho_E}$ 为高、低技能之间的替代弹性。

第二层为技能水平为 e 的劳动力加总 L_e,由本地和外地劳动力两部分构成:

$$L_e=(\varphi_{eM}L_{eM}^{\rho_{e,P}}+\varphi_{eN}L_{eN}^{\rho_{e,P}})^{\frac{1}{\rho_{e,P}}} \tag{8.5}$$

将劳动力户籍所在地状态记为 p,$p\in\{M,N\}$,M、N 分别表示外地和本地劳动力,φ_{eM} 和 φ_{eN} 分别表示技能水平为 e 的外地和本地劳动力之间的相对生产率,令 $\varphi_{eM}+\varphi_{eN}=1$。$\sigma_{e,P}=\frac{1}{1-\rho_{e,P}}$ 表示技能水平为 e 的本地和外地劳动力之间的替代弹性。允许不同技能水平下本地和外地劳动力替代弹性不相同是本模型的关键设定。8.6 节将按技能水平分别估计本地和外地劳动力间的替代弹性,为这一假设提供实证支持。

为简化起见,资本的价格标准化为 1 且供给完全有弹性,产品价格也标准化为 1。在完全竞争的市场上,工资等于劳动的边际产出,由以上设定可以推导出工资决定方程:

$$\mathrm{Ln}W_{ep}=\frac{1}{\alpha}\mathrm{Ln}A+\mathrm{Ln}\eta+\mathrm{Ln}\theta_e+\frac{1}{\sigma_E}(\mathrm{Ln}L-\mathrm{Ln}L_e)+\mathrm{Ln}\varphi_{ep}+\frac{1}{\sigma_{e,P}}(\mathrm{Ln}L_e-\mathrm{Ln}L_{ep})$$

$$\tag{8.6}$$

其中,$\eta=\mathrm{Ln}\left[\alpha(1-\alpha)^{\frac{1-\alpha}{\alpha}}\right]$。

根据工资决定方程,可以比较各受教育程度下本地和外地劳动力工资差

异。对于高、低技能劳动力而言,外地劳动力和本地劳动力的工资差异均可以用式(8.7)表示:

$$\text{Ln}W_{eM} - \text{Ln}W_{eN} = \text{Ln}\varphi_{eM} - \text{Ln}\varphi_{eN} + \frac{1}{\sigma_{e,P}}(\text{Ln}L_{eN} - \text{Ln}L_{eM}) \quad e \in \{H, L\} \quad (8.7)$$

观察式(8.7)可以发现,对于技能水平相同的本地和外地劳动力,其工资差异由本地和外地劳动力的相对生产率、替代弹性以及规模之比决定。前文实证部分通过倾向得分匹配法严格控制劳动力个体差异,消除了由生产率因素导致的工资差异,因此估计得到的外地工资溢价主要来自其他两个因素影响。工资溢价的形成可以总结为以下两种效应:

首先是相对规模效应,从式(8.7)中可以看出,外地户籍劳动力占比越小,其工资溢价幅度越高。落户限制是影响相对比例的重要因素,限制越严格,则外地劳动力相对越短缺,外地工资溢价程度则越高。

其次是替代弹性效应,式(8.7)揭示了替代弹性和工资溢价的负相关关系,即本地和外地劳动力间替代弹性越小,则外地工资溢价越高。

8.6 本地和外地劳动力替代弹性估计

本部分将进一步提供不同技能水平下本地和外地劳动力替代弹性的估计,为模型假设提供支持证据。Card(2009)、Manacorda 等(2012)、Ottaviano 和 Peri(2012)、Piyapromdee(2019)等估计了不同技能水平的劳动力中国际移民与本国劳动力间的替代弹性。就作者所掌握的文献而言,本章是首个在我国特有的户籍制度下估计国内移民与本地劳动力间替代弹性的研究。在研究方法上,本章沿用和综合了以上跨国移民研究文献中的做法。

8.6.1 弹性估计方程

本章使用以下回归模型估计不同技能类型的本地和外地劳动力的替代弹性:

$$\widetilde{w}_{e,j}^N - \widetilde{w}_{e,j}^M = a + b\text{Ln}\left(\frac{L_{e,j}^N}{L_{e,j}^M}\right) + cX_{e,j} + \xi_{e,j} \quad e \in \{H, L\} \quad (8.8)$$

$\widetilde{w}_{e,j}^N$ 为城市 j 中技能水平为 e 的本地劳动力控制个人特征后的对数工资残差,

$\widetilde{w}_{e,j}^{M}$ 为外地劳动力的对数工资残差,后文将对此工资残差的计算过程进行详细介绍。解释变量 $\mathrm{Ln}\left(\dfrac{L_{e,j}^{N}}{L_{e,j}^{M}}\right)$ 为城市 j 劳动力市场中技能水平为 e 的本地和外地劳动力数量之比的对数,由式(8.8)可知,通过估计回归系数 b 可以得到本地和外地劳动力的替代弹性 $\sigma_{e}(b=-1/\sigma_{e})$。

$X_{e,j}$ 为一系列影响本地和外地劳动力工资差距的城市因素,包括城市人口规模、城市人力资本水平、制造业就业占比、城市平均工资、劳动力需求冲击等,作为回归的控制变量。本章利用滞后年份的人口规模、城市人力资本、制造业就业占比、城市平均工资残差来控制城市劳动力市场的长期特征。鉴于数据可得性,其中人口规模选择 1990 年数据,数据来自 Cai 等 (2017);城市人力资本为 2000 年城市中大学以上学历(含大学专科)人口占城市总人口的比重,数据由 2000 年人口普查微观抽样数据统计得到;制造业就业占比定义为 2000 年第二产业从业人员比重,数据来自《中国城市统计年鉴》;城市平均工资残差为 2000 年剔除劳动力个体特征因素后的平均工资水平。[①] 此外,本章使用 KM 指数控制短期劳动力需求冲击。KM 指数最早由 Katz 和 Murphy (1992)提出,该指数利用城市初始产业结构和各行业全国层面的需求变化构造了需求的外生冲击,后文将对该指标的计算过程进行详述。

除此之外,城市层面可能存在许多不可观测的因素同时影响本地和外地劳动力数量之比与工资之比,比如地方政府的产业政策或者公共投资等,遗漏这些因素导致估计存在偏误。为了克服内生性问题,本章借鉴 Altonji 和 Card (1991)根据流出地移民网络预测得到的移民占比作为 2005 年本地和外地劳动力比例的工具变量。

8.6.2　工资残差

工资残差是控制个人特征后的城市平均工资水平。为估计替代弹性,本章需要区分本地高技能、外地高技能、本地低技能、外地低技能这四类劳动力,分别估计工资残差,具体的回归模型如下:

---

① 范剑勇等(2019)在数据受限情况下,通过平均工资数据、劳动力市场结构和覆盖部分城市的微观劳动力数据库估计出消除劳动力结构差异后的城市工资水平,可以此替代工资残差均值。具体来说,这一方法首先通过劳动力调查的微观数据估计出个体特征对工资的影响弹性(包括性别、年龄、受教育水平);然后,将城市劳动力性别比、平均年龄、平均受教育水平等结构特征与第一步估计出的弹性结合,在城市平均工资中剔除劳动力结构特征的影响。

$$\text{Ln}(income_{i,j}) = \alpha_0 + \alpha_1(citydummy_j \times skill_{i,j} \times migrant_{i,j})$$
$$+ \alpha_2(citydummy_j \times skill_{i,j}) + \alpha_3(citydummy_j \times migrant_{i,j})$$
$$+ \alpha_4 citydummy_j + \alpha_5 skill_{i,j} + \alpha_6 migrant_{i,j} + \alpha_7(skill_{i,j} \times migrant_{i,j})$$
$$+ \alpha_8 PersonalChars_{i,j} + \varepsilon_{i,j} \tag{8.9}$$

其中，$income_{i,j}$ 为城市 j 中劳动者 i 的收入，在实证过程中分别采用月收入和小时收入进行度量。等号右边在个人工资回归方程的基础上加入城市（$citydummy_j$）、技能（$skill_{i,j}$）、户口所在地（$migrant_{i,j}$）三个维度的虚拟变量以及它们之间两两交互项和三者的交互项。其中 $citydummy_j$ 为每一个城市均设置一个虚拟变量（除一个基准城市外），因此是一组虚拟变量，用向量表示；$skill_{i,j}$ 为 1 代表高技能组（高中及以上学历）[①]，为 0 代表低技能组；$migrant_{i,j}$ 为 1 代表外地劳动力组，为 0 代表本地劳动力组。$PersonalChars_{i,j}$ 是一组个人特征控制变量，包括年龄、年龄的平方、性别、是否少数民族、是否未婚。在以上回归中，基准城市的本地低技能劳动力为基准组，根据虚拟变量的回归系数可以得到城市 j 中四类劳动力相对于基准组的工资残差均值 $\widetilde{w}_{H,j}^{N}$、$\widetilde{w}_{H,j}^{M}$、$\widetilde{w}_{L,j}^{N}$、$\widetilde{w}_{L,j}^{M}$，它们分别是 $(\alpha_{2j} + \alpha_{4j} + \alpha_5)$、$(\alpha_{1j} + \alpha_{2j} + \alpha_{3j} + \alpha_{4j} + \alpha_5 + \alpha_6 + \alpha_7)$、$\alpha_{4j}$、$(\alpha_{3j} + \alpha_{4j} + \alpha_6)$。由此便可得到式(8.9)中的被解释变量，其中高技能组本地和外地工资差异 $\widetilde{w}_{H,j}^{N} - \widetilde{w}_{H,j}^{M} = -\alpha_{1j} - \alpha_{3j} - \alpha_6 - \alpha_7$，低技能组本地和外地工资差异 $\widetilde{w}_{L,j}^{N} - \widetilde{w}_{L,j}^{M} = -\alpha_{3j} - \alpha_6$。

8.6.3　劳动力需求外生冲击

KM 指数用于度量劳动力需求外生冲击，在文献中已得到广泛使用[如 Moretti（2004）以及 Hunt 和 Marjolaine（2010）等]。KM 指数的计算公式如下：

$$KM_{ej} = \sum_i \omega_i \Delta L_{i,e,-j} \tag{8.10}$$

其中 i 代表行业，本章借鉴 Combes 等（2020）行业分为 36 大类。[②] ω_i 表示初始年份城市 j 中 i 行业劳动力占比，本章利用 2000 年人口普查微观数据计算得到。$\Delta L_{i,e,-j}$ 为除城市 j 外全国从事 i 行业的、技能水平为 e 的劳动力在 2000—2005 年

---

① 本处高、低技能的界定标准来自后文表 8.7 的回归结果，结果发现仅高中及以上学历中存在明显的本地和外地工资差异。

② 2000 年人口普查和 2005 年人口抽样调查的行业代码分别为 GB/T4754-1994 和 GB/T4754-2002，Combes 等（2020）基于 2005 年人口抽样调查的两位数行业代码归为 36 类，本章将 2000 年人口普查两位数行业代码与其进行了对应。

的规模变化,规模变化以两个年份劳动力数量的对数之差表示,两个年份各行业不同技能类型的劳动力规模分别由 2000 年人口普查微观抽样数据和 2005 年人口抽样调查数据按比例推算得到。

8.6.4　工具变量

在控制城市可观测因素以及衡量劳动力需求冲击的 KM 指数后,仍有可能存在其他遗漏变量,导致估计有偏。为了解决本地和外地劳动力相对供给的内生性问题,本章利用早期移民网络预测劳动力流入规模,以此构造工具变量。Altonji 和 Card(1991)提出,可以将流出国早期输送到美国各城市的移民份额作为该国的国际移民网络,后续人口流动往往延续早先迁移模式,利用该份额与流出国本期流出总数相乘便可得到流出国输送到特定城市的移民预测量,对每一个城市而言,将来自各流出国的预测数进行汇总,便可得到预测的城市移民总数。该变量仅根据流出地人口外生冲击和早期移民网络进行预测,不涉及当期本地劳动力市场受到的需求冲击,因此满足外生性要求。要保证预测的有效性,即工具变量的相关性要求,需要来自相同流出地的移民在目的地选择上具有延续性。我国人口跨区流动同样存在该特征,人口流动往往依赖于社会关系网络(如亲属关系、同乡关系),赵西亮(2018)和 Combes 等(2020)利用这一事实构造了城市中移民占比的工具变量。本章也借鉴该思路构造工具变量,具体定义如下:

$$predict\_mratio = \frac{\sum_p \left(\dfrac{L_{pj,9500}^M}{L_{p,9500}^M}\right) L_{ep,2005}^M}{L_{ej,2005}} \tag{8.11}$$

其中 $L_{p,9500}^M$ 表示 1995—2000 年 p 省劳动力流出总数[①],$L_{pj,9500}^M$ 表示其中流出到 j 城市的劳动力数量,以上两个数据来自 2000 年人口普查抽样数据,两者之比则为此期间 p 省移民中流出到 j 城市的劳动力份额。$L_{ep,2005}^M$ 为 p 省 2005 年受教育程度为 e 的劳动力流出总量,$\left(\dfrac{L_{pj,2000}^M}{L_{p,2000}^M}\right) L_{ep,2005}^M$ 是 2005 年从 p 省迁移到 j 城市的、受教育程度为 e 的劳动力预测量,将所有流出到 j 城市的劳动力数量进行加总,得到 j 城市受教育程度为 e 的劳动力总流入量预测值,将它除以 2005 年 j 城市受教

---

① 2000 年人口普查对 1995 年 11 月 1 日至 2000 年迁来本乡镇街道的人口调查了其来源地,以此作为人口来源地信息,与前文设定保持一致,分析对象限定为跨市迁移的劳动力。

育程度为 e 的劳动力总数 $L_{ej,2005}$,便得到了 j 城市受教育程度为 e 的劳动力中移民占比的预测值,以此作为此类技能水平劳动力本地和外地移民占比的工具变量。

8.6.5 替代弹性估计结果

根据回归方程(8.8)对高、低技能分组分别进行普通最小二乘回归与两阶段最小二乘回归,回归结果见表 8.3。OLS 估计显示[第(1)—(4)列],无论是在高技能组还是低技能组,本地和外地劳动力相对供给对相对工资的影响都不显著,工资按月计算和按小时计算结果均如此。但 OLS 回归存在严重的内生性问题,我们进一步采用移民占比预测值作为工具变量进行两阶段最小二乘回归。第一阶段回归结果显示,工具变量移民占比预测值与内生的解释变量 Ln(本地和外地劳动力数量比)显著负相关,系数符号符合预期,F 统计量远大于 10,验证了工具变量的相关性。再看第二阶段回归结果,低技能组和高技能组替代性存在明显差异。对于低技能组而言,相对供给对相对工资影响依旧不显著,可以解读为低技能的本地和外地劳动力间可以完全替代;而高收入组内该系数显著为负,根据不同的收入口径换算成替代弹性,$\sigma_{H,P}$ 在 12.66—13.16 之间,即高技能的本地和外地劳动力间存在明显的不完全替代性。这一结论有力地支持了理论模型中关于不同技能组本地和外地劳动力差异化替代弹性的假设。

表 8.3 不同技能组本地和外地劳动力替代弹性估计

因变量: Ln(本地和外地工资比)	OLS 估计				IV 估计			
	月收入		小时收入		月收入		小时收入	
	低技能 (1)	高技能 (2)	低技能 (3)	高技能 (4)	低技能 (5)	高技能 (6)	低技能 (7)	高技能 (8)
Ln(本地和外地劳动 力数量比)	−0.017	0.014	−0.013	0.029 7	−0.010	−0.079***	−0.012	−0.076**
	(0.017)	(0.020)	(0.018)	(0.022)	(0.032)	(0.029)	(0.044)	(0.033)
观察值	244	244	244	244	244	244	244	244
R^2	0.083	0.137	0.072	0.158	0.083	0.058	0.072	0.079
第一阶段								
IV:移民占比预测值	—	—	—	—	−1.352***	−2.734***	−1.352***	−2.734***
					(0.218)	(0.318)	(0.218)	(0.318)
F 统计量					115.28	70.63	115.28	70.63

注:括号内为异方差修正的稳健标准误。*** 表示在 1% 水平上显著,** 表示在 5% 水平上显著,* 表示在 10% 水平上显著。

进一步将本章估计的替代弹性与国外文献进行比较(见表 8.4)。首先,本章与主要文献一致,均发现高技能组中本地和外地劳动力替代弹性远小于低技能组。其次,本章得到的国内移民的替代弹性要大于文献对国际移民的估计值[除 Card(2009)估计的弹性较大外],这与跨国移民同本国劳动力在知识背景、技能结构等方面的差异更大、不可替代性更强的现实相吻合。

表 8.4　　　　　　　　　　文献中本地和外地劳动力替代弹性的估计结果的对比

文献	研究对象	本地和外地劳动力替代弹性	
		高技能	低技能
Card(2009)	美国,1980 年、1990 年、2000 年、2005/2006 年	17	40
Manacorda 等(2012)	英国,从 20 世纪 70 年代中期到 2005 年左右	5.68	14.49(不显著)
Piyapromdee(2019)	美国,1980 年、1990 年、2000 年、2005—2007 年	6.93	17.87
本章	中国,2005 年	12.66—13.16	84—99(不显著)

8.7　机制检验

结合 8.5 节的模型分析和 8.6 节的劳动力替代弹性估计结果,可以得到以下两种假说:

假说 8.1:城市落户政策越严格,外地户籍劳动力工资溢价幅度越大。

假说 8.2:外地劳动力工资溢价主要体现在高技能劳动力群体中,低技能劳动力群体中外地劳动力不存在明显溢价。

本节将对这两种假说分别进行检验。

8.7.1　落户门槛与外地户籍工资溢价

为检验落户限制政策导致外地劳动力相对工资提高的假说,本部分在基准回归的基础上加入落户门槛指数与外地户籍虚拟变量的交互项。如果交互项为正,则验证了假说。

进行这项工作首先要找到一个合适的度量城市落户门槛的指标。本章选择张吉鹏和卢冲(2019)计算的2000—2013年全国120个城市落户门槛指数。本章研究的50个城市中,41个城市具有该指数,以下分析将限于这41个城市[①],并针对这41个城市的落户门槛指数进行标准化处理。

　　为控制除落户门槛外其他可能影响工资溢价程度的城市特征,回归中继续加入其他城市经济社会特征变量与外地户口虚拟变量的交互项作为控制变量。[②] 城市特征变量包括反映地区经济发展程度的人均GDP和GDP总值、反映人口集聚情况的人口密度、反映地区经济特征的产业结构和固定资产投资占比、反映地区劳动力市场情况的最低工资和失业率。落户门槛和其他城市特征变量的定义及来源见表8.5。

表8.5　　　　　　　　　城市落户门槛和其他城市特征定义及来源

变量	定义	来源
落户门槛	落户难易程度,指数越高,落户要求越高;本章对所研究的41个城市落户门槛指数进行了标准化处理	张吉鹏和卢冲(2019)
人均GDP	2005年全市地区人均生产总值(元)	《中国城市统计年鉴(2006)》
地区生产总值	2005年全市地区生产总值(万元)	《中国城市统计年鉴(2006)》
人口密度	2005年全市人口密度(人/平方千米)	《中国城市统计年鉴(2006)》
产业结构	2005年第二和第三产业占GDP比重(%)	《中国城市统计年鉴(2006)》
固定资产投资	2005年固定资产投资占GDP比重(%)	《中国城市统计年鉴(2006)》
最低工资	2005年城市最低工资(元/月)[③]	梁文泉(2018)
失业率	年末城镇失业(登记)人数/[年末城镇失业(登记)人数+单位从业人员+私营和个体从业人员]	《中国城市统计年鉴(2006)》

　　检验落户门槛对外地工资溢价影响的回归结果如表8.6所示。模型(1)和(2)在基准回归基础上加入了外地户籍虚拟变量与落户门槛的交互项。[④] 结果显示无论是月工资还是小时工资,城市落户门槛提高均会显著推涨外地户籍劳动力的相对工资,与假说8.1相一致。就回归系数而言,落户门槛每提高一个标准差,外地户籍月收入溢价将增加1.4个百分点,小时收入溢价将增加1.3个百分点。模型

---

(3)和(4)中进一步加入其他城市特征与外地户口虚拟变量的交互项,结果发现落户门槛与外地户籍的交互效应依旧显著为正,而且在控制其他因素影响后,这一效应显著提升:落户门槛每提高一个标准差带来的外地户籍月收入和小时收入溢价分别提高到 6.5% 和 4.5%。

表 8.6　　　　　　　　　　落户门槛与外地户籍工资溢价

解释变量	Ln(月收入) (1)	Ln(小时收入) (2)	Ln(月收入) (3)	Ln(小时收入) (4)
外地户籍×落户门槛	0.014***	0.013***	0.065***	0.045***
	(0.000 5)	(0.000 6)	(0.001)	(0.002)
外地户籍	0.049***	0.017***	0.106**	−0.261***
	(0.001)	(0.001)	(0.043)	(0.047)
外地户籍×人均 GDP			5.40e−05***	7.93e−05***
			(2.20e−06)	(2.49e−06)
外地户籍×GDP			−2.85e−09***	−2.07e−09***
			(1.07e−10)	(1.20e−10)
外地户籍×人口密度			1.79e−06***	3.84e−06***
			(1.00e−07)	(1.12e−07)
外地户籍×产业结构			0.002***	0.007***
			(0.000 5)	(0.000 5)
外地户籍×固定资产投资			0.248***	0.306***
			(0.012)	(0.013)
外地户籍×最低工资			−0.001***	−0.001***
			(1.68e−05)	(1.87e−05)
外地户籍×失业率			2.784***	1.778***
			(0.093)	(0.103)
个人特征	是	是	是	是
城市固定效应	是	是	是	是
观察值	1 885 978	1 876 947	1 859 312	1 850 313
R^2	0.340	0.358	0.341	0.361

　　注:括号内为异方差修正的稳健标准误。*** 表示在 1% 水平上显著,** 表示在 5% 水平上显著,* 表示在 10% 水平上显著。

8.7.2　不同技能水平下的外地户籍工资溢价

假说 8.2 指出外地户籍工资溢价主要存在于替代弹性较低的高技能劳动力群体中，表 8.7 将样本按受教育程度分为四组分别进行回归。结果显示，低教育组（初中及以下学历）中外地户籍工资优势较弱，月收入溢价仅为 2.2—4.5 个百分点，小时收入则低于本地劳动力（主要由于外来低技能劳动力的工作时间更长）；而在高教育组中，外地户籍劳动力收入显著更高，并且高等教育组的工资溢价高于高中组。这与假说 8.2 的内容相一致。

表 8.7　　　　　　　　不同技能水平下的外地户籍工资溢价

	(1) 小学及以下	(2) 初中	(3) 高中	(4) 高等教育
	因变量：Ln(月收入)			
外地户籍	0.045***	0.022***	0.123***	0.167***
	(0.002)	(0.001)	(0.002)	(0.003)
	因变量：Ln(小时收入)			
外地户籍	−0.014***	−0.014***	0.108***	0.156***
	(0.002)	(0.001)	(0.002)	(0.003)

注：括号内为异方差修正的稳健标准误。*** 表示在 1% 水平上显著，** 表示在 5% 水平上显著，* 表示在 10% 水平上显著。

综合假说 8.1 和假说 8.2，上述结果表明，城市落户政策收紧导致外地劳动力相对短缺，对于低技能劳动力而言，本地和外地劳动力技能较为同质化，可替代性强，相对数量短缺不会转化为外地户籍劳动力的工资溢价；而在高技能劳动力群体中，外地户籍往往是本地劳动力市场中的"紧缺"人才，具备特殊专业技能，可替代性差，因此其数量短缺会转化为工资溢价。

8.8　其他可能性解释——移民的自选择效应

本章从劳动力不完全替代的视角解释了城镇劳动力市场上的外地户籍工资溢价效应，并从城市落户难易程度和不同技能劳动力替代弹性差异这两方面异质性对作用机制进行了检验。然而还有一种可能的原因可以同时解释以上现象,即移民的自选择效应,其本质是由于未能完全控制个人能力导致的遗漏变量问题。具体来说,如果存在移民的自选择,那么外地户籍劳动力的工资溢价可能是由于移民更强的个人能力,而并非完全由落户限制下的移民相对数量短缺导致;同时,如果个人能力越强的个体越倾向于流向落户限制更严格的地区,如那些职业发展前景更广阔的大城市,那么我们同样会观察到落户政策越严格的地区外地户籍劳动力工资溢价幅度越大;最后,如果只有高技能劳动力在移民决策中存在明显自选择效应,而低技能劳动力不存在这一效应,那么我们将会观察到外地户籍工资溢价仅存在于高技能劳动力群体中。

为了检验自选择效应是不是带来以上特征事实的原因,本部分进一步考察本地和外地户籍劳动力在个人能力上是否存在差异。个人能力的度量是一个技术难点。中国家庭追踪调查(CFPS)中对认知能力、健康水平、语言运用能力等进行了评估,本章采用 CFPS2010 年的调查数据。CFPS 是由北京大学中国社会科学调查中心(ISSS)开展的大规模社会综合调查,样本覆盖全国 25 个省、市、自治区,采用多阶段、分层和与人口规模成比例的抽样方法,具有一定的科学性和代表性。本部分将以户口是否在本区县作为解释变量,虚拟变量取值为 1 代表外地户籍劳动力,取值为 0 则代表本地户籍劳动力,同时控制年龄、性别、民族、受教育程度和区县固定效应。各回归分别以数学测试分数、字词测试分数等作为被解释变量,比较本地和外地户籍劳动力在个人能力上的差异。

首先从整体上考察本地和外地户籍劳动力个人能力的差异,以此检验移民的自选择效应是否可能导致外地户籍工资溢价。表 8.8 展示了各回归中外地户籍虚拟变量的系数。结果显示,外地户籍劳动力在数学能力、字词掌握、健康状况、外貌、普通话熟练程度、智力水平、语言表达能力等方面均与本地户籍劳动力没有明显差别,在理解能力上甚至弱于本地户籍劳动力。

表 8.8　　　　　　　　　　本地和外地户籍劳动力个人能力的差异

	数学测试	字词测试	理解能力	健康状况
外地户籍	0.099 6	0.055 8	−0.102**	−0.014 0
	(0.102)	(0.208)	(0.039 8)	(0.037 1)

续表

	外貌	普通话	智力水平	语言表达能力
外地户籍	−0.033 0	0.074 9	−0.042 6	−0.044 5
	(0.037 4)	(0.046 3)	(0.038 1)	(0.038 5)

注:回归控制了年龄、性别、民族、受教育程度和区县固定效应。样本限制为 15—60 岁,非在校学生,样本量为 14 613。依据问卷提供的信息,外地户口定义为户口不在本区县,外地户口样本占比为 7.72%。*** 表示在 1% 水平上显著,** 表示在 5% 水平上显著,* 表示在 10% 水平上显著。

表 8.9 进一步根据技能水平对样本进行分组,分别考察高、低技能劳动力群体中本地和外地劳动力不可观测能力差异,以此检验外地户籍工资溢价仅存在于高技能群体中的结果是不是由个人能力的差异导致。结果表明,在所有的个人能力上,均不存在支持表 8.7 结果的证据,因此,个人能力因素无法解释外地户籍工资溢价在不同技能群体中存在差异的特征事实。

表 8.9 不同技能水平下的本地和外地劳动力个人能力差异

	数学测试		字词测试		理解能力		健康状况	
	高技能	低技能	高技能	低技能	高技能	低技能	高技能	低技能
外地户籍	0.049	0.035	0.058	−0.071	−0.091	−0.101**	−0.045	−0.005
	(0.119)	(0.113)	(0.219)	(0.247)	(0.059)	(0.043)	(0.060)	(0.039)
	外貌		普通话		智力水平		语言表达能力	
	高技能	低技能	高技能	低技能	高技能	低技能	高技能	低技能
外地户籍	−0.052	−0.014	−0.087	0.133**	−0.059	−0.015	−0.123**	−0.010
	(0.059)	(0.039)	(0.068)	(0.052)	(0.059)	(0.040)	(0.061)	(0.040)

注:回归控制了年龄、性别、民族、受教育程度和区县固定效应。高技能定义为高中及以上受教育程度,低技能定义为高中以下受教育程度,样本量分别为 3 714 和 13 005。*** 表示在 1% 水平上显著,** 表示在 5% 水平上显著,* 表示在 10% 水平上显著。

当然,上述回归无法完全排除其他不可观测的个人能力是否存在自选择效应。但考虑到不同维度的个人能力往往具有较强的相关性,而表 8.8 和表 8.9 使用 8 类个人能力的结果非常稳定和一致,因此,我们有足够的信心排除个人能力的自选择效应是导致高技能外地劳动力工资溢价的主要因素。

8.9   结   论

本章利用 2005 年全国 1‰人口抽样调查,深入考察了本地和外地户籍劳动力的工资差异。通过倾向得分匹配与多元线性回归相结合的方法,本章发现在控制个人特征、就业情况和地区因素后,外地户籍劳动力拥有明显的工资溢价,其月收入高出本地户籍劳动力 6.8 个百分点,小时收入高出 3.5 个百分点。采用不同的匹配方法和匹配参数,这一户籍溢价现象始终存在。外地户籍劳动力的溢价本质上是由于户籍制度限制劳动力数量导致的本地企业额外用工成本,根据本章的估计结果简单估计,仅 2005 年这一成本就高达 653.07 亿—1 095.90 亿元,占当年 GDP 的 3.55‰—5.9‰,占当年全国财政收入的 2.06%—3.46%。

本章从劳动力不完全替代角度提出了对外地户籍工资溢价成因的解释。高技能劳动力大多从事以创新、协作等为主的专业领域,异质性强,劳动力之间替代性小;而低技能劳动力更多从事简单、重复性的体力劳动,对专业知识和能力要求较低,替代性强。量化估计结果支持了以上假设,高技能的本地和外地劳动力替代弹性在 12.66—13.16 之间,具有一定的不完全替代性,而低技能的本地和外地劳动力则接近于完全替代。户籍制度对外来劳动力的限制,使得难以被替代的外地高技能劳动力变得相对稀缺,进而导致其工资溢价;替代性更强的低技能群体则不存在这一效应。城市落户门槛越高,外地劳动力的相对稀缺性越凸显,外地户籍工资溢价幅度也越大。以上推论均获得了实证检验的支持。此外,本章还排除了五险一金缺失的收入补偿以及移民自选择效应等其他导致外地户籍工资溢价的假说。

需要特别强调的是,本章发现户籍政策不影响低技能群体中的外地户籍工资溢价,并不意味着落户限制对低技能劳动力没有产生不利影响。如果城市内部高技能和低技能劳动力之间存在互补性,对低技能的过度限制会破坏高、低技能之间的最优结构比例,导致经济效率损失(Eeckhout 等,2014)。事实上,我国各地技能偏向型落户政策导致城市低技能劳动力供应相对短缺,并推涨了此类劳动力价格(梁文泉和陆铭,2015)。考虑这部分影响后,户籍带来的社会成本将进一步增加。

改革开放以来,不断放松的户籍政策逐渐破除了地区间劳动力市场的藩篱,推进了全国统一劳动力市场的形成,有效地激发了要素活力。但目前户籍制度仍与教育、医疗等基本公共服务绑定,阻碍了地区间劳动力自由流动。基于户籍所在地的工资溢价正是户籍制度阻碍劳动力要素优化配置的证据之一。本章的政策建议是,户籍制度导致的社会成本以外地户籍劳动力工资溢价的形式转嫁给了本地企业,而推进户籍制度改革能有效降低本地劳动力成本,提高地区经济产出和公共财政收入,从而间接提高本地劳动者福利水平。

　　本章研究存在以下不足之处。首先,本章在模型分析中未区分落户限制政策对不同技能劳动力数量的差异化影响。我国各城市多采用技能偏向型的落户政策,即对高学历或技能稀缺型人才落户限制较为宽松,甚至出台鼓励人才落户的优惠政策。在考虑这一差异化影响后,本章的主要结论将被进一步强化:外来低技能劳动力虽然受到较强的流入约束,但由于其替代性较强,未出现工资溢价现象;而受到约束较小的外来高技能劳动力,通过其非完全替代性得到由于数量限制带来的工资溢价,表明劳动力非完全替代性是外地户籍工资溢价的必要条件。其次,本研究仅分析了落户限制对本地和外地户籍工资差异的影响,未对不同户籍政策下本地高、低技能劳动力的福利变化进行分析,有待未来开展反事实估计。最后,由于数据可得性限制,本章分析对象局限于 2005 年,近年来各地落户政策发生了较大变化,落户限制整体呈现放松态势,特别是中小城市已基本放开落户限制。但与此同时,劳动力集中流往户口更具“含金量”的大城市,这些地区落户限制依然严格,本章的研究结论仍具有重要的现实意义。

第 9 章

人口迁移与创业：外来人口的
岗位创造效应

9.1　引　言

外来人口是城市就业岗位扩张的主要受益者,自改革开放以来,中国城镇就业规模持续上升,全国流动人口从 1982 年的 657 万增长到 2020 年的 3.76 亿。[①] 如图 9.1 所示,流动人口规模与新企业数量经历了同步的快速增长。与此同时,外来人口也是城市创业活力的重要推动者,进而带动城市就业需求的扩张。党的二十大报告提出实施就业优先战略,强调完善促进创业带动就业的保障制度。在经济与就业增长面临下行压力的背景下,理解和释放外来人口的"岗位创造效应",以进一步开放带动创新创业可能是解决现阶段就业问题的重要方向。

现有文献通常将外来人口视为"岗位竞争者",较少讨论人口迁移带来的创业

---

① 参见 https://www. chinaldrk. org. cn/wjw/#/data/classify/exist; https://www. stats. gov. cn/sj/zxfb/202303/t20230301 _ 1919981. html; https://www. stats. gov. cn/sj/tjgb/rkpcgb/qgrkpcgb/202302/t20230206 _ 1901996. html; https://www. stats. gov. cn/sj/tjgb/rkpcgb/qgrkpcgb/202302/t20230206 _ 1902007. html; https://www. stats. gov. cn/sj/zxfb/202302/t20230203_1900430. html.

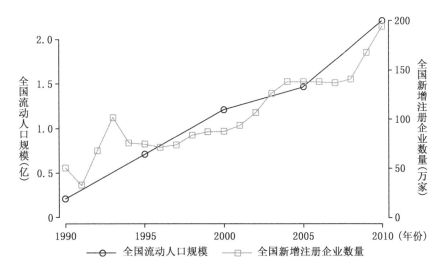

数据来源:流动人口规模①来源于国家卫生健康委流动人口服务中心主办的流动人口数据平台;全国新增注册企业数量(不包括个体工商户②)来源于全国工商企业注册数据。

图 9.1 全国流动人口规模变动趋势和全国新增注册企业数量

和岗位创造效应。基于这一思路,在分析外来人口对本地人口福利的影响时,通常会假定资本规模固定不变,或者根据劳动力生产率被动调整。上述分析忽视的一个重要事实是,在大众创新和万众创业的时代背景下,城市外来人口的作用已远远超出了仅仅作为"岗位竞争者"的角色。人口迁移不仅增加了流入地的劳动力供给,也通过促进创业活动增加了劳动力需求(Azoulay 等,2022)。如图 9.2、图 9.3 所示,城市人均新创企业数量随着外来人口规模和比例的上升显著增加,而本地人口规模与人均创业量之间则不存在显著关系。因此,理解人口迁移的创业促进效应(即外来人口的"岗位创造者"角色),不仅有助于我们更加全面地理解人口迁移的经济后果和福利效应,同时也为现阶段应对劳动力就业压力提供了新的思路。

---

① 流动人口一般是指离开了户籍所在地在其他地方居住的人口。国家统计局定期发布流动人口数据,其统计口径是指居住地与户口登记地所在的乡镇街道不一致且离开户口登记地半年及以上的人口(扣除市辖区内人户分离的人口)。

② 考虑到个体工商户主要是自我雇用,创造的就业岗位较少,因此在本章的分析中以新注册企业为主。

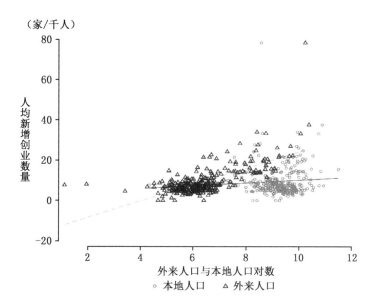

注:横轴表示2010年城市常住人口中外来人口和本地户籍人口的对数,纵轴为2011—2015年城市每千人新增注册企业数量(不包括个体工商户),数据来自2010年人口普查微观数据和2011—2015年全国工商企业注册数据。

图9.2　外来人口和本地人口对城市创业活动的影响

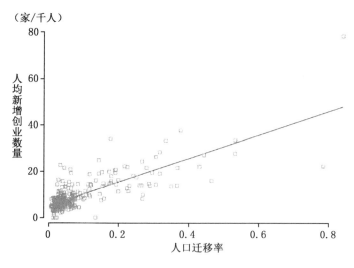

注:横轴表示2010年城市外来人口占常住人口的比率,纵轴为2011—2015年城市每千人新增注册企业数(不包括个体工商户),数据来自2010年人口普查微观数据和2011—2015年全国工商企业注册数据。

图9.3　外来人口比率对城市创业活动的影响

在实证分析时,识别人口迁移对城市创业的因果效应面临着较大的挑战。一方面,人口迁移的空间分布并非随机,吸引个体迁移到特定城市的经济因素(如城市制度环境和发展潜力)也可能影响当地创业情况,导致遗漏变量偏误问题;另一方面,城市创业活力的提高也会带来劳动力需求的上升,从而产生反向因果问题。为克服上述内生性问题,本章借鉴人口迁移文献的做法,使用 1990/2000 年各地区历史迁移网络构建 Bartik 工具变量(Cortes,2008)。此外,基于 Imbert 等(2022)提出的方法,使用农业收入的外生冲击来预测各地区人口外流的规模,在此基础上构建 Bartik ＋农业冲击的工具变量,以确保研究结果稳健。

在上述识别策略下,基于 1990—2010 年历次人口普查微观数据和 2000—2015 年全国工商企业注册数据,研究发现,城市外来人口迁入显著提升了城市人均新创企业数量(不包含个体工商户)。同时,新创企业的平均雇用规模并未出现下降,这意味着人口迁移带来的企业数量和就业需求的增长超过了外来人口本身的增长。本章同时发现,迁移人口并未导致本地人口的失业率和外迁增加;相反,迁移人口比例的上升带来了城市本地户籍人口的工资上升。这些结果均表明,外来人口的就业岗位创造效应惠及了本地劳动力。

本章通过构建就业—创业的职业选择模型,从两方面考察人口迁移促进创业的影响机制。第一,外来人口平均而言具有更强的企业家精神,其必要性创业(如个体工商户)和机会性创业(如开办企业)的概率都显著高于本地人。第二,外来人口通过提升劳动力供给和本地不可贸易商品、服务的需求,对本地创业产生间接的促进效应。研究发现,低技能外来人口的流入推动了低技能劳动力密集型行业的创业活动,而高技能外来劳动力则推动高技能劳动力和资本密集型行业的新创企业数量增加;本地不可贸易行业的新企业进入也与外来人口的比例密切相关。

同已有研究相比,本章的边际贡献主要体现在三方面:第一,在研究视角上,不同于现有文献聚焦于外来人口的“岗位竞争者”角色,本章着重从“岗位创造者”的角度考察人口迁移对流入地劳动力需求的影响。本章认为人口迁移通过推动流入地的创业活动,带来就业岗位的提升,为全面理解人口迁移的福利效应提供了新的证据。[1] 第二,在机制分析方面,本章通过构建个体职业选择模型,探讨人口迁移促

---

① 本章强调的是人口迁移的“岗位创造效应”,而非创业的“岗位创造效应”,将创业数量的增加等同于就业需求的上升,强调人口迁移通过促进创业带来就业岗位的增加。此外,创业可通过促进创新、竞争、投资,以及优化资源配置效率等诸多方面影响经济增长,但本章重点关注创业带来的就业增长。

进城市创业的影响机制,并得出逻辑一致的经验证据。[①] 第三,本章的研究数据和识别方法确保了更小的测量误差和估计偏误,并通过一系列稳健性检验,提高估计结果的可靠性。

本章其余部分结构安排如下:9.2 节回顾和梳理人口迁移的相关文献;9.3 节介绍实证分析所用的模型和数据;9.4 节为基准回归结果;9.5 节通过构建个体职业选择模型,探索人口迁移促进城市创业的作用机制;9.6 节为本章结论。

9.2　文献综述

人口迁移是一国从以农村劳动力为主的农业经济转型为以城市劳动力为主的工业经济的必然过程。自改革开放以来,中国经历了人类历史上最大规模的人口迁移,不仅提升了农村人口的收入水平,也对资源配置效率和经济发展活力产生了积极的作用(伍山林,2016;张萃,2019)。

人口迁移在促进整体经济效率的同时,也带来了流入地劳动供给侧的竞争加剧,进而造成失业或工资下降(Altonji 和 Card,1991;Borjas,2003)。一方面,可能对本地劳动力产生挤出效应,且对低收入(低技能)群体的不利冲击更为明显。周梦天和唐为(2022)发现,高技能本地与外地劳动力间替代弹性为 12.66—13.16,而低技能本地与外地劳动力间接近完全替代,外来低技能劳动力的涌入给本地低技能劳动力带来了负面的竞争效应。Dustmann 等(2013)使用英国数据发现,外来人口在提高处于工资分布顶端的劳动力工资水平的同时,拉低了工资分布在 20% 以下劳动力的工资。另一方面,一些研究发现新移民与老移民之间存在更强的替代弹性,导致人口迁移加剧移民内部的就业压力(Ottaviano 和 Peri,2012;Manacorda 等,2012;Piyapromdee,2021)。

然而,许多研究也发现外来劳动力并未对流入地就业和工资产生负面影响(Card,1990;Hunt,1992;Friedberg,2001),反而外来人口越多的城市,人均收入经历了更快的增长(Tabellini,2020;Sequeira 等,2020)。如果人口迁移仅带来劳动力

[①]　城市与区域经济学中有关集聚效应的文献也发现人口集聚会带来就业规模和工资水平的上升。在本章的分析框架中,集聚效应只是影响创业和就业需求的可能机制之一,除此之外,本章还强调外来人口的创业概率更高,以及不可贸易产品需求上升的渠道。

供给侧的冲击,这会导致均衡时的工资下降和失业率上升。这意味着外来人口在扩大劳动力供给的同时,也提升了流入地的劳动力需求(Azoulay 等,2022)。沿着这一逻辑,本章从创业(劳动力需求)的角度考察人口迁移的经济后果,能够有效补充现有文献基于劳动力供给视角的分析,从而更加全面地理解人口迁移对本地劳动力市场的冲击。

首先,外来人口具有更高的企业家才能,这一观点得到了诸多文献的印证。Kihlstrom 和 Laffont(1979)、Kerr(2019)研究指出,创业者通常具有容忍风险及不确定性的意愿和能力的创业人格。而外来人口放弃原有的社会网络和信息资源,到一个陌生的地方开始新的生活,意味着外来人口更具有应对和承担风险的意愿和能力(Hvide 和 Panos,2014;叶文平等,2018a)。这在一定程度上反映了外来人口具有类似于创业者的创业人格,并促使他们更倾向于在流入地进行创业。同时,相比本地人口,移民创业的机会成本较小。通常,本地人口拥有信息和社会网络优势,有较多的就业选择,选择创业的机会成本高于移民。而移民进入一个新的城市,相对缺乏稳定的收入和安稳的生活,为了生存和立足,他们愿意从事辛苦、低收入的工作(Portes,1995;Portes 和 Shafer,2007),且更有动力搜寻和创造创业机会。

其次,人口迁移还可以通过劳动力供给和不可贸易产品需求两方面间接促进城市的创业活动。从劳动力供给侧分析,外来人口涌入增加了不同技能的劳动力供给,而相关技能劳动力的可得性是决定创业成功的重要因素(Combes 和 Duranton,2006)。另外,人力资本的集聚引起了信息、知识和技术的碰撞和组合(Acemoglu 和 Angrist,2000;Durantan 和 Puga,2004;Combes 和 Gobillon,2015),新想法的不断涌现也驱使着新企业的大量进入。

从不可贸易产品需求侧分析,外来人口将带来对本地不可贸易商品和服务需求的增加,促进不可贸易行业新企业的增加。Moretti(2010)利用美国数据研究城市可贸易部门就业数量的提高如何影响本地不可贸易部门就业量的变化,并将后者与前者之比称为本地就业乘数(Local Multiplier)。研究发现,可贸易部门每增加 1 个劳动力,可带来不可贸易部门就业增加 1.6 个,并且高技能劳动力带来的就业乘数显著高于低技能劳动力。沿着这一思路,袁志刚和高虹(2015)使用城市面板数据,发现中国城市制造业就业每增加 1%,会带来服务业就业上升约 0.435%。Wang 和 Chanda(2018)利用中国 2000 年和 2010 年人口普查数据,发现制造业部门每增加 100 个就业岗位,可带来不可贸易部门就业增加 34 个。

现有文献有关创业的研究数量众多,并从不同的视角考察了影响地区或个人创业活动的因素。这些因素包括地区经济与制度差异（Manolova 等，2008；叶文平等，2018b；吴一平和王健，2015；宁光杰和段乐乐，2017）、个人社会网络和人力资本（王春超和冯大威，2018a；张萃，2019；Marvel，2013）等。叶文平等（2018a）利用2012—2014 年劳动力动态调查数据，发现地区间的创业活力差异主要来源于经济差异和制度差异：经济差异决定了创业机会的多寡，而制度差异则决定了平等获取创业机会的水平。制度更完善的地区，政府服务质量和效率高，获取信息和资源的成本低，有利于降低新企业的进入成本和制度性交易成本（董志强等，2012；张龙鹏等，2016），也有利于外来人口公平获取创业机会（Rath，2000；林涛和魏下海，2020），进而推动地区创业活跃度（夏后学等，2019）。陈刚和陈敬之（2016）发现地区产权保护水平的提升更有利于"草根创业"。邓悦等（2019）发现"放管服"改革提升了企业技术投入，进而激发企业家精神。众多研究揭示了营商环境对创业的重要性。

　　本章则从新的视角研究我国城市创业活力的影响因素，考察人口迁移规模与城市新创企业数量的关系。在这一层面上，叶文平等（2018b）与本章的研究主题较为接近。他们通过构建理论模型，强调大城市在市场规模、中间投入品价格、知识溢出等方面的优势提高了大城市的创业回报率，进而推动外来人口向大城市集聚。实证分析中，他们使用 56 个城市 2010—2014 年的面板数据，考察了外来人口比例与城市创业活跃度的关系。本章在分析人口迁移与创业的关系时，更强调外来人口的企业家才能和对本地不可贸易产品需求等方面的机制。另外，本章在因果识别以及人口迁移的"岗位创造效应"的分析上也与叶文平等（2018b）存在差异。

9.3　模型设定与数据来源

9.3.1　模型设定

　　为考察人口迁移与城市创业的关系，设定基准模型如下：

$$Entre_c = \beta M_c + X_c \Gamma + Province_p + \varepsilon_c \tag{9.1}$$

　　式（9.1）中 $Entre_c$ 为被解释变量，表示城市 c 在一定时期内的人均新增注册企业数量。我们选择 2010 年作为基准的分析年份，考察 2010 年各城市的外来人口比

率对该城市 2011—2015 年人均新增创业量（不包含个体工商户）的影响。稳健性
检验汇报了选择 2000 年和 2005 年作为分析年份的结果。本章未使用 2000 年、
2005 年和 2010 年的样本构成面板数据，通过控制城市固定效应，考察同一城市不
同时间外来人口比例的变化导致的创业数量的变化。这是由于城市的外来人口规
模具有高度的时间延续性，2000 年外来人口比例高的城市在 2010 年也会显著更
高，导致控制城市固定效应会吸收大部分的数据变异（Variations）。此外，本章使用
Bartik 工具变量（Instrumental Variable，IV），可以应对城市间外来人口差异的内
生性问题，因此，基准回归主要利用截面上的差异来识别迁移效应。

M_c 为核心解释变量，表示城市 c 在特定年份的外来人口比率。本章基于人口
普查微观数据，使用外来人口与本地人口的比值来衡量外来人口比率，在稳健性检
验中替换为外来人口与城市常住人口的比值。X_c 为城市 c 的特征变量，包括城市
规模、开放程度、经济发展水平和金融发展水平等。同时，回归中控制了省份固定
效应。

直接对式（9.1）回归存在较为严重的内生性问题：由于外来人口的空间分布并
非随机产生，城市的制度环境和发展潜力同时促进创业活动和人口迁入，致使估计
存在遗漏变量偏误。此外，城市创业也会带来劳动力需求的上升，产生反向因果问
题。为克服上述内生性问题，我们借鉴国际上有关移民研究的做法，使用各地区历
史迁移网络构建 Bartik IV（Card，2001；Cortes，2008）。在稳健性检验中，进一步借
鉴 Imbert 等（2022），利用农业收入的外生冲击预测各地区农村人口外迁规模（Bar-
tik IV 中的 Shift 部分），使用 Bartik IV＋农业冲击再次进行验证。

9.3.2 指标度量与数据来源

本章的基准回归使用 2010 年全国人口普查和 2011—2015 年全国工商企业注
册数据来考察外来人口的创业促进效应，同时使用 2000 年、2005 年人口普查/抽样
调查和 2000—2010 年全国工商企业注册数据进行稳健性检验。① 衡量城市特征的
数据来自各年份的《中国城市统计年鉴》。此外，在考察外来人口和本地人口的创
业概率差异时，使用 CFPS 微观调查数据中有关个体创业的信息。

---

① 其中，2000 年全国人口普查数据中外来人口比率对应 2001—2005 年全国工商企业注册数据的人均
新增创业，2005 年全国 1% 人口抽样调查数据中外来人口比率对应 2006—2010 年全国工商企业注册数据的
人均新增创业。

（1）被解释变量：城市人均创业

本章使用地级市新增注册企业/城市常住人口作为城市人均创业的度量指标，其中城市常住人口数据来自历次人口普查汇总资料，城市新增企业数据来自1990—2015年全国工商企业注册数据库。此外，根据新注册企业的所有制类型，本章进一步构造了城市人均民营企业、国有企业和外资企业的创业数量。

（2）解释变量：外来人口比率

本章将人口普查微观数据中户口登记地在调查城市之外的个体定义为外来人口，从而构建外来人口比率指标：城市常住人口中外来人口与本地户籍人口的比值。稳健性检验中还使用了外来人口数/城市常住人口数作为外来人口比率的指标。外来人口数据来源于1990年、2000年、2010年的全国人口普查，以及2005年的全国1%人口抽样调查。

考虑到部分外来人口在本城市落户导致回归系数低估，在稳健性检验中，我们使用个体的出生地来界定是否为外来人口。由于人口普查中无法获知个体的出生城市，我们使用城市常住人口中外省出生人口数/本地户籍人口数作为解释变量。此外，利用微观普查数据中个体在5年内是否发生常住地变更来重新定义外来人口，使用5年内从外省流入的人口数/本地户籍人口数作为解释变量。这些指标均存在不完美之处，我们重点关注使用不同指标的结果是否保持稳健。

（3）工具变量（IV）

Bartik IV：社会网络作为影响外来人口对未来居住地选择的重要因素，能够降低移民职业搜寻以及适应新环境的成本（Munshi，2003），因此，个体会更倾向于选择同乡人更多的城市定居，形成一种基于历史迁移网络的路径依赖。本章利用2000年全国人口普查微观数据中样本的户籍地与居住地的信息来构建外来人口比率的工具变量，具体计算公式如下：

$$\widehat{Mig_d} = \sum_o \frac{M_{od2000}}{M_{o2000}} \times M_{o2010} \tag{9.2}$$

其中，M_{od2000} 与 M_{o2000} 分别表示2000年从 o 省迁出到 d 市的人口数，以及2000年从 o 省迁出的人口总数，两者相除得到 o 省的迁出人口中迁至 d 市的迁移比例。M_{o2010} 为2010年 o 省实际迁出人口总量。由于全国人口普查仅在长表问卷中提供了迁移相关的信息（10%的家庭填报长表），我们无法直接得知各省的实际迁出规模，而是结合2010年各省的户籍人口总量以及长表中迁出人口占户籍人口的比率，两者相乘得到2010年各省实际迁出人口数量。$\frac{M_{od2000}}{M_{o2000}} \times M_{o2010}$ 表示基于

2000 年的迁移网络和 2010 年各省迁出人口总量，预测得到 2010 年从 o 省迁到 d 市的人口数量。将所有省份迁到 d 市的预测人口数量加总，得到根据迁移网络预测的 d 城市外来人口规模 $\widehat{Mig_d}$。

由于各省实际迁出的总人口中包含了迁至城市 d 的样本，而这部分样本可能具有一定的内生性问题，导致 Bartik IV 估计存在偏误。因此，我们使用 Leave-one-out 的方法，在计算各省每年实际迁出的人口数时，将迁至城市 d 的样本剔除，重新计算 $\widehat{Mig_d}$。

将 $\widehat{Mig_d}$ 与 2010 年各城市本地户籍人口或常住人口相除，得到外来人口与本地人口比值、外来人口与常住人口比值的工具变量。[①] 为提高工具变量的外生性，我们还进一步利用 1990 年人口普查中 1985—1990 年跨省的外来人口数据来构建工具变量。由于 1990 年的全国人口普查缺少居民户口登记地的具体省份信息，我们将 1985 年 7 月 1 日常住地在外省的个体判定为外来人口。

Bartik IV＋农业冲击：Bartik IV 假定各省份迁出人口总量 M_{o2000}（Shift）是外生的，独立于迁入目的地城市的生产率冲击。现实中地区外来人口规模与目的地的经济冲击可能存在一定的相关性，因此为提高 Bartik IV 中"Shift"部分的外生性，在 Leave-one-out 处理方法的基础上，本章进一步借鉴 Imbert 等（2022）的方法，使用农业收入的外生冲击来预测农村外来人口的规模，将来源地的农业收入冲击（Shift）与人口历史迁移模式（Share）相结合。

具体而言，农业收入冲击由各城市农业种植模式和农产品价格冲击两部分组成。农业种植模式根据本地区特定作物实际播种面积与其潜在产量相乘所得（数据来自联合国粮农组织的相关调查）；农产品价格冲击根据粮农组织报告的历年 21 种农作物的国际价格（不包括中国），使用 AR1（一阶自回归）估计农产品价格冲击（用回归的残差项表示）。模型预测农业收入的正向冲击与地区迁出人口规模呈现负相关关系。

需要指出的是，使用该工具变量存在两点局限：第一，它主要捕捉由农产品价格的短期波动导致的迁出人口规模变化，难以反映两者的长期关系；第二，仅捕捉了农业人口的流出变化，无法反映城市人口的跨地区流动，导致回归结果更多反映

---

① 在使用流动人口与常住人口的比值作为解释变量时，由于常住人口包含了流动人口，我们将 $\widehat{Mig_d}$ 与户籍人口数相加，得到模拟的地级市常住人口数量，进而构造最终的工具变量。

了低技能外来人口的影响。因此,本章使用 Bartik IV 作为基准回归中的工具变量,而将 Bartik IV＋农业冲击的设定作为稳健性检验。

(4)控制变量

本章进一步选取了重要的城市经济特征作为控制变量,具体包括:城市人口规模,用城市常住人口的对数来衡量;城市开放程度,用城市 FDI 占全市 GDP 的比重来衡量;城市金融发展水平,用城市机构贷款余额占全市 GDP 的比重来衡量;城市经济发展水平,用人均 GDP 表示;互联网普及率,用城市互联网用户数的对数来衡量。上述数据均来自各年份的《中国城市统计年鉴》。同时,控制了劳动力市场化指数(中国人民大学国家发展与战略研究院发布)、互联网普及率(城市互联网用户数的对数)和数字普惠金融指数(北京大学数字金融研究中心和蚂蚁金服集团共同编制)。各变量的描述性统计如表 9.1 所示。

表 9.1   描述性统计

变量	变量描述	样本数	均值	标准差	中位数	最小值	最大值
人均新增创业(整体)	2011—2015 年新增企业数/本地常住人口数(千人)	287	9.484	7.388	7.435	0.008	78.269
人均新增创业(民企)	2011—2015 年新增民营企业数/本地常住人口数(千人)	287	8.089	5.402	6.719	0.008	44.202
人均新增创业(国企)	2011—2015 年新增国有企业数/本地常住人口数(千人)	287	0.057	0.036	0.051	0.000	0.341
人均新增创业(外企)	2011—2015 年新增外资企业数/本地常住人口数(千人)	287	0.066	0.146	0.024	0.000	1.749
外来人口比率	2010 年非本地户籍数/本地户籍数	282	0.137	0.407	0.044	0.007	5.291
城市开放程度	2010 年城市 FDI/GDP	271	0.020	0.019	0.013	0.000	0.129
金融发展水平	2010 年城市机构贷款余额/GDP	283	0.669	0.214	0.649	0.220	1.488
经济发展水平	2010 年人均 GDP(万元)	280	3.342	2.280	2.685	0.530	17.513
城市人口规模	2010 年城市常住人口数的对数	287	8.173	0.692	8.184	5.491	10.310
互联网普及率	2010 年城市互联网用户数的对数	282	3.440	0.990	3.272	1.391	8.552
数字普惠金融	2011 年各地级市数字普惠金融指数	286	51.560	15.010	48.660	17.020	86.510
劳动力市场化程度	2010 年各地级市劳动力市场化指数	282	0.600	0.110	0.630	0.319	0.835

注:数据来自相应年份全国工商企业注册数据和《中国城市统计年鉴》等。

9.4　实证结果

9.4.1　基准回归

表 9.2 首先使用普通最小二乘法检验外来人口与城市创业间的关系。其中，第(1)列为 2010 年外来人口比率(城市非本地户籍人口数/城市本地户籍人口数)对 2011—2015 年每千人新增注册企业数(不包含个体工商户)的回归结果,第(2)、(3)、(4)、(5)列分别将新增注册企业限定在民营企业、国有企业、外资企业①和个体工商户。所有回归控制了城市层面特征变量和省份固定效应。结果显示,外来人口与城市创业存在显著正相关关系,如第(1)列所示,外来人口比率的系数为 9.327,意味着外来人口率每增加一个标准差(0.41),每千人新增创业增加 3.824个,相当于样本均值(9.484)的 40.3%。在区分不同所有制的结果时,外来人口主要促进了民营企业的创立,外来人口比率一个标准差的变化可以导致民营企业新增创业提升 24.3%。民营企业贡献了全国 50% 以上的税收、60% 以上的国内生产总值、70% 以上的技术创新、80% 以上的城镇劳动力就业和 90% 以上的企业数量。外来人口对民营企业创立的重要作用,为我们推动"大众创业、万众创新"和以创业带动就业提供了重要事实。相比之下,外资企业在所有企业中的占比较小,外来人口效应显著低于民营企业。国有企业的系数显著为负,这可能与国企主要集中在资本密集型的战略性行业有关,无论是外来人口的直接创业效应,还是通过促进劳动力供给或者提升本地不可贸易产品需求等产生的间接促进效应,都难以在国有企业上有所体现;相反,随着当地民营企业和外资企业的竞争力加强,导致新增国企的数量有所下降。

---

① 由于部分新注册企业的所有制类型信息缺少,导致民营企业、国有企业、外资企业数量之和不等于所有新注册企业数量。

表 9.2　　　　　　　　　　外来人口比率与人均新增创业(OLS)

变量	(1) 人均新增创业（整体）	(2) 人均新增创业（民营企业）	(3) 人均新增创业（国有企业）	(4) 人均新增创业（外资企业）	(5) 人均新增创业（个体工商户）
外来人口比率	9.327***	4.794***	−0.005**	0.241***	5.689*
	(3.167)	(1.119)	(0.002)	(0.071)	(3.219)
城市人口规模	0.068	0.794	−0.010**	−0.004	−1.099*
	(0.552)	(0.534)	(0.004)	(0.012)	(0.653)
城市开放程度	12.280	13.578	−0.019	1.606***	−24.439
	(22.584)	(20.085)	(0.105)	(0.484)	(23.960)
金融发展水平	1.917	0.793	0.017	0.018	2.333
	(1.701)	(1.592)	(0.012)	(0.037)	(1.914)
经济发展水平	0.380	0.247	0.002*	0.007	0.462
	(0.284)	(0.223)	(0.001)	(0.008)	(0.373)
互联网普及率	1.512***	0.442	0.002	0.015	0.053
	(0.524)	(0.504)	(0.004)	(0.011)	(0.521)
数字普惠金融	0.115***	0.161***	0.000	−0.001	0.060*
	(0.036)	(0.035)	(0.000)	(0.001)	(0.034)
劳动力市场化程度	2.931	−1.622	0.015	0.028	−4.810
	(3.555)	(3.103)	(0.020)	(0.053)	(3.086)
省份固定效应	是	是	是	是	是
Y 均值	9.484	8.089	0.057	0.066	11.809
观察值	263	263	263	263	263
R^2	0.824	0.755	0.647	0.846	0.815

注：第(1)列的被解释变量为 2011—2015 年地级市新增工商注册企业与 2010 年城市常住人口(千人)的比值，第(2)—(5)列的被解释变量分别为 2011—2015 年地级市新增民营、国有、外资注册企业和个体工商户与常住人口(千人)的比值。外来人口比率为地级市常住人口中非本地户籍人口数与本地户籍人口数的比值。控制变量城市人口规模、城市开放程度、金融发展水平和经济发展水平分别表示 2010 年城市常住人口对数、FDI 占 GDP 的比重、城市机构贷款余额占 GDP 的比重、人均 GDP。同时控制了城市互联网用户数的对数、数字普惠金融指数和劳动力市场化指数，用来控制城市劳动力市场化程度和数字化发展水平的干扰。所有回归控制了省份固定效应。括号内为标准误；***、**、*分别表示 1%、5%、10%的显著性水平。

从表 9.2 前两列的结果可以看出,在控制了影响城市发展潜力的经济特征之后,回归的系数出现一定程度的下降,说明外来人口比率与城市创业间的关系存在一定的遗漏变量偏误问题。为进一步解决其他不可观测因素可能带来的估计偏误,表 9.3 使用前文构造的(Leave-one-out)Bartik IV 进行两阶段最小二乘法估计。所有回归的第一阶段 F 统计量均高于经验值 10,说明工具变量与内生解释变量存在较强的相关性(第一阶段的详细回归结果在附表 9.1 中)。

表 9.3　　　　　　　　　　　外来人口比率与人均新增创业(IV)

变量	(1) 人均新增创业 (整体)	(2) 人均新增创业 (民营企业)	(3) 人均新增创业 (国有企业)	(4) 人均新增创业 (外资企业)	(5) 人均新增创业 (个体工商户)
外来人口比率	7.776**	4.352***	−0.005***	0.209***	4.577
	(3.506)	(1.248)	(0.002)	(0.077)	(3.381)
控制变量	是	是	是	是	是
省份固定效应	是	是	是	是	是
Y 均值	9.484	8.089	0.057	0.066	11.809
一阶段 F 统计量	26.763	26.763	26.763	26.763	26.763
观察值	262	262	262	262	262
R^2	0.819	0.754	0.648	0.841	0.812

注:被解释变量分别为 2011—2015 年地级市新增工商注册企业以及民营企业、国有企业、外资企业和个体工商户的数量与 2010 年城市常住人口(千人)的比值。外来人口比率为地级市常住人口中非本地户籍人口数与本地户籍人口数的比值。回归使用了基于 2000 年移民网络构造的 Leave-one-out Bartik IV。控制变量城市人口规模、城市开放程度、金融发展水平和经济发展水平分别表示 2010 年城市常住人口对数、FDI 占 GDP 的比重、城市机构贷款余额占 GDP 的比重、人均 GDP。同时控制了城市互联网用户数的对数、数字普惠金融指数和劳动力市场化指数,用来控制城市劳动力市场化程度和数字化发展水平的干扰。所有回归控制了省份固定效应。括号内为标准误;***、**、*分别表示 1%、5%、10%的显著性水平。

使用工具变量回归得到的外来人口比率的系数均小于 OLS 的回归系数,表明外来人口存在正向选择问题:劳动力倾向于流至经济活力更强的城市,导致 OLS 回归系数存在高估。在纠正了可能的内生性问题后,IV 回归系数仍呈现出较强的统计和经济显著性。以第(1)列为例,外来人口比率的系数为 7.776,意味着外来人口率每增加一个标准差(0.41),每千人新增创业增加 3.188 个,相当于样本均值

(9.484)的 33.6％。个体户的回归结果不具有显著性，也再次验证了个体户主要是非正式创业领域的自我雇佣。

为进一步考察外来人口效应的行业异质性，图 9.4 分行业样本重新进行了估计（使用 Bartik IV），并基于系数的大小进行了排序。结果显示，外来人口带来的创业效应最强的 5 个行业分别为批发零售业，租赁和商务服务业，信息传输、软件和信息技术服务业，科学研究和技术服务业，房地产业。从行业异质性的结果可以看出，外来人口的创业促进效应主要集中在不可贸易行业和高科技行业，机制分析部分将对此展开更为深入的分析。

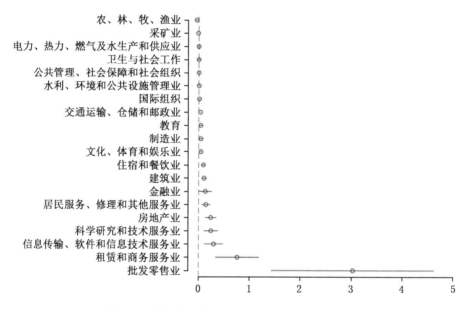

图 9.4　外来人口对不同行业大类的创业促进效应

9.4.2　岗位创造效应

基准回归发现外来人口比率的上升会带来新注册企业数量的增加，但这一结果是否导致就业岗位的净增加（即企业雇佣量的增长超出外来人口量），还取决于新创企业的平均雇佣规模。如果外来人口引致的新增企业的雇佣规模普遍较小，那么城市岗位创造的数量可能低于外来人口数，进而对本地劳动力产生不利冲击。为回答这一问题，表 9.4 将被解释变量变为新增注册企业的平均雇佣规模，核心解释变量依然是城市外来人口比率。结果表明，外来人口比率与新增企业雇佣规模

之间不存在显著性关系。表 9.3 和表 9.4 的结果共同说明,外来人口带来的创业数
量的增加同比例转化为雇佣规模的增加,进而导致就业岗位量的净增加(即岗位创
造数量超出外来人口数量)。[①] 换言之,外来人口的"岗位创造者"角色大于"岗位竞
争者"角色。

表 9.4　　　　　　　　　　外来人口比率与新增企业雇佣规模(IV)

变量	(1) 新增企业雇佣规模 (整体)	(2) 新增企业雇佣规模 (民营企业)
外来人口比率	1.842	2.206
	(2.438)	(2.817)
控制变量	是	是
省份固定效应	是	是
Y 均值	10.247	10.625
观察值	258	258
R^2	0.092	0.089

注:被解释变量分别为 2011—2015 年地级市新增工商注册企业、新增民营企业的平均雇佣
员工数,回归使用 Leave-one-out Bartik IV。控制变量城市人口规模、城市开放程度、金融发展水
平和经济发展水平分别表示 2010 年城市常住人口对数、FDI 占 GDP 的比重、城市机构贷款余额
占 GDP 的比重、人均 GDP。同时控制了城市互联网用户数的对数、数字普惠金融指数和劳动力
市场化指数,用来控制城市劳动力市场化程度和数字化发展水平的干扰。所有回归控制了省份
固定效应。括号内为标准误;***、**、*分别表示 1%、5%、10%的显著性水平。

为进一步论证外来人口的岗位创造效应的重要性,表 9.5 和表 9.6 探讨外来人
口比率对城市失业率和工资的影响。如果人口迁移主要带来劳动供给曲线的向下
平移(给定工资水平时劳动供给量增加),那么新的市场均衡会降低本地劳动力就
业率和工资水平。相反,如果岗位创造效应更为重要,那么人口迁移会带来劳动力
需求的上升,进而提升劳动力就业率和工资水平。

表 9.5 第(1)列使用官方统计的失业率数据,结果表明外来人口比率的增加并
未带来失业率的上升。官方统计的失业率数据可能遗漏了大量非正规部门的就业
状况。第(2)列使用 2010 年人口普查微观数据,将 22—60 岁人口中毕业后未工作、

[①] 当外来人口比率的创业效应为 0 时,即外地人口与本地人口的创业促进效应相同,此时外来人口量
与新创企业量同比例提高,人口迁移不会带来就业岗位的净增加。

因单位原因失去工作和因本人原因失去工作的劳动力定义为失业人口,与城市22—60 岁人口总数相除后得到城市失业率指标。第(2)列的回归结果表明,外来人口比率的提升会降低失业率水平。此外,在第(3)列回归中,本地人口在面临外来人口的竞争时,也并未出现人口显著外流的现象。上述结果均与岗位竞争效应的预测不一致,而是印证了岗位创造效应在很大程度上抵消了劳动力竞争对本地人带来的不利影响。

表 9.5 　　　　　　　　　　　　外来人口比率与失业率(IV)

变量	(1) 失业率 (官方统计)	(2) 失业率 (人口普查)	(3) 本地户籍人口迁出比率
外来人口比率	−0.065	−0.295**	0.039
	(0.104)	(0.121)	(0.042)
控制变量	是	是	是
省份固定效应	是	是	是
Y 均值	3.373	2.156	0.196
观察值	261	262	262
R^2	0.548	0.670	0.109

注:第(1)列的被解释变量为 2010 年地级市城镇登记失业率,即城镇登记失业人口数/(从业人口数＋失业人口数)(城镇登记失业人口指非农业户口、在 16 岁至法定退休年龄有劳动能力在报告期内无业并根据劳动部《就业登记规定》在当地劳动部门登记的人员,数据来源于人力资源和社会保障部);第(2)列的被解释变量为 2010 年人口普查微观数据中(22—60 岁失业原因为毕业后未工作、因单位原因失业和因本人原因失业的个体)/(22—60 岁全部劳动力);第(3)列的被解释变量为 2010 年所有本地户籍人口中迁出到其他城市的比例。其他变量的构造与基准回归相同。括号内为标准误;***、**、*分别表示 1％、5％、10％的显著性水平。

　　表 9.6 考察外来人口对本地户籍劳动者平均工资的影响。由于 2010 年人口普查未提供工资信息,我们利用 2005 年人口普查数据,将本地人的工资水平对 2005 年外来人口比率进行回归。第(1)列的结果表明,外来人口显著提升了本地户籍劳动者的工资水平,意味着外来人口带来的劳动需求(岗位创造)效应超过了劳动供给(岗位竞争)效应。[1] 相较而言,高技能本地户籍人口的工资效应更为明显。大量文献发现高技能劳动力从人口集聚中获得更高的集聚效应:一方面,高技能劳动力之间会通过知识溢出产生人力资本外部性(Moretti,2004);另一方面,高、低技能之

---

　　① 如前文所述,当其他条件不变时,劳动力供给的增加会带来均衡工资的下降,劳动力需求的增加则会提升均衡工资水平。

间还会存在技能互补(Skill Complementarity)，使得低技能外来人口的增加同样会提升本地高技能劳动力的生产率(Eeckhout 等，2014)。相比之下，外来人口对本地低技能劳动力产生的竞争效应强于高技能劳动力(周梦大和唐为，2022)[①]，最终导致外来人口对本地低技能劳动力的工资提升效应显著弱于本地高技能劳动力。

表 9.6 外来人口比率与本地户籍劳动者平均工资(IV)

变量	(1) 本地户籍工资对数	(2) 本地户籍工资对数 (高技能)	(3) 本地户籍工资对数 (低技能)
外来人口比率	0.579***	1.621***	0.150***
	(0.132)	(0.365)	(0.057)
控制变量	是	是	是
省份固定效应	是	是	是
Y 均值	5.634	5.848	5.578
观察值	260	262	262
R^2	0.882	0.803	0.846

注：被解释变量分别为 2010 年地级市本地户籍所有劳动者、本地高技能劳动者和本地低技能劳动者的平均工资对数。括号内为标准误；***、**、*分别表示 1%、5%、10%的显著性水平。

9.4.3 稳健性检验

在基准回归中，我们使用城市常住人口中非本地户籍人口与本地户籍人口之比作为外来人口比率的指标，并基于 2000 年人口普查数据中的迁移网络构造 Bartik IV。为确保回归结果的稳健性，表 9.7、表 9.8 和表 9.9 分别更换了核心解释变量和工具变量的构造方式，表 9.10 使用更早年份的样本考察基准结果的时间稳健性。最后，基于 Goldsmith-Pinkham 等(2020)提出的方法，对本章使用的 Bartik IV 的合理性进行检验。

(1)使用其他方式构造外来人口比率

如果部分外来人口在流入地落户，最终导致我们低估外来人口的效应。表 9.7 从两方面对核心解释变量构造方式对结果造成的影响进行检验：第一，前两列使用非本地户籍人口数与城市常住人口数的比值作为外来人口比率的指标；第二，后两

---

① 这一差异主要源于外地低技能劳动力与本地低技能劳动力之间的替代弹性高于外地高技能劳动力与本地高技能劳动力之间的替代弹性。

列根据人口普查问卷中问题"R7：户籍登记地信息"和"R12：出生地信息"，将本地户籍中出生在外地的个体，调整回流出地，由于人口普查中只提供出生地省份信息，我们将调整回原出生地省份的个体按各地级市户籍人口数占全省户籍人口数的比重，分配至各地级市，再次回归验证。

表 9.7　　　　　　　　　　使用不同的外来人口比率构造方式（IV）

变量	(1)	(2)	(3)	(4)
	非本地户籍人口数/城市常住人口数		外省出生人口数/城市户籍人口数（调整）	
	人均新增创业（整体）	人均新增创业（民营企业）	人均新增创业（整体）	人均新增创业（民营企业）
外来人口比率	31.677**	17.964***	7.904**	4.436***
	(12.401)	(6.708)	(3.509)	(1.260)
控制变量	是	是	是	是
省份固定效应	是	是	是	是
Y 均值	9.484	8.089	9.484	8.089
一阶段 F 统计量	25.451	25.451	28.327	28.327
观察值	262	262	262	262
R^2	0.755	0.729	0.819	0.754

注：第(1)、(2)列外来人口比率为地级市非本地户籍人口数/城市常住人口数，第(3)、(4)列外来人口比率为调整后的地级市外省出生人口数/城市户籍人口数，具体是将城市户籍人口数中出生在外地的样本调整为原出生地的户籍人口数。所有回归使用与基准回归相同的 Leave-one-out Bartik IV。括号内为标准误；***、**、*分别表示 1%、5%、10%的显著性水平。

表 9.8 从两个方面改变核心解释变量构造方式：第一，前两列改变外来人口的度量口径，使用外省出生人口数作为外来人口的度量指标（数据基于 2010 年人口普查长表中出生地所在省的信息），以应对部分外来人口在本地落户导致使用户籍判断外来人口数带来的偏差；第二，后两列使用 5 年内是否从其他城市流入本地作为外来人口的度量指标（数据基于 2010 年人口普查长表中过往 5 年的常住地信息）。

表 9.8　　　　　　　　使用不同的外来人口比率构造方式(IV)

变量	(1)	(2)	(3)	(4)
	外省出生人口数/城市户籍人口数		5 年内流入人口数/城市户籍人口数	
	人均新增创业 (整体)	人均新增创业 (民营企业)	人均新增创业 (整体)	人均新增创业 (民营企业)
外来人口比率	7.904**	4.436***	15.784**	8.167***
	(3.509)	(1.260)	(6.691)	(2.509)
控制变量	是	是	是	是
省份固定效应	是	是	是	是
Y 均值	9.484	8.089	9.484	8.089
一阶段 F 统计量	28.327	28.327	100.05	100.05
观察值	262	262	262	262
R^2	0.819	0.754	0.796	0.742

注:第(1)、(2)列外来人口比率为外省出生人口数/城市户籍人口数,第(3)、(4)列外来人口比率为地级市 5 年内流入人口数/城市户籍人口数。所有回归使用与基准回归相同的 Leave-one-out Bartik IV。括号内为标准误;***、**、* 分别表示 1%、5%、10%的显著性水平。

(2)使用其他方式构造工具变量

表 9.9 更换了不同的 IV 构造方式,以保证工具变量估计结果的稳健性。表 9.9 前两列使用 1990 年的迁移网络构造 Leave-one-out Bartik IV;后两列借鉴 Imbert 等(2022)的方法,结合 Bartik IV 与农业冲击,构造新的工具变量,以解决 Bartik IV 中"Shift"部分可能存在的内生性问题。

表 9.9　　　　　　　　使用不同的工具变量构造方式(IV)

变量	(1)	(2)	(3)	(4)
	非本地户籍人口数/城市户籍人口数 (1990 Leave-one-out Bartik IV)		Bartik IV＋农业冲击	
	人均新增创业 (整体)	人均新增创业 (民营企业)	人均新增创业 (整体)	人均新增创业 (民营企业)
外来人口比率	10.793***	5.184***	8.958***	5.092***
	(2.260)	(0.978)	(3.198)	(1.160)
控制变量	是	是	是	是
省份固定效应	是	是	是	是

续表

变量	(1)	(2)	(3)	(4)
	非本地户籍人口数/城市户籍人口数 (1990 Leave-one-out Bartik IV)		Bartik IV＋农业冲击	
	人均新增创业 (整体)	人均新增创业 (民营企业)	人均新增创业 (整体)	人均新增创业 (民营企业)
Y 均值	9.484	8.089	9.484	8.089
一阶段 F 统计量	4.789	4.789	70.641	70.641
观察值	247	247	262	262
R^2	0.818	0.759	0.823	0.754

注:前两列使用基于1990年人口普查中的迁移网络构造的 Leave-one-out Bartik IV,后两列借鉴 Imbert 等(2022)的方法进一步使用农业收入冲击构造新的 Shift-Share 工具变量。括号内为标准误;***、**、* 分别表示1%、5%、10%的显著性水平。

表9.7、表9.8和表9.9的结果表明,改变解释变量和工具变量的构造方式,本章关注的外来人口比率与城市创业间的关系在统计意义和经济意义上都保持了较高的稳健性。当然,由于核心变量不同、构造方式的口径和标度不同,回归系数的绝对值并不直接可比。此外,使用1990年迁移网络构造的工具变量一阶段 F 值较小,这可能是由于1990年户籍政策地区间的流动受到较大限制,因此难以预测未来的流动模式。后文主要关注使用2000年迁移网络的估计结果。

(3)使用不同的样本时间

表9.10进一步考察外来人口与城市创业关系的时间稳健性。前两列使用2000年人口普查数据构造外来人口比率,被解释变量更换为2001—2005年人均新增注册企业数;后两列为2005年全国1%人口抽样调查中的外来人口比率对应2006—2010年人均新增注册企业数。变量构造方式和模型设定与基准回归相同。结果显示,回归系数小于基准回归使用2010—2015年数据得到的结果,考虑到被解释变量的均值也显著更低,因此外来人口对城市创业活动保持了较高的解释力。

表 9.10 外来人口比率与人均新增创业(时间段)

变量	(1)	(2)	(3)	(4)
	2001—2005 年人均新增创业		2006—2010 年人均新增创业	
	(整体)	(民营企业)	(整体)	(民营企业)
外来人口比率	5.734***	3.770***	6.884***	4.100**
	(1.728)	(1.391)	(2.219)	(1.899)
控制变量	是	是	是	是
省份固定效应	是	是	是	是
Y 均值	4.154	3.190	4.990	4.112
一阶段 F 统计量	7.518	7.518	44.943	44.943
观察值	242	242	262	262
R^2	0.661	0.623	0.878	0.770

注:前两列使用 2000 年人口普查数据构造各城市的外来人口比率指标,后两列使用 2005 年全国 1‰人口抽样调查数据构造外来人口比率指标。括号内为标准误;***、**、*分别表示 1％、5％、10％的显著性水平。

(4)Bartik IV 的有效性检验

最后,借鉴国际前沿文献提出的做法,本章对 Bartik IV 的有效性进行了检验。Bartik IV 本质上是来自不同地区的历史迁移份额(Share)的加权平均,其权重由各省一定时期内实际流出的人口数(Shift)组成。根据 Goldsmith-Pinkham 等(2020)的算法,基于 Bartik IV 的两阶段最小二乘法,在数值上等价于将各省份流往不同城市的 Share 视为独立的工具变量,再使用广义矩估计法(GMM)进行估计的结果。具体而言,本章基于 Bartik IV 估计得到的系数($\hat{\beta}_{Bartik}$),可视为由来自不同省份的迁移比例(z_{od})作为独立的工具变量所得到的估计值($\hat{\beta}_o$)的加权平均,具体公式为 $\hat{\beta}_{Bartik} = \sum_c \hat{\alpha}_o \hat{\beta}_o$。其中,$o$ 表示流出省份,d 表示流入城市;$\hat{\alpha}_o$ 为 Rotemberg 权重($\sum_o \hat{\alpha}_o = 1$)。

Rotemberg 权重反映了不同省份的迁移比例 z_{od} 在最终系数估计过程中的相对重要性。基于 Goldsmith-Pinkham 等(2020)的算法,如表 9.11 所示,Rotemberg 权重排名前五的省(区)分别为湖南省、湖北省、广西壮族自治区、四川省以及河南省,上述五个省(区)的外来人口对估计系数的影响权重之和达到 78.5％。单独使用这些省(区)的迁移份额作为工具变量得到的估计系数 $\hat{\beta}_o$ 略有不同,但都与基准回归的结果差异不大。此外，根据 Panel A 的结果，负权重的影响相对较小，基准结果主要由产生正权重的省（区）所驱动。

表 9.11 Rotemberg 权重的描述性统计

Panel A. 负权重与正权重			
	求和	均值	占比
负权重	−0.103	−0.007	0.085
正权重	1.103	0.069	0.915

Panel B. Rotemberg 权重排名前五的省（区）			
	$\widehat{\alpha_o}$	g_o	$\widehat{\beta_o}$	95% 置信区间
湖南省	0.211	5.162	−0.012	（−0.023，−0.009）
湖北省	0.151	4.349	−0.013	（−0.022，−0.009）
广西壮族自治区	0.144	3.810	−0.016	（−0.029，−0.009）
四川省	0.139	6.466	−0.014	（−0.024，−0.009）
河南省	0.117	6.934	−0.014	（−0.022，−0.009）

注：Panel A 报告了正、负 Rotemberg 权重的总和、均值以及在所有权重绝对值之和中的占比。Panel B 汇报了 Rotemberg 权重值排名前五省（区）的 Rotemberg 权重（$\widehat{\alpha_o}$）、2010 年来自各省的移民冲击（g_o）以及恰好识别工具变量回归的系数（$\widehat{\beta_o}$），95% 置信区间表示使用 Chernozhukhov 和 Hansen（2008）的方法所计算的弱工具变量稳健置信区间。

表 9.12 分别使用 Rotemberg 权重排名前五省（区）的历史人口迁移份额作为被解释变量，考察其与基准回归中的城市控制变量间的相关性。回归结果呈现出比较高的 R^2，城市人口规模等变量能够解释上述五省（区）迁移份额 47%—72% 的差异。这些结果说明本章所构建的 Bartik IV 与这些城市特征存在较强的相关性，需要在回归中加以控制，以满足工具变量的排他性限制（Exclusion Restriction）。

在本章的附录部分，我们对工具变量的过度识别检验和可能的异质性做了进一步探讨。

表 9.12 Rotemberg 权重排名前五省(区)的历史移民份额与地级市特征变量的相关性

变量	(1) 湖南省	(2) 湖北省	(3) 广西壮族自治区	(4) 四川省	(5) 河南省	(6) Bartik IV
城市人口规模	0.007	0.004	0.006	0.001	0.003	−0.061***
	(0.005)	(0.004)	(0.005)	(0.003)	(0.003)	(0.020)
城市开放程度	−0.152	−0.127	−0.168	−0.074	0.001	0.978***
	(0.128)	(0.107)	(0.123)	(0.065)	(0.066)	(0.487)
金融发展水平	0.025**	0.014	0.025*	0.014**	0.010	0.241***
	(0.012)	(0.010)	(0.011)	(0.006)	(0.006)	(0.045)
经济发展水平	0.009***	0.006***	0.008***	0.005***	0.003***	0.045***
	(0.001)	(0.001)	(0.001)	(0.001)	(0.001)	(0.005)
互联网普及率	0.005	0.002	0.005**	0.003	0.052***	0.005
	(0.004)	(0.005)	(0.002)	(0.003)	(0.019)	(0.004)
数字普惠金融	−0.000*	−0.000	−0.000**	−0.000	0.003***	−0.000*
	(0.000)	(0.000)	(0.000)	(0.000)	(0.001)	(0.000)
劳动力市场化程度	−0.018	−0.042*	−0.014	−0.009	0.155*	−0.018
	(0.020)	(0.024)	(0.012)	(0.013)	(0.094)	(0.020)
省份固定效应	是	是	是	是	是	是
观察值	257	257	257	257	257	257
R^2	0.542	0.489	0.574	0.635	0.728	0.887

注：第(1)至第(5)列的被解释变量分别为 2000 年湖南省、湖北省、广西壮族自治区、四川省与河南省户籍人口迁往各地级市的占比。第(6)列的被解释变量为经过 Leave-one-out 处理后的 Bartik IV。解释变量分别为地级市常住人口的自然对数、地级市 FDI 占 GDP 的比重、地级市贷款余额占 GDP 的比重，以及地级市人均 GDP。括号内为标准误；***、**、*分别表示 1%、5%、10%的显著性水平。

9.5 机制分析

本章强调外来人口可从两个渠道影响城市创业活力。第一，通常外来人口的企业家精神高于本地人口，从而产生直接的创业效应；第二，外来人口还会通过提高劳动力供给以及提升本地不可贸易商品的需求等，产生间接的创业促进效应。

9.5.1　分析框架

为说明外来人口促进城市创业的微观机制，本部分借鉴 Lucas（1978）和 Azoulay 等（2022）的方法，构建一个简单的职业选择模型。个体 i 可以选择工作，成为劳动力，获得工资性收入 w；也可以选择创办企业，成为企业家，所创办的企业使用劳动力作为唯一的投入要素。产品市场完全竞争，市场均衡价格为 P。企业的生产函数为：

$$y_i = a_i l_i^a \tag{9.3}$$

其中，$a_i \geqslant 0$ 表示个体 i 的企业家才能。创业可以获得利润：

$$\pi_i = Pa_i l_i^a - l_i w, \alpha < 1 \tag{9.4}$$

根据企业利润最大化条件：$\frac{\partial \pi_i}{\partial l_i} = Pa_i \alpha l_i^{a-1} - w = 0$，得到企业的最优雇佣量 $l_i^* = \left(\frac{Pa_i\alpha}{w}\right)^{\frac{1}{1-a}}$。此时，企业家 i 可以获得的利润为：

$$\pi^* = l_i^*(Pa_i l_i^{*a-1} - w) = \left(\frac{Pa_i\alpha}{w}\right)^{\frac{1}{1-a}}\left(\frac{w}{\alpha} - w\right) = \frac{1-\alpha}{\alpha}(Pa_i\alpha)^{\frac{1}{1-a}}w^{\frac{-a}{1-a}} \tag{9.5}$$

个体是选择创业还是就业，取决于不同选择下的收入大小。当且仅当 $\pi^* \geqslant w$ 时，个体 i 选择创业，因此创业者所拥有的企业家才能最小值 a_i^* 需满足：

$$\frac{1-\alpha}{\alpha}(Pa_i\alpha)^{\frac{1}{1-a}}w^{\frac{-a}{1-a}} = w \tag{9.6}$$

由此得到 $a_i^* = \alpha^{-\alpha}(1-\alpha)^{\alpha-1}\frac{w}{P}$。$a_i^*$ 越大，企业家进入门槛越高，人们选择创业的可能性越小；反之，a_i^* 越小，人们选择创业的可能性越大。

（1）企业家能力渠道：外来人口的企业家才能高于本地居民，即 $a_i^{Migrant} > a_i^{Native}$

外来人口有更高的概率成为创业者，越来越多的迁移人口选择"自雇"或成为"雇主"。现有研究发现，流入地的外来人口创业意愿不仅明显高于本地居民（王春超和冯大威，2018b），还高于迁出地的劳动力群体（Liu 等，2019），即使未来选择回迁，仍有更高概率选择创业（Démurger 和 Xu，2011）。

上述结果均意味着迁移人口具有更强的企业家精神。首先，外来人口对创业机会具有更强的敏感性。地区间的收入差距是人口迁移的主要原因（Zhang 和 Song，2003；王子成和赵忠，2013）。相较于本地人口，外来人口具有更高寻求财富的意愿和捕捉创业机会的能力(Tang 等,2012)。其次,外来人口具有更高的冒险精神和风险承受能力。Kihlstrom 和 Laffont(1979)、Jaeger 等(2010)、Kerr(2019)等研究发现,创业者通常更具容忍风险和不确定性的意愿。离开出生地迁移至新的城市,往往意味着更大的不确定性,在自选择效应下,外来人口具有比本地居民更强的风险承受能力和企业家精神(Hvide 和 Panos,2014;叶文平等,2018a)。最后,相比拥有信息和社会网络优势的本地人口,移民创业机会成本较小,而本地人口的社会资源优势则弱化了他们的创业动力(Brunnschweiler,2008)。Azoulay 等(2022)也发现外来人口创办的不只是小企业,而是倾向于创造各种不同规模的企业。因此,外来人口有更高的概率超过门槛值 a_i^*,从而体现为直接的创业增长效应。

与国内迁移人口类似,国际移民也被证实存在更强的企业家能力。经济合作与发展组织(OECD)有关国际移民的企业家精神报告显示,在大部分 OECD 国家中,移民的创业精神高于本地人口,对就业创造的贡献稳步增加。[①] Wadhwa 等(2007)发现 1995—2005 年在美国成立的技术和工程类企业中,有 25.3% 的企业至少有一名关键创始人是移民。在美国硅谷中心,超过一半的技术和工程类企业有移民创始人。

(2)劳动力供给渠道:由于 $\dfrac{\partial w}{\partial Mig}<0$,工资下降会降低 a_i^*

外来人口的流入使得城市劳动供给曲线向右平移,即在原有的工资水平下,企业可供使用的劳动力数量显著增加。尤其在发展经济体中,劳动力要素将大量从传统部门向现代部门转移,促进地区产业结构转型(Herrendorf 等,2015)。在这一作用机制下,人口迁移会导致外来人口聚集的行业出现更多的新企业。

一方面,人口迁移推动新创企业数量的增加来源于劳动力要素的直接供给效应。Imbert 等(2022)指出,低技能劳动力增加,将导致制造业生产趋向于劳动密集型的产品,沿着这一思路,低技能劳动力的流入有利于劳动密集型行业的新企业进入。同时,Lewis(2011)发现高技能劳动力可以更好地驾驭自动化技术,推动资本密集型企业生产,可见,高技能外来人口占比的提高将促进资本密集型行业企业的进入。需要指出的是,均衡时外来人口的工资是否下降受到供给端和需求端因素的共同作用,当新企业的创立带来的劳动力需求因素占据主导作用时,外来人口的

[①]   https://www.oecd-ilibrary.org/social-issues-migration-health/open-for-business_9789264095830-en。

均衡工资可能会上升。

　　另一方面，人口迁移导致新创企业数量的增加还来源于劳动力要素供给带来的集聚效应。外来劳动力流入扩大了本地的市场规模，形成集聚优势（梁琦，2003），而集聚优势提高了流入地的创业回报率，吸引了更多新企业的进入（叶文平等，2018b）。外来人口集聚（尤其是高技能劳动力的集聚）能形成人力资本的正外部性，有利于知识经济和城市多样性发展（Rosenthal 和 Strange，2004；Lissoni 和 Miguelez，2024），不仅体现在团队合作的多样性，也体现在多样性企业的进入。同时，高技能外来人口的集聚通过技能互补的促进作用，促使城市高、低技能劳动者数量都增加（梁文泉和陆铭，2015；Liang 和 Lu，2019），有利于高、低技能密集型产业企业的进入。

　　美国新创企业的数量在过去 30 多年间出现了较为明显的下滑，每年新企业占所有企业数量的比例从 1979 年的 13％下降到 2007 年的 10％（Karahan 等，2024）。这背后重要的原因之一是美国劳动力供给端的变化（Pugsley 和 Sahin，2019；Karahan 等，2024）。Karahan 等（2024）利用结构模型估计发现，劳动力供给增长的下降可以解释美国 1979—2007 年一半左右的新创企业比例的减少。

　　（3）市场需求渠道：由于 $\frac{\partial P}{\partial Mig}>0$，不可贸易产品的价格上涨会降低 a_i^*

　　迁移人口在带来劳动力数量增加的同时也会提升消费需求。特别地，外来人口对当地不可贸易商品和服务的需求上升会推动价格 P 上涨（Autor 和 Dorn，2013；Mian 和 Sufi，2014），从而吸引不可贸易行业的新创企业进入。Greenwood 和 Hunt（1984）认为移民可以提高本地产品的价格和利润，进而导致国家的劳动力需求曲线外移，并构建移民的区域经济模型，将产出需求纳入函数，发现移民的数量影响着当地的需求水平（Greenwood 和 Hunt，1995）。Bodvarsson 等（2008）通过对不同城市各类消费者的零售支出和 9 个不同零售行业劳动力市场的调查发现，外来人口将会增加对流入地城市的消费需求，尤其是只能在本地消费的商品和服务。可见，作为需求效应的一种表现，外来人口流入丰富了流入地城市不可贸易产品的多样性，进而促进不可贸易行业企业的进入。

　　另外，人口迁移促使高技能密集型行业和可贸易行业的发展可以带动低技能密集型行业和不可贸易行业企业数量的增加。He 和 Luo（2020）通过对网络家政大数据的分析，指出高技能外来人口的大量流入会增加对家政人员的需求，导致家政市场供不应求。Moretti（2010）的研究发现，美国城市制造业每增加一个就业岗位,可引致 1.6 个不可贸易部门的就业增长,背后的核心机制在于制造业工人的不可贸易商品需求会推动不可贸易行业的扩张。同样,Wang 和 Chanda(2018)利用中国 2000 年和 2010 年人口普查数据,发现制造业部门每增加 100 个就业岗位,可带来不可贸易部门就业增加 34 个,说明了劳动力不仅是生产者,也是消费者,可带动流入地不可贸易行业的发展。

9.5.2 外来人口的直接创业效应

我们首先检验外来人口的创业概率是否高于本地人口。2010 年 CFPS 微观调查数据提供了详细的个人就业或创业以及户籍状态等信息,基于这一数据,设定模型如下:

$$Entre(0,1) = \beta_1 Immig_i + X_i \Gamma + \delta_c + \in_i \qquad (9.7)$$

其中,$Entre(0,1)$ 为是否创业的虚拟变量。若个体工作状态为自我经营,且单位性质为股份合作、有限责任、私营企业和个体工商户,则 $Entre(0,1)$ 为 1;反之为 0。进一步地,将所有创业活动区分为必要性创业(自我经营且为个体工商户)和机会性创业(自我经营且单位为股份合作、有限责任、私营企业)。

$Immig_i$ 为核心解释变量,即个体是否为外来人口的虚拟变量。根据 2010 年 CFPS 问卷"户口是否在本区县"来界定,户口不在本区县为外来人口($Immig_i = 1$)。回归中同时控制了城市固定效应和一系列个体特征变量:年龄(调查年份-被调查者出生年份)对数、婚姻状况(未婚、同居、丧偶、离婚为 0,有配偶为 1)、性别(男性为 1,女性为 0)、户口(农业户口为 0,非农业户口为 1)等。

结果如表 9.13 所示,第(1)列的结果表明,相比本地人口,外来人口创业的概率显著更高。由于创业者的落户意愿和能力可能高于其他外来人口,如果外来创业者通过落户成为本地户籍人口,会低估外来人口的创业优势。我们尝试使用出生地来定义外来人口,但 CFPS 仅提供出生省份信息,因此在第(2)列的回归中,采用出生地所在省份不同于现居地省份重新定义外来人口,结果依然稳健。

后两列在第(1)列回归模型设定的基础上,进一步区分必要性创业(个体经营)和机会性创业(开办企业),结果表明,外来人口在必要性和机会性创业上的概率都显著高于本地人。结合两类创业在人群中的比例(0.141 和 0.026),外来人口的相对创业优势在必要性创业上为 24.8%(0.035/0.141),远低于在机会性创业上的 73.1%(0.019/0.026)。必要性创业部分反映了外来人口在正式部门就业上的劣势，如缺乏必要的社会网络和就业信息等，导致他们被动地选择自我雇佣。相比之下，机会性创业则反映出创业者主动选择高风险的创业活动。因此，本章发现外来人口在机会性创业上的相对优势仍然明显，表明他们的企业家能力要高于本地人口，从而产生外来人口对创业的直接促进效应。

表 9.13　　　　　机制分析：企业家能力渠道（2010 年 CFPS 微观调查数据）

变量	(1) 创业	(2) 创业	(3) 必要性创业	(4) 机会性创业
外来人口	0.054***	0.042***	0.035**	0.019**
	(0.020)	(0.017)	(0.016)	(0.009)
控制变量	是	是	是	是
城市固定效应	是	是	是	是
Y 均值	0.166	0.166	0.141	0.026
观察值	7 910	7 896	7 910	7 910
R^2	0.098	0.098	0.106	0.032

　　注：第(1)、(2)列被解释变量为个体是否自我经营且企业性质为股份合作、有限责任、私营企业、个体工商户，第(3)列被解释变量为个体是否自我经营且企业性质为个体工商户，第(4)列被解释变量为个体是否自我经营且企业性质为股份合作、有限责任和私营企业。第(1)、(3)、(4)列外来人口为户籍地不在居住区县的个体，第(2)列外来人口为出生省份不在现居住地的个体。控制变量为年龄(对数)、婚姻状况(已婚)、户口(非农)和性别(男)。所有回归控制了城市固定效应。括号内为聚类到城市层面的稳健标准误；***、**、*分别表示 1%、5%、10%的显著性水平。

9.5.3　外来人口的间接促进效应

(1)劳动力供给效应

　　为验证劳动力供给对创业活动的促进作用，本章将外来人口区分为高技能和低技能两类劳动力，其中，高技能劳动力指具有大专及以上学历的个体，否则为低技能劳动力。从劳动力供给侧的影响分析，两类外来人口对不同行业的创业活动产生差异化的影响：高技能外来人口的涌入会促进高技能劳动力密集型或资本密集型行业的创业活动，而低技能外来人口则主要提升低技能劳动力密集型或劳动密集型行业的新企业进入数量。

　　为衡量行业高、低技能劳动力密集度，本章使用 2004 年全国第一次经济普查微观数据,计算某一行业所有雇佣劳动力中高、低技能劳动力的占比。同时,为衡量行业的资本密集度,根据 2008 年全国第二次经济普查微观数据,由行业总资产/行业从业人员数计算而得。与之相对应,本章进一步构造了高技能外来人口与本地人口的比值、低技能外来人口与本地人口的比值,并将这些变量与行业高、低技能劳动力密集型和资本密集型进行交互,分析外来人口对不同类型行业的创业促进效应有何差异。回归控制了省份与行业固定效应,并将标准误聚类到城市层面。

回归结果如表 9.14 所示,高技能外来人口显著促进了高技能劳动力密集型和资本密集型行业的创业活动,而低技能外来人口则会显著提升低技能劳动力密集型和劳动密集型行业的新企业数量,且上述效应在不分类型的创业和民营企业的创业上都发挥了重要的作用。

表 9.14　　　　　　　　　　机制分析:劳动力供给效应(IV)

变量	(1)	(2)	(3)	(4)
	行业高、低技能劳动力占比		行业资本密集程度	
	人均新增创业(整体)	人均新增创业(民营企业)	人均新增创业(整体)	人均新增创业(民营企业)
高技能外来人口比率×高技能劳动力密集型行业	2.705*** (0.686)	2.382*** (0.621)		
低技能外来人口比率×低技能劳动力密集型行业	0.272** (0.128)	0.234** (0.114)		
高技能外来人口比率×资本劳动比			1.124*** (0.127)	0.787*** (0.145)
低技能外来人口比率×资本劳动比			−0.088*** (0.019)	−0.070*** (0.025)
高技能外来人口比率	−0.715*** (0.140)	−0.728*** (0.119)	−5.107*** (0.775)	−3.956*** (0.813)
低技能外来人口比率	−0.150 (0.107)	−0.119 (0.099)	0.458*** (0.122)	0.394*** (0.143)
控制变量	是	是	是	是
省份固定效应	是	是	是	是
行业固定效应	是	是	是	是

变量	(1)	(2)	(3)	(4)
	行业高、低技能劳动力占比		行业资本密集程度	
	人均新增创业（整体）	人均新增创业（民营企业）	人均新增创业（整体）	人均新增创业（民营企业）
Y 均值	0.124	0.105	0.128	0.109
观察值	8 547	8 547	18 951	18 951
R^2	0.257	0.259	0.437	0.500

注:高、低技能劳动力密集型行业基于 2004 年全国经济普查数据中行业高、低技能劳动力雇佣数与行业劳动力总雇佣数的比值。行业资本密集程度(资本劳动比)基于 2008 年全国经济普查数据中行业总资产与行业从业人员的比值。所有回归使用 Leave-one-out Bartik IV,并控制了省份和行业固定效应。括号内为聚类到城市层面的稳健标准误;***、**、* 分别表示 1%、5%、10% 的显著性水平。

相较而言,无论是在区分行业的高、低技能劳动力密集度,还是资本和劳动的相对密集度中,高技能外来人口的创业促进效应都显著高于低技能。高技能劳动力的集聚有利于知识和信息的交流,产生人力资本外部性,从而提高企业的生产效率(Moretti,2004)。根据图 9.4 行业异质性的结果,在人口迁移的创业促进效应最强的五个行业中,有两个行业(信息传输、软件和信息技术服务业,科学研究和技术服务业)属于高技术行业,表明高技能外来人口的大量流入有助于城市涌现更多的高科技行业的创业活动。

(2)本地市场需求效应

为验证外来人口通过提升本地不可贸易商品需求促进城市创业的机制,我们在基准回归的基础上加入外来人口比率与行业不可贸易属性的交叉项。借鉴 He 等(2014)、Mian 和 Sufi(2014)等的研究,本章使用两种方式来区分可贸易与不可贸易行业。

定义一:现有文献通常将批发零售业和住宿餐饮业认定为典型的不可贸易行业(Mian 和 Sufi,2014),因此,第一类方法将批发零售业和住宿餐饮业定义为不可贸易行业,其余为可贸易行业。

定义二:利用 2008 年经济普查数据,基于特定行业在各城市的就业份额构建赫芬达尔指数(HHI)。由于可贸易商品的生产更加依赖专业化分工和规模经济,在地理上会更为集中;而不可贸易行业(如餐饮)为了靠近消费者在地理上相对分散。据此,我们使用 1-HHI 作为衡量行业的不可贸易程度,数据来源于 2008 年第二次全国经济普查。

表 9.15 的结果表明,外来人口对不可贸易行业的创业活动起到了更强的促进作用,使用不同的不可贸易行业的定义得到的结果相似。回顾图 9.4 分行业的回归结果,在人口迁移的创业促进效应最强的五大行业中,有三个行业(批发零售业、租赁和商务服务业、房地产业)具有较强的不可贸易属性。

表 9. 15　　　　　　　　　　机制分析:市场需求渠道(Ⅳ)

变量	(1)	(2)	(3)	(4)
	不可贸易行业定义一		不可贸易行业定义二	
	人均新增创业(整体)	人均新增创业(民营企业)	人均新增创业(整体)	人均新增创业(民营企业)
外来人口比率×不可贸易行业	1.321***	0.858***	0.126***	0.093***
	(0.487)	(0.254)	(0.032)	(0.029)
外来人口比率	0.031	0.011**	−0.025	−0.035
	(0.019)	(0.006)	(0.047)	(0.033)
控制变量	是	是	是	是
省份固定效应	是	是	是	是
行业固定效应	是	是	是	是
Y 均值	0.123	0.107	0.124	0.105
观察值	19 336	19 336	18 951	18 951
R^2	0.490	0.533	0.423	0.491

注:第(1)、(2)列中不可贸易行业指批发零售业、住宿和餐饮业,第(3)、(4)列不可贸易行业的定义使用 1-HHI 度量(HHI 表示某一行业在各城市的就业份额的赫芬达尔指数,根据 2008 年第二次全国经济普查微观数据计算)。所有回归使用 Leave-one-out Bartik IV,并控制了省份和行业固定效应。括号内为聚类到城市层面的稳健标准误;***、**、*分别表示 1%、5%、10%的显著性水平。

9.5.4　进一步分析:城市营商环境的作用

城市营商环境可能对外来人口的创业促进效应产生重要影响。一方面,外来人口在创业时面临信息获取、信贷资源、社会网络等各方面的劣势,而营商环境水平的提高有利于降低这些因素的限制作用,从而充分发挥外来人口的企业家才能优势。另一方面，在营商环境更好的城市，企业家可以更好地利用由外来人口带来的劳动力供给和不可贸易产品需求冲击，及时做出反应，进而转化为新企业的大量诞生。

　　为考察营商环境的作用，我们利用 2005 年世界银行的企业调查数据，在有关投资环境因素的问卷中，调查询问了每个企业在成长发展过程中受到哪些因素的制约。我们选取了与地方政府治理水平相关的一些问题，包括地方保护主义、不稳定的经济与行政政策、有关法律法规的获取、税务征管来构造城市营商环境的指标。原始变量的数值越高，表示企业受到这些因素的制约越大。我们对这些变量进行了标准化处理（处理后均值为 0，标准差为 1），并取其相反数，使得指标正向反映城市营商环境水平。表 9.16 的回归结果表明，营商环境对于外来人口的创业促进效应发挥着关键性的作用：除税务征管的系数不显著外，地方保护主义、不稳定的经济与行政政策和有关法律法规的获取都直接影响着外来人口对城市创业活动的促进效应。

表 9.16　　　　　城市营商环境的异质性分析（Ⅳ）

变量	（1） 地方保护主义	（2） 不稳定的经济与 行政政策	（3） 有关法律法规 的获取	（4） 税务征管
外来人口比率×营商环境	9.274***	6.802***	7.009***	2.351
	(3.448)	(1.097)	(1.491)	(3.080)
外来人口比率	13.121***	13.511***	17.157***	11.383***
	(1.968)	(1.164)	(1.992)	(3.762)
营商环境	−2.638***	−1.570***	−1.483**	−0.509
	(0.939)	(0.593)	(0.633)	(0.671)
控制变量	是	是	是	是
省份固定效应	是	是	是	是
Y 均值	9.484	9.484	9.484	9.484
观察值	117	117	117	117
R^2	0.857	0.874	0.867	0.819

　　注：营商环境来自 2005 年世界银行的企业调查数据，四列回归分别使用了调查问卷中企业受到地方保护主义、不稳定的经济与行政政策、有关法律法规的获取、税务征管方面的制约有多强。对这些变量进行标准化处理，并取相反数，使得数值越高，表示城市营商环境越好。外来人口比率为地级市非本地户籍人数/本地户籍人数，使用 Leave-one-out Bartik IV。所有回归控制了省份固定效应。括号内为标准误；***、**、* 分别表示 1%、5%、10% 的显著性水平。

9.6 结 论

不同于传统文献仅从劳动力供给的角度考察人口迁移带来的岗位竞争效应,本章重点考察人口迁移的岗位创造效应:外来人口由于具有更强的企业家精神,产生对城市创业的直接促进效应;外来人口还会通过提升劳动力供给和本地不可贸易商品需求等,对本地新企业的创立产生间接的促进效应,带来劳动力需求和就业岗位的提升。本章利用人口普查、工商企业注册数据等,实证检验了外来人口的岗位创造效应。为解决人口迁移可能存在的内生性问题,本章基于历史上的迁移网络构造 Bartik IV,两阶段最小二乘法的估计结果表明,外来人口比率越高的城市,其人均新增创业也显著更高。

本章基于个体职业选择模型分析框架,从外来人口的企业家才能、劳动力供给效应和本地需求等方面进行了机制检验。首先,相较于本地人口,外来人口平均而言具有更高的企业家才能,不仅体现在必要性创业(如个体工商户),更体现在机会性创业(如开办企业)。其次,外来人口提升了本地劳动力供给和不可贸易商品需求。具体而言,高(低)技能外来人口的涌入会促进高(低)技能劳动力密集型或资本(劳动)密集型行业的创业活动,并推动本地不可贸易行业新企业进入数量的增加。

本章的实证结果为理解人口迁移的经济后果,以及应对城市就业难题提供了新的视角和思路。一方面,这意味着我国应进一步推动户籍制度改革,实施更加开放的城市落户和流动政策,减少劳动力流动障碍,并通过促进合理配置公共资源,使外来人口更平等地享受公共服务与城市红利。另一方面,2023 年 7 月 24 日,中央政治局会议围绕稳就业、惠民生做出一系列部署,把稳就业提高到战略高度通盘考虑。在这一大背景下,如何充分发挥人口迁移的就业创造效应,是未来政策设计可以充分考虑的方向之一。除了降低劳动力流动障碍,还需改善各地的创业环境,通过提升创业活力来提升经济发展效率。

附　录

附表 9.1　　　　　　　　　　　　　Bartik IV 回归第一阶段

	(1) Leave-one-out Bartik IV (2000)	(2) Leave-one-out Bartik IV (1990)	(3) Bartik IV+ 农业冲击	(4) 非本地户籍 人口数/本地 常住人口数	(5) 非本省出生 人口数/本地 户籍人口数	(6) 5 年内流入 人口数/本地 户籍人口数
外来人口比率	0.149^{***}	0.269^{**}	13.521^{***}	0.381^{***}	0.236^{***}	0.082^{***}
	(0.028)	(0.122)	(1.590)	(0.075)	(0.044)	(0.011)
控制变量	是	是	是	是	是	是
省份固定效应	是	是	是	是	是	是
Y 均值	0.137	0.137	0.137	0.137	0.137	0.137
观察值	256	241	256	256	256	256
R^2	0.928	0.578	0.892	0.824	0.891	0.950

注:第(1)列的核心解释变量为基准回归使用的 Leave-one-out Bartik IV(基于 2000 年流动人口网络),第(2)列的核心解释变量为基于 1990 年流动人口网络构造的 Leave-one-out Bartik IV,第(3)列的核心解释变量为 Leave-one-out Bartik IV+农业收入构造的工具变量,第(4)列的核心解释变量为地级市非本地户籍人口数/本地常住人口数的 Leave-one-out Bartik IV,第(5)列的核心解释变量为地级市非本省出生人数/本地户籍人口数的 Leave-one-out Bartik IV,第(6)列的核心解释变量为地级市 5 年内流入人口数/本地户籍人数的 Leave-one-out Bartik IV。被解释变量为与解释变量相对应的城市非本地户籍人口数与本地户籍人口数(或常住人口数)的比值。控制变量城市人口规模、城市开放程度、金融发展水平和经济发展水平分别表示 2010 年城市常住人口对数、FDI 占 GDP 的比重、城市机构贷款余额占 GDP 的比重、人均 GDP。所有回归控制了省份固定效应。***、**、* 分别表示 1%、5%、10% 的显著性水平。

Bartik IV 的有效性检验

根据 Goldsmith-Pinkham 等(2020)提出的方法,使用 Bartik IV 的估计结果,等价于使用各个地区的迁移份额(Share)直接作为工具变量进行回归得到的结果的加权平均。因此,检验 Bartik IV 的另一种思路是在第二种模型设定下(使用各地区的迁移份额直接作为工具变量)进行过度识别检验。我们使用三种不同的估计方法来进行回归,分别为修正的偏误纠正(Modified Bias-corrected TSLS,MB-TSLS)估计量、有限信息最大似然(Limited Information Maximum Likelihood,LIML)估计量,以及 HFUL 估计量。

附表 9.2 OLS 和 IV 的估计结果比较

	(1) 人均新增创业 （整体）	(2) Over ID test	(3) 人均新增创业 （民营企业）	(4) Over ID test
OLS	12.51		4.37	
	(2.34)		(1.02)	
TSLS(Bartik)	22.61		6.25	
	(7.07)		(5.76)	
TSLS	12.43	59.12	4.34	62.45
	(7.42)	[0.00]	(3.19)	[0.00]
MBTSLS	12.41		4.33	
	(7.48)		(3.42)	
LIML	12.02	496.48	4.29	386.97
	(2.73)	[0.00]	(1.02)	[0.00]
HFUL	49.24	55.62	14.62	54.85
	(158.05)	[0.00]	(8.17)	[0.00]
控制变量	是		是	
省份固定效应	是		是	

注：第（1）、（3）列为使用不同方法得到的流动人口比例的估计系数，第（2）、（4）列为过度识别检验的结果。TSLS(Bartik) 表示本章构建的移民 Bartik IV 估计量；TSLS 表示使用历史移民占比作为独立工具变量的过度识别两阶段最小二乘法估计量；MBTSLS、LIML 和 HFUL 为其他工具变量的估计方法，详见 Goldsmith-Pinkham 等（2020）。所有结果由 2005 年地级市常住人口数量加权得到。圆括号中的标准误通过对各地级市自抽样得到，方括号内为 p 值。

附表 9.2 的结果表明，使用不同方式构造的工具变量得到的回归系数都为正，并且多数回归的系数大小较为接近，说明本章的主要结论并不依赖于历史迁移网络的特定组合方式。第（2）、（4）列的过度识别检验则拒绝了工具变量均为外生的原假设，这一结果可能源于人口流动效应存在地区异质性。为探讨这一可能，附图 9.1 进一步展示了估计量 $\hat{\beta}_0$ 的异质性，大多数 Rotemberg 权重为正的省份的 $\hat{\beta}_0$ 与 Bartik IV 的估计值较为接近，但 Rotemberg 权重为负的省份的 $\hat{\beta}_0$ 与 Bartik IV 的估计值存在较大差距，这可能是附表 9.2 未通过过度识别检验的原因。上述结果表明，本章构造的 Bartik IV 的主体部分能够较好地识别人口迁移的创业促进效应。

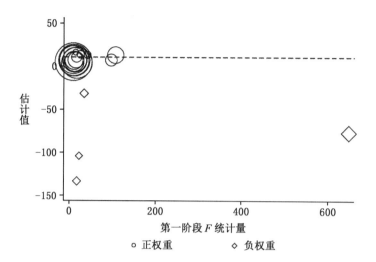

注:纵轴表示对应估计量系数的大小。横轴为一阶段 F 统计量的值,该图仅保留 F 值大于 5 的估计结果。水平虚线表示 Bartik IV 的估计值。圆圈与菱形分别代表 Rotemberg 权重为正和为负的省份的估计值,其形状大小代表 Rotemberg 权重绝对值的大小。

附图9.1　历史移民占比估计量 $\widehat{\beta}_o$ 的异质性

第 10 章

要素市场一体化：城市群内的
市场融合与分割

10.1 引 言

 2014 年中共中央、国务院公布的《国家新型城镇化规划(2014—2020 年)》明确指出,城市群将作为未来城镇化的主体形态。发展城市群经济不仅有利于充分发挥大城市的集聚经济优势,而且可以利用中小城市的成本优势,通过产业协作和功能分工,实现大中小城市和小城镇的协调发展。基于"城市群"和"都市圈"两个关键词,我们从北大法宝网搜集到共计 429 个地方法规和中央法规文件。从图 10.1 中可以观察到,自 2006 年"十一五"规划正式提出城市群概念以来,相关的法规文件开始从理论层面转向实际应用,并逐年增多。《国家新型城镇化规划(2014—2020 年)》进一步明确了城市群在新型城镇化进程中的重要作用,并随着京津冀协同发展、长三角一体化等国家战略的提出,国务院陆续批准了一系列的城市群规划,涵盖了基础设施建设、产业布局、生态环境保护等多个方面。

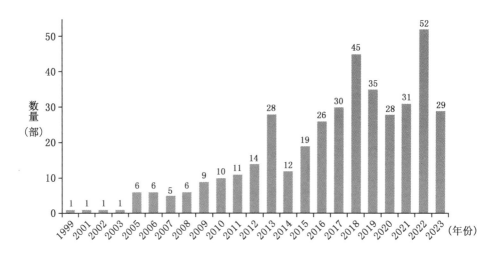

数据来源:北大法宝网。

图 10.1　有关"城市群"和"都市圈"内容的地方行政法规数量

事实上,随着经济发展和产业集聚水平的不断上升,城市群(都市圈[①])已成为发达国家城市化的主要形式(顾朝林,2011)。例如,美国的大都市圈成为经济活动的基本空间单位,都市圈内中心城市与周边小城市之间存在密切的经济联系和人口通勤往来。来自欧美等地区的经验证据表明,城市群对于区域经济发展发挥了重要作用(Portnov 和 Schwartz,2009;Garcia-Lopez 和 Muniz,2011;Meijers 等,2016;Meijers 和 Burger,2017)。

然而,都市圈经济面临的最大问题在于,由于包含众多独立的地方政府,经济和行政意义上的都市圈边界存在差异,造成政治分割(Political Fragmentation)和政府间协调不足(Ostrom 等,1961;Gaigné 等,2016)。根据 Brülhart 等(2015)的研究,在 OECD 国家,50 万人口以上的都市圈平均拥有 74 个地方政府。都市圈内分割的治理结构,导致其在具有外部性的公共事务上(如交通设施投资、土地规划等)缺乏协调,造成巨大的效率损失[②],引起政策界的广泛关注(OECD,2006、2012、2015)。

---

　　① 　虽然我国城市群的地理范围要超过欧美国家的都市圈,但城市群和都市圈在性质上有很多相似之处,由许多不同规模的城市组成,并且这些城市间有较强的经济联系。为表述方便,后文不再区分两者的差异。

　　② 　Cheshire 和 Magrini(2009)、Ahrend 等(2017)分别用最大行政区拥有的人口数占都市圈总人口数的比重,以及都市圈内地方政府的数量来衡量都市圈的政治分割程度,两者都发现政治分割不利于 OECD 国家都市圈的发展。

　　在现行的分权体制下,我国的地方政府不仅提供地方公共品,而且通过控制资本、劳动力和土地市场,引导地方经济发展。分权体制能够充分利用地方政府对当地经济的信息优势(Hayek,1945;Garicano 和 Rayo,2016),并给予地方政府发展经济的强大激励。[1] 然而,分权同时带来了地区间协调不足的问题(Lipscomb 和 Mubarak,2017),尤其是地方政府间的过度竞争导致了地方保护主义和市场分割(Young,2000;周黎安,2004):为了保护辖区内的经济利益,地方政府设置各类行政壁垒,限制商品和生产要素的流动。[2] 这与城市群经济发展的要求相悖:城市群的发展在本质上要求商品和生产要素在城市群内部自由流动。

　　行政壁垒下的市场分割势必造成不同辖区间的资源错配问题,从而阻碍城市群经济的发展。但针对此问题,已有文献很少有涉及。近年来,有关城市群的政策讨论日趋热烈,中央政府相继出台了长三角、长江中游、哈长城市群等发展规划。在此背景下,本章构建资源错配指标以系统反映我国城市群内市场一体化的现状,重点考察行政壁垒造成的城市群内市场分割,最后借由一项行政区划调整改革来检验行政壁垒的产生机制,从而为未来城市群政策的制定提供基础性事实和可能的破解思路。首先,与传统文献使用引力模型、一价法或者专业化程度等衡量市场一体化程度不同[3],本章扩展了 Hsieh 和 Klenow(2009)提出的资源错配衡量方法,使用中国工业企业数据库,测算城市群内不同城市间的资源错配程度,用以刻画市场分割程度。其次,考察我国经济与行政规划意义上的城市群范围是否存在差异,重点考察行政壁垒因素如何影响城市群内各城市间的市场一体化程度。最后,提出区域间行政壁垒的产生机制是分权体制下的地方政府过度竞争,并利用撤县设区改革检验集权化的行政区划改革对区域间资源错配的改善,从而探讨城市群内市场分割的可能解决方法。

　　本章的研究发现,首先,根据市场一体化指标确立的经济意义上的城市群与政

　　[1]　第二代财政分权理论指出,中国的财政分权形成了维护市场的联邦主义(Market Preserving Federalism),在这一体制下,地方政府为了财政收入最大化展开引资竞争,促进了地方经济的快速发展(Montinola 等,1995;Qian 和 Weingast,1997; Jin 等,2005;Xu,2011)。而 Li 和 Zhou(2005)则认为,地方官员的晋升激励构成地方政府发展经济的重要动力。

　　[2]　不同时期地方保护主义的手段、对象、程度等各不相同:实施手段从直接的政府干预不断转向隐形的行政壁垒(李善同等,2004);保护对象从产品市场逐渐转向要素市场(Zhang 和 Tan,2007);对于趋势特征,Young(2000)、Poncet(2003、2005)等认为我国的市场分割有恶化趋势,而李善同等(2004)、Bai 等(2004)、Lu 和 Tao(2009)、Tombe 和 Zhu(2017)等则发现市场一体化程度在加强,尽管对于趋势的判断不同,这些研究都认为我国仍存在较为严重的市场分割情况。

　　[3]　10.3 节指出了这些方法的局限之处。

府确定的城市群规划范围存在差异，这与欧美国家划定城市群或都市圈范围的实践明显不同。其次，规划的城市群内存在着严重的市场分割问题。跨越省界、国有企业比重、地区市场化水平等行政壁垒衡量指标显著影响了城市群内各城市间的资源错配水平。这些结果表明，行政壁垒限制了资源在城市群内部的自由流动，导致城市群市场一体化不足。最后，为检验行政壁垒的产生机制——分权体制下的政府间过度竞争，利用撤县设区作为政策冲击，并基于双重差分模型，发现这一集权化的行政区划调整显著降低了区域间资源错配的水平。这说明一定程度的集权通过加强政府间协调，可有效降低行政区之间过度竞争带来的市场分割问题。因此，建立有效的城市群内部协调机制，是我国未来城市群政策的重要方向。

10.2　背景与文献

10.2.1　我国城市发展战略的演变

城市化是现代经济增长的重要组成部分，我国正经历着人类有史以来规模最大的人口迁移和城市化过程。在此过程中，许多学者对于是以小城市为主还是以大城市为主的城市发展战略展开了持续讨论。改革开放伊始，基于对大城市过度拥挤和贫民窟问题的担忧，加之 20 世纪 80 年代乡镇企业的蓬勃发展，小城镇发展战略被认为是最适合中国国情的城市化道路（费孝通，1983；叶克林和陈广，1985）。1985 年制订的"七五"计划明确提出了"控制大城市规模，合理发展中等城市，积极发展小城市"的战略。此后的"八五"计划、1990 年实施的城市规划法都延续了类似的政策。在这一战略下，通过实施撤县设市、撤乡设镇政策，新设立了一大批小城市和小城镇。如图 10.2 所示，20 世纪 80—90 年代，我国县级市和镇的数量迅速增加。然而，Fan 等（2012）的研究表明，撤县设市在很多地区并未发挥明显的政策效果。

从 20 世纪 90 年代末开始，对于大城市发展的限制开始不断放松（王小鲁，2010；Fan 等，2012），"九五""十五"计划相继删除了限制大城市的语句，强调大、中、小城市的协调发展。许多学者认为，由于存在集聚经济，大城市在提高资源使用效率和改善人们生活水平上具有明显优势（Au 和 Henderson，2006；王小鲁，

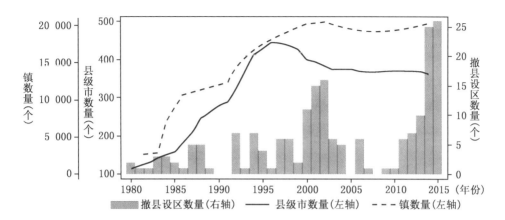

数据来源:中华人民共和国民政部。

图 10.2 城市发展战略与行政区划调整

2010),在这一背景下,撤县设区政策开始广泛施行。如图 10.2 所示,撤县设区数量在 2000 年之后快速增加,由于这一政策加强了被撤并县和中心城区间的政府协调,已有研究发现这一具有集权色彩的政策加速了人口城市化和经济发展(唐为和王媛,2015;Tang 和 Hewings,2017)。

自 2000 年以来,城市化速度加快和人口向大城市的快速集聚带来了城市拥堵、房价上涨等"大城市病"。"十一五"规划提出城市群经济在城市发展中的重要作用,"十二五""十三五"以及《国家新型城镇化规划(2014—2020 年)》不断强调和完善了这一战略。根据这一战略,发展城市群经济不仅可以缓解大城市的拥挤成本、环境资源承载能力不足等问题,也有助于解决小城市因集聚水平过低而缺乏发展动力的问题。通过产业分工协作和资源优化配置,大、中、小城市优势互补、协同发展,有利于实现"兼顾效率和公平"的区域发展。2016 年"十三五"规划明确指出,要充分发挥城市群辐射带动作用,优化发展京津冀、长三角、珠三角三大城市群,形成东北地区、中原地区、长江中游、成渝地区、关中平原等城市群。

10.2.2 城市群与区域经济发展

我国的城市群与欧美国家的都市圈有相似之处,它们都是经济意义上的成片区域,反映了相邻区域间经济联系强化的需要,同时都包含了多个行政意义上的城市区域。许多实证研究发现,都市圈和城市群对于区域经济发展发挥着重要的作用,这些研究多集中于欧美国家(Portnov 和 Schwartz,2009；Garcia-Lopez 和 Muniz,2011；Meijers 等,2016；Meijers 和 Burger,2017)。Glaeser 等(2016)比较了中国、美国和欧洲国家城市体系的差异,发现美国主要是以少数几个中心大城市为主的都市圈,而欧洲更多的是由中小规模的城市形成的城市网络。相对而言,中国庞大的人口规模更适合采用城市网络的发展模式。原倩(2016)基于 Portnov 和 Schwartz(2009)的研究发现我国城市集群有效促进了城市发展,并且这一效应在落后的边远地区更为明显。赵勇和白永秀(2012)、赵勇和魏后凯(2015)测算了我国城市群的功能分工水平,发现城市群空间功能分工与地区经济差距存在倒 U 型关系。

若干文献主要基于空间计量方法,对我国少数城市群内各区域间的经济关联进行了实证研究。这些文献包括对长三角城市群的研究(吴福象和刘志彪,2008；张学良,2010)、对环渤海城市群的研究(Sun 等,2015)、对我国三大城市群的比较(孟可强和陆铭,2011；朱虹等,2012)等,得到的结果不尽相同。吴福象和刘志彪(2008)、张学良(2010)发现长三角城市群内各城市间的城市化和经济发展显示出积极的溢出效应,Sun 等(2015)则发现环渤海城市群内沿海城市的发展并未带动内陆城市的增长。朱虹等(2012)比较了长三角和京津冀城市群的差异,发现北京对环京地区的辐射模式以"空吸"效应为主,而上海对周边地区的影响则以"反哺"效应为主。孟可强和陆铭(2011)的研究也得出类似的结论,发现在三大城市群中,长三角城市群的辐射范围和集聚程度最高。借助空间计量技术能够在一定程度上反映城市群内的经济关联,但局限之处在于,回归系数主要反映了区域经济发展的空间相关性,难以解释背后的经济学含义及空间效应的产生机制。

10.2.3   城市群经济与市场一体化

一般而言,都市圈或者城市群经济的形成,源于劳动力和企业等经济力量在空间上的不断扩张。由于行政区划具有很强的稳定性,经济意义上与行政区划意义上的城市概念存在较大差异。经济意义上的城市区域,都市圈往往有多个平行的辖区政府,由于政府间缺乏协调,地方公共品(如交通基础设施)供给可能偏离最优水平。芝加哥大都市圈被认为是美国行政分割最为严重的都市圈,地理区域跨越三个州,包括的地方政府多达 540 个(Ahrend 等,2017)。OECD 的一项研究报告指出,政治分割导致芝加哥都市圈在基础设施规划和土地利用政策上严重缺乏协调,限制了城市的经济发展(OECD,2012)。Cheshire 和 Magrini(2009)、Bartolini (2015)、Ahrend 等(2017)等对 OECD 国家的研究均发现,政治分割对这些国家的都市圈发展产生了不利影响。Ahrend 等(2017)甚至发现,都市圈内政治分割带来的不利影响与集聚经济带来的生产率提升效应大致相当。Gaigné 等(2016)的一般均衡分析考察了都市圈内行政分割和税收竞争对都市圈经济发展的影响。他们认为,在保持各地方政府独立提供公共品(以保证供给效率)的同时,强调政府间的政策协调对于都市圈的发展至关重要。

城市群经济的形成依赖于商品、劳动力、资本等在城市群内部的自由流动。然而,在中国的分权体制下,地方政府间普遍存在着引资竞争,为了辖区内经济利益的最大化,地方政府设置了大量的行政壁垒。这些直接或隐性的壁垒阻碍了商品和生产要素在地区间的流动,形成严重的市场分割与“行政区经济”(Young,2000;周黎安,2004)。第一,户籍制度限制了劳动力在地区间的流动,导致城市集聚水平不足(Au 和 Henderson,2006)。第二,资本市场上的政策干预导致资本跨区域配置的扭曲(Dollar 和 Wei,2007)。Chen 等(2017)的研究发现,资本价格在各城市间存在着明显差异,行政级别更高的城市在资本市场获得了更多的优惠。第三,基于贸易中的引力模型(Poncet,2003、2005)、一价定律(Young,2000;Holz,2009;陆铭和陈钊,2009)、专业化程度(Bai 等,2004;Lu 和 Tao,2009)等方法,已有研究探讨了我国市场分割的程度以及变化趋势。虽然在趋势的判断上尚存在争议,但研究普遍认为中国在商品市场上仍存在着较为严重的市场分割。

我国城市群涵盖多个地级市,且多数城市群跨越两个以上省份。前述市场分割的“行政区经济”对城市群内部的资源优化配置可能产生不利影响,导致各地区间难以充分实现产业协调分工和优势互补。破除城市群内的行政壁垒,重点在于建立一个可行的区域间协调机制(Ostrom 等,1961)。徐现祥和李郇(2005)、徐现祥等(2007)、张学良等(2017)的研究发现,长三角城市经济协调会在改善长三角城市群市场整合和政策协调上发挥了重要作用。此外,由于市场分割问题很大程度上来自分权的地方治理体制,因此一定程度的集权改革对于加强政府间协调和促进区域市场一体化可能是另一种可行的政策选择。例如,撤县设市改革给予了地级市政府对所辖县区更大的管理权,从而改善了资源配置效率(Bo,2015)。与之类似,2000 年以后频繁发生的撤县设区改革也有助于减少被撤并县与原市区的行政壁垒,从而有利于城市的人口扩张和经济发展(唐为和王媛,2015;Tang 和 Hewings,2017)。

10.3　市场分割的衡量指标:区域间资源错配程度

　　本章考察的核心是城市群内的市场分割程度。文献中衡量市场分割的方法一般包括贸易法、一价法、专业化程度等,这些方法存在诸多局限之处。首先,均基于较强的模型假定,与现实可能相距甚远。Hillberry 和 Hummels(2008)利用美国微观贸易数据,发现区域间贸易在很小的地理范围内迅速衰减,因此基于引力模型所发现的州际贸易的边界效应,实际上包含了较大的加总偏误(Aggregation Bias)。利用专业化程度衡量市场一体化的理论基础是比较优势理论[①],然而影响地区专业化水平的因素除了行政壁垒,还有经济发展水平(Kim,1995)、地方政府的产业政策(吴意云和朱希伟,2015)等,使得该方法造成较大测量误差。其次,数据可得性限制了这些方法的应用,如由于缺乏城市层面数据,引力模型只能利用准确性不高的省际贸易数据。又如,由于缺乏各地区细分商品的详细价格和质量数据,现有文献在应用一价法时往往使用商品大类数据,指标准确性受到影响。此外,以上方法主要用于衡量商品市场分割问题,在地方政府干预的对象逐渐转向要素市场的现实下(李善同等,2004;Zhang 和 Tan,2007),上述方法易造成较大偏误。

　　近年来,若干有影响的经济增长文献利用微观企业数据,考察了经济体内资源错配对地区生产率的影响(Restuccia 和 Rogersson,2008;Hsieh 和 Klenow,2009;Bartelsman 等,2013)。本章基于 Hsieh 和 Klenow(2009)提出的地区内部的资源错配指标,提出地区间资源错配程度的计算方法。市场分割的主要表现形式是产品和要素无法跨地区自由流动,导致资源配置效率出现地区间差异,因此,该指标可以衡量地区间的市场分割程度。相比传统方法,H-K 方法基于更少的模型假设,同时微观企业数据的可得性进一步加强了方法的应用性。此外,该方法能够综合衡量产品和要素市场整体的扭曲程度。

10.3.1　区域内的资源错配

　　假定行业 s 具有 CES 生产函数:

---

　　① 　根据比较优势理论,各地区会集中生产有比较优势的产品,但行政壁垒和贸易保护的存在会减少通过贸易带来的收益,从而降低地区专业化水平。

$$Y_s = \left(\sum_{i=1}^{M_s} Y_{si}^{\frac{\sigma-1}{\sigma}} \right)^{\frac{\sigma}{\sigma-1}} \tag{10.1}$$

行业 s 中的企业 i 采用柯布-道格拉斯生产函数，生产差异化的产品：

$$Y_{si} = A_{si} K_{si}^{\alpha_s} L_{si}^{1-\alpha_s} \tag{10.2}$$

企业的目标是最大化利润函数：

$$\pi_{si} = (1-\tau_{Y_{si}}) P_{si} Y_{si} - \omega L_{si} - (1+\tau_{K_{si}}) R K_{si} \tag{10.3}$$

其中，L 和 K 为劳动力和资本，ω 和 R 表示使用劳动力和资本的单位价格。与微观经济学标准的利润函数不同，方程中增加了两个参数，分别代表企业在产品市场和资本市场面临的扭曲。在完美市场中，不存在任何扭曲，两个参数的数值为 0。然而，当政府对某些企业提供补贴，或对另一些企业征收额外税收时，会导致不等于 0。政府对资本市场的干预会使得企业获取信贷的成本不同（如国有企业和民营企业信贷利率的差异），会导致不为 0。需要指出的是，假定存在产品和资本市场扭曲同假定存在资本和劳动力市场扭曲在模型中是等价的。

当企业增加一单位资本或劳动力带来的边际成本与边际收益相等时，实现均衡。根据一阶条件，容易得到资本市场和产品市场的扭曲程度：

$$\tau_{K_{si}} = \frac{\alpha_s}{1-\alpha_s} \times \frac{\omega L_{si}}{R K_{si}} - 1 \tag{10.4}$$

$$\tau_{Y_{si}} = 1 - \frac{\sigma}{\sigma-1} \times \frac{\omega L_{si}}{(1-\alpha_s) P_{si} Y_{si}} \tag{10.5}$$

最后，行业层面实际的生产率与消除市场扭曲后的有效生产率之间的比值，可以作为衡量资源错配水平的指标。首先，行业层面实际的生产率为：

$$TFP_s = \left[\sum_{i=1}^{M_s} \left(A_{si} \times \frac{\overline{TFPR_s}}{TFPR_{si}} \right)^{\sigma-1} \right]^{\frac{1}{\sigma-1}} \tag{10.6}$$

当资本市场和产品市场中的扭曲全部消除时，各企业的资本和劳动力边际产出相等，此时 $\overline{TFPR_s} = TFPR_{si}$。由此得到行业有效的生产率为：

$$TFP_{s\_efficient} = \overline{A_s} = \left[\sum_{i=1}^{M_s} A_{si}^{\sigma-1} \right]^{\frac{1}{\sigma-1}} \tag{10.7}$$

由错配带来的产出损失可由 $\overline{A_s}/TFP_s$ 表示，该数值越大，表示行业 s 潜在有效产出相对于实际产出越大（资本和劳动力投入给定），资源错配程度也越高。将行业错配加总后可得到经济体整体的错配程度：

$$\frac{Y_{actual}}{Y_{efficient}} = \prod_{s=1}^{S} \left[\sum_{i=1}^{M_s} \left(\frac{A_{si}}{A_s} \times \frac{\overline{TFPR_s}}{TFPR_{si}} \right)^{\sigma-1} \right]^{\frac{\theta_s}{\sigma-1}} \tag{10.8}$$

其中,Y_{actual} 是地区真实的总产出,$Y_{efficient}$ 是在消除扭曲后的有效产出,θ_s 是行业 s 在总产出中的份额。

10.3.2　区域间的资源错配

H-K 方法只能衡量经济体内部的资源错配程度。本章在 H-K 方法的基础上,提出衡量区域间资源错配的方法。假定存在地区 1 和 2,首先计算得到这两个地区内各自的效率损失和(区域内资源错配)。其次,将两个地区合为一个整体,重新计算整体效率损失。其中:

$$e_{region1} \triangleq \frac{Y_{efficient\_region1}}{Y_{actual\_region1}} \tag{10.9}$$

$$e_{region2} \triangleq \frac{Y_{efficient\_region2}}{Y_{actual\_region2}} \tag{10.10}$$

$$e_{both} \triangleq \frac{Y_{efficient\_both}}{Y_{actual\_both}} \tag{10.11}$$

最后,定义区域间资源错配为:

$$
\begin{aligned}
IJM_{12} &\triangleq \frac{Y_{efficient\_both} - Y_{efficient\_region1} - Y_{efficient\_region2}}{Y_{actual\_region1} + Y_{actual\_region2}} \\[2mm]
&= \frac{e_{both} \times Y_{actual_{both}} - e_{region1} \times Y_{actual_{region1}} - e_{region2} \times Y_{actual\_region2}}{Y_{actual\_region1} + Y_{actual\_region2}} \\[2mm]
&= \frac{(e_{both} - e_{region1}) \times Y_{actual\_region1} + (e_{both} - e_{region2}) \times Y_{actual\_region2}}{Y_{actual\_region1} + Y_{actual\_region2}}
\end{aligned} \tag{10.12}
$$

在排除区域内资源错配后,衡量了行政区之间的市场扭曲所导致的资源错配。根据这一定义,可以衡量任意两个地区之间由于各类市场扭曲导致的资源错配,错配程度越高,说明两地之间市场一体化程度越低。由于存在测量误差和模型设定偏误,H-K 方法可能高估实际的资源错配水平(Hsieh 和 Klenow,2009;Haltiwanger 等,2018)。然而,只要这些偏误在各区域间不存在系统性差异,使用总体和区域内错配水平的差值[如式(10.12)所示]衡量区域间资源错配可有效避免上述问题。

基于上述方法,本章使用国家统计局 1998—2007 年工业企业数据库中的企业增加值、资本存量、工资、行业代码以及行政区划代码等信息,衡量城市群内各城市

间的资源错配程度。① 部分地区由于行政区划调整，导致行政代码发生变化，本章
进行了统一化处理。关于资本和劳动力的产出弹性，由于我国存在着资本和劳动
力市场扭曲，如果直接采用中国企业的资本和劳动份额计算，可能导致出现较大误
差。与 Hsieh 和 Klenow(2009)的策略相似，本章采用美国相应行业的劳动份额，
并将其对应于我国两位数国民经济行业代码。美国各行业的劳动收入份额来自美
国国家经济研究局生产率数据库(NBER Productivity Database)。与 Hsieh 和
Klenow(2009)采用固定资产账面价值衡量企业资本不同，本章利用 Brandt 等
(2012)提出的方法，对固定资产进行平减，获得企业实际的资本存量。

10.4　城市群的界定

　　首先，本部分界定本章研究所用的城市群，名单来自国家出台的各城市群规
划；其次，利用上文提出的指标，计算各城市群内的市场分割情况；最后，根据城市
间的市场分割指标，将由市场一体化程度较高的地区构成的城市群称为经济意义
上的城市群，讨论规划的城市群边界与经济意义上的城市群边界是否存在差异。

10.4.1　本章使用的城市群界定方法

　　根据欧美国家的经验，城市群或者都市圈的边界主要以不同行政区之间的人
口通勤频率等指标来决定。美国管理与预算办公室(Office of Management and
Budget)给出了美国大都市圈的定义及名单，大都市圈通常由一个核心城市(超过 5
万人)以及多个与其有紧密经济关系的县组成。这里的经济关系主要是由外围县
与核心城市的劳动力通勤比率衡量。具体标准是，外围县至少 25％的劳动力在核
心城市工作，或者外围县 25％的就业来自居住在核心城市的居民。② 随着经济活动
的空间集聚不断发生变化，美国都市圈的数量以及范围也在持续调整。2000 年，美

---

① 由于 2008—2013 年的工业企业数据库缺乏某些关键变量，本章的分析仅限定在 1998—2007 年。
② 美国都市圈的名称及其标准也在不断调整，1949 年为 Standard Metropolitan Area (SMA)，1959 年
变为 Standard Metropolitan Statistical Area (SMSA)，之后又经历数次变化(O'Sullivan，2012)。现在所采用
的标准被称为 Core Based Statistical Area (CBSA)，包括 Metropolitan 和 Micropolitan Statistical Areas 两种。
其中 Micropolitan Statistical Area 是指核心城市人口在 1 万－5 万之间的小型都市圈，2013 年共有 581 个。
通常所说的美国大都市圈一般指 Metropolitan Statistical Area，其中核心城市人口须在 5 万以上。

国共有 361 个大都市圈,2013 年增加至 374 个。

我国的城市群并非根据上述标准确立。目前对我国城市群的数量和边界还缺乏共识,本章研究的城市群来自 2015 年以来国务院相继批准的各城市群规划。2015 年 3 月和 4 月,原中央财经领导小组和中共中央政治局先后审议通过了《京津冀协同发展规划纲要》。此后,国务院相继通过了长江中游(2015 年 4 月)、哈长(2016 年 3 月)、成渝(2016 年 4 月)、长江三角洲(2016 年 6 月)、中原(2016 年 12 月)、北部湾(2017 年 2 月)等城市群发展规划,界定了城市群所包含的城市名单。依据这些名单,加上 2019 年 2 月发布的《粤港澳大湾区发展规划纲要》,构成了本章所采用的城市群界定方法(具体名单详见附录)。

10.4.2　我国城市群内的市场分割

基于前文给出的方法和数据,首先,以城市群内每一个城市为研究对象,根据式(10.4)、式(10.5)计算企业层面的商品和资本市场扭曲程度。其次,进行反事实分析,消除所有企业层面的市场扭曲,根据式(10.7)、式(10.8)得到两位数行业以及城市层面最有效的产出水平。得到每一个城市实际产出和最有效率产出后,将城市群 c 内的城市两两配对,根据式(10.12)计算得到城市间资源错配程度。随着市场一体化程度的提高,资源在城市间的配置效率得以改善,在此意义上,反映了城市间的市场分割程度。在后文的分析中,用来衡量城市群 c 内城市 i 和 j 之间的市场分割程度。

图 10.3 给出了各城市群内平均市场分割程度。相较而言,长三角、珠三角和京津冀城市群内的市场分割程度更低。而在三大城市群中,长三角和珠三角城市群内的市场一体化水平相比京津冀更高,这与孟可强和陆铭(2011)、朱虹等(2012)的研究结论相一致。从时间维度来看,图 10.4 显示,1998—2007 年城市群内的市场一体化水平有了较为明显的提高。

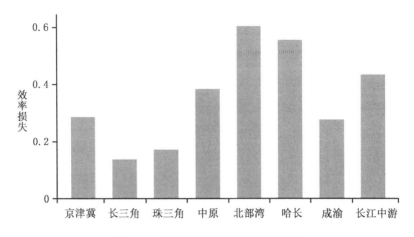

图 10.3　各城市群市场分割程度比较

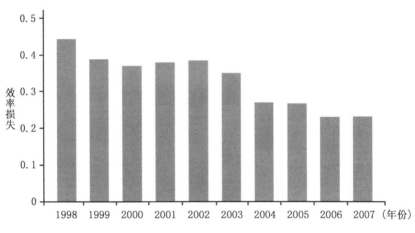

图 10.4　城市群平均市场分割程度变化趋势

10.4.3　经济与规划意义上的城市群

城市群经济的首要特征是，相邻地区间具有较高的市场一体化程度，商品和要素可以跨越行政边界自由流动，这也是欧美国家划定城市群或都市圈范围时参考的重要指标。根据区域间市场整合程度划分的城市群，可称为经济意义上的城市群。一个重要的问题是，由政府规划的城市群范围与经济意义上的城市群是否一致？

政府规划的城市群范围与经济意义上的城市群边界并不一致,并且不同城市群之间有着较大差异。长三角、珠三角、成渝城市群内的市场整合程度较高;京津冀城市群内的北京与天津市场整合程度较高,但其他城市的市场整合程度不高;中原、哈长、长江中游、北部湾城市群内部仍存在着较为严重的市场分割问题。另外,我国广大沿海地区的市场一体化程度普遍较高,可形成一个巨型城市带,与美国大西洋沿岸大都市带(波士顿—纽约—华盛顿)、日本太平洋沿岸大都市带(东京—名古屋—大阪)相媲美。

表 10.1 进一步考察城市群规划在划定城市群范围时,是否充分考虑了边界城市与城市群内部城市之间的市场整合情况。采用如下策略回答这一问题:将除京津冀和珠三角城市群[①]之外的六大城市群内的所有城市分为内部城市和边界城市,当城市群内某一城市的所有空间相邻城市都属于同一城市群时,定义为内部城市,否则为边界城市;所有与边界城市空间相邻但不属于该城市群的城市,定义为边界备选城市。表 10.1 以边界和边界备选城市为研究对象,考察这些城市与内部城市的市场一体化程度(即城市间资源错配程度)如何影响它们被纳入特定城市群的概率。

表 10.1　　　　　　　　市场一体化与城市群规划边界的选择

	(1)		(2)	
	系数	标准误	系数	标准误
与内部城市间的资源错配	−0.194	(0.155)		
与内部城市间的资源错配*				
长三角			−2.565***	(0.704)
中原			0.566	(0.356)
北部湾			−0.139	(0.658)
哈长			−0.048	(0.312)
成渝			−0.898**	(0.397)
长江中游			0.025	(0.302)

①　由于京津冀和珠三角城市群尚未出台正式的城市群规划,因此这里不予考虑。

	(1)		(2)	
	系数	标准误	系数	标准误
距离（100 千米）	-0.821^{***}	(0.125)	-0.814^{***}	(0.127)
距离平方	0.034^{**}	(0.017)	0.034^{**}	(0.017)
常数项	1.980^{***}	(0.543)	1.194^{*}	(0.632)
样本量	2 390		2 390	
伪 R^2	0.107		0.113	

注:被解释变量为该城市是否属于某一城市群。*** $p<0.01$，** $p<0.05$，* $p<0.1$。

在控制了与内部城市的距离及其平方项后,表 10.1 第(1)列显示,城市群边界两侧的城市被纳入城市群的概率和它们与内部城市间的资源错配水平并无显著关系,这意味着在平均意义上,城市群规划边界的划定并未充分考虑城市间的市场整合程度。第(2)列分城市群的结果表明,不同城市群规划的边界确定存在很大差异。长三角和成渝城市群较好地遵循了市场规律,与内部城市一体化程度更高的边界城市更有可能被纳入城市群规划。然而,中原、北部湾、哈长和长江中游城市群的资源错配水平系数不显著,有些甚至为正,说明城市群规划与经济意义上的城市群范围存在差异。

虽然规划的城市群与经济意义上的城市群存在差异,但考虑到未来有关城市群发展的一系列政策和工作主要围绕中央政府划定的城市群展开,对这些城市群的研究具有重要的现实含义。后文将以规划的城市群为研究对象,考察造成城市群内市场分割的原因以及可能的解决思路。

10.5　行政壁垒与城市群内的市场分割

本部分使用资源错配指标,通过回归分析探讨影响城市群内城市间资源错配(用以衡量市场分割程度)的因素,重点分析行政壁垒因素(如行政边界等)如何影响城市群内的市场一体化。采用的识别策略如下:

$$Seg_{cijt} = X_{cijt}\beta + \delta_{it} + \varepsilon_{cijt} \tag{10.13}$$

回归样本的基本单位是城市群内任意两个城市构成的城市对,以长三角城市群为例,共 26 个城市,每年可构成 650(26×25)个城市对样本。其中,Seg_{cijt} 表示

城市群 c 内城市 i 和 j 之间在 t 年的资源错配水平，以衡量两个城市之间的市场分割程度。为减少异常值对本章结果的影响，本章对变量在5％和95％分位数上进行缩尾处理。X_{cijt} 为一组衡量城市群内行政壁垒的解释变量，包括省界虚拟变量（城市对跨越省界＝1）、城市对平均国有企业比重以及市场化水平等。δ_{it} 表示 $i \times t$ 的固定效应，在控制了 δ_{it} 后，X_{cijt} 的估计系数可解释为，拥有一个共同城市 A 的两组城市对（如 AB 和 AC），由于 X_{cijt} 的差异导致的城市间资源错配程度的差异。例如，控制上海×年份固定效应后，系数反映的是，在上海与长三角其他 25 个城市构成的城市对样本内部，由于 X_{cijt} 的差异导致的资源错配差异。这样设置是为了缓解可能的遗漏变量问题：相对于比较上海—南京、杭州—苏州等城市对的资源错配程度，上海—南京、上海—杭州、上海—苏州等城市对之间更为可比。

城市群内的行政壁垒因素难以直接衡量，为此，采用两种测度方式。首先，考察城市群内的资源配置效率是否存在行政边界效应，从而反映区域间行政壁垒对市场一体化的影响。我国地区之间的竞争主要是行政区之间的竞争，因此商品和生产要素的流动障碍应体现在跨越行政边界的行政干预，形成所谓的"行政区经济"或"诸侯经济"。已有文献发现，区域间贸易、经济发展、产业分布等均存在显著的（省份）边界效应（Poncet，2005；周黎安和陶婧，2011；Duvivier 和 Xiong，2013；Cai 等，2016）。若区域间的行政因素导致了城市群内的市场分割，推测行政边界两侧的资源配置效率将显著更低。我国大多数城市群跨越多个省份，后文将重点考察省界效应。

其次，根据现有文献，使用国有企业比重、市场化水平等指标间接衡量行政壁垒。国有企业是地方政府财政收入的重要来源，也是地方保护主义的首要保护对象。许多研究发现，国有企业的比重与地方保护主义和行政壁垒的程度高度相关（Bai 等，2004；Lu 和 Tao，2009；刘瑞明，2012）。市场的竞争和资源的流动性会提高地方保护主义的成本，因此市场发育程度将限制地方政府设置行政壁垒的能力，即市场化水平与行政壁垒之间应该存在负相关关系。

10.5.1　城市群内的边界效应

本部分识别城市群内各城市间的资源配置是否存在边界效应。具体而言，以图 10.5 为例，AB 和 AC 为两对相邻城市对，AB 同属一省，AC 分属两省，在其他条件相同的情况下，AB 和 AC 在城市间资源错配上的差异可归因于"省界效应"，在很大程度上可以反映行政壁垒导致的市场分割程度。

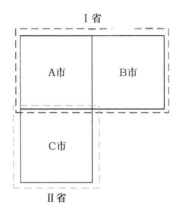

图 10.5　识别城市群内的边界效应

　　表 10.2 给出了城市群内省界效应的实证结果。控制年份固定效应后,第(1)列结果显示,城市对如果跨越省界,资源错配程度(即产出损失)将会提高 5.3%。第(2)列控制了城市对间的距离及其平方项、城市群×年份的固定效应,发现对于同处一个城市群的城市对,省界效应降至 3.2%。第(3)列进一步控制了城市 i×年份固定效应,结果反映了拥有共同城市 i 的城市对 ij 样本内部的资源错配水平差异。图 10.5 中的两组城市对拥有共同城市 A,根据第(3)列的结果,跨越省界的城市对 AC 比 AB 资源错配水平高出 3.6%。为进一步保证城市对的可比性,第(4)、(5)列仅使用空间距离相近的城市对样本,将距离分别限定在 300 千米和 150 千米,得到的结果基本一致。

表 10.2　　　　　　　　　　省界与城市群内市场一体化

	被解释变量:城市间市场分割程度				
	(1)	(2)	(3)	(4)	(5)
跨越省界	0.053***	0.032**	0.036***	0.046***	0.045**
	(0.013)	(0.014)	(0.012)	(0.012)	(0.019)
距离(100 千米)		0.056***	0.051***		
		(0.015)	(0.013)		
距离平方		−0.007***	−0.006***		
		(0.003)	(0.002)		

续表

	被解释变量：城市间市场分割程度				
	(1)	(2)	(3)	(4)	(5)
年份固定效应	是	否	否	否	否
城市群×年份固定效应	否	是	否	否	否
城市 i ×年份固定效应[a]	否	否	是	是	是
样本量	23 580	23 580	23 580	15 836	6 252
调整 R^2	0.050	0.262	0.351	0.352	0.355

注：研究样本为 1998—2007 年 8 个城市群内任意 2 个城市构成的城市对，被解释变量为城市对的资源错配程度，代表城市群内城市间的市场分割程度。第(4)、(5)列分别将样本限定在距离为 300 千米、150 千米的城市对。括号内是城市对一级的聚类标准误。*** $p<0.01$，** $p<0.05$，* $p<0.1$。

a：控制城市 i ×年份固定效应后，跨越省界虚拟变量的估计系数可解释为，拥有一个共同城市 A 的两组城市对(如 AB 和 AC)，由于跨越省界导致的城市间资源错配程度的差异。

区域经济发展出现边界效应的原因是，在分权体制下，当经济活动存在正外部性时，地方官员对于行政区域边界上的投资缺乏激励，导致边界地区发展不足。周黎安和陶婧(2011)发现，处于省份边界上的县人均 GDP 显著更低。Poncet(2005)使用省际贸易数据，发现省界显著抑制了国内货物的流动性。与之类似，当经济活动存在负外部性时，会产生相反的边界效应。Duvivier 和 Xiong(2013)、Cai 等(2016)发现，污染性的行业更多出现在靠近省份边界的地区。本章使用资源错配程度作为区域间市场分割的指标，从全新的角度给出了省界效应存在的证据。即便在发展程度和经济联系更强的城市群地区，我国仍存在着显著的边界效应，这与中央政府促进区域市场一体化的目标相悖。

10.5.2　国企比重、市场化水平对城市群内市场分割的影响

考察行政壁垒效应的另一策略是，使用国企比重、市场化水平等指标，间接反映行政壁垒与市场分割的关系。表 10.3 给出了城市对平均国有企业比重以及市场化水平对城市群内市场分割的影响。其中，国企比重指城市对国有企业的增加值之和占城市对所有企业增加值之和的比例，数据来自工业企业数据库。市场化水平来自樊纲等(2011)编写的《中国市场化指数》。在控制了城市对距离及其平方

项、城市×年份固定效应后，第(1)列的结果显示，国企比重较高的城市对之间的资源错配水平显著更高，即更高的市场分割程度。高国企比重与城市行政干预水平有关，间接反映了城市间的行政壁垒程度。采用该指标的文献得到了类似的结论：刘瑞明(2012)使用"一价法"推测省际市场分割程度，发现一省国企比重与该省市场分割程度显著正相关，认为这与地方政府对国有企业的隐性补贴密不可分；Bai 等(2004)、Lu 和 Tao(2009)的研究均发现，国有企业占比越高的行业，专业化程度越低，反映了地方保护主义和行政壁垒限制了产业向高效率地区的集聚。

第(2)、(3)列考察了城市对所在省份的平均市场化水平对城市群内市场一体化的影响。与预期一致，平均市场化水平以及金融市场化水平越高，城市间的资源错配越低，说明城市群内市场一体化程度越高。党的十八届三中全会强调要发挥市场在资源配置中的决定性作用，市场化水平的不断上升将会限制地方政府通过行政壁垒干预资源流动的能力，有利于区域市场一体化的形成。

表 10.3　　　　　　　　国企比重、市场化水平与城市群内市场一体化

	被解释变量：城市间市场分割程度		
	(1)	(2)	(3)
高国企比重	0.043***		
	(0.009)		
市场化水平		−0.033***	
		(0.007)	
金融市场化水平			−0.017***
			(0.006)
距离	0.065***	0.064***	0.063***
	(0.013)	(0.013)	(0.013)
距离平方	−0.007***	−0.007***	−0.007***
	(0.002)	(0.002)	(0.002)
年份固定效应	是	是	是
城市 i×年份固定效应	是	是	是
样本量	23 580	23 580	21 256
调整 R^2	0.114	0.162	0.158

注：研究样本为 1998—2007 年 8 个城市群内任意 2 个城市构成的城市对，被解释变量为城市对的资源错配程度，代表城市群内城市间的市场分割程度。国企比重为城市对内国有企业的

附加值占所有企业总附加值的比重,当城市对的平均国企比重高于中位数时,高国企比重(虚拟变量)等于1。市场化水平和金融市场化水平来自樊纲等编写的历年《中国市场化指数》,数值越大表示该省市场发育程度越高。城市 i×年份固定效应的含义详见表10.2。括号内是城市对一级的聚类标准误。*** $p<0.01$, ** $p<0.05$, * $p<0.1$。

　　表10.4分析了国企比重和金融市场化水平不同的地区,城市群内的省界效应是否存在差异。与预期相一致,国企比重越高的地区,以及市场化水平和金融市场化水平更低的地区,省界对资源错配的影响程度越高。这说明,"省界效应"在不同地区存在着显著的异质性,减少对国有企业的扭曲性补贴以及提高地区市场化水平,都有助于降低"省界效应",提高区域经济一体化的水平。

表 10.4　　　　　　　　　国企比重、市场化水平与省界的交互效应

	被解释变量:城市间资源错配程度		
	(1)	(2)	(3)
跨越省界	−0.000	0.239***	0.174***
	(0.017)	(0.051)	(0.046)
跨越省界*			
高国企比重	0.072***		
	(0.015)		
市场化水平		−0.031***	
		(0.007)	
金融市场化水平			−0.020***
			(0.006)
距离(100千米)	0.075***	0.076***	0.071***
	(0.018)	(0.018)	(0.018)
距离平方	−0.009***	−0.010***	−0.009***
	(0.003)	(0.003)	(0.003)
城市 i×年份固定效应	是	是	是
样本量	23 580	23 580	21 256
R^2	0.286	0.286	0.286

　　注:研究样本为1998—2007年8个城市群内任意2个城市构成的城市对,被解释变量为城市对的资源错配程度,代表城市群内城市间市场分割程度。其他变量含义和来源详见表10.2、表10.3。括号内是城市对一级的聚类标准误。*** $p<0.01$, ** $p<0.05$, * $p<0.1$。

10.5.3　稳健性检验

将城市群内的省界效应归因于行政壁垒导致的市场分割可能存在测量误差问题。考虑到经济和政治等因素,我国历史上省界的划分主要基于山川形便、犬牙交错,当前的省界基本沿袭了历史上的划分。山川的阻隔增加了区域间的交通成本,阻碍两地的经济文化交流,造成文化分割,这些都可能增加区域间资源错配和市场分割的程度。因此,省界效应可能也包含了文化、交通等方面的因素。为剔除这些因素的影响,做以下处理:

首先,利用方言来控制文化差异对区域间市场一体化的影响。根据许宝华和宫田一郎编著的《汉语方言大词典》(1999 年),汉语分成 10 种方言大区、25 种方言区、109 种方言片。一系列文献使用方言来考察文化差异对经济活动的影响(刘毓芸等,2015;高翔和龙小宁,2016;刘毓芸等,2017)。本章采用刘毓芸等(2017)的方法,利用两地区间方言上的差异衡量广义上的文化差异。其次,为了控制地形对区域间市场一体化的影响,采用 NASA 发布的 SRTM 90m Digital Elevation Database v4.1 数据[①],并结合中国行政区划图,计算出每个城市的平均坡度,用以控制地形导致的交通成本差异。

表 10.5 给出了控制文化与交通因素后城市群内的省界效应。前三列控制了方言差异Ⅰ、Ⅱ、Ⅲ虚拟变量,分别比较处于不同方言大区、方言区和方言片的城市对的市场分割程度差异。方言差异Ⅰ和Ⅱ的系数为正,说明文化差异可能加剧了市场分割,而更小层次的方言差异Ⅲ并没有进一步加强分割程度。与表 10.2 第(3)列结果相比,省界效应略有降低:跨越省界导致的资源错配由 3.6% 降低至 3.2%和 3.1%。第(4)、(5)列分别控制了城市对的平均坡度值以及坡度虚拟变量(是否超过中位数),略有意外的是,平均坡度的提高并未加剧城市群内的市场分割,这可能是由于本章研究的城市群往往是优先和重点开发区域,地形并非主要的约束条件。总之,控制方言和地形差异并未明显削弱省界效应,城市群跨越省界对于城市间市场分割的影响始终显著为正。

---

① 可参阅 http://www.cgiar-csi.org/data/srtm-90m-digital-elevation-database-v4-1。

表 10.5 控制文化与交通因素后城市群内的省界效应

	被解释变量:城市间市场分割程度				
	控制文化差异			控制交通成本	
	(1)	(2)	(3)	(4)	(5)
跨越省界	0.032**	0.032***	0.031**	0.049***	0.051***
	(0.012)	(0.012)	(0.013)	(0.016)	(0.016)
方言差异Ⅰ	0.018	0.002	0.002		
	(0.011)	(0.032)	(0.032)		
方言差异Ⅱ		0.017	0.020		
		(0.032)	(0.032)		
方言差异Ⅲ			−0.010		
			(0.015)		
平均坡度				−0.006***	
				(0.002)	
高坡度					−0.015
					(0.011)
距离(100 千米)	0.048***	0.048***	0.051***	0.053***	0.052***
	(0.013)	(0.013)	(0.014)	(0.014)	(0.013)
距离平方	−0.006***	−0.006***	−0.006***	−0.006***	−0.006***
	(0.002)	(0.002)	(0.002)	(0.002)	(0.002)
城市 i×年份固定效应	是	是	是	是	是
样本量	23 580	23 580	23 580	23 580	23 580
调整 R^2	0.352	0.352	0.352	0.353	0.352

　　注:研究样本为 1998—2007 年 8 个城市群内任意 2 个城市构成的城市对,被解释变量为城市对的资源错配程度,代表城市群内城市间市场分割程度。方言差异Ⅰ、Ⅱ、Ⅲ均为虚拟变量,当两城市来自不同的方言大区、方言区和方言片时,这些变量等于 1。高坡度为城市对平均坡度是否超过中位数的虚拟变量。括号内是城市对一级的聚类标准误。*** $p<0.01$, ** $p<0.05$, * $p<0.1$。

10.6 结 论

根据《国家新型城镇化规划(2014—2020 年)》,未来 10—20 年我国将形成超过 10 亿左右的城市人口。在未来城镇化战略中,城市群经济被提到了至关重要的位置。通过城市群内部大、中、小城市的功能分工和协调发展,从而形成健康的城市体系,是未来我国城镇化工作的重要方向。然而,分权体制下地区间行政壁垒的广泛存在限制了城市群内要素的自由流动,造成资源错配和市场分割问题,在很大程度上限制了城市群经济的发展。

本章基于 Hsieh 和 Klenow(2009)衡量区域内资源错配的方法,利用中国工业企业数据库,通过构造区域间资源错配指标,考察了我国主要城市群内的市场整合情况,重点检验了行政壁垒的效应。结果显示,首先,根据市场一体化程度确立的城市群与中央政府规划确定的城市群范围存在差异,规划城市群内各城市间存在着严重的资源错配情况。其次,研究发现城市群内存在显著的行政边界效应:省界进一步恶化了城市间的资源配置效率。在国企比重高、市场化水平低的地区,城市间资源错配更加严重。上述结果均意味着,由于行政壁垒的广泛存在,行政边界降低了资源的空间流动性,导致我国城市群内各城市间的经济联系和市场一体化程度不足。最后,本章指出,分权体制下的地方政府过度竞争是造成行政壁垒的重要原因,为检验这一假说,利用撤县设区的政策实验和双重差分方法,发现这种带有集权色彩的地方治理改革有助于促进区县间的市场整合,在一定程度上破解了行政壁垒问题。

本章的结果为未来城市群政策的制定提供了基础事实和可能的改革方向。地区间的产业分工与合作需要跨越行政边界,城市群经济的发展本质上要求资本、劳动力等生产要素在各地区间可以自由流动。为破除地方政府过度竞争导致的行政壁垒,城市群内的地区治理体制需要一定程度的集权化改革,以加强区域间经济活动的协调,促进城市群内的市场整合。《国家新型城镇化规划(2014—2020 年)》明确指出,要加快推进城市群一体化进程,建立和完善跨区域城市发展协调机制,破除行政壁垒和垄断,促进生产要素自由流动和优化配置。

附　录

本章使用的城市群名单：

京津冀城市群包括北京、天津和河北所有城市。

珠江三角洲城市群包括广州、深圳、珠海、佛山、东莞、中山、江门、肇庆、惠州9个城市。

长江中游城市群是以武汉城市圈、环长株潭城市群、环鄱阳湖城市群为主体形成的特大型城市群，规划范围包括湖北省武汉市、黄石市、鄂州市、黄冈市、孝感市、咸宁市、仙桃市、潜江市、天门市、襄阳市、宜昌市、荆州市、荆门市，湖南省长沙市、株洲市、湘潭市、岳阳市、益阳市、常德市、衡阳市、娄底市，江西省南昌市、九江市、景德镇市、鹰潭市、新余市、宜春市、萍乡市、上饶市及抚州市、吉安市的部分县（区）。

哈长城市群规划范围包括黑龙江省哈尔滨市、大庆市、齐齐哈尔市、绥化市、牡丹江市，吉林省长春市、吉林市、四平市、辽源市、松原市、延边朝鲜族自治州。

成渝城市群具体范围包括重庆市的渝中、万州、黔江、涪陵、大渡口、江北、沙坪坝、九龙坡、南岸、北碚、綦江、大足、渝北、巴南、长寿、江津、合川、永川、南川、潼南、铜梁、荣昌、璧山、梁平、丰都、垫江、忠县27个区（县）以及开州区、云阳的部分地区，四川省的成都、自贡、泸州、德阳、绵阳（除北川县、平武县）、遂宁、内江、乐山、南充、眉山、宜宾、广安、达州（除万源市）、雅安（除天全县、宝兴县）、资阳15个市。

长江三角洲城市群包含上海市，江苏省的南京、无锡、常州、苏州、南通、盐城、扬州、镇江、泰州，浙江省的杭州、宁波、嘉兴、湖州、绍兴、金华、舟山、台州，安徽省的合肥、芜湖、马鞍山、铜陵、安庆、滁州、池州、宣城26个市。

中原城市群以河南省郑州市、开封市、洛阳市、平顶山市、新乡市、焦作市、许昌市、漯河市、济源市、鹤壁市、商丘市、周口市、山西省晋城市和安徽省亳州市为核心发展区。联动辐射河南省安阳市、濮阳市、三门峡市、南阳市、信阳市、驻马店市，河北省邯郸市、邢台市，山西省长治市、运城市，安徽省宿州市、阜阳市、淮北市、蚌埠市，山东省聊城市、菏泽市等中原经济区其他城市。

北部湾城市群规划范围包括广西壮族自治区南宁市、北海市、钦州市、防城港市、玉林市、崇左市，广东省湛江市、茂名市、阳江市和海南省海口市、儋州市、东方市、澄迈县、临高县、昌江县。

第 11 章

区域协作机制的新探索

11.1 从区域竞争到区域协作

自 1978 年起,我国经济改革的一条主线便是权力下放,这既体现在政府向市场的放权,也体现在中央向地方政府的放权。通过减少政府对经济活动的直接干预,引入市场机制,我国逐步完成了从计划经济到市场经济的转型。同时,中央政府将更多经济决策的权力下放至地方政府,赋予了地方政府在推动经济发展中的自主性和灵活性。

在分权体制下,我国广泛实施了差异化的区位导向性政策(Place-based Policies)。一方面,通过设立经济特区、沿海开放城市和开发区等措施,充分释放东部地区的发展潜力,带动了全国范围内的经济增长;另一方面,为了实现区域均衡发展,我国进一步实施了西部大开发、中部崛起和东北老工业基地复兴等战略,通过财政支持和政策倾斜,帮助经济相对落后的地区加快发展。

近年来,中央区域政策的重心逐渐从过去强调特定区域的经济发展转向区域间的合作与协调发展。新政策导向更加注重区域间的联动发展,力求通过区域合作实现更广泛、更均衡的经济增长。2020 年 4 月 10 日,在中央财经委员会第七次会议上,习近平总书记强调要构建以国内大循环为主体、国内国际双循环相互促进的新发展格局。2020 年 5 月 14 日,中共中央政治局常委会会议首次提出深化供给侧结构性改革，充分发挥我国超大规模市场优势和内需潜力，构建国内国际双循环相互促进的新发展格局，之后新发展格局在多次重要会议中被提及。

在党的二十大报告中，有两部分内容与区域经济发展密切相关，进一步阐述了这一新方向：一是构建高水平社会主义市场经济体制。构建全国统一大市场，深化要素市场化改革，建设高标准市场体系。完善产权保护、市场准入、公平竞争、社会信用等市场经济基础制度，优化营商环境。二是促进区域协调发展。深入实施区域协调发展战略、区域重大战略、主体功能区战略、新型城镇化战略，优化重大生产力布局，构建优势互补、高质量发展的区域经济布局和国土空间体系。

自 2018 年以来，中央政府频繁出台政策文件，旨在推动区域协调发展、完善要素市场化配置体制，并加快建设全国统一大市场。这些政策文件体现了中央政府在新时代背景下的战略调整和对我国经济高质量发展的长远规划。

2018 年 11 月 18 日，中共中央、国务院发布了《关于建立更加有效的区域协调发展新机制的意见》，强调通过建立和完善区域协调发展机制，推动各地区协调联动、优势互补，力求缩小区域发展差距，促进全国范围内的均衡发展。

2020 年 3 月 30 日，中共中央、国务院发布了《关于构建更加完善的要素市场化配置体制机制的意见》，提出要素市场化改革是提升资源配置效率的关键，强调要通过改革完善土地、劳动力、资本、技术和数据等要素市场机制，促进要素自由流动。

2020 年 5 月 11 日，中共中央、国务院发布了《关于新时代加快完善社会主义市场经济体制的意见》，明确了加快完善社会主义市场经济体制的必要性，强调通过深化市场化改革、完善产权制度和要素市场化配置，为中国经济发展提供制度保障。

2022 年 3 月 25 日，中共中央、国务院发布了《关于加快建设全国统一大市场的意见》，进一步明确了全国统一大市场的建设目标，要求通过打破区域壁垒、建立统一的市场规则和标准，推动全国市场一体化。

区域协调发展和全国统一大市场的建设，对我国经济实现高质量发展以及共同富裕的战略目标都具有深远意义。

高质量发展（效率）：通过打破区域壁垒，统一市场规则和标准，资源能够在更广泛的范围内进行优化配置，从而提高整体经济的运行效率。统一大市场的建设有助于企业更好地进入市场、扩大规模，并减少交易成本和制度性障碍，进而促进产业升级和技术创新。中国作为一个发展中大国，拥有广阔的市场和丰富的资源，实现全国统一大市场是充分利用这一大国优势的前提条件。

共同富裕(公平):全国统一大市场的构建与实现共同富裕的目标紧密相关。市场的统一和开放,会使各类生产要素得以自由流动,向效率最高的区域集聚。不同地区和不同教育背景的劳动者能够在一个公平的平台上竞争,凭借自身的能力和努力获得相应的、公正的回报,这有助于消除劳动力市场的地域性壁垒,促进劳动收入的普遍提高。然而,在统一大市场的建设过程中,可能会伴随着资本和劳动力向沿海大城市的集中,导致不同地区之间经济规模的差距扩大。共同富裕的核心在于实现人的全面发展和富裕,而不仅仅是简单地缩小地区间的发展差异。只有实现资源的自由流动和合理配置,才能发挥市场机制兼顾效率和公平的功能。

分权被广泛认为是我国经济增长奇迹的重要制度基础,然而分权面临着激励与协同的权衡问题。一方面,分权激发了地方政府的发展积极性,通过政府间竞争提升区域基础设施建设和营商环境水平,带来城市发展效率的快速提高;另一方面,分权也容易导致地方政府各自为政,缺乏跨区域合作的激励,引起一系列负面效应,如边界效应、市场分割和恶性竞争等。

近期多项涉及政府治理结构的改革,体现了中央政府应对分权体制下区域协调不足问题的解决思路,这些改革举措包括:

环保系统垂直化改革:为了更有效地应对环境污染问题,我国在环保系统进行了垂直化改革,将市县地方环保部门的管理权限逐步收归省级环保部门。这一改革旨在减少地方政府在环境执法中的干预,提高环境监管的独立性和权威性。

司法系统垂直化改革:司法系统的垂直化改革是为了加强法院和检察院的独立性,减少地方政府对司法的干预。通过实施法院和检察院的人、财、物省级统管,有助于构建一个更加公正、独立的司法体系,提升司法公信力。

国地税合并:2018 年,中央政府决定将国家税务总局和地方税务局合并,成立新的国家税务总局。国地税合并的目的是简化税收征管体制,提高税收管理效率,减少纳税人的负担。这一改革有助于统一税收政策,减少地区之间的税收竞争,进一步推进全国统一大市场的建设。

省直管县改革的停滞:省直管县改革曾是我国地方治理体系中的重要改革方向,旨在减少中间行政层级,提升县级政府的自主权。但近年来这项改革逐渐停滞,通过撤县设区加强地级市的资源统筹能力成为各地行政区划改革的重点。

京津冀、长三角、粤港澳大湾区的统筹协调机构:为促进区域经济一体化发展,中央政府设立了京津冀协同发展、长三角一体化发展和粤港澳大湾区建设的统筹协调机构,以加强区域内不同行政区之间的协调。通过设立统筹协调机构,中央政府试图打破行政区划的限制,促进区域经济的高效协作。

11.2　区域协作的新趋势:基于地方政府法规文件的分析

　　为了全面了解地方政府在开展区域协作上的实践和趋势,我们利用北大法宝网地方法规数据库,基于"协作""合作""协同"和"城市群"4 个关键词,通过"关键词匹配"方式筛选出了相对应的地方法规文件。剔除中外合作、政企合作、社会资本合作等非政府间合作的地方法规,在此基础上,按照文件内容是否包含多个政府名称(包括省名称、城市名称和县名称),最终确定有关地方政府间合作的法规文件。

　　图 11.1 展示了地方政府间合作的法规文件在不同年份的分布情况。数据显示,自党的十八大以来,政府间合作的法规数量显著增加,特别是在 2017 年达到了顶峰。总体来看,我国地方政府间的关系已经从改革开放以来强调地方政府竞争,逐步转变为自党的十八大之后频繁出现的地方政府合作,反映出我国在区域政策上的重要调整。

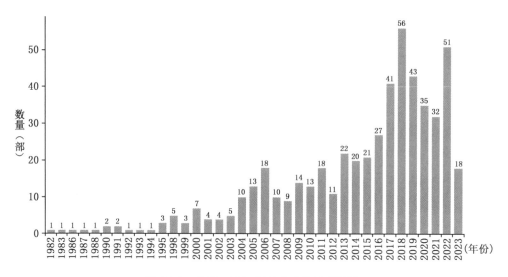

图 11.1　1982—2023 年地方合作法规数量

　　图 11.2 进一步细化了地方政府间合作的具体类型。合作主要集中在扶贫和经济与区域经济发展,这反映出地方政府在扶贫攻坚、经济建设以及推动区域协调

发展方面的合作尤为紧密。此外,地方政府间的合作还扩展到了基础设施、科技创新、环境保护、文化与旅游等多个领域。

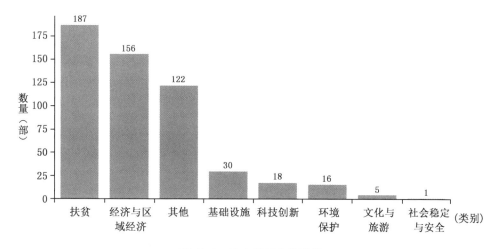

图 11.2　地方政府合作类型

图 11.3 详细记录了 1982—2023 年在"扶贫"类别上地方合作法规的数量变化。2016 年,中共中央办公厅和国务院办公厅联合发布《关于进一步加强东西部扶贫协作工作的指导意见》,这一政策文件显著增强了地方政府在扶贫领域的合作力度,导致 2017 年之后相关法规数量急剧上升。随着中央政府提出到 2020 年消除极端贫困的目标逐步实现,扶贫领域的合作法规数量开始逐步减少。

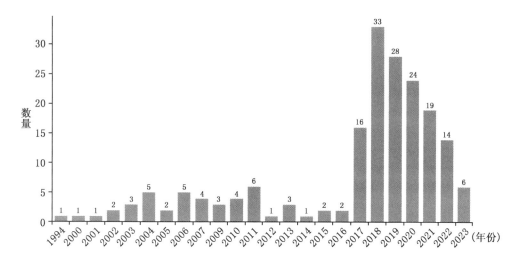

图 11.3　"扶贫"类别的地方合作法规数量

经济与区域经济合作是地方政府间合作的另一个关键领域(见图11.4)。近年来,中央政府提出的一系列战略目标,如区域协调发展战略、以国内大循环为主体的双循环发展模式,以及全国统一大市场的建设等,都为地方政府间的经济合作提供了新的机遇和动力。自党的十八大以来,这些战略的实施促进了地方政府在经济与区域经济领域的合作数量稳步增长。

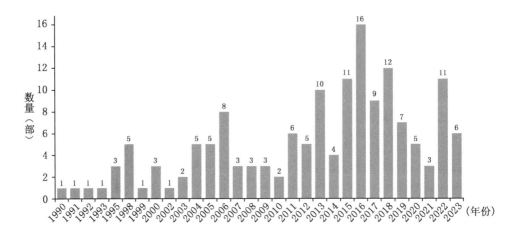

图 11.4 "经济与区域经济"类别的地方合作法规数量

具体到政府间合作的区域分布,广东与广西之间的协作尤为显著。数据显示,广东和广西不仅在合作参与度上位居前列(如图11.5所示),而且在相互合作次数上也是最多的省(区)(如图11.6和图11.7所示)。广东与广西之间紧密的合作关系源自2016年中共中央办公厅、国务院办公厅发布的《关于进一步加强东西部扶贫协作工作的指导意见》,文件明确提出对口扶贫协作政策。在这一政策框架下,广东与广西被指定为扶贫协作伙伴,两地在扶贫、经济发展等关键领域的合作显著增加。广东作为经济发达地区,能够向广西提供资金、技术和管理经验等方面的支持,而广西则可以利用其丰富的自然资源和劳动力优势,促进双方的互利共赢。这种基于政策导向的合作模式不仅有助于缩小地区发展差距,推动区域协调发展,也是实现共同富裕的重要途径。

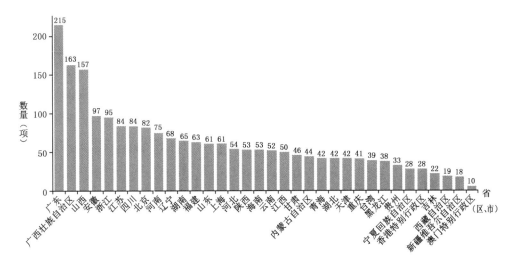

图 11.5　区域间合作的省(区、市)参与度

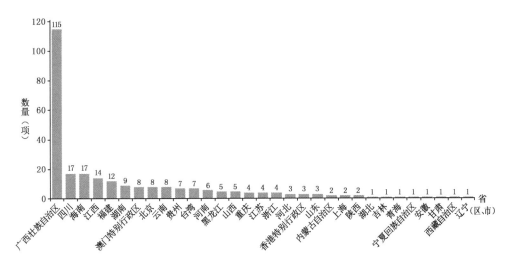

图 11.6　广东省跨区域合作对象

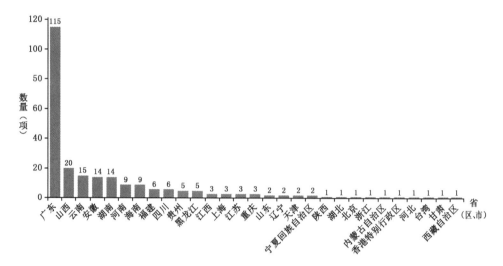

图 11.7 广西壮族自治区跨区域合作对象

此外,根据政府层级划分,地方政府间的合作可以分为省级、市级和县级三个层面。图 11.8 的数据显示,地方政府间的合作主要集中在县级和市级政府之间,尤其是县级政府间的合作数量最为庞大。这种合作模式可能与地方政府职能和资源分配有关,县级政府更接近基层,更易于实现具体的合作项目和政策落实。

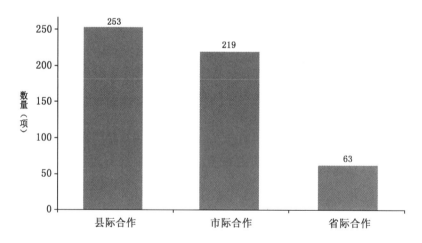

图 11.8 地方政府合作的行政层级分类

进一步观察合作对象的地理分布,大部分的合作是跨省的,这一特征既体现在市际合作(如图 11.9 所示),也体现在县际合作(如图 11.10 所示)。这种现象可以从两个角度来解释:

　　首先,省内的县市之间可能更多地依赖省级政府的协调和指导,通过省级层面的政策文件和规划来实现区域间的平衡发展和资源整合,从而减少了单独地区间合作的需求。

　　其次,地方政府在选择合作伙伴时,可能更倾向于与不同行政区域的地区进行合作。这样做的好处是可以避免与同一行政区域内的直接竞争对手形成竞争关系,同时跨区域合作有助于资源共享、优势互补,促进更广泛的经济发展和区域平衡。

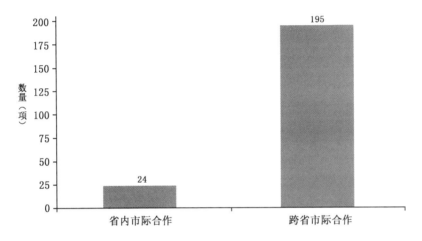

图 11.9　市际合作对象的区域分布

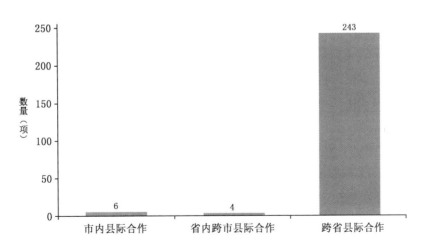

图 11.10　县际合作对象的区域分布

11.3　区域协调发展的体制机制探索

促进区域协调发展，关键在于体制机制建设。市场分割、区域协调不足的问题根源在于分权体制下利益协调机制的缺乏。在我国的分权体制中，地方政府拥有较大的自主权，这一方面激发了地方经济的活力，另一方面也导致了地方政府在经济发展中缺乏有效的协调与合作。解决市场分割问题，本质上有两个途径：

（1）改变现有的分权体制，通过行政体制改革加强地区间协调。这一途径是通过改变分权体制来解决区域协调不足的问题，具体可通过行政区划改革来实现，例如，实施撤县设区、合并行政区划等政策，使得原本分散的行政区域能够在一个统一的行政框架内进行协同发展。这种方式能够通过行政区划的优化，减少地方政府之间的利益冲突，促进区域间的统一规划和资源共享，从而推动市场的一体化和协调发展。

（2）在不改变分权体制的前提下，建立城市间的利益协调机制。这一思路通过建立和完善城市间的利益协调机制来解决市场分割问题。例如，通过建立区域合作机制、城市群规划，以及跨区域的协调机构，促进各地政府在经济发展中的互联互通和合作共赢。该策略的优势在于它既能够保持地方政府的自主性，又能够加强跨区域的经济协作。

建立区域间的利益协调机制，进一步可以分为自上而下和自下而上两种路径，如京津冀协同发展和长三角城市群的实践。此外，针对具体事务还可以建立专门性的协调机制，如环境领域中的跨区域横向补偿机制，环境治理常常涉及多个行政区域的协调与合作。为应对跨区域的环境问题，可以建立横向补偿机制，如在新安江和黄河治理过程中，相关省份通过建立补偿机制，确保上游地区在加强环保措施时，能够获得来自下游受益地区的资金支持。税收领域的"飞地经济"，通过跨区域合作开发特定经济区，基于税收共享和利益分配，打破行政区划的限制，实现区域经济协同发展。投资领域的政府引导基金，通过多地政府共同设立政府引导基金，或者政府引导基金的跨区域投资，实现政府资本的跨区域流动和资源整合。

11.3.1　自上而下与自下而上:京津冀协同发展与长三角经济一体化

在我国区域经济协调发展战略中,京津冀协同发展和长三角经济一体化是两个典型案例,分别代表了自上而下和自下而上两种不同的区域协调模式。这两种模式在目标、实施路径、政府与市场的作用等方面各有特点,也面临各自的挑战。通过对比这两种模式,可以更好地理解区域协调发展的内在逻辑和未来发展的可能路径。

(1)京津冀协同发展

2014 年,中央政府明确提出京津冀协同发展战略,旨在通过京津冀三地的协调合作,解决北京的"大城市病"问题,促进区域经济均衡发展,并提升整体竞争力。在这一过程中,中央政府起到了至关重要的推动作用。国家层面通过一系列顶层设计和政策指引,确保了京津冀地区在重大项目、基础设施建设和环境治理等方面的协调统一。例如,疏解北京非首都功能、天津滨海新区的开发,以及河北的生态保护和产业转移,都在中央政府的主导下有序推进。自上而下的模式能够迅速整合资源,动员各方力量,以国家战略为导向推动区域发展。

然而,这种自上而下的模式也面临一些挑战。首先,地方政府的积极性和自主性可能受到一定影响,在执行过程中可能出现过度依赖中央政府指令的现象,缺乏灵活性和地方创新。其次,京津冀三地在行政管理体制、利益分配和发展目标上存在一定分歧,这也为区域协调发展带来了挑战。

(2)长三角经济一体化

与京津冀协同发展不同,长三角经济一体化更多体现了自下而上的区域协调模式。在这一模式中,地方政府和市场力量起到了主导作用,通过自主合作和市场机制的推动,实现了区域经济的深度融合和共同发展。上海、江苏、浙江和安徽四地政府在多年的合作中,形成了一套成熟的协调机制,推动了区域内的资源整合和产业联动。

自下而上的模式具有较强的灵活性和适应性。地方政府在推动区域一体化过程中,能够根据自身的实际情况和市场需求,灵活调整发展策略。同时,市场机制的作用在长三角一体化中得到了充分发挥,企业在区域内自由流动、跨区域布局,推动了产业链的深度整合和区域竞争力的提升。

然而,自下而上模式的局限性在于,由于缺乏中央政府的强力干预和统一指挥,长三角地区的协调进展相对缓慢,尤其是在涉及跨区域的重大基础设施建设和公共服务均衡方面,往往需要更长时间达成共识。此外,地方政府之间的竞争在一定程度上可能导致利益分配不均,影响整体协调效果。

两种模式各有优势,也都存在不同的挑战。如何在这两种模式之间找到平衡,可能是实现区域协调发展战略的关键。对于需要迅速推进的重大国家战略和跨区域合作项目,中央政府的自上而下推动无疑是必不可少的。然而,在落实这些战略的过程中,仍需充分尊重地方政府的自主权,鼓励地方创新,确保政策的落地效果和区域发展的可持续性。

因此,区域协调发展应当结合自上而下与自下而上的优势,在中央与地方之间、政府与市场之间建立起更加紧密和有效的合作机制,推动区域经济在协调中实现更高质量的发展。这种综合的协调模式,既能发挥中央政府的统筹作用,又能激发地方政府和市场的创新活力,是未来区域经济一体化发展的重要方向。

11.3.2　横向政府补偿机制：新安江的治理

新安江流域的治理是我国生态环境保护和跨区域协调合作的成功案例,展示了横向政府补偿机制在解决跨省域环境问题中的重要作用。新安江跨越安徽省和浙江省,作为华东地区重要的水源和生态保护区,其水质和环境状况直接影响两省的经济和社会发展。然而,随着经济的发展和城市化的推进,新安江流域曾一度面临严重的环境污染问题,尤其是在上游地区,工业废水和农业面源污染使得新安江水质逐渐恶化,这不仅威胁到了下游浙江省的饮用水安全,也影响了整个流域的生态平衡。

在此背景下,横向政府补偿机制应运而生,成为新安江治理中的关键一环。新安江横向政府补偿机制是中国首个跨省流域生态补偿机制试点,自 2012 年起实施,至今已完成三轮试点。浙江省作为下游受益方,在水质保护上具有强烈的诉求,而安徽省作为上游主要污染源的所在省份,其经济发展和环境治理之间存在一定的矛盾。因此,双方在中央政府的协调下,经过多轮谈判达成共识,决定通过经济补偿的方式进行合作。浙江省每年向安徽省提供资金补偿,用于支持上游地区的污染治理和生态修复工程。与此同时,安徽省承诺加强流域内的环境监管,减少污染物排放,确保新安江的水质能够持续改善。

在前三轮试点中,新安江流域生态补偿机制主要以水质考核结果为依据,通过资金补偿的方式进行。例如,在首轮试点中,若年度水质达到考核标准,则浙江省拨付安徽省 1 亿元,否则相反。随着试点的深入,补偿资金的规模和水质考核标准都有所提高,同时引入了更多的合作领域,如绿色金融、新兴产业、传统农业、文旅产业、人才交流等,以促进区域间的协同发展。

2023 年 6 月,浙皖两省签署了《共同建设新安江—千岛湖生态保护补偿样板区协议》,标志着第四轮试点的开始。这一轮试点不仅扩大了补偿资金的规模,还引入了产业和人才补偿指数,构建了资金、产业、人才全方位的补偿成效评价体系。补偿范围也从原来的 3 市 10 县扩至 4 市 34 县区,并探索了园区共建、产业协作、人才交流等多种方式。

然而,横向补偿机制在推广过程中也面临一些挑战,包括如何制定合理的补偿标准和分担机制,以及缺乏完善的法律法规和政策支持等。总体来说,新安江治理为横向政府补偿机制的应用提供了成功案例,展示了经济激励与生态保护相结合的有效路径。未来,这一机制有望在更多跨区域的环境治理中发挥作用,为实现中国的绿色发展和区域协调发展做出更大贡献。

11.3.3 跨区域税收分享:飞地经济

飞地经济是一种跨区域经济合作模式,旨在通过在异地设立产业园区等,实现区域间的资源整合和优势互补。根据区域间的经济发展水平和合作方向,飞地经济可以分为两种主要模式:

一是飞地经济 1.0:发达地区主动向欠发达地区建立产业园区。这种模式主要源自发达地区对周边欠发达地区的扶持,主动在这些地区设立产业园区。这种园区不仅可以帮助发达地区的产业进行外溢和扩展,也可以通过带动欠发达地区的经济发展,缩小区域间的发展差距。

二是飞地经济 2.0:欠发达地区向发达地区建立产业园区。这种模式则是欠发达地区为了吸收发达地区的先进技术、管理经验和市场资源,主动在发达地区设立产业园区。通过这种方式,欠发达地区能够更直接地融入发达地区的经济圈,提升企业的创新实力。

在飞地经济模式下,利益共享是其核心机制之一。通过税收分成、GDP 核算等方式,飞地经济合作中的各方能够合理分配合作带来的经济利益,确保合作的持续性和共赢性。2017 年 5 月,国家发展改革委等八部委联合印发《关于支持"飞地经济"发展的指导意见》，明确支持打破行政区划界限，创新跨区域合作机制，规范指标统计口径和方法，发展"飞地经济"。

长三角是"创新飞地"经济最为活跃的区域。随着长三角一体化发展向纵深推进，以"借脑、借力、借生态"为核心的"创新飞地"模式在长三角区域广泛推开。2020年12月20日，科技部发布了《长三角科技创新共同体建设发展规划》（国科发规〔2020〕352号），明确三省一市的高校、科研机构、企业、中介机构等创新主体实现跨界合作，以"科创＋产业"为引领，在生物医药、集成电路等高科技领域推动创新要素跨省界自由流动。

在长三角地区中，浙江省发展"创新飞地"最为积极。2021年10月27日，浙江省科学技术厅发布《关于进一步支持省际创新飞地建设和发展的指导意见（试行）》，鼓励各县市设立跨区域创新合作平台，促进省际"创新飞地"建设和发展，提升创新资源配置和集聚能力。浙江省经信厅印发《关于建设数字经济"飞地"平台的指导意见》，围绕集成电路、高端软件、人工智能等数字经济核心产业在长三角布局一批产业"飞地"。

上海是"创新飞地"经济中主要的"飞入地"。近年来，浙江、江苏等地相继在上海建立合作园区。例如，青浦区共有苏、浙、皖"创新飞地"13处。

不同的"创新飞地"在运作模式、产业布局、招商政策等方面存在很大差异，结合笔者于2023年在上海、浙江等多地"创新飞地"的实地调研，归纳总结了一些有代表性的"创新飞地"案例及其发展模式。

（1）跨省飞地：温州（嘉定）科创园

2018年，温州积极融入长三角一体化国家战略，与上海市嘉定区合作，布局打造科技飞地的合作模式，建立温州（嘉定）科创园区，形成"研发在上海、转化在温州、生产在温州"的一体化合作格局。不同于其他飞地的第三方运营模式，温州（嘉定）科创园由温州市科技局下属单位温州市工业科学研究院团队负责运营，是科技局直属单位，有利于飞地与企业、政府部门的对接。

温州（嘉定）科创园一期已经形成较为成熟的产业体系，聚焦于智能装备、生命健康、数字经济以及新材料和新能源等行业，截至2023年共有28家企业入驻园区，其中23家为企业研发中心、5家为产业孵化，共有300余名研发人员。2022年新增研发投入经费3.41亿元，企业申报各项专利著作权共1 176项。入驻企业中有18％的企业是孵化企业，86％的企业仍处于创新研发阶段。

（2）省内飞地，飞出地主导：诸暨岛—杭州港

诸暨岛—杭州港作为诸暨市与杭州市区域协同发展的尝试，依托"一岛一港"的互动模式，促进了产业、人才和政策的深度融合。在此模式下，"诸暨岛"专注于研发与创新，而"杭州港"则侧重于生产与制造。尽管两者分布在不同的地理位置，但通过一体化的服务机制，为入驻企业提供了包括三年免租、装修及设备补贴等在内的多项激励政策，以及涵盖从项目落地到运营的全方位服务。值得一提的是，诸暨滨江的双向科创飞地已于 2020 年被认定为浙江省首个"飞地型"双创示范基地，而杭州在诸暨建立的 3 个"杭州港"则提供了总计达 15 万平方米的物理空间，主要孵化智能视觉、航空航天、新材料和生命健康等产业。

诸暨岛的企业入驻率基本处于满负荷运营状态。运营公司实施了动态流通策略，即每当有企业退出时，都会及时引入新的企业，以保持园区总体面积在 15 000 平方米的动态平衡，从而实现土地资源的高效利用。为确保入驻企业的科研成果能够返回到诸暨进行产业化生产，诸暨岛提出了双向建设的模式：在杭州市滨江区的研发中心和在诸暨的生产基地建设必须同步进行，只有在诸暨能够生产落地才可以使用滨江飞地的优惠政策。

诸暨岛—杭州港双向科创飞地的运营采取市场化机制，委托外部运营公司——智臻联行公司——负责园区内企业的运营。不同于其他飞地运营公司，智臻联行不仅帮助企业整合科创资源和进行日常服务，还会在企业招商和人才招引中充分发挥市场机制，在企业的进出和退出中拥有话语权。在具体招商过程中，首先，由智臻联行在全国各地寻找创新科创项目，并对项目进行初步筛选；其次，由政府进行二次审查，主要关注该项目自有资金是否有保障、是否有销售订单、能否进行产业化生产等。同时，诸暨市政府也会利用政府产业引导基金对园区内部分企业进行直接投资，引导基金的子基金要求 30% 的注册资本金来自社会资本，以保障投资项目拥有充分的市场前景。

（3）省内飞地，省政府主导：浙江人才大厦与衢州海创园

与自发形成的"创新飞地"不同，由省级政府主导成立的飞地承担了缩小地区发展差距的政策任务。例如，2001 年浙江省扶贫暨欠发达地区工作会议提出"山海协作"工程，旨在发挥浙江的山海资源优势，推动欠发达地区跨越式发展。其中，"飞地经济"是重要举措之一。2022 年 12 月 19 日，中共浙江省委十五届二次全会提出，要完善"山海协作＋飞地经济"模式，打造具有全国影响的"山海协作"重大活动平台。

2022 年,江苏省科技厅为贯彻落实省委、省政府关于深化南北结对帮扶合作的决策部署,出台多方面举措,支持苏北、苏南建立"科创飞地",促进创新要素开放共享,推动南北产业链创新链双向融合。对南北共建的科创飞地连续 3 年按每年 100 万—200 万元给予专项资金补助扶持,3 年后经评估成效显著的,再给予 2 年连续支持。

浙江人才大厦:浙江人才大厦是浙江省为推动人才发展和区域一体化而建立的重要平台,位于杭州未来科技城,向省内除衢州外的 9 个设区市和杭州市下辖的桐庐、淳安、建德三县市开放,产业形态涵盖了数字经济、新能源科技、智能制造、大数据管理、生物科技等领域。浙江人才大厦探索了跨区域引才新模式,实行省级统筹、各设区市推荐、属地政府提供配套服务的管理模式,旨在通过"工作生活在杭州、服务贡献在全省"的新型引才方式,聚集偏远地区的人才,推动杭州公共服务资源优势向省内其他设区市人才延伸覆盖。

衢州海创园:衢州海创园是浙江省首个跨区域"飞地",位于杭州未来科技城,是衢州市与杭州市合作的成果,旨在推动区域协调发展和共同富裕。海创园首创了"研发孵化在杭州,产业转化在衢州,工作生活在杭州,创业贡献为衢州"的模式,通过这种模式,衢州能够利用杭州的人才和科技资源,同时将产业和税收留在衢州。衢州海创园的建设主要经历了两个阶段:一期工程于 2013 年 1 月开工,2016 年 4 月正式运营,占地 26.7 亩,共有 4 幢综合大楼,总建筑面积 6.76 万平方米,总投资约 3.2 亿元。二期工程于 2017 年 8 月启动,2021 年 11 月 8 日落成开园,占地 48.96 亩,总建筑面积 13.1 万平方米,投资额 11.97 亿元。

浙江人才大厦和衢州海创园都是浙江省在推动区域协调发展和人才战略方面的创新实践,它们具有一些共同的特征:首先,两者均由浙江省统筹设立。其中,衢州海创园是在省委、省政府"八八战略、山海协作"的大背景下建立的,而浙江人才大厦则是杭州响应省委要求打造全省创新共同体的一项举措。其次,飞地的招商工作由企业属地政府负责。浙江人才大厦企业以各地级市党委组织部自主评审与筛选,并出具推荐介绍函的形式入驻;衢州海创园由衢州市招商局下设招商组,面向全国招商并引入园区。

然而,相比诸暨岛—杭州港,浙江人才大厦和衢州海创园在市场化运作方面还存在一些挑战。例如,由于政府对企业引入的审核较严格,以及行政部门在市场化运营能力上的不足,可能导致入驻率和空间利用率较低。此外,园区管理方作为运营单位,缺乏招商、引资、引才的权力,这也限制了运营效率的提高。

整体而言,"创新飞地"在建设和运营过程中表现出一些突出问题:

飞入地与飞出地的利益分配和知识产权归属问题:创新飞地作为飞出地企业设置在飞入地的创新平台,必然涉及飞出地与飞入地之间的利益分配问题,既要保证飞出地的投资回报率,又要使飞入地取得与其投入的人才、科研资源相匹配的收益。此外,如何确保研究成果顺利应用到飞出地发展当地产业,实现建设创新飞地的最初目标,知识产权方面的界定不可或缺。

创新飞地运营阶段突发情况的应对问题:在创新飞地的建设阶段,不论是自上而下还是自下而上的合作模式,两地政府、企业都应当有明确的分工。但在其运营阶段,无法预知是否会存在突发的问题或是意料之外的收益。由哪个主体来决策应对,又由哪个主体承担相应责任,有待于在体制机制上进行合理界定。

飞入地(以上海为代表)在飞地经济中的获益问题:在创新飞地这一模式中,飞入地在很大程度上是提供关键资源的一方。飞入地是否应大力支持创新飞地模式、可能从哪些方面获益、如何使其有持续的参与意愿等,都是值得关注的话题。

飞地经济作为一种跨区域合作模式,在促进区域协调发展和资源共享方面发挥着重要作用,与此同时也面临着统筹不足与统筹过度的矛盾。一方面,当省政府高度介入时,飞地可能会面临招商引资成效不佳、管理机构积极性不高,甚至可能出现仅为享受政策红利而进行的空壳公司引资;另一方面,对于那些跨省或未受省政府统筹的飞地,则可能因为缺乏统一协调而受限,尽管飞出地政府满怀热情,引进了优质项目,但囿于飞入地的协作不足,发展潜力难以充分释放。

我国现行的经济治理体系具有较强的属地化管理特征,产业规划、税收分成、GDP 考核、人才政策等存在明显的行政区分割,而飞地建设牵涉到跨行政区的协作沟通,这需要高层级政府在制度安排上有顶层设计和规划。例如,浙江省政府为统筹推进飞地建设,在 2021 年 1 月出台了《关于进一步支持山海协作"飞地"高质量建设与发展的实施意见》等,明确了飞地建设涉及的制度安排,积极推动浙江欠发达县市与上海、杭州等发达城市进行广泛合作。

11.3.4　利益协调机制的新探索:政府引导基金

党的二十届三中全会指出,鼓励和规范发展天使投资、风险投资、私募股权投资,更好发挥政府投资基金作用,发展耐心资本。政府引导基金本质上是由政府财政资金出资成立的股权投资基金,由于股权投资的逐利性和流动性,有助于政府引导基金充分挖掘发展潜力和投资回报率的空间差异,促进地区间的资本流动和跨政府协作。政府引导基金的兴起和应用,可视作跨地区利益协调机制的新探索,为解决区域发展不平衡、优化资源配置提供新的可能路径。

(1)政府引导基金的发展背景

政府引导基金是近年来兴起并迅速发展的新型财政政策工具,但目前仍缺乏一个权威的名称和定义。在国家法律法规层面,国务院办公厅 2005 年发布的《创业投资企业管理暂行办法》中首次提到"创业投资引导基金"的名称,财政部 2015年发布的《政府投资基金暂行管理办法》中提到了"政府投资基金"的名称,国家发展改革委 2016 年发布的《政府出资产业投资基金管理暂行办法》中提到了"政府出资产业投资基金"的名称。在学术研究中,学者更倾向于使用政府引导基金这一说法。

政府引导基金是由政府部门单独或与社会资本共同出资设立,采用市场化运作模式,引导社会资本投资到政府关注的重点领域,支持相关领域企业发展和推动地区经济社会发展的政策性投资基金。近些年,由于土地财政发展方式的没落,股权财政逐渐成为地方政府发展的新方式。政府引导基金是股权财政的主要代表,越来越被地方政府当成新的招商引资工具和产业政策工具,是一种以市场化方式使用财政资金的探索模式。

政府引导基金的具体运作主要有两种模式。一是母子基金运作模式,地方政府委托财政部门或国资委有关部门作为出资主体,出资设立政府引导基金,该引导基金作为出资人参股子基金,由政府引导基金参股的子基金具体进行投资;二是母基金直投模式,政府出资设立的政府引导基金直接投资于具体项目。

政府引导基金的本质是私募股权投资基金,由基金的出资人和管理人组成。原则上基金的出资人作为有限合伙人不参与基金的日常运作,管理人具体管理基金的日常运作。但由于政府引导基金的资金来源于财政资金,必须服务于政府的发展战略,因此政府引导基金在设立时通常会规定一些特殊条款:①劣后出资顺序,政府引导基金对子基金出资时会等其他社会资本方完成出资后才履行出资义务;②规定返投比例,即政府引导基金参股的子基金要将政府引导基金出资额的一定倍数投资于当地的企业;③让利政策,大多数政府引导基金会将部分收益让利于社会资本方,以引导社会资本方参与;④投资限制,政府引导基金往往会限定投资领域,以支持其当地的重点领域和薄弱环节的发展;⑤强制退出,政府引导基金通常会设定一些当管理方或其他出资方违约时政府引导基金无责退出的条款。

我国政府引导基金起始于 21 世纪初,并在 2015 年之后得到了飞速发展。2005

年出台的《创业投资企业管理暂行办法》,首次明确了国家与地方政府可以设立创业投资引导基金,通过参股和提供融资担保等方式扶持创业投资企业的设立与发展。2008 年《关于创业投资引导基金规范设立与运作的指导意见》为设立引导基金提供了政策基础,其中提到引导基金的宗旨是"发挥财政资金的杠杆放大效应,增加创业投资资本的供给,克服单纯通过市场配置创业投资资本的市场失灵问题"。2011 年《新兴产业创投计划参股创业投资基金管理暂行办法》首次确认了财政资金与社会资本收益共享、风险共担的原则,并明确了政府引导基金的管理人可以在收取管理费的基础上额外收取增值收益,基金管理人的积极性被大大调动。

上述管理办法和指导意见的出台,为政府引导基金的发展提供了制度指引和保障,但我国政府引导基金的爆发式发展源自 2014 年前后围绕新版《中华人民共和国预算法》(以下简称《预算法》)的一系列改革。新《预算法》出台后,国家开始严格限制地方政府对企业的财政补贴,通过设立政府引导基金来进行招商引资和扶持地方产业发展逐渐成为地方政府的新选择。2015 年财政部出台的《政府投资基金暂行管理办法》和 2016 年国家发展改革委出台的《政府出资产业投资基金管理暂行办法》为各地发展政府引导基金提供了行动指南,推动了我国政府引导基金的发展,政府引导基金逐渐成为我国股权投资市场的主力军。

为研究我国政府引导基金发展的基本趋势及其在跨区域投资合作中的潜在作用,我们收集了翔实的政府引导基金及其投资项目的微观数据集,并与私人风险投资基金进行对比。政府引导基金(GVC)和私人风险投资基金(PVC)数据主要来源于清科研究中心旗下的数据库私募通。私募通是一款覆盖中国创业投资及私募股权投资领域的数据库,其基础数据来自中国资产管理协会、国家企业信用信息公示系统、证券交易所和区域股票市场、行业协会和竞争数据平台,以及政府机构的信息公告等。

在此基础上,将清科私募通中的基金数据和工商企业注册数据进行匹配,补充基金的基础工商数据信息,并获取所有的基金管理企业的对外投资数据,以及被投资企业的基础工商数据信息。为了获取政府引导基金的详细信息,如 GVC 的级别、所属政府等,使用北京基金业协会和工商企业注册数据中 GVC 的股东数据进行补充。

(2)政府引导基金的发展趋势

经过十余年的发展,我国政府引导基金已经形成了相当大的规模。图 11.11 是 2011—2023 年每年新设立的政府引导基金及其参股子基金(统称为 GVC)的情况。从 2015 年开始，GVC 呈现爆发式发展，每年新设立的 GVC 数量在 400 只以上。GVC 设立规模在 2016 年达到顶峰，目标规模将近 2 万亿元，随后每年的新设规模虽然有下降，但基本在万亿元级别。

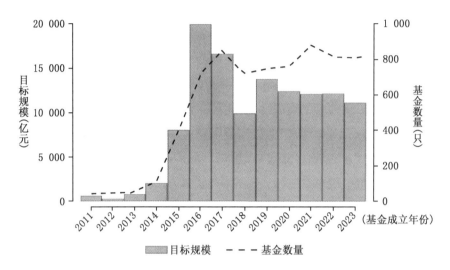

图 11.11　2011—2023 年我国每年新设立的政府引导基金及其参股子基金情况

在政府引导基金迅速发展的同时，股权投资市场中的 PVC 在不断壮大。从图 11.12 右半部分可以看出，PVC 从 2014 年开始进入快速发展时期，2015 年和 2016 年新设立的 PVC 数量和目标规模最高，每年有 15 000 只以上的 PVC 设立，每年的目标规模在 70 000 亿元左右，2017 年后设立速度放缓。对比 GVC 和 PVC，PVC 在设立数量和目标规模上都高于 GVC，但近几年两者的差异在缩小，且 GVC 单只基金的平均规模要比 PVC 显著更高，体现出 GVC 少而大、少而精的特点。

投资规模：我国政府引导基金已经成为私募股权投资市场的主要参与者。图 11.13 是 2011—2023 年 GVC 和 PVC 的投资情况对比，GVC 投资的数量和金额呈现逐年增长的趋势，并在 2020 年之后每年投资规模与 PVC 基本相当。GVC 设立的数量和规模虽然不及 PVC，但投资规模和 PVC 相当，这表明 GVC 的投资率显著高于 PVC。

产业分布：图 11.14 对 GVC 投资的企业按行业门类进行了汇总，可以看到制造业，科学研究和技术服务业，信息传输、软件和信息技术服务业构成了 GVC 投资的三大重点领域。在这三个行业中，制造业的投资金额最多，其每个项目的平均水平投资规模也显著高于其他两个行业。

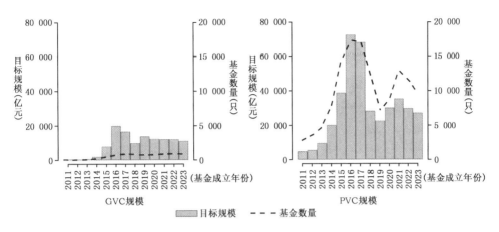

图 11.12　我国历年设立的 GVC 和 PVC 情况对比

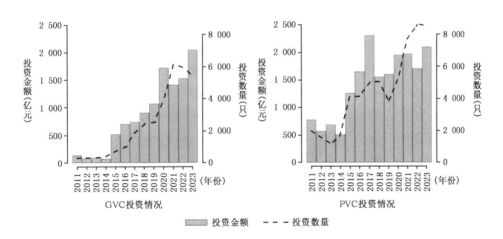

图 11.13　2011—2023 年每年的基金投资情况

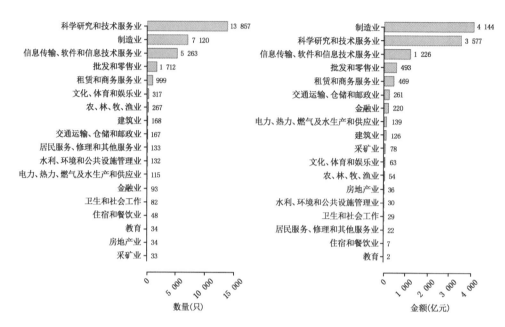

图 11.14　2011—2023 年 GVC 投资于各门类行业的情况

　　图 11.15 进一步细分制造业企业到行业的大类层面(两位数行业),其中"其他制造业"是数据中大类行业信息缺失的企业。在这一时期,GVC 的投资焦点明显倾向于那些技术门槛较高、受到国家和地方政府特别重视的行业。特别是计算机、通信和其他电子设备制造业,电气机械和器材制造业,专用设备制造业以及医药制造业,这些领域成为 GVC 投资的热点。

　　政府层级分布:图 11.16 根据 GVC 出资的政府层级分为国家级、省级和市县级,对比展示了 2011—2023 年的发展趋势。各层级 GVC 的发展趋势总体上呈现出国家级 GVC 先发展,省级和市县级 GVC 跟随发展的趋势。近些年市县级 GVC 发展迅速,已成为我国政府引导基金的主力军,其累计规模已超过国家级和省级 GVC,表明地方政府越来越重视政府引导基金在新发展阶段的作用。从单只 GVC 的规模来看,级别越高的 GVC,其目标规模也越高。

　　从不同层级 GVC 的具体投资情况来看,可以发现国家级和市县级的投资规模最大,在 2023 年均达到千亿元的投资规模(见图 11.17)。具体到单项投资的资金规模,国家级 GVC 的投资力度最高,市县级最低。一个值得关注的趋势是,尽管市县级 GVC 在发展初期相较于国家级和省级 GVC 起步较晚,但其增长势头迅猛,展现出了强劲的后发优势。

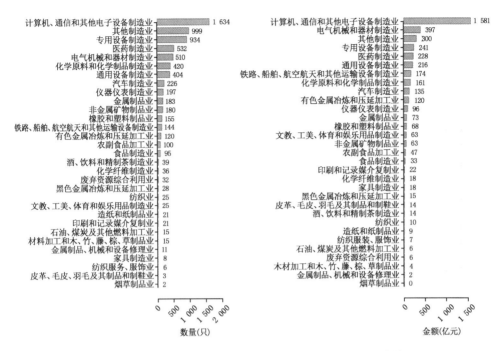

图 11.15　2011—2023 年 GVC 投资于制造业各大类行业的情况

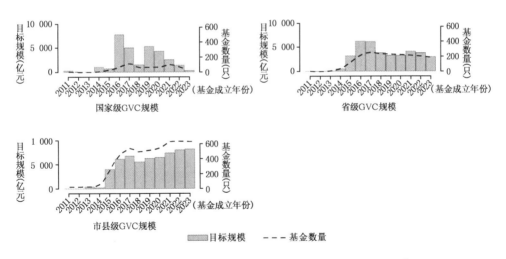

图 11.16　2011—2023 年我国每年新设立的各级政府引导基金情况

地理分布:地方政府引导基金的规模与当地的经济条件高度相关。图 11.18 展示了我国大陆 31 个省、市、自治区的 GVC 发展趋势,在设立的 GVC 数量上,江苏省、广东省、浙江省、安徽省和山东省位列前五;在设立的 GVC 目标规模上,广东省、江苏省、北京市、浙江省和安徽省位列前五,这与这些地区的经济发展水平和产

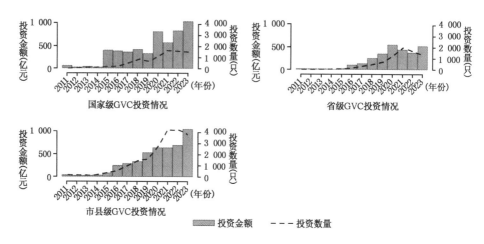

图 11. 17 2011－2023 年不同级别 GVC 的投资情况

业基础有着直接的关联。相比之下,东北地区和西部地区的政府引导基金发展则显得相对滞后,无论是在基金的设立数量还是规模上,都普遍较小,这可能与这些地区的经济发展水平、产业结构、创新能力以及政策环境等因素有关。

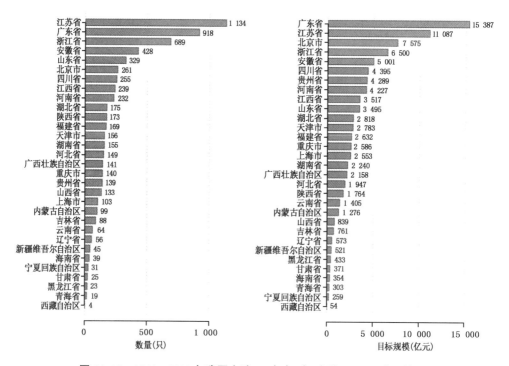

图 11. 18 2011—2023 年我国大陆 31 个省、市、自治区 GVC 发展情况

将 31 个省、市、自治区的企业收到的 GVC 和 PVC 的投资情况分别加总，数量和规模如图 11.19 和图 11.20 所示。总体来看，经济发展水平越高地区的企业，收到 GVC 和 PVC 投资的规模也越大。

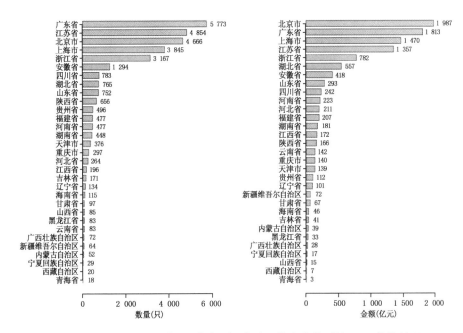

图 11.19　2011—2023 年 31 个省、市、自治区的企业收到的 GVC 投资情况

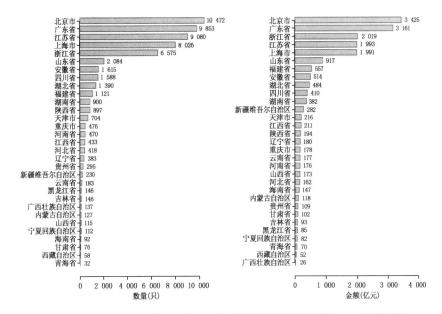

图 11.20　2011—2023 年 31 个省、市、自治区的企业收到的 PVC 投资情况

投资产业:将被投资企业按照其所在地和投资时间划分为重点产业和非重点产业两大类,以观察 GVC 投资的倾向性。重点产业的定义基于国家及各省、市、自治区的五年规划中明确指出的重点产业、"中国制造 2025"战略中的关键领域产业、高科技产业以及战略性新兴产业。若被投资企业属于上述产业范畴,则被归类为重点行业;反之,则为非重点行业。

图 11.21 展示了 2016—2023 年 GVC 投资于重点与非重点产业的整体情况,可以明显看出,无论是在投资数量还是投资金额上,GVC 对重点产业的投资均显著高于非重点产业。进一步观察图 11.22,针对不同重点产业的具体投资情况,研究发现 GVC 的投资更倾向于集中在于本省五年规划中确定的重点产业以及高科技产业。

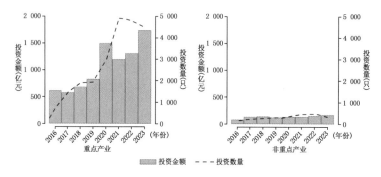

图 11.21　2016—2023 年每年 GVC 投资于重点和非重点产业加总情况

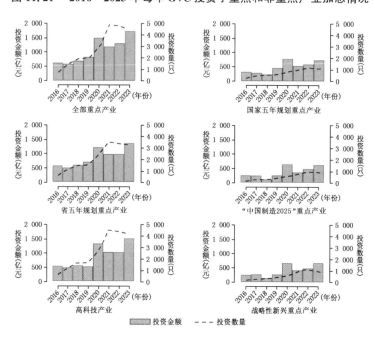

图 11.22　2016—2023 年每年 GVC 投资于各类重点产业加总情况

（3）政府引导基金与跨区域投资合作

政府引导基金在促进跨区域合作方面可发挥重要作用,其相关的内容主要归纳为以下两个方面:一是多地政府财政资金共同出资同一引导基金;二是政府引导基金直接投资于其他地区的企业。

第一,多地政府财政资金共同出资同一引导基金。多地政府引导基金共同参股子基金,并由子基金统一进行投资,是近些年政府间合作的一种新模式。图 11.23 提供了 2011—2023 年每年跨区域政府共同参股 GVC 子基金的数量和规模的统计数据,其中去除了国家级 GVC 参与的、省级 GVC 和本省地方政府 GVC 合作的情形,专注于不同地区地方政府引导基金之间的合作。整体来看,政府引导基金的跨区域合作从 2015 年兴起,并在 2020 年和 2021 年达到发展顶峰,但在 2022 年之后有所回落。

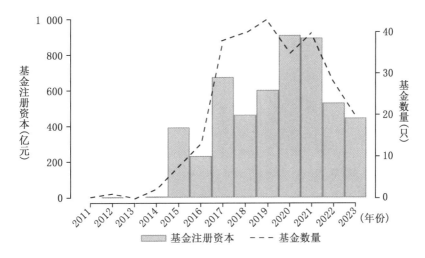

图 11.23　2011—2023 年跨区域地方政府共同参股 GVC 子基金情况

政府引导基金作为地方政府推动区域经济一体化的重要工具,通过撬动社会资本、引导资源配置、促进产业升级等方式,发挥着越来越重要的作用。以下是两个具有代表性的案例:

长三角协同优势产业股权投资合伙企业(有限合伙)(长三角一期基金):2018 年 12 月,在上海正式落地,共同发起方包括沪、苏、浙、皖三省一市的国有企业、金融机构和社会资本,在跨行政区域、跨不同行业、跨所有制企业间实现了资本合作。该基金主要围绕集成电路、生物医药、人工智能等先导产业,覆盖第三代半导体、基因测序、创新医药、信息安全可信等十多个前沿领域,瞄准国际先进科创能力,助力长三角地区加速形成优势产业集群。

长三角 G60 科创走廊科技成果转化基金：长三角 G60 科创走廊科技成果转化基金总规模为 100 亿元，首期规模为 20 亿元，松江区认缴出资 3 亿元，嘉兴市、杭州市、金华市、苏州市、湖州市、宣城市、芜湖市、合肥市各认缴出资 1 亿元。

第二，政府引导基金直接投资于其他地区的企业。政府引导基金在投资决策中通常会面临返投限制，即要求将一定比例的资金投资于基金注册地或政府所在地的企业，以促进当地经济发展。然而，一旦完成这些返投任务，政府引导基金往往会寻求跨区域投资，以获取更高的回报和更广泛的市场机会。

图 11.24 对地方政府的 GVC 投资进行了划分，区分是否进行了跨城市投资（基于基金注册地与被投资企业所在地是否一致）。分析结果显示，跨城市投资在数量和规模上均显著超过了本地投资，这表明地方政府在完成本地投资任务后，更倾向于在其他城市寻找投资机会。

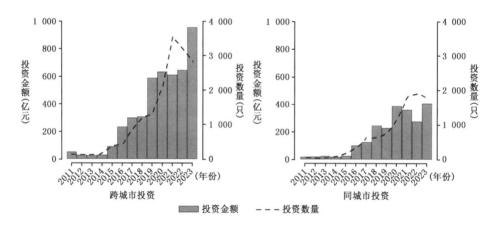

图 11.24　2011—2023 年地方政府 GVC 同城市投资和跨城市投资情况对比

图 11.25 进一步将投资划分为跨省和同省两种情况，发现跨省投资无论是在数量上还是在规模上均超过了同省投资。这揭示了地方政府在全国范围内寻求优质投资项目的趋势，以实现更广泛的市场覆盖和更高的投资回报。

图 11.26 深入探讨了跨城市投资样本中跨省投资的比例，结果表明，一旦地方政府的 GVC 投资跨越了城市边界，它们更有可能进一步跨越省级边界进行投资。这种行为模式反映出地方政府在追求最大化投资收益时，愿意采取更积极的跨区域投资策略。

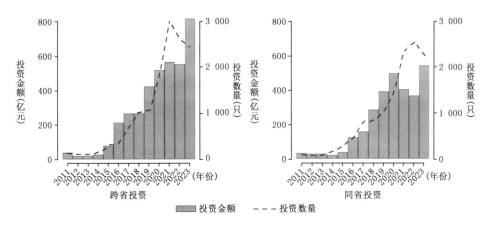

图 11.25　2011—2023 年地方政府 GVC 同省投资和跨省投资情况对比

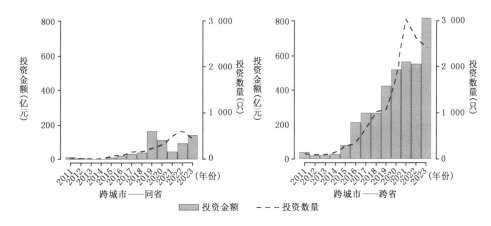

图 11.26　2011—2023 年地方政府 GVC 跨城市投资中同省和跨省投资情况对比

在深入分析地方政府 GVC 的跨区域投资资金流向时,图 11.27 揭示了东部地区 GVC 对中西部企业的投资与中西部地区 GVC 对东部企业投资的对比情况。近年来,中西部地区的 GVC 在投资东部地区企业时,无论是在数量上还是在投资金额上,都表现出了相对更多的活跃度。这一现象可能源于中西部地区在本地较难发掘到符合投资标准的项目,因此为了确保资金的收益性,中西部地区 GVC 更倾向于将资金投向东部地区那些更具吸引力的投资机会。

图 11.28 进一步利用 2022 年的城市 GDP 数据作为衡量城市经济发展水平的指标,对比了经济较发达城市与经济欠发达城市之间的 GVC 投资动态。分析发现,经济欠发达城市的 GVC 在投资经济较发达城市企业时,不仅在投资数量上占

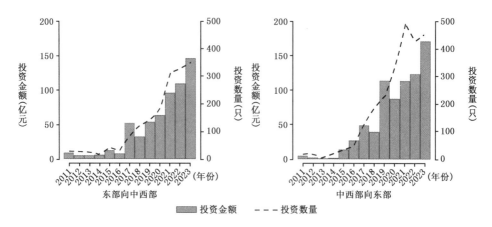

图 11. 27　2011—2023 年地方政府 GVC 跨区域投资资金流向——东、中西部地区

据优势,而且在投资规模上也更为显著。这表明经济发展水平较低的地区正通过 GVC 投资于经济较发达地区的企业,以此来获取更高的经济回报和促进本地经济的发展。

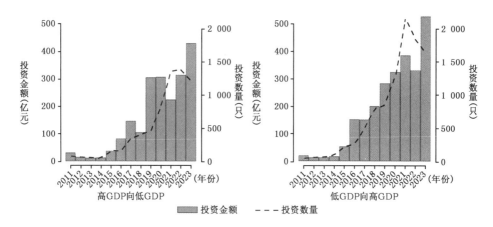

图 11. 28　2011—2023 年地方政府 GVC 跨区域投资资金流向——经济发展水平

　　政府引导基金的一个重要优势在于其能够通过市场化的利益分享机制,促进跨区域的协调与合作。清晰的利益分配机制是跨区域合作的关键,政府引导基金通过规范化的市场运作模式,实现了各方在资本投入与收益上的合理分配,从而增强了区域间的合作动力。

　　我国政府引导基金在推动跨区域投资合作方面扮演着日益关键的角色。尽管目前合作规模已经取得了显著成效,但与潜在的发展机遇相比,仍存在巨大的增长空间。随着中央政府提出区域经济一体化和区域协调发展战略，如何优化区域协作的体制机制，已成为实现区域均衡发展的关键议题。政府引导基金利用市场化运作模式和利益共享机制，为区域合作提供了一种创新且高效的解决路径。这种模式不仅能够激发各参与方的积极性，还能有效促进资源的优化配置和产业的协同发展。

参考文献

［1］Acemoglu D，Angrist J．How Large Are Human-Capital Externalities? Evidence from Compulsory-Schooling Laws［J］．*NBER Macroeconomics Annual*，2000，15 (1)：9—59.

［2］Aghion P，Tirole J．Formal and Real Authority in Organizations［J］．*Journal of Political Economy*，1997，105(1)：1—29.

［3］Agnosteva D E，Anderson J E，Yotov Y V．Intra-National Trade Costs：Assaying Regional Frictions［J］．*European Economic Review*，2019，112：32—50.

［4］Ahrend R，Farchy E，Kaplanis I，Lembcke A C．What Makes Cities More Productive? Evidence from Five OECD Countries on the Role of Urban Governance［J］．*Journal of Regional Science*，2017，57(3)：385—410.

［5］Aidt T S，Hillman A L，Liu Qijun．Who Takes Bribes and How Much? Evidence from the China Corruption Conviction Databank［J］．*World Development*，2020，133：104985.

［6］Alesina A，Spolaore E．On the Number and Size of Nations［J］．*The Quarterly Journal of Economics*，1997，112(4)：1027—1056.

［7］Allers M A，Geertsema J B．The Effects of Local Government Amalgamation on Public Spending，Taxation，and Service Levels：Evidence from 15 Years of Municipal Consolidation［J］．*Journal of Regional Science*，2016，56 (4)：659—682.

［8］Altonji J G，Card D．The Effects of Immigration on the Labor Market Outcomes of Less-Skilled Natives［J］．*NBER Chapter*，1991，201—234.

［9］Anderson G，Ge Y．The Size Distribution of Chinese Cities［J］．*Regional Science and Urban Economics*，2005，35(6)：756—776.

［10］Atalay E，Hortacsu A，Li M J，Syverson C．How Wide is the Firm Border? ［J］．*Quarterly Journal of Economics*，2019，134(4)：1845—1882.

[11]Au C, Henderson J V. How Migration Restrictions Limit Agglomeration and Productivity in China[J]. *Journal of Development Economics*, 2006a, 80(2): 350－388.

[12]Au C, Henderson J V. Are Chinese Cities Too Small? [J]. *The Review of Economic Studies*, 2006b, 73(3): 549－576.

[13]Auerbach F. Das Gesetz Der Bevolkerungskonzentration[J]. *Petermanns Geographische Mitteilungen*, 1913, (59): 74－76.

[14]Autor D H, Dorn D. The Growth of Low-Skill Service Jobs and the Polarization of the US Labor Market[J]. *American Economic Review*, 2013, 103(5): 1553－1597.

[15]Azoulay P, Jones B F, Kim J D, Miranda J. Immigration and Entrepreneurship in the United States[J]. *American Economic Review: Insight*, 2022, 4(1): 71－88.

[16]Bagues M, Perez V, Maria J. Why Do I Like People Like Me? [J]. *Journal of Economic Theory*, 2013, 148(3): 1292－1299.

[17]Bai C, Du Y, Tao Z, Tong S Y. Local Protectionism and Regional Specialization: Evidence from China's Industries[J]. *Journal of International Economics*, 2004, 63(2): 397－417.

[18]Bai C, Tao Z, Tong Y S. Bureaucratic Integration and Regional Specialization in China[J]. *China Economic Review*, 2008, 19 (2): 308－319.

[19]Bai J, Liu J. The Impact of Intranational Trade Barriers on Exports: Evidence from A Nationwide Vat Rebate Reform in China[R]. NBER Working Paper, 2019.

[20]Bajari P, Mcmillan R, Tadelis S. Auctions Versus Negotiations in Procurement: An Empirical Analysis[J]. *Journal of Law, Economics, and Organization*, 2008, 25(2): 372－399.

[21]Baltrunaite A. Political Contributions and Public Procurement: Evidence from Lithuania[J]. *Journal of the European Economic Association*, 2020, 18(2): 541－582.

[22]Baltrunaite A, Giorgiantonio C, Mocetti S, Orlando T. Discretion and Supplier Selection in Public Procurement[J]. *Journal of Law, Economics, and Organization*, 2021, 37(1): 134－166.

[23]Bartelsman E, Haltiwanger J, Scarpetta S. Cross-Country Differences in Pro-

ductivity: The Role of Allocation and Selection[J]. *American Economic Review*, 2013, 103(1): 305—334.

[24]Bartolini D. Municipal Fragmentation and Economic Performance of OECD TL2 Regions[R]. OECD Regional Development Working Papers, 2015, (2).

[25]Barwick P J, Cao S, Li S. Local Protectionism, Market Structure, and Social Welfare: China's Automobile Market[J]. *American Economic Journal: Economic Policy*, 2021, 13(4): 112—151.

[26]Baum-Snow N, Brandt L, Henderson J V, Turner M A, Zhang Q. Roads, Railroads and Decentralization of Chinese Cities[J]. *Review of Economics and Statistics*, 2017, 99(3): 435—448.

[27]Becker G S. *The Economics of Discrimination*[M]. University of Chicago Press, 1971.

[28]Beraja M, Yang D Y, Yuchtman N. Data-Intensive Innovation and the State: Evidence from AI Firms in China[J]. *Review of Economic Studies*, 2022, 90(4): 1701—1723.

[29]Bertrand M, Duflo E, Mullainathan S. How Much Should We Trust Differences-in-Differences Estimates? [J]. *Quarterly Journal of Economics*, 2004, 119 (1): 249—275.

[30]Besley T, Case A. Incumbent Behavior: Vote-Seeking, Tax-Setting, and Yardstick Competition[J]. *American Economic Review*, 1995a, 85 (1): 25—45.

[31]Besley T, Case A. Does Electoral Accountability Affect Economic Policy Choices? Evidence from Gubernatorial Term Limits[J]. *Quarterly Journal of Economics*, 1995b, 110(3): 769—798.

[32]Besley T, Case A. Unnatural Experiments? Estimating the Incidence of Endogenous Policies[J]. *The Economic Journal*, 2000, 110(467): 672—694.

[33]Black D, Henderson V. Urban Evolution in the USA[J]. *Journal of Economic Geography*, 2003,3(4): 343—372.

[34]Blanchard O, Shleifer A. Federalism With and Without Political Centralization: China Versus Russia[R]. IMF Staff Papers. 2001, 48: 171—179.

[35]Blesse S, Baskaran T. Do Municipal Mergers Reduce Costs? Evidence from a German Federal State[J]. *Regional Science and Urban Economics*, 2016, 59: 54—74.

［36］Blume L，Blume T. The Economic Effects of Local Authority Mergers：Empirical Evidence for German City Regions［J］. *The Annals of Regional Science*，2007，41(3)：689—713.

［37］Bo S. The Value of Centralization：Evidence from a Political Hierarchy Reform in China［R］. LSE Job Market Paper，2015：1—45.

［38］Bodvarsson Ö B，Van den Berg H F，Lewer J J. Measuring Immigration's Effects on Labor Demand：A Reexamination of the Mariel Boatlift［J］. *Labour Economics*，2008，15(4)：560—574.

［39］Borjas G J. The Labor Demand Curve is Downward Sloping：Reexamining the Impact of Immigration on the Labor Market［J］. *Quarterly Journal of Economics*，2003，118(4)：1335—1374.

［40］Bosio E，Djankov S，Glaeser E，Shleifer A. Public Procurement in Law and Practice［J］. *American Economic Review*，2022，112(4)：1091—1117.

［41］Brandt L，Van Biesebroeck J，Zhang Y. Creative Accounting or Creative Destruction? Firm-Level Productivity Growth in Chinese Manufacturing［J］. *Journal of Development Economics*，2012，97(2)：339—351.

［42］Brvlhart M，Bucovetsky S，Schmidheiny K. Taxes in Cities［M］//*Handbook of Regional and Urban Economics*，2015.

［43］Brunnschweiler C N. Cursing the Blessings? Natural Resource Abundance，Institutions，and Economic Growth［J］. *World Development*，2008，36(3)：399—419.

［44］Cai H，Treisman D. Does Competition for Capital Discipline Governments? Decentralization，Globalization，and Public Policy［J］. *American Economic Review*，2005，95(3)：817—830.

［45］Cai H，Chen Y，Gong Q. Polluting Thy Neighbor：Unintended Consequences of China's Pollution Reduction Mandates［J］. *Journal of Environmental Economics and Management*，2016，76：86—104.

［46］Cai H，Zhi W，Zhang Q. To Build above the Limit? Implementation of Land Use Regulations in Urban China［J］. *Journal of Urban Economics*，2017，(98)：223—233.

［47］Caliendo M，Sabine K. Some Practical Guidance for the Implementation of Propensity Score Matching［J］. *Journal of Economic Surveys*，2008，22(1)：31—72.

[48]Cameron A C, Miller D L. A Practitioner's Guide to Cluster-Robust Inference [J]. *Journal of Human Resources*, 2015, 50(2): 317—372.

[49]Campante F, Yanagizawa-Drott D. Long-Range Growth: Economic Development in the Global Network of Air Links[J]. *Quarterly Journal of Economics*, 2018, 133(3):1395—1458.

[50]Card D. The Impact of the Mariel Boatlift on the Miami Labor Market[J]. *Industrial and Labor Relational Review*, 1990, 43(2): 245—257.

[51]Card D. Immigrant Inflows, Native Outflows, and the Local Labor Market Impacts of Higher Immigration[J]. *Journal of Labor Economics*, 2001, 19(1): 22—64.

[52]Card D. Immigration and Inequality[J]. *American Economic Review*, 2009, 99(2): 1—21.

[53]Cart J B, Feiock R C. Metropolitan Government and Economic Development [J]. *Urban Affairs Review*, 1999, 34 (3): 476—488.

[54]Carril R. Rules Versus Discretion in Public Procurement[R]. Barcelona GSE Working Paper Series, 2021.

[55]Chen N. Intra-National Versus International Trade in the European Union: Why Do National Borders Matter[J]. *Journal of International Economics*, 2004, 63 (1): 93—118.

[56]Chen X, Nordhaus W D. The Value of Luminosity Data as a Proxy for Economic Statistics[J]. *Proceedings of the National Academy of Sciences*, 2011, 108 (21): 8589—8594.

[57]Chen Y, Henderson J V, Cai W. Political Favoritism in China's Capital Markets and Its Effect on City Sizes[J]. *Journal of Urban Economics*, 2017, 98:69—87.

[58]Cheshire P, Magrini S. Urban Growth Drivers in a Europe of Sticky People and Implicit Boundaries[J]. *Journal of Economic Geography*, 2009, 9(1): 85—115.

[59]Chung J H, Lam T. China's "City System" in Flux: Explaining Post-Mao Administrative Changes[J]. *China Quarterly*, 2004, 180 (1): 945—964.

[60]Ciccone A, Hall R E. Productivity and the Density of Economic Activity[J]. *American Economic Review*, 1996, 86 (1): 54—70.

[61]Colonnelli E, Prem M. Corruption and Firms[J]. *Review of Economic Stud-*

ies，2022，89：695—732.

［62］Combes P P，Demurger S，Li S，Wang J．Unequal Migration and Urbanisation Gains in China［J］. *Journal of Development Economics*，*forthcoming*，2020，142：102328.

［63］Combes P P，Duranton G．Labour Pooling，Labour Poaching，and Spatial Clustering［J］. *Regional Science & Urban Economics*，2006，36(1)：1—28.

［64］Combes P P，Gobillon L．The Empirics of Agglomeration Economies［M］// Duranton G，Henderson J V，Strange W C．*Handbook of Regional and Urban Economics*，Elsevier，2015.

［65］Cortes P．The Effect of Low-Skilled Immigration on U. S. Prices：Evidence from CPI Data［J］. *Journal of Political Economy*，2008，116(3)：381—422.

［66］Coviello D，Gagliarducci S．Tenure in Office and Public Procurement［J］. *American Economic Journal：Economic Policy*，2017，9(3)：59—105.

［67］Coviello D，Guglielmo A，Spagnolo G．The Effect of Discretion on Procurement Performance［J］. *Management Science*，2018，64(2)：715—738.

［68］Davis M A，Fisher J D M，Whited T M．Macroeconomic Implications of Agglomeration［J］. *Econometrica*，2014，82 (2)：731—764.

［69］Decarolis F，Fisman R，Pinotti P，Vannutelli S．Rules，Discretion，and Corruption in Procurement：Evidence from Italian Government Contracting［R］. NBER Working Paper，2021.

［70］Demurger S，Xu H．Return Migrants：The Rise of New Entrepreneurs in Rural China［J］. *World Development*，2011，39(10)：1847—1861.

［71］Ding C，Lichtenberg E．Land and Urban Economic Growth in China［J］. *Journal of Regional Science*，2011，51(2)：299—317.

［72］Dollar D，Wei S．Das (Wasted) Kapital：Firm Ownership and Investment Efficiency in China［R］. NBER Working Paper，2007.

［73］Duranton G，Puga D．Micro-Foundations of Urban Agglomeration Economies ［M］// Henderson J V，Thisse J F．*Handbook of Regional and Urban Economics*，Elsevier，2004.

［74］Dustmann C，Frattini T，Preston I．The Effect of Immigration along the Distribution of Wages［J］. *Review of Economic Studies*，2013，80(1)：145—173.

［75］Duvivier C，Xiong H. Transboundary Pollution in China：A Study of Polluting Firms' Location Choices in Hebei Province［J］. *Environment and Development Economics*，2013，18(04)：459—483.

［76］Eaton J，Eckstein Z. Cities and Growth：Theory and Evidence from France and Japan［J］. *Regional Science and Urban Economics*，1997，27(4)：443—474.

［77］Eberhardt M，Wang Z，Yu Z. From one to Many Central Plans：Drug Advertising Inspections and Intra-national Protectionism in China［J］. *Journal of Comparative Economics*，2015，44(3)：608—622.

［78］Eeckhout J，Roberto P，Kurt S. Spatial Sorting［J］. *Journal of Political Economy*，2014，122(3)：554—620.

［79］Elhorst J P，Freret S. Evidence of Political Yardstick Competition in France Using a Two-Regime Spatial Durbin Model with Fixed Effects［J］. *Journal of Regional Science*，2009，49(5)：931—951.

［80］Engel C，Rogers J H. How Wide is the Border? ［J］. *American Economic Review*，1996，86(5)：1112—1125.

［81］Fan C S，Lin C，Treisman D. Political Decentralization and Corruption：Evidence from Around the World［J］. *Journal of Public Economics*，2009，93：14—34.

［82］Fan S，Li L，Zhang X. Challenges of Creating Cities in China：Lessons from a Short-Lived County-to-City Upgrading Policy［J］. *Journal of Comparative Economics*，2012，40(3)：476—491.

［83］Fang H，Li M，Wu Z. The Downside of Tournament-Style Political Competition［R］. NBER Working Paper，2022.

［84］Ferraz C，Finan F，Szerman D. Procuring Firm Growth：The Effects of Government Purchases on Firm Dynamics［R］. NBER Working Paper，2015.

［85］Fox W F，Gurley T. Will Consolidation Improve Sub-National Governments?［R］. The world Bank，Policy Research Working Paper，2006.

［86］Friedberg R M. The Impact of Mass Migration on the Israeli Labor Market［J］. *Quarterly Journal of Economics*，2001，116(4)：1373—1408.

［87］Fujita M，Krugman P. When is the Economy Monocentric? Von Thünen and Chamberlin Unified［J］. *Regional Science and Urban Economics*，1995，25(4)：505—528.

[88]Fujita M, Krugman P, Venables A J. *The Spatial Economy: Cities, Regions, and International Trade*[M]. Cambridge, MA: MIT Press, 1999.

[89]Fujita M, Mori T, Henderson J V, Kanemoto Y. Spatial Distribution of Economic Activities in Japan and China[M]// *Handbook of Regional and Urban Economics*,North Holland, 2004.

[90]Gaigne C, Riou S, Thisse J. How to Make the Metropolitan Area Work? Neither Big Government, Nor Laissez-Faire[J]. *Journal of Public Economics*, 2016, 134: 100−113.

[91]Gangopadhyay K, Basu B. City Size Distributions for India and China[J]. *Physica A*, 2009, 388(13): 2682−2688.

[92]Garcia-Mila T, Mcguire T J, Porter R H. The Effect of Public Capital in State-Level Production Functions Reconsidered[J]. *Review of Economics and Statistics*, 1996, 78(1): 177−180.

[93]Garicano L, Rayo L. Why Organizations Fail: Models and Cases[J]. *Journal of Economic Literature*, 2016, 54(1): 137−192.

[94]Gelman A, Hill J. *Data Analysis Using Regression and Multilevel/Hierarchical Models*[M]. Cambridge University Press, 2007.

[95]Gerardino M P, Litschig S, Pomeranz D. Distortion by Audit: Evidence from Public Procurement[R]. NBER Working Paper,2022.

[96]Glaeser E L. *Cities, Agglomeration, and Spatial Equilibrium*[M]. Oxford University Press, 2008.

[97]Glaeser E L, Kallal H D, Scheinkman J A, Shleifer A. Growth in Cities[J]. *Journal of Political Economy*, 1992, 100(6): 1126−1152.

[98]Glaeser E L, Ponzetto G A M, Zou Y, Meijers E, Burger M. Urban Networks: Connecting Markets, People, and Ideas[J]. *Papers in Regional Science*, 2016, 95(1): 17−59.

[99]Glaeser E L, Scheinkman J, Shleifer A. Economic Growth in a Cross-Section of Cities[J]. *Journal of Monetary Economics*, 1995, 36 (1): 117−143.

[100]Goldsmith-Pinkham P, Sorkin I, Swift H. Bartik Instruments: What, When, Why, and How[J]. *American Economic Review*, 2020, 110(8): 2586−2624.

[101]Greene, W. H., 2012, *Econometric Analysis* (7th edition)[M]. New Jersey:

Pearson Education Press，2012，Pearson．

[102]Greenwood M J，Hunt G L．Migration and Interregional Employment Redistribution in the United States[J]．*American Economic Review*，1984，74（5）：957—969．

[103]Greenwood M J，Hunt G L．Economic Effects of Immigrants on Native and Foreign-Born Workers：Complementarity，Substitutability，and Other Channels of Influence[J]．*Southern Economic Journal*，1995，61(4)：1076—1097．

[104]Gugler K，Weichselbaumer M，Zulehner C．Employment Behavior and the Economic Crisis：Evidence from Winners and Runners-Up in Procurement Auctions[J]．*Journal of Public Economics*，2020，182：104112．

[105]Guo G．China's Local Political Budget Cycles[J]．*American Journal of Political Science*，2009，53(3)：621—632．

[106]Hainmueller J．Entropy Balancing for Causal Effects：A Multivariate Reweighting Method to Produce Balanced Samples in Observational Studies[J]．*Political Analysis*，2012，20(1)：25—46．

[107]Haltiwanger J，Kulick R，Syverson C．Misallocation Measures：The Distortion That Ate the Residual[R]．NBER Working Paper，2018．

[108]Harris C D．The Market as a Factor in the Localization of Industry in the United States[J]．*Annals of the Association of American Geographers*，1954，44(4)：315—348．

[109]Hayek F A．The Use of Knowledge in Society[J]．*American Economic Review*，1945，35(4)：519—530．

[110]He D，Zhang W，Han G F，Wu T．Productivity Growth of the Nontradable Sectors in China[J]．*Review of Development Economics*，2014，18(4)：2197—2223．

[111]He X，Luo Z．Does Hukou Pay? Evidence from Nanny Markets in Urban China[J]．*China Economic Review*，2020，63：101509．

[112]Heckman J J．Sample Selection Bias as a Specification Error[J]．*Econometrica*，1979，47(1)：153—161．

[113]Henderson J V．Efficiency of Resource Usage and City Size[J]．*Journal of Urban Economics*，1986，19(1)：1—24．

[114]Henderson J V．Externalities and Industrial Development[J]．*Journal of Ur-

ban Economics，1997，42(3)：449—470.

[115]Henderson J V. The Urbanization Process and Economic Growth：The So-What Question[J]. *Journal of Economic Growth*，2003，8(1)：47—71.

[116]Henderson J V. Cities and Development[J]. *Journal of Regional Science*，2010，50 (1)：515—540.

[117]Henderson J V，Storeygard A，Weil D N. Measuring Economic Growth from Outer Space[J]. *American Economic Review*，2012，102(2)：994—1028.

[118]Henderson J V，Wang H G. *Urbanization and City Growth*[M]. Brown University Press，2003.

[119]Henderson J V，Wang H G. Urbanization and City Growth：The Role of Institutions[J]. *Regional Science and Urban Economics*，2007，37(3)：283—313.

[120]Henderson J V，Wang H G. Aspects of the Rural-Urban Transformation of Countries [J]. *Journal of Economic Geography*，2005，5(1)：23—42.

[121]Henderson J V，Kuncoro A，Turner M. Industrial Development in Cities[J]. *Journal of Political Economy*，1995，103 (5)：1067—1090.

[122]Henderson V. Urbanization in China：Policy Issues and Options[J]. *China Economic Research and Advisory Programme*，2009.

[123]Herrendorf B，Herrington C，Valentinyi A. Sectoral Technology and Structural Transformation[J]. *American Economic Journal：Macroeconomics*，2015，7(4)：33—104.

[124]Herz B，Varela-Irimia X. Border Effects in European Public Procurement[J]. *Journal of Economic Geography*，2020，20(6)：1359—1405.

[125]Hillberry R，Hummel S D. Trade Responses to Geographic Frictions：A Decomposition Using Micro-Data[J]. *European Economic Review*，2008，52(3)：527—550.

[126]Hinnerich B T. Do Merging Local Governments Free Ride on Their Counterparts When Facing Boundary Reform? [J]. *Journal of Public Economics*，2009，(93)：721—728.

[127]Hodler R，Raschky P A. Regional Favoritism[J]. *Quarterly Journal of Economics*，2014，995—1033.

[128]Holz C A. No Razor's Edge：Reexamining Alwyn Young's Evidence for In-

creasing Interprovincial Trade Barriers in China[J]. *The Review of Economics and Statistics*，2009，91(3)：599—616.

[129]Hsieh C，Klenow P J. Misallocation and Manufacturing TFP in China and India[J]. *Quarterly Journal of Economics*，2009，124(4)：1403—1448.

[130]Huang Y. An Empirical Study of Scoring Auctions and Quality Manipulation Corruption[J]. *European Economic Review*，2019，120：103322.

[131]Hunt J. The Impact of the 1962 Repatriates from Algeria on the French Labor Market[J]. *Industrial and Labor Relations Review*，1992，45(3)：556—572.

[132]Hunt J，Marjolaine G L. How Much Does Immigration Boost Innovation? [J]. *American Economic Journal：Macroeconomics*，2010，2(2)：31—56.

[133]Hvide H K，Panos G A. Risk Tolerance and Entrepreneurship[J]. *Journal of Financial Economics*，2014，111(1)：200—223.

[134]Imbens G W. Matching Methods in Practice：Three Examples[J]. *Journal of Human Resources*，2015，50 (2)：373—419.

[135]Imbert C，Seror M，Zhang Y，Zylberberg Y. Migrants and Firms：Evidence from China[J]. *American Economic Review*，2022，112(6)：1885—1914.

[136]Jacobs J. *The Economy of Cities* [M]. Random House，1969.

[137]Jaeger D A，Dohmen T，Falk A，Huffman D，Sunde U，Bonin H. Direct Evidence on Risk Attitudes and Migration[J]. *Review of Economics Statistics*，2010，92 (3)：684—89.

[138]Jia R，Nie H. Decentralization，Collusion and Coalmine Deaths[J]. *Review of Economics and Statistics*，2017，99(1)：105—118.

[139]Jin H，Qian Y，Weingast B R. Regional Decentralization and Fiscal Incentives：Federalism，Chinese Style[J]. *Journal of Public Economics*，2005，89(9—10)：1719—1742.

[140]Kang K，Miller R A. Winning by Default：Why is There So Little Competition in Government Procurement? [J]. *The Review of Economic Studies*，2022，89 (3)：1495—1556.

[141]Karahan F，Pugsley B，Şahin A. Demographic Origins of the Start-up Deficit [J]. *Ameirican Economic Review*，2024，114(7)：1986—2023.

[142]Katz L F，Murphy K M. Changes in Relative Wages，1963—1987：Supply

and Demand Factors[J]. *The Quarterly Journal of Economics*, 1992, 107(1): 35—78.

[143]Keen M, Marchand M. Fiscal Competition and the Pattern of Public Spending [J]. *Journal of Public Economics*, 1997, 66(1): 33—53.

[144]Kerr W R. The Gift of Global Talent: How Migration Shapes Business[M]// *Economy and Society*, Stanford University Press, 2019.

[145]Kihlstrom R E, Laffont J J. A General Equilibrium Entrepreneurial Theory of Firm Formation Based on Risk Aversion[J]. *Journal of Political Economy*, 1979, 87 (4): 719—748.

[146]Kim S. Expansion of Markets and the Geographic Distribution of Economic Activities: The Trends in U. S. Regional Manufacturing Structure, 1860—1987[J]. *Quarterly Journal of Economics*, 1995, 110(4): 881—908.

[147]Krugman P. Increasing Returns and Economic Geography[J]. *Journal of Political Economy*, 1991, 99 (3): 483—499.

[148]Krugman P. First Nature, Second Nature, and Metropolitan Location[J]. *Journal of Regional Science*, 1993, 33 (2): 129—144.

[149]Lehne J, Shapiro J N, Vanden E O. Building Connections: Political Corruption and Road Construction in India[J]. *Journal of Development Economics*, 2018, 131: 62—78.

[150]Leon-Moreta A. Municipal Incorporation in the United States[J]. *Urban Studies*, 2014,52(16):1—21.

[151]Levinsohn J, Petrin A. Estimating Production Functions Using Inputs to Control for Unobservables[J]. *Review of Economic Studies*, 2003, 70(2): 317—341.

[152]Lewis E. Immigration, Skill Mix, and Capital Skill Complementarity[J]. *Quarterly Journal of Economics*, 2011,126(2): 69—1029.

[153]Lewis W A. Economic Development with Unlimited Supplies of Labour[J]. *The Manchester School*, 1954, 22 (2): 139—191.

[154]Li H, Zhou L. Political Turnover and Economic Performance: The Incentive Role of Personnel Control in China[J]. *Journal of Public Economics*, 2005, 89: 1743—1762.

[155]Li L. The Incentive Role of Creating "Cities" in China[J]. *China Economic Review*, 2011,22(1): 172—181.

[156]Li P, Lu Y, Wang J. Does Flattening Government Improve Economic Performance? Evidence from China[J]. *Journal of Development Economics*, 2016, 123 (6): 18-37.

[157]Li X, Liu C, Weng X, Zhou L. Target Setting in Tournaments: Theory and Evidence from China[J]. *The Economic Journal*, 2019, 129(623): 2888-2915.

[158]Liang W, Lu M. Growth Led by Human Capital in Big Cities: Exploring Complementarities and Spatial Agglomeration of the Workforce with Various Skills[J]. *China Economic Review*, 2019, 57: 101-113.

[159]Lichtenberg E, Ding C. Local Officials as Land Developers: Urban Spatial Expansion in China[J]. *Journal of Urban Economics*, 2009, 66(1): 57-64.

[160]Lipscomb M, Mobarak A M. Decentralization and Pollution Spillovers: Evidence from the Re-Drawing of County Borders in Brazil[J]. *Review of Economic Studies*, 2017, 84(1): 464-502.

[161]Lissoni F, Miguelez E. Migration and Innovation[J]. *The Journal of Economic Perspectives*, 2024, 38(1): 27-54.

[162]Liu E, Lu Y, Peng W, Wang S. Judicial Independence, Local Protectionism, and Economic Integration: Evidence from China[R]. NBER Working Paper, 2022.

[163]Liu C Y, Ye L, Feng B. Migrant Entrepreneurship in China: Entrepreneurial Transition and Firm Performance[J]. *Small Business Economics*, 2019, 52: 681-696.

[164]Lopez M G, Muniz I. Urban Spatial Structure, Agglomeration Economies, and Economic Growth in Barcelona: An Intra-Metropolitan Perspective[J]. *Papers in Regional Science*, 2013, 92(3): 515-534.

[165]Lu J, Tao Z. Trends and Determinants of China's Industrial Agglomeration [J]. *Journal of Urban Economics*, 2009, 65(2): 167-180.

[166]Lu S, Wang H. How Political Connections Exploit Loopholes in Procurement Institutions for Government Contracts: Evidence from China[J]. *Governance*, 2022, 36 (4): 1205-1224.

[167]Lucas J R E. Life Earnings and Rural-Urban Migration[J]. *Journal of Political Economy*, 2004, 112(S1): 29-59.

[168]Lucas R E. On the Size Distribution of Business Firms[J]. *Bell Journal of Economics*, 1978, 9(2): 508-523.

[169]Ma L. Urban Administrative Restructuring, Changing Scale Relations and Local Economic Development in China[J]. *Political Geography*, 2005, 24(4): 477－497.

[170]Ma L. Does Super-Department Reform Improve Public Service Performance in China? [J]. *Public Management Review*, 2014, 18(3):369－391.

[171]Manacorda M, Manning A, Wadsworth J. The Impact of Immigration on the Structure of Wages: Theory and Evidence from Britain[J]. *Journal of the European Economic Association*, 2012, 10(1): 120－151.

[172]Manolova T S, Eunni R V, Gyoshev B S. Institutional Environments for Entrepreneurship: Evidence from Emerging Economies in Eastern Europe[J]. *Entrepreneurship Theory and Practice*, 2008, 32(1): 203－218.

[173]Marshall A. *Principles of Economics*[M]. London:MacMillan, 1980.

[174]Marvel M R. Human Capital and Search-Based Discovery: A Study of High-Tech Entrepreneurship[J]. *Entrepreneurship Theory and Practice*, 2013, 32(7): 403－419.

[175]Mccallum J. National Borders Matter: Canada-U. S. Regional Trade Patterns [J]. *American Economic Review*, 1995, 85(3): 615－623.

[176]Meijers E J, Burger M J. Stretching the Concept of 'Borrowed Size' [J]. *Urban Studies*, 2017, 54(1): 269－291.

[177]Meijers E J, Burger M J. Hoogerbrugge M M. Borrowing Size in Networks of Cities: City Size, Network Connectivity and Metropolitan Functions in Europe[J]. *Papers in Regional Science*, 2016, 95(1): 181－198.

[178]Meng X, Zhang J. The Two-Tier Labor Market in Urban China: Occupational Segregation and Wage Differentials Between Urban Residents and Rural Migrants in Shanghai[J]. *Journal of Comparative Economics*, 2001, 29(3): 485－504.

[179]Mian A, Sufi A. What Explains the 2007－2009 Drop in Employment? [J]. *Econometrica*, 2014, 82(6): 2197－2223.

[180]Michalopoulos S, Papaioannou E. National Institutions and Subnational Development in Africa[J]. *Quarterly Journal of Economics*, 2014, 129(1):151－213.

[181]Mironov M, Zhuravskaya E. Corruption in Procurement and the Political Cycle in Tunneling: Evidence from Financial Transactions Data[J]. *American Economic Journal: Economic Policy*, 2016, 8(2): 287－321.

[182]Moisio A，Uusitalo R. The Impact of Municipal Mergers on Local Public Expenditures in Finland[J]. *Public Finance and Management*，2013，13(3)：148—166.

[183]Montinola G，Qian Y，Weingast B R. Federalism，Chinese Style：The Political Basis for Economic Success in China[J]. *World Politics*，1995，48(01)：50—81.

[184]Moretti E. Estimating the Social Return to Higher Education：Evidence from Longitudinal and Repeated Cross-Sectional Data[J]. *Journal of Econometrics*，2004，121(1—2)：175—212.

[185]Moretti E. Human Capital and Externalities in Cities[M]//V. Henderson,J. F. Thisse. *Handbook of Regional and Urban Economics*，North Holland,2004.

[186]Moretti E. Local Multipliers[J]. *American Economic Review*，2010，100(2)：373—377.

[187]Mullan K，Grosjean P，Kontoleon A. Land Tenure Arrangements and Rural-Urban Migration in China[J]. *World Development*，2011，39(1)：123—133.

[188]Munshi K. Networks in the Modern Economy：Mexican Migrants in the U. S. Labor Market[J]. *Quarterly Journal of Economics*，2003，118(5)：549—599.

[189]Nelson M A. Municipal Amalgamation and the Growth of the Local Public Sector in Sweden[J]. *Journal of Regional Science*，1992，32 (1)：39—53.

[190]Nguyen C V. Last Corrupt Deed before Retirement? Evidence from a Lower Middle-Income Country[J]. *Journal of Development Economics*，2021，151：102673.

[191]Oates W E. An Essay on Fiscal Federalism[J]. *Journal of Economic Literature*，1999，37(3)：1120—1149.

[192]OECD. *Entrepreneurship and Migrants*[M] OECD,Report by the OECD Working Party on SMEs and Entrepreneurship,OECD Publishing,2010.

[193]OECD. *OECD Territorial Reviews：Competitive Cities in the Global Economy*,[M]. OECD Publishing, 2006.

[194]OECD. *OECD Territorial Reviews：The Chicago Tri-State Metropolitan Area*,[M]. OECD Publishing, 2012.

[195]OECD. *OECD Urban Policy Reviews：China* 2015，[M]. OECD Publishing, 2015.

[196]Olley G S，Pakes A. The Dynamics of Productivity in the Telecommunications Equipment Industry[J]. *Econometrica*，1996，64 (6)：1263—1297.

[197]Ostrom V, Tiebout C M, Warren R. The Organization of Government in Metropolitan Areas: A Theoretical Inquiry[J]. *American Political Science Review*, 1961, 55(04): 831—842.

[198]O'sullivan A. *Urban Economics*(8th edition)[M]. McGraw-Hill Education, 2012.

[199]Ottaviano G I P, Peri G. Rethinking the Effect of Immigration on Wages[J]. *Journal of the European Economic Association*, 2012, 10(1): 152—197.

[200]Overman H G, Ioannides Y M. Cross-Sectional Evolution of the U. S. City Size Distribution[J]. *Journal of Urban Economics*, 2001, 49(3): 543—566.

[201]Palguta J, Pertold F. Manipulation of Procurement Contracts: Evidence from the Introduction of Discretionary Thresholds[J]. *American Economic Journal: Economic Policy*, 2017, 9(2): 293—315.

[202]Parr J B. A Note on the Size Distribution of Cities Over Time[J]. *Journal of Urban Economics*, 1985, 18(2): 199—212.

[203]Parsley D, Wei S. Explaining the Border Effect: The Role of Exchange Rate Variability, Shipping Costs, and Geography[J]. *National Bureau of Economic Research*, 2001, 55(1):87—105.

[204]Pinkovskiy M, Sala-i-Martin X. Lights, Camera … Income! Illuminating the National Accounts-Household Surveys Debate[J]. *Quarterly Journal of Economics*, 2016, 131(2): 579—631.

[205]Pinkovskiy M L. Growth Discontinuities at Borders[J]. *Journal of Economic Growth*, 2017, 22(2): 145—192.

[206]Piyapromdee S. The Impact of Immigration on Wages, Internal Migration, and Welfare[J]. *The Review of Economic Studies*, 2021, 88(1): 406—453.

[207]Poncet S. Measuring Chinese Domestic and International Integration[J]. *China Economic Review*, 2003, 14(1): 1—21.

[208]Poncet S. A Fragmented China: Measure and Determinants of Chinese Domestic Market Disintegration[J]. *Review of International Economics*, 2005, 13(3): 409—430.

[209]Portes A, Shafer S. *Revisiting the Enclave Hypothesis: Miami Twenty-five Years Later, in the Sociology of Entrepreneurship* [M]. Emerald Group Publishing

Limited，2007．

[210]Portes A. *The Economic Sociology of Immigration：Essays on Networks，Ethnicity and Entrepreneurship*[M]. Russell Sage Foundation，1995．

[211]Portnov B A，Schwartz M. Urban Clusters as Growth Foci[J]. *Journal of Regional Science*，2009，49(2)：287—310．

[212]Pugsley B W，Sahin A. Grown-up Business Cycles[J]. *Review of Financial Studies*，2019，32(3)：1102—1147．

[213]Qian Y，Roland G. Federalism and the Soft Budget Constraint[J]. *American Economic Review*，1998，88(5)：1143—1162．

[214]Qian Y，Weingast B R. Federalism as a Commitment to Preserving Market Incentives[J]. *Journal of Economic Perspectives*，1997，11(4)：83—92．

[215]Ramondo N，Rodriguez-Clare A，Saborio-Rodriguez M. Trade，Domestic Frictions，and Scale Effects[J]. *American Economic Review*，2016，106(10)：3159—3184．

[216]Rath J. *Immigrant Businesses*[M]. London：Palgrave Macmillan，2000．

[217]Rauch J E. Networks Versus Markets in International Trade[J]. *Journal of International Economics*，1999，48(1)：7—35．

[218]Rawski T G. What Is Happening to China's GDP Statistics？[J]. *China Economic Review*，2001，12(4)：347—354．

[219]Reingewertz Y. Do Municipal Amalgamations Work？ Evidence from Municipalities in Israel[J]. *Journal of Urban Economics*，2012，72：240—251．

[220]Restuccia D，Rogerson R. Policy Distortions and Aggregate Productivity with Heterogeneous Establishments[J]. *Review of Economic Dynamics*，2008，11(4)：707—720．

[221]Rosen K T，Resnick M. The Size Distribution of Cities：An Examination of the Pareto Law and Primacy[J]. *Journal of Urban Economics*，1980，8(2)：165—186．

[222]Rosenbaum P R，Rubin D B. The Central Role of the Propensity Score in Observational Studies for Causal Effects[J]. *Biometrika*，1983，70(1)：41—55．

[223]Rosenthal S S，Strange W C. Evidence on the Nature and Sources of Agglomeration Economies[M]// *Handbook of Regional and Urban Economics*，North Hodlland，2004．

[224]Rouse P, Putterill M. Local Government Amalgamation Policy: A Highway Maintenance Evaluation[J]. *Management Accounting Research*, 2005, 16 (4): 438－463.

[225]Rubin D B. The Use of Matched Sampling and Regression Adjustment to Remove Bias in Observational Studies[J]. *Biometrics*, 1973, 29(1): 185－203.

[226]Santamaria M A, Ventura J, Yesilbayraktar U. Borders within Europe[R]. NBER Working Paper, National Bureau of Economic Research, 2020.

[227]Saussier S, Tirole J. Strengthening the Efficiency of Public Procurement[J]. *French Council of Economic Analysis*, 2015, 22(3): 1－12.

[228]Seabright P. Accountability and Decentralisation in Government: An Incomplete Contracts Model[J]. *European Economic Review*, 1996, 40: 61－89.

[229]Sequeira S, Nunn N, Qian N. Immigrants and the Making of America[J]. *Review of Economic Studies*, 2020, 87(1): 382－419.

[230]Shingal A. Econometric Analyses of Home Bias in Government Procurement [J]. *Review of International Economics*, 2015, 23(1): 188－219.

[231]Sigman H. International Spillovers and Water Quality in Rivers: Do Countries Free Ride? [J]. *American Economic Review*, 2002, 92(4): 1152－1159.

[232]Sigman H. Transboundary Spillovers and Decentralization of Environmental Policies[J]. *Journal of Environmental Economics and Management*, 2005, 50(1): 82－101.

[233]Song S, Zhang H. Urbanization and City Size Distribution in China[J]. *Urban Studies*, 2002, 39(12): 2317－2327.

[234]Soo K T. Zipf's Law for Cities: A Cross-Country Investigation[J]. *Regional Science and Urban Economics*, 2005, 35(3): 239－263.

[235]Stansel D. Local Decentralization and Local Economic Growth: A Cross-Sectional Examination of US Metropolitan Areas[J]. *Journal of Urban Economics*, 2005, 57(1): 55－72.

[236]Sun C, Yang Y, Zhao L. Economic Spillover Effects in the Bohai Rim Region of China: Is the Economic Growth of Coastal Counties Beneficial for the Whole Area? [J]. *China Economic Review*, 2015, 33: 123－136.

[237]Szucs F. Discretion and Favoritism in Public Procurement[J]. *Journal of the*

European Economic Association，2024，22(1)：117—160.

[238]Tabellini M. Gifts of the Immigrants，Woes of the Natives：Lessons from the Age of Mass Migration[J]. *Review of Economic Studies*，2020，87(1)：454—86.

[239]Tang W，Hewings G J D. Do City-County Mergers in China Promote Local Economic Development?[J]. *Economics of Transition*，2017，25(3)：439—469.

[240]Tang J，Kacmar K M M，Busenitz L. Entrepreneurial Alertness in the Pursuit of New Opportunities[J]. *Journal of Business Venturing*，2012，27(1)：77—94.

[241]Tiebout C M. A Pure Theory of Local Expenditures[J]. *Journal of Political Economy*，1956，64(5)：416—424.

[242]Tombe T，Winter J. What's Inside Counts：Migration，Taxes，and the Internal Gains from Trade[R]. University of Calgary Working Paper，2014：1—35.

[243]Tombe T，Zhu X. Trade，Migration and Productivity：A Quantitative Analysis of China[R]. Univeristy of Toronto Working Paper，2017：1—60.

[244]Wadhwa V，Rissing B A，Saxenian A，Gereffi G. *Education，Entrepreneurship and Immigration：America's New Immigrant Entrepreneurs*，Part Ⅱ[M]. Publisher：Elsevier BV，2007.

[245]Wang T，Chanda A. Manufacturing Growth and Local Employment Multipliers in China[J]. *Journal of Comparative Economics*，2018，46(2)：43—515.

[246]Wang Y，Dickson B J. How Corruption Investigations Undermine Regime Support：Evidence from China[J]. *Political Science Research and Methods*，2022，10(1)：33—48.

[247]Wang Z，Zhang Q，Zhou L. Career Incentives of City Leaders and Urban Spatial Expansion in China[J]. *Review of Economics and Statistics*，2020，102(5)：897—911.

[248]Whalley J，Zhang S. A Numerical Simulation Analysis of (Hukou) Labour Mobility Restrictions in China[J]. *Journal of Development Economics*，2007，83(2)：392—410.

[249]Wildasin D E. Interjurisdictional Capital Mobility：Fiscal Externality and a Corrective Subsidy[J]. *Journal of Urban Economics*，1989，25(2)：193—212.

[250]Wolf H C. Intranational Home Bias in Trade[J]. *Review of Economics and Statistics*，2000，82(4)：555—563.

[251]Wolfram C，Miguel E，Hsu E，Berkouwer S B. Donor Contracting Conditions and Public Procurement：Causal Evidence from Kenyan Electrification［R］. NBER Working Paper 2023.

[252]Wong A. Measuring Trade Barriers：An Application to China's Domestic Trade[R]. University of Chicago Working Paper，2012：1—64.

[253]Xu C. The Fundamental Institutions of China's Reforms and Development [J]. *Journal of Economic Literature*，2011，49(4)：1076—1151.

[254]Xu Z，Zhu N. City Size Distribution in China：Are Large Cities Dominant? [J]. *Urban Studies*，2009，46(10)：2159—2185.

[255]Yang D T，Cai F. The Political Economy of China's Rural-Urban Divide[R]. Stanford University Working Paper，2000：389—416.

[256]Young A. The Razor's Edge：Distortions and Incremental Reform in the People's Republic of China[J]. *Quarterly Journal of Economics*，2000，115(4)：1091—1135.

[257]Yu J，Zhou L，Zhu G. Strategic Interaction in Political Competition：Evidence from Spatial Effects Across Chinese Cities[J]. *Regional Science and Urban Economics*，2016，57(3)：23—37.

[258]Zhang K H，Song S. Rural-Urban Migration and Urbanization in China：Evidence from Time-Series and Cross-Section Analyses[J]. *China Economic Review*，2003，14(4)：386—400.

[259]Zhang L，Zhao S X B. Re-examining China's "Urban" Concept and the Level of Urbanization[J]. *China Quarterly*，1998，154(154)：330—381.

[260]Zhang X，Tan K. Incremental Reform and Distortions in China's Product and Factor Markets[J]. *The World Bank Economic Review*，2007，21(2)：279—299.

[261]Zhao Z J. Making China's Urban Transportation Boom Sustainable[Z]. The Paulson Policy Memorandum，2014，1—30.

[262]Zinovyeva N，Bagues M. The Role of Connections in Academic Promotions [J]. *American Economic Journal：Applied Economics*，2015，7(2)：264—292.

[263]Zipf G K. *Human Behavior and the Principle of Least Effort*[M]. Reading, MA：Addison-Wesley，1949.

[264]才国伟,张学志,邓卫广. "省直管县"改革会损害地级市的利益吗？[J]. 经

济研究,2011(7):65—77.

[265]蔡昉,都阳. 转型中的中国城市发展——城市级层结构、融资能力与迁移政策[J]. 经济研究,2003(6):64—71+95.

[266]陈斌开,林毅夫. 重工业优先发展战略、城市化和城乡工资差距[J]. 南开经济研究,2010(1):3—18.

[267]陈斌开,陆铭,钟宁桦. 户籍制约下的居民消费[J]. 经济研究,2010(S1):62—71.

[268]陈刚,陈敬之. 产权保护与企业家精神——基于微观数据的实证研究[J]. 经济社会体制比较,2016(1):81—93.

[269]陈昊,赵春明,杨立强. 户籍所在地"反向歧视之谜":基于收入补偿的一个解释[J]. 世界经济,2017(5):173—192.

[270]陈金永. 中国人口发展、农民工流动趋势与刘易斯转折点[J]. 中国劳动经济学,2010(1):1—24.

[271]陈硕,高琳. 央地关系:财政分权度量及作用机制再评估[J]. 管理世界,2012(6):43—59.

[272]程刚. 中国撤县建区的新探索:宁波鄞州模式实证研究[M].北京:经济科学出版社,2011.

[273]邓曲恒. 城镇居民与流动人口的收入差异——基于 Oaxaca-Blinder 和 Quantile 方法的分解[J]. 中国人口科学,2007(2):8—16+95.

[274]邓悦,郑汉林,郅若平. "放管服"改革对企业经营绩效的影响——来自中国企业—劳动力匹配调查(CEES)的经验证据[J]. 改革,2019(8):128—139.

[275]董志强,魏下海,汤灿晴. 制度软环境与经济发展——基于 30 个大城市营商环境的经验研究[J]. 管理世界,2012(4):9—20.

[276]都阳,蔡昉,屈小博,程杰. 延续中国奇迹:从户籍制度改革中收获红利[J]. 经济研究,2014(8):4—13+78.

[277]段成荣,孙玉晶. 我国流动人口统计口径的历史变动[J]. 人口研究,2006(4):70—76.

[278]樊纲,王小鲁,朱恒鹏. 中国市场化指数——各地区市场化相对进程 2011 年报告[M]. 北京:经济科学出版社,2011.

[279]范剑勇. 产业集聚与地区间劳动生产率差异[J]. 经济研究,2006(11):72—81.

[280]范剑勇,莫家伟. 地方债务、土地市场与地区工业增长[J]. 经济研究,2014

(1):41—55.

[281]范剑勇,周梦天,王之. 公共产品均等化的渐进之路? 兼论中国特色劳动力流动机制[Z]. 工作论文,2019.

[282]费孝通. 小城镇大问题[M]. 江苏:人民出版社,1984.

[283]高翔,龙小宁. 省级行政区划造成的文化分割会影响区域经济吗?[J]. 经济学(季刊),2016(2):647—674.

[284]顾朝林. 城市群研究进展与展望[J]. 地理研究,2011(5):771—784.

[285]国务院发展研究中心课题组,侯云春,韩俊,蒋省三,何宇鹏,金三林. 农民工市民化进程的总体态势与战略取向[J]. 改革,2011(5):5—29.

[286]黄新飞,陈珊珊,李腾. 价格差异、市场分割与边界效应——基于长三角15个城市的实证研究[J]. 经济研究,2014(12):18—32.

[287]简新华,黄锟. 中国城镇化水平和速度的实证分析与前景预测[J]. 经济研究,2010(3):28—39.

[288]柯善咨,赵曜. 产业结构、城市规模与中国城市生产率[J]. 经济研究,2014(4):76—88+115.

[289]李善同,侯永志,刘云中,陈波. 中国国内地方保护问题的调查与分析[J]. 经济研究,2004(11):78—84+95.

[290]梁琦. 产业集聚论[M]. 北京:商务印书馆,2003.

[291]梁琦,陈强远,王如玉. 户籍改革、劳动力流动与城市层级体系优化[J]. 中国社会科学,2013(12):36—59+205.

[292]梁文泉. 不安居,则不消费:为什么排斥外来人口不利于提高本地人口的收入?[J]. 管理世界,2018(1):78—87+191—192.

[293]梁文泉,陆铭. 城市人力资本的分化:探索不同技能劳动者的互补和空间集聚[J]. 经济社会体制比较,2015(3):185—197.

[294]林涛,魏下海. 营商环境与外来移民的企业家精神[J]. 宏观质量研究,2020(1):57—68.

[295]刘冲,乔坤元,周黎安. 行政分权与财政分权的不同效应:来自中国县域的经验证据[J]. 世界经济,2014(10):123—144.

[296]刘瑞明. 国有企业、隐性补贴与市场分割:理论与经验证据[J]. 管理世界,2012(4):21—32.

[297]刘毓芸,戴天仕,徐现祥. 汉语方言、市场分割与资源错配[J]. 经济学(季

刊),2017(4):1583—1600.

[298]刘毓芸,徐现祥,肖泽凯. 劳动力跨方言流动的倒 U 型模式[J]. 经济研究,2015(10):134—146+162.

[299]陆铭. 建设用地使用权跨区域再配置:中国经济增长的新动力[J]. 世界经济,2011(1):107—125.

[300]陆铭,陈钊. 分割市场的经济增长——为什么经济开放可能加剧地方保护?[J]. 经济研究,2009(3):42—52.

[301]孟可强,陆铭. 中国的三大都市圈:辐射范围及差异[J]. 南方经济,2011(2):3—15.

[302]聂辉华,江艇,杨汝岱. 中国工业企业数据库的使用现状和潜在问题[J]. 世界经济,2012(5):142—158.

[303]宁光杰,段乐乐. 流动人口的创业选择与收入——户籍的作用及改革启示[J]. 经济学(季刊),2017(1):771—792.

[304]潘家华,魏后凯. 城市蓝皮书:中国城市发展报告 No.6——农业转移人口的市民化[M]. 北京:社会科学文献出版社,2013.

[305]浦善新. 中国设市模式探讨[J]. 建设科技,2004(16):22—24.

[306]屈小博,程杰. 地区差异、城镇化推进与户籍改革成本的关联度[J]. 改革,2013(3):37—44.

[307]史宇鹏,周黎安. 地区放权与经济效率:以计划单列为例[J]. 经济研究,2007(1):17—28.

[308]孙婧芳. 城市劳动力市场中户籍歧视的变化:农民工的就业与工资[J]. 经济研究,2017(8):171—186.

[309]唐为. 经济分权与中小城市发展:基于撤县设市的政策效果分析[J]. 经济学(季刊),2018(1):123—150.

[310]唐为,王媛. 行政区划调整与人口城市化:来自撤县设区的经验证据[J]. 经济研究,2015(9):72—85.

[311]陶然,陆曦,苏福兵,汪晖. 地区竞争格局演变下的中国转轨:财政激励和发展模式反思[J]. 经济研究,2009(7):21—33.

[312]万海远,李实. 户籍歧视对城乡收入差距的影响[J]. 经济研究,2013(9):43—55.

[313]汪晖,陶然. 论土地发展权转移与交易的"浙江模式"——制度起源、操作模

式及其重要含义[J]. 管理世界,2009(8):39—52.

[314]王春超,冯大威. 中国乡—城移民创业行为的决定机制——基于社会关系网的分析视角[J]. 经济学(季刊),2018a(1):355—382.

[315]王春超,冯大威. 中国城镇创业行为与收入溢价[J]. 经济学动态,2018b(4):28—42.

[316]王海宁,陈媛媛. 城市外来人口工资差异的分位数回归分析[J]. 世界经济文汇,2010(4):64—77.

[317]王贤彬,聂海峰. 行政区划调整与经济增长[J]. 管理世界,2010(4):42—53.

[318]王贤彬,谢小平. 区域市场的行政整合与经济增长[J]. 南方经济,2012(3):23—36.

[319]王小鲁. 中国城市化路径与城市规模的经济学分析[J]. 经济研究,2010(10):20—32.

[320]王小鲁,夏小林. 优化城市规模 推动经济增长[J]. 经济研究,1999(9):22—29.

[321]王媛. 我国地方政府经营城市的战略转变——基于地级市面板数据的经验证据[J]. 经济学家,2013(11):76—85.

[322]王媛,贾生华. 不确定性、实物期权与政府土地供应决策:来自杭州的证据[J]. 世界经济,2012(3):125—145.

[323]王子成,赵忠. 农民工迁移模式的动态选择:外出、回流还是再迁移[J]. 管理世界,2013(1):78—88.

[324]吴福象,刘志彪. 城市化群落驱动经济增长的机制研究——来自长三角 16 个城市的经验证据[J]. 经济研究,2008(11):126—136.

[325]吴一平,王健. 制度环境、政治网络与创业:来自转型国家的证据[J]. 经济研究,2015(8):45—57.

[326]吴意云,朱希伟. 中国为何过早进入再分散:产业政策与经济地理[J]. 世界经济,2015(2):140—166.

[327]伍山林. 农业劳动力流动对中国经济增长的贡献[J]. 经济研究,2016(2):97—110.

[328]夏后学,谭清美,白俊红. 营商环境、企业寻租与市场创新——来自中国企业营商环境调查的经验证据[J]. 经济研究,2019(4):84—98.

[329]夏怡然,陆铭. 城市间的"孟母三迁"——公共服务影响劳动力流向的经验研

究[J]. 管理世界,2015(10):78－90.

[330]谢桂华. 中国流动人口的人力资本回报与社会融合[J]. 中国社会科学,2012(4):103－124＋207.

[331]谢小平,王贤彬. 城市规模分布演进与经济增长[J]. 南方经济,2012(6):58－73.

[332]邢春冰. 农民工与城镇职工的收入差距[J]. 管理世界,2008(5):55－64.

[333]行伟波,李善同. 本地偏好、边界效应与市场一体化——基于中国地区间增值税流动数据的实证研究[J]. 经济学(季刊),2009(4):1455－1474.

[334]徐康宁,陈丰龙,刘修岩. 中国经济增长的真实性:基于全球夜间灯光数据的检验[J]. 经济研究,2015(9):17－29＋57.

[335]徐现祥,李郇. 市场一体化与区域协调发展[J]. 经济研究,2005(12):57－67.

[336]徐现祥,李郇,王美今. 区域一体化、经济增长与政治晋升[J]. 经济学(季刊),2007(4):1075－1096.

[337]许宝华,宫田一郎. 汉语方言大词典[M]. 北京:中华书局,1999.

[338]杨进. 增城融入广州发展战略格局[N]. 广州日报,2015.

[339]叶克林,陈广. 小城镇发展的必然性[J]. 经济研究,1985(5):62－67.

[340]叶文平,李新春,陈强远. 流动人口对城市创业活跃度的影响:机制与证据[J]. 经济研究,2018a(6):157－170.

[341]叶文平,李新春,朱沆. 地区差距、社会嵌入与异地创业——"过江龙"企业家现象研究[J]. 管理世界,2018b(1):139－156.

[342]余吉祥,周光霞,玉彬段. 中国城市规模分布的演进趋势研究[J]. 人口与经济,2013(2):44－52.

[343]袁志刚,高虹. 中国城市制造业就业对服务业就业的乘数效应[J]. 经济研究,2015(7):30－41.

[344]原倩. 城市群是否能够促进城市发展[J]. 世界经济,2016(9):99－123.

[345]张萃. 外来人力资本、文化多样性与中国城市创新[J]. 世界经济,2019(11):172－192.

[346]张吉鹏,卢冲. 户籍制度改革与城市落户门槛的量化分析[J]. 经济学(季刊),2019(4):1509－1530.

[347]张力,吴开亚. 城市自由落户的地方公共财政压力分析[J]. 中国人口科学,

2013(6):17—26+126.

[348]张龙鹏,蒋为,周立群. 行政审批对创业的影响研究——基于企业家才能的视角[J]. 中国工业经济,2016(4):57—74.

[349]张五常. 中国的经济制度[M]. 北京:中信出版社,2009.

[350]张学良. 长三角地区经济收敛及其作用机制:1993—2006 [J]. 世界经济,2010(3):126—140.

[351]张学良. 中国交通基础设施促进了区域经济增长吗? ——兼论交通基础设施的空间溢出效应[J]. 中国社会科学,2012(3):60—77+206.

[352]张学良,李培鑫,李丽霞. 政府合作、市场整合与城市群经济绩效——基于长三角城市经济协调会的实证检验[J]. 经济学(季刊),2017(4):1563—1582.

[353]张展新,高文书,侯慧丽. 城乡分割、区域分割与城市外来人口社会保障缺失——来自上海等五城市的证据[J]. 中国人口科学,2007(6):33—41+95.

[354]章莉,吴彬彬. 就业户籍歧视的变化及其对收入差距的影响:2002—2013 年[J]. 劳动经济研究,2019(3):84—99.

[355]章元,王昊. 城市劳动力市场上的户籍歧视与地域歧视:基于人口普查数据的研究[J]. 管理世界,2011(7):42—51.

[356]赵红军,胡玉梅. 谁影响了中国历代都城地理位置的兴衰变迁? ——一个基于量化经济史的实证分析[J]. 经济学(季刊),2018(1):281—310.

[357]赵奇伟,熊性美. 中国三大市场分割程度的比较分析:时间走势与区域差异[J]. 世界经济,2009(6):41—53.

[358]赵西亮. 农民工与城市工资——来自中国内部移民的证据[J]. 经济学(季刊),2018(3):969—994.

[359]赵颖. 中小城市规模分布如何影响劳动者工资收入? [J]. 数量经济技术经济研究,2013(11):39—55+72.

[360]赵勇,白永秀. 中国城市群功能分工测度与分析[J]. 中国工业经济,2012(11):18—30.

[361]赵勇,魏后凯. 政府干预、城市群空间功能分工与地区差距[J]. 管理世界,2015(8):14—29+187.

[362]钟笑寒. 劳动力流动与工资差异[J]. 中国社会科学,2006(1):34—46+206.

[363]周黎安. 晋升博弈中政府官员的激励与合作——兼论我国地方保护主义和重复建设问题长期存在的原因 [J]. 经济研究,2004(6):33—40.

[364]周黎安,陶婧.官员晋升竞争与边界效应:以省区交界地带的经济发展为例[J].金融研究,2011(3):15—26.

[365]周梦天,唐为.户籍制度如何推升了外地户籍劳动力的工资溢价?——基于劳动力不完全替代的解释[J].世界经济文汇,2022(2):19—35.

[366]朱虹,徐琰超,尹恒.空吸抑或反哺:北京和上海的经济辐射模式比较[J].世界经济,2012(3):111—124.